द्रष्टव्य जगत् का यथार्थ

द्रष्टव्य जगत् का यथार्थ

(भाग 2)

(दक्ष-दुहिताओं की मातृसत्तात्मक व्यवस्था, विवस्वान-सूर्य व यम-यिम या आदम व मनु-मानव, असुर-अहुर-अहीर, इक्ष्वाकु का सूर्यवंश, चंद्रवंश व उससे प्रसूत यदु-यहूदी तथा कौरव एवं महाभारत युद्ध का घटना क्रम)

ओ३म् प्रकाश पाण्डेय

प्रभात प्रकाशन, दिल्ली™
ISO 9001 : 2000 प्रकाशक

प्रकाशक • **प्रभात प्रकाशन**
4/19 आसफ अली रोड,
नई दिल्ली-110002

संस्करण • 2016
मूल्य • पाँच सौ रुपए
मुद्रक • आर-टेक ऑफसेट प्रिंटर्स, दिल्ली

DRASHTAVYA JAGAT KA YATHARTH (Vol. II)
by Om Prakash Pandey ₹ 500.00
Published by Prabhat Prakashan, 4/19 Asaf Ali Road, New Delhi-2
e-mail: prabhatbooks@gmail.com ISBN 978-93-5186-952-8

भारतीय मेधा एवं
मनीषा को
सादर समर्पित

कामना

रुचीनां वैचित्र्यादृजुकुटिलनानापथजुषां,
नृणामेको गम्यस्त्वमसि पयसामर्णव इव।।

जिस प्रकार विभिन्न नदियाँ भिन्न-भिन्न स्रोतों से निकलकर टेढ़े-मेढ़े रास्ते को अपनाते हुए अंततः समुद्र में एकाकार हो जाती हैं, उसी प्रकार विभिन्न विचारों व आस्थाओं को अपनानेवाले लोग विविध उपायों द्वारा सत्य के एकमात्र छोर तक पहुँचने का ही प्रयास करते हैं।

यही कारण है कि—

अयं निजः परोवेति गणना लघुचेतसाम्।
उदारचरितनान्तु वसुधैव कुटुम्बकम्।।

विशाल हृदयवाले गुणीजन संपूर्ण पृथ्वी को ही अपना परिवार मानते हैं, जबकि संकीर्ण विचारवाले मनुष्य अपने-पराए के भेद तक ही सीमित रहते हैं।

अतः—

भद्रम् इद्र भद्रा कृणवत्सरस्वती,
अकवारी चेतति वाजिनीवती।।

कल्याणकारिणी विद्या हमें सत्कर्मों के लिए प्रेरित करे एवं कुत्सित विचारों को नष्ट करनेवाली प्रज्ञा इसके लिए हमें प्रबुद्ध करती रहे।

ताकि—

सर्वे भवन्तु सुखिनः सर्वे सन्तु निरामयाः,
सर्वे भद्राणि पश्यन्तु मा कश्चिद्र दुखभाग्भवेत्र।।

सभी सुखी रहें, सभी निर्मल जन सुरक्षित रहें, सभी कल्याण की कामना से एक-दूसरे को देखें तथा कोई किसी प्रकार से दुःखी न रहे।

सत्यमेव जयते

डॉ. लक्ष्मीमल्ल सिंघवी, सांसद

Dr. L.M. Singhvi, M.P.

Senior Advocat, Supreme Court of India
Member, Permanent Court of Arbitration at the Hague
President, Indira Gandhi National Centre for the Arts Trust
Chairman, Jnana Pith Pravara Parishad
Member, Executive Board of UNESCO (Paris)
Formerly India's High Commissioner in U.K., Chairman, High Level Committee on Indian Diaspora

आमुख

'द्रष्टव्य जगत् का यथार्थ' एक अद्‌भुत और विलक्षण उपक्रम है। कोई अदृश्य शक्ति है जो श्री ओम प्रकाश पांडेय के अनुसंधान की दुस्तर वीथियों को आलोकित करती है। पुरातन साहित्य के सुविशाल कानन में प्रविष्ट होकर विद्वान् लेखक ने संदर्भों को जोड़ने एवं उनकी व्याख्या करने में अपनी अद्वितीय प्रतिभा का साक्ष्य प्रस्तुत किया है। यह ग्रंथ भारत की कालजयी संस्कृति की निरंतरता एवं उसकी पृष्ठभूमि का अभिनव वेदांत है। इस पृष्ठभूमि में और उसकी व्याख्याओं में एक चमत्कार है, एक सम्मोहन है, एक सदाचेतन अंतर्धारा है, जो हमारे भारतीय उत्स को अभिसिंचित करते हैं। इस ग्रंथ में समाविष्ट भारतीय साहित्य, दर्शन, पुराण, परंपरा, भूगोल, इतिहास एवं संस्कृत के अगणित संदर्भ और साक्ष्य एक विश्वकोश की तरह प्रतीत होते हैं, जिनमें विद्वान् लेखक की श्रमसाध्य कल्पना का इंद्रधनुष हमारी अस्मिता के आकाश की मनोरम छवि को प्रतिभासित करती है।

(डॉ. लक्ष्मीमल्ल सिंघवी)

18, विलिंगडन क्रेसेंट, नई दिल्ली–110011
18, Willingdon Crescent, New Delhi-110011
Tele. (Residence Cum Personal Office) : (00-91-11) 23792424, 23012121, Fax : 23794466 IGNCA : 23385798, 23383590 Fax : 23381139
E-mail (1) : lsinghvi@sansad.nic.in E-mail (2) : lsinghvi@del3.vsnl.net.in E-mail (3) : ignca@del3.vsnl.net.in

विषयानुक्रमणिका

(सोम)-सोमरस का आविष्कार-चंद्र द्वारा बृहस्पति की पत्नी तारा का हरण-ताराकमय नामक संग्राम बुध का जन्म-मनु पुत्री इला का बुध से विवाह-एल पुरुरवा का जन्म-एलवंश व प्रतिष्ठानपुरी की स्थापना-आयु का राज्य-जह्नुवंश-सोमवंश-नहुष को इंद्र पद-ययाति-यदु से हैहय व यदुवंश की व्युत्पत्ति-क्रोष्टु, शशविंदु, विदर्भ, सात्वत, अंधक व वृष्णि के क्रम से यदुवंश में कृष्ण व बलराम तथा हैहय, महिष्मान, सहस्राजित व तालजंघ के क्रम से हैहय वंश का अंतिम शासक अमित्रदर्शन-द्वारिका के यदुओं की पश्चिमी शाखा ज्यू या यहूदी के नाम से विख्यात-यहूदियों से ही ईसाई व इसलाम धर्म के संस्थापकों का ययाति पुत्र तुर्वसु द्वारा क्रमशः तुषार/तुरष्क या तुर्क (कनिष्क आदि) व अनु द्वारा मिस्र के आनव तथा सिंध के कैकय/सौवीर आदि वंशों का प्रचलन-ययाति पुत्र पुरु द्वारा पौरव वंश की स्थापना इस वंश में दुष्यंत, भरत, हस्ति (हस्तिनापुर के संस्थापक), कुरु का आर्विभाव-कुरु द्वारा भारत विजय के उपरांत हस्तिनापुर का भारत की मुख्य राजधानी के रूप में मान्यता-कुरु के प्रभाव से इसके वंशजों की 'कौरव' के रूप में प्रतिष्ठा-प्रतीप, शांतनु आदि के क्रम से भीष्म, धृतराष्ट्र, पांडु व दुर्योधन तथा युधिष्ठिर आदि का जन्म तथा उनसे संबद्ध घटनाएँ-इंद्रप्रस्थ (आधुनिक दिल्ली) की प्रतिष्ठा-महाभारत युद्ध-युधिष्ठिर का भारत के एकछत्र सम्राट् के रूप में उभरना-कृष्ण का देहावसान तथा पांडवों का स्वर्गारोहण-परीक्षित का राज्याभिषेक-जनमेजय-सहस्त्रानीक-अधिसीमकृष्ण (पुराण आदि का संकलन काल)-सुषेण तथा उदयन आदि के क्रम से क्षेमक तक चली हस्तिनापुर के पांडवों की वंशावलियाँ-मगध सम्राट् नंद द्वारा क्षेमक की हत्या के साथ पांडव राजवंश का पटाक्षेप।

पूर्वपीठिका

विश्व-इतिहास के अध्ययन से यह उद्घाटित होता है कि **सिंधु, सुमेरियन, बेबीलोनियन, असीरियन, कैल्डियन, ईजिप्टियन, यूनानी, पर्सियन, आर्यंस, मयांस** आदि प्राचीन सभ्यताओं के उद्भव-स्थल **कर्क रेखा के उत्तरी क्षेत्र** विशेष ही रहे थे। यही कारण रहा था कि **देवयुगीन** घटनाओं के साथ **अत्रि, पुलस्त्य, यम,, मत्स्य** समेत **प्रलय** आदि प्राचीन घटनाओं का वर्णन इन सभ्यताओं में समान रूप से पाया जाता है। गाथाओं के अतिरिक्त भाषाई स्तर पर भी इनमें आश्चर्यजनक समानताएँ रही थीं। वैदिक **'मित्र'** के अनुरूप जेंद अवेस्ता में **मिथ्र**, वायु के लिए **वाध्यु,** मंत्र के लिए **मंथ्र,** आहुति के लिए **आजूइत,** सोम के लिए **ह्ओम,** यम के लिए **यिम,** गंधर्व के लिए **गंदरेव** जैसे समानार्थी शब्दों का प्रयोग हुआ है, वही वरुण के लिए सुमेरु भाषा में **उरुनिन्ना,** महाशनि के लिए **मेस्सनिपाद,** इलविल के लिए **एलुलु,** हिरण्यपुर के लिए **निघुर,** और्व के लिए **उरु-बऊ,** बलि के लिए **बेल,** विरोचन के लिए **वियोर,** हिरण्यकशिपु के लिए **जियस,** नरसिंह के लिए **नरमसिन,** मारीच के लिए **मारीक** का प्रयोग हुआ है। उपर्युक्त दृष्टांत यह स्पष्ट करते हैं कि इन विभिन्न सभ्यताओं के जनक एक ही कुल-परिवार से संबंधित रहे थे, किंतु कालक्रम में हुए परिवर्तनों के कारण विकसित सभ्यताओं में इनका स्वरूप भी शनैः-शनैः बदलता चला गया। भारतीय वाङ्मय के अनुसार मारीचि-कश्यप व तेरह महिमामयी दक्ष-दुहिताओं के वंशधर रहे दैत्य, देव, दानव, यक्ष, गंधर्व, वैनतेय, काद्रवेय, कालकेय, किन्नर आदि ही भारत के प्रसिद्ध सूर्यवंश (रामादि), चंद्रवंश (कौरव-पांडव-यदु आदि) व नागवंश (तक्षक-भारशिव नागादि) सहित सुमेरियन, असीरियन, मयांस इत्यादि परवर्ती सभ्यताओं के यशस्वी पूर्वज ही रहे थे। कालांतर में इन्हीं सभ्यताओं के गर्भ से कार्पेथोडैन्यूबीयन, स्कैंडेनेह्यिन, एट्रुस्कन, गैलिक, केल्टिक, ड्रुईड, पिलेसगियंस, मेडिज, अरमेह, कूर्द, उज्बेग, डच, आर्गिनोरिस, तुर्क, हिब्रु आदि नूतन जातियों समेत आर्य

आर्यंस का अस्तित्व उभरकर सामने आया।

हिम-गुफाओं के विश्लेषण पर आधारित निष्कर्षों के अनुसार आज से लगभग 20 हजार वर्ष पूर्व प्रारंभ हुए अंतर्हिम युगों की अनुकूल परिस्थितियों में मरीचि कुल के यशस्वी पुरुष रहे कश्यप, भारत के पश्चिमोत्तर में स्थिंत सुमेरु अंचल के क्षीरसागर (कश्यप सागर) के तटवर्ती क्षेत्र के एक रमणीय स्थान पर अपने आश्रम को स्थापित किया था। इन्हीं कश्यप को प्राचेतस-दक्ष ने अपनी तेरह कन्याएँ सौंपी थीं। महर्षि कश्यप को इन तेरह दक्ष-दुहिताओं से अनेक संतानें हुईं, जो अलग-अलग माताओं के गर्भ से जनमने के कारण पिता के बजाय संबद्ध माताओं के नाम से ही पहचानी गईं। हिमखंडों के पिघलने से उपलब्ध हुए काकेशियस रीजन के क्षेत्रों को अपने आधिपत्य में लेते हुए कश्यप के इन पुत्रों ने उत्तरी ईरान से लेकर भूमध्यसागर के तटीय क्षेत्रों तक अपनी सुविधा व सामर्थ्य के अनुसार अलग-अलग उपनिवेशों की स्थापना कर लीं। पैतृक संपत्ति के असंतुलित विभाजन के कारण एक ही प्रजापति (कश्यप) के संतान रहे दैत्य, देव, दानव आदि दायाद बंधुओं (***उभये प्रजापत्या देव दैत्य दानवाः***) के समूहों में शनैः-शनैः वैमनस्यता के बीज अंकुरित होते चले गए और स्थितियों के कारण अंततः ये एक-दूसरे के घोर शत्रु बन गए। गुटों में विभाजित दैत्यों और देवों के संगठनों (***देवाः पितरो मनुष्य नागाऽन्यत आसन्न् असुरा रक्षांसि पिशाचा अन्यतः***—जै.ब्रा.) के मध्य आपसी युद्ध की यह परंपरा 300 वर्षों तक अनवरत चलती रही थी (***अथ देवासुरं युद्धमभूद्वर्षशतत्रयम्***—मत्स्य पुराण-24/37)। इस प्रकार विविध कारणों से हुए इन **बारह विश्वयुद्धों** को संस्कृत वाङ्मय में **'देवासुर संग्रामों'** के रूप में चिह्नित किया गया है।

ज्येष्ठ होने के कारण पिता कश्यप के स्वाभाविक उत्तराधिकारी रहे दिति-पुत्र **हिरण्यकशिपु** ने **हंगरी** व **रोमानिया** के मध्य स्थित एक रमणीय स्थान पर **'हिरण्यपुर'** नामक राजधानी को स्थापित कर **'दैत्यवंश'** की नींव डाली थी (***हिरण्य नाम पुरी रम्या कशिपुर्दैत्य तिष्ठतः***)। संभवतः कश्यप सागर के तटवर्ती क्षेत्रों, जिसे अब **औक्सस** या **पारदिया** के नाम से चिह्नित किया जाता है, में स्थित सुवर्ण खदानों पर आधिपत्य रखने के कारण हिरण्यकशिपु शीघ्र ही समृद्धशाली हो गया था। इसी के साथ अपने अति पराक्रमी अनुज **हिरण्याक्ष** के सहयोग से निकटवर्ती क्षेत्रों पर विजय प्राप्त करके उसने दैत्य-साम्राज्य का समुचित विस्तार भी कर लिया। इन अभियानों में दानवों, कालिकेय आदि मौसेरे भाइयों का अनवरत सहयोग भी उसे मिलता रहा था। उधर आधुनिक ईरान के **'एलम'** क्षेत्र में **'सुषानगरी'** (सूशन)

नामक राजधानी में अधिष्ठित हुए अदिति के पुत्रों में श्रेष्ठ रहे **वरुण** के समन्वयवादी नीतियों के परिणामस्वरूप **असुर, वाराह** आदि प्राचीनतम जातियों के अतिरिक्त **नागादि** का रुझान आदित्यों के ही प्रति बना रहा था। हालाँकि वरुण के वर्चस्व तक आदित्यों तथा दैत्यों में भी किसी प्रकार के गंभीर अनबन का प्रसंग उपस्थित नहीं हो पाया था, फिर भी सत्ता-वर्चस्व को लेकर दोनों गुट एक-दूसरे के प्रति शंकालू अवश्य ही बने रहे थे। कालांतर में वरुण-अनुज इंद्र द्वारा **अमरावती** में **'देव'** नामक नई सभ्यता को विकसित करने तथा आदित्यों में कनिष्ठ रहे **विष्णु** के दैत्य-विरोधी नीतियों का खुला समर्थन करने के कारण दैत्यों तथा देव रूपी आदित्यों के नए संस्करण के मध्य आपसी मतभेद की परंपरागत खाई स्पष्टतः गहरी होती चली गई। इसी मध्य दैत्यपति हिरण्यकशिपु के वरदूहस्त तथा दानवों के सहयोग से बेबीलोन का अधिपति बन चुके **महाबली हिरण्याक्ष** ने आदित्यों के हितैषी रहे वाराहों के **केतुमाल** (कोला पैनिन्सुला, यानी नार्वे) का भी बलात् अधिग्रहण कर लिया था। कालक्रम में हुए परिवर्तनों के कारण यहाँ की आदिम ज़ातियों को कभी **कोला-वाराह** और अब उसी के प्रतीकात्मक **कोल्ट-कैल्ट** के नाम से जाना जाता है। हिरण्याक्ष द्वारा बलपूर्वक बंधक बनाए जाने से यह द्वीप तथा यहाँ के निवासियों का संपर्क विश्व के अन्य भागों, विशेषकर आदित्यों से लगभग कटकर रह गया था। संपर्क विहिन होने के कारण समुद्र की अथाह जलराशि में लगभग विलीन से होकर रह गए यहाँ के निवासियों को हिरण्याक्ष की दासता से मुक्त कराने के उद्देश्य से **आदित्य-विष्णु** ने समुद्र-गर्भ के अगम किंतु सुरक्षित जलमार्ग द्वारा इस क्षेत्र में प्रवेश कर वाराहों को दैत्यों के विरुद्ध संगठित करना प्रारंभ कर दिया। संयोगवश समुद्र-स्नान के एक उपयुक्त अवसर पर हिरण्याक्ष को एकाकी पाकर गोताखोरी में दक्ष रहे **वाराहों** के कुछ उत्साही युवकों ने विष्णु के संकेत पर अगम जलराशि के मध्य ले जाकर इसे डुबोकर मार डाला। इस तरह विष्णु के अथक प्रयासों से हिरण्याक्ष का अंत करके वाराह जहाँ दैत्यों के चंगुल से मुक्त हो गए, वहीं हिरण्याक्ष की अनुपस्थिति का लाभ उठाते हुए आदित्य विवस्वान के पराक्रमी पौत्र **नृग** ने इसके राज्य (आधुनिक बेबीलोनिया) पर कब्जा करके दैत्य-वर्चस्व को बहुत हद तक संकुचित करके रख दिया।

इधर सम्राट् हिरण्यकशिपु द्वारा दैत्यों से कनिष्ठ रहे देवों (***कानीयसा एव देवा ज्यायसा असुराः***—शतपथ ब्राह्मण-14.4.1.1) के पैतृक राज्य विभाजन की माँगों को ठुकराए जाने के कारण (***असुराणां वा इयं पृथिव्यासीत् ते देवा अब्रुवन दत्तनोऽस्या***

इति—काठक संहिता 31/8) दैत्यों-देवों में तीन विकट देवासुर संग्राम हो चुके थे। देव-पक्षीय परिणामजनित इन युद्धों के उपरांत भी देवताओं के मार्ग में हिरण्यकशिपु एक अवरोधक की भाँति ही बना रहा था। अतः इस बाधा के समूल निस्तारण के लिए देवहितैषी विष्णु ने देवर्षि नारद के माध्यम से गुरुकुल में दीक्षा ले रहे हिरण्यकशिपु के ज्येष्ठ पुत्र **प्रह्लाद** को पिता के विरुद्ध बरगलाने का प्रयास करना प्रारंभ कर दिया। विष्णु के कूट-मंत्रों के प्रभाववश प्रह्लाद यह मानने के लिए विवश हो गया कि हिरण्यकशिपु के दंभी स्वभाव के कारण ही उभय पक्षों में कलह के विषवृक्ष अंकुरित हो रहे हैं, जो प्रकारांतर में दोनों कुलों को विनाश की काली छाया से ही ढक देंगे। कुल-उद्धार की क्रांतिकारी भावना से प्रेरित होकर प्रह्लाद ने पिता के विरुद्ध दैत्य समाज को संगठित करना प्रारंभ कर दिया। दैत्यों के विनाश के लिए संकल्परत रहे विष्णु को हिरण्यकशिपु से मुक्ति के लिए प्रह्लाद द्वारा छेड़ा गया यह अभियान उपयुक्त प्रतीत हुआ। फलतः हिरण्याक्ष के साम्राज्य पर विजय प्राप्त कर उत्साहित हो रहे युवा **नृग** को उन्होंने प्रह्लाद से आत्मीयता बढ़ाने तथा मौका पाते ही वृद्ध हिरण्यकशिपु को मार डालने के लिए उद्यत किया। संयोग से राष्ट्र-द्रोह के अभियोग में प्रह्लाद को मृत्यु-दंड देने की हिरण्यकशिपु की घोषणा से राजपुरुषों सहित सामान्य जनता में विद्रोह की ज्वाला भड़क उठी। गोधूलि के अस्पष्ट प्रकाश का लाभ उठाते हुए वध-स्थल पर छद्मवेष में पहुँचे **वैवस्वत मनु के पुत्र नृगदेव** ने बघनखे के प्रयोग द्वारा वृद्ध दैत्य सम्राट् हिरण्यकशिपु का वध कर डाला (***देवारिर्दितिजो वीरों नृसिंह समुपाद्रवत् समुत्पत्य ततस्तीक्ष्णैर्मृगेन्द्रेण महानखैः— विदार्य निहतो युधि*** मत्स्य पुराण 163/94)। हिरण्यकशिपु के वध से प्राणदान पा चुके प्रह्लाद व उसके शुभेच्छुओं ने नृग के इस अपूर्व पराक्रम से अभिभूत होकर उन्हें **'नृग-सिंह-देव'** (नृसिंहदेव) की उपाधि से विभूषित कर दिया। प्रसिद्ध पुरातत्त्ववेत्ता **मार्गन मिशन** को **बेबीलोनिया** तथा **लुलबी** (बगदाद के निकट) के क्षेत्रों में हुई खुदाई से प्राप्त भित्ति चित्रों में नृसिंह को सूर्यांकित ध्वजा लेकर सैन्य-संचालन करते दिखाया गया है। हिरण्यकशिपु के अनुमानित वध-स्थान, अर्थात् **सुमना पर्वत** (कश्यप सागर के निकट स्थित एलब्रुज पर्वत) क्षेत्र में आज भी अर्ध-सिंह व अर्ध-नर की एक मूर्ति

स्थापित है, जिसे यहाँ की पुरानी मान्यताओं में **'नरमसिन'** कहा जाता रहा है। हिरण्यकशिपु के उपरांत दैत्य-सम्राट् बने देव हितैषी प्रह्लाद तथा उसके पुत्र **विरोचन** के राज्य-कालों में दैत्यों व देवों के मध्य आपसी सौहार्द का भाव बना रहा था और इस अवसर का पूरा लाभ उठाते हुए देवों ने अपनी शक्ति को काफी विकसित भी कर लिया था।

प्रह्लाद की देव हितैषी नीतियों का अनुसरण करते हुए उसके पुत्र विरोचन ने एक कदम आगे बढ़ाते हुए देवों के पैतृक राज्य के बँटवारे की लंबित पड़ी माँग को स्वीकार कर लिया। चूँकि कैस्पियन व काला सागरों के मध्य फैले पैतृक राज्य के आर्थिक स्रोत का मुख्य आधार संबंधित समुद्रीय क्षेत्र ही रहे थे, अतः बँटवारे के विचार-विमर्श के लिए आहूत इस गोष्ठी को **'समुद्र-मंथन'** के नाम से ही चिह्नित किया गया। संभवतः **कश्यप सागर** (क्षीरसागर) के उत्तरी तट पर स्थित किसी **'अमृत'** नामक स्थान पर दैत्यों, देवों, दानवों, नागों आदि दायाद बंधुओं की यह पंचायत बैठी होगी, जिसकी अध्यक्षता पितामह कश्यप ने की होगी। किंचित् यही कारण रहा होगा कि पौराणिक आख्यानों व चित्रों में समुद्र या अमृतमंथन के इस संदर्भ में देवो व दैत्यों के साथ **कच्छप** (कश्यप), **वासुकि** (शेषनाग के बाद नागराज के पद पर अधिष्ठित हुए) व **दानवों** (राहु-केतु) का भी उल्लेख हुआ है। इसके अतिरिक्त समुद्र-मंथन के विषय में **भविष्य पुराण** (67/9) के संदर्भ स्पष्ट रूप से कश्यप सागर (क्षीरसागर) के उत्तर तट में स्थित **'अमृत'** नामक स्थान की ओर संकेत करते हैं (***क्षीरोदस्योत्तरे कूले उदीच्यां दिशि देवताः अमृतं नाम परम् स्थान माहुर्मनीषिणः***)। इस पंचायत में अमृत नामक अति समृद्ध स्थान को लेकर उपजे विवादों के कारण दैत्यों और देवों में जो विग्रह हुआ, उसे चतुर्थ देवासुर संग्राम के नाम से भारतीय ग्रंथों में उल्लिखित किया गया है। इस युद्ध के पश्चात् विष्णु ने जहाँ दैत्यों के अधिकार में रहे कश्यप सागर (क्षीरसागर) क्षेत्र को हस्तगत कर पूर्वकाल के नारायण द्वारा स्थापित **वैकुंठधाम** (आधुनिक बैकुड शहर) अपनी राजधानी बना ली थी, वहीं आदित्य विवस्वान (सूर्य) ने फारस की खाड़ी से उत्तर-पश्चिम के क्षेत्र में **'सुर'** नामक नगरी बसाकर रहने लगे थे। हिमयुगीन पराकाष्ठा के पश्चात् पिघली बर्फ के कारण क्षीरसागर के जल स्तर में हुई बढ़ोतरी के परिणामस्वरूप बैकुंठ नामक यह भव्य नगर तदंतर एक टापू में परिवर्तित हो गया। संभवतः यही कारण रहा कि पौराणिक चित्रों में विष्णु के निवास को प्रायः समुद्र के मध्य ही दरशाया गया है। कालांतर में उत्तरी यूरोप में हुए हिम स्खलनों से

कैस्पियन सागर के जल स्तर में पुनः हुई बढ़ोतरी के परिणामस्वरूप द्वारिका नगरी की भाँति अंतत इसकी भी जल-समाधि हो गई। इस प्रकार **काकेशियन क्षेत्र** में आदित्यों से निकले वारुणेय, देवों व सुरों का अलग-अलग राज्य स्थापित हो चुका था। इन्हीं सुरों के प्रभाववश उनसे वैमनस्य रखने व विपरीत आचरण करनेवाले दैत्य-दानव आदि इतर कुलों के लिए विवस्वान (सूर्य) के पुत्र रहे **मनु** द्वारा विकसित सभ्यताओं में इन देव विरोधी शक्तियों के लिए **'असुर'** का संबोधन किया जाने लगा होगा ***(न सुरा इति असुराः)*** कालांतर में सुरों व असुरों के ये राज्य भाषाई अपभ्रंश के कारण **'सीरिया'** व **'असीरिया'** के नाम से विख्यात हुए।

अमृत नामक देवासुर संग्राम के कुछ काल पश्चात् दैत्य-गुरु शुक्राचार्य के पौत्र चंद्र (सोम) का देव-गुरु बृहस्पति की पत्नी तारा से अवैध संबंध स्थापित हो गया। इस बढ़ते प्रेम-प्रसंग के अतिरेक में चंद्र तारा को भगा ले गया। देव-गुरु की भार्या के साथ किए गए इस अशोभनीय व्यवहार को देवताओं ने अपनी प्रतिष्ठा का प्रश्न बना लिया। तारा अपहरण कांड के कारण दैत्यों और देवों में हुए इस विग्रह को **'तारकामय'** नामक पाँचवें देवासुर संग्राम के नाम से जाना गया। इस युद्ध में विरोचन अपने तीनों भ्राताओं सहित तेजस्वी इंद्र के हाथों मारा गया (***विरोचनस्तु प्राह्लादिर्नित्यमिन्द्रवधोद्यतः इंद्रेणैव तु विक्रम्य निहितस्तारकामये***—मत्स्य पुराण-47/49)। विरोचन वध के पश्चात् चंद्र द्वारा तारा को वापस लौटाए जाने पर ही दोनों पक्षों में संधि स्थापित हो पाई थी। अपहरण काल में गर्भवती हुई तारा को बुध नामक एक पुत्र हुआ, जिसका विवाह मनु-पुत्री **इला** से हुआ था। इला-बुध के पुत्र **एल-पुरुरवा** हुए, जिनसे पश्चिमी एशिया का **एल** तथा भारत का **चंद्र वंश** चला। चंद्रवंश में ययाति-पुत्र यदु से **हैहय** व **यदु वंश** तथा ययति-पुत्र पुरु से **पौरव** वंश का प्रारंभ हुआ। यदु के कुल में **कालजयी कृष्ण** व **बलराम** हुए, जबकि पुरु के कुल में **दुष्यंत, भरत, कुरु, प्रतीप, शांतनु** के क्रम से **कौरव** व **पांडव** हुए। महाभारत युद्ध के पश्चात् जीवित बचे पांडवों के कुल का अंतिम शासक **क्षेमक** रहा था, जिसका अंत मगध सम्राट् **महापद्मनंद** द्वारा किया गया।

विरोचन के पश्चात् दैत्यपति के पद पर समुद्र-मंथन का नायक रहा, उसका पराक्रमी पुत्र **बलि** आरूढ़ हुआ। सिंहासनारूढ़ होने के तुरंत पश्चात् पिता की हार का बदला लेते हुए उसने तात्कालिक इंद्र (मनोजव) को पराजित कर देवलोक को अपने अधिकार में ले लिया था। इस प्रकार इंद्र के महिमामयी पद पर अधिष्ठित होकर इस प्रतापी दैत्य ने सातों पातालों समेत पश्चिमी एशिया व यूरोप के सभी

राजवंशों को जीतकर **'त्रिलोकी'** के नाम से विख्यात हुआ (***बलिनाऽधिष्ठिते चैव पुरा लोकत्रयेक्रमात—***मत्स्य पुराण-47/36)। बलि एक कुशल योद्धा तथा सफल प्रशासक होने के साथ-साथ मुक्त हस्त से दान करनेवाला एक उदार नृप भी रहा था। उसकी इस कमजोर नस को भाँपते हुए विष्णु ने देवहित में बलि के उद्यमजनित विजय को पराजय में बदलने के लिए छल का सहारा लिया। धर्मनिष्ठ बलि द्वारा आयोजित एक यज्ञ-अनुष्ठान में विष्णु द्वारा भेजे गए एक नाटे कद के **'बटुक'** ने उससे यज्ञ कर्म के लिए तीन पग भूमि दान में माँगी। **वामन** रूपी उस याचक के इस छुद्र प्रस्ताव को तुरंत स्वीकार करते हुए बलि ने उसे इच्छित स्थान पर भूमि को नापकर अपने अधिकार में लेने की राजाज्ञा जारी कर दी। वामन की इस कूट माँग को देव-षड्यंत्र का एक हिस्सा मानते हुए गुरु **शुक्राचार्य** ने बलि को समझाना चाहा और अंत में उसके इस दैत्यघाती निर्णय से क्षुब्ध होकर वे **शाकद्वीप** (अरब) चले गए। यहीं पर शुक्राचार्य ने अपने आराध्य शिव के लिंग को स्थापित कर एक भव्य मंदिर बनवाया था, जो कालांतर में **'काव्य का मंदिर'** व तदनुरूप **'काबा'** के नाम से विख्यात हुआ।

इधर बलि के निर्देशानुसार **'तीन पग भूमि'** के क्रम से अग्निकुंडों को स्थापित करते हुए वामन व उसके सहयोगी दैत्यों के नगरों तथा पुरों को अपने अधिकार में करते चले गए। बलि द्वारा पूछे जाने पर वामन रूपी उस याचक ने तीन पगों का आशय वेद वर्णित ब्रह्म के पदों से (***पादोऽस्य विश्वा भूतानि त्रिपादयाभृतं दिवि—***ऋ.-10-90-3) करते हुए उसे निरुत्तर कर दिया। अपनी वचनबद्धता के कारण निरुपाय हो चुके बलि को अंततोगत्वा राजमहल तक का त्याग करते हुए बंधु-बांधवों सहित सातों पातालों में से एक रहे **सुतल** (बलख) के दुरूह क्षेत्र में जाकर आश्रय लेना पड़ा था (***सुतलं नाम पातालं त्वमासाद्य मनोरमम् वसासुर ममाऽऽदेशं यथावत्परिपालयन्***-मत्स्य पुराण-246/75)। इस प्रकार त्रिलोक विजयी **बलि** को अपने जीवन का अंतिम समय सुतल स्थित **'बलसुरा'** (बलि असुर के प्रतीकात्मक नगर जिसको कालांतर में बलख के नाम से जाना जाने लगा) के कष्टमयी वातावरण में बिताना पड़ा था। प्राकृतिक त्रासदियों के लंबे दौर के पश्चात् **इसलाम** के दूसरे खलीफा **उमर** द्वारा 640 ईस्वी में पुनः बसाए गए इस नगर को अब **'बसरा'** के नाम से जाना जाता है। महाप्राण बलि के पराभव के पश्चात् देवों (पुरंदर आदि इंद्र) का उसके उत्तराधिकारियों से निरंतर सात युद्ध हुए, जो **आडीवक, त्रिपूर, अंधक, वृत्रघातक, धात्र, हलाहल** व **कोलाहल** नामक 'देवासुर संग्रामों' के रूप में विख्यात

हुए (संदर्भ—मत्स्य पुराण-47/44.45)। इन देवासुर संग्रामों के पश्चात् दैत्य शक्ति का संपूर्ण विनाश हो गया और देवताओं का वर्चस्व संपूर्ण धरती पर व्याप्त हो गया। हिरण्याक्ष व फिर हिरण्यकशिपु के वधों में सक्रिय भूमिका निभानेवाले **वाराहों** व **नृग-सिंह-देव** (नरसिंह देव) तथा पराक्रमी बलि को पदच्युत करानेवाले याचक **वामन** के कृत्यों के सूत्रधार चूँकि अदिति-पुत्र **विष्णु** (पौराणिक पुरुष) ही रहे थे, अतः कालांतर में अवतारवाद से प्रभावित ग्रंथों में वाराह, नरसिंह, बामन आदि को विष्णु के ही विभिन्न स्वरूपों के रूप में मान्यताएँ प्रदान करते हुए नाम एकरूपता के कारण इन्हें सृष्टिकर्ता (विष्णु) के अधिभौतिक स्वरूपों (हयग्रीव, कच्छप आदि) की कड़ी से जोड़ दिया गया।

विष्णु

देव-उत्कर्ष के इसी काल में घटित प्रलय की भयंकर त्रासदी के कारण इस क्षेत्र में धन-जन की व्यापक हानि हुई। इस प्राकृतिक आपदा के फलस्वरूप **त्रिविष्टप क्षेत्र** में रह रहे देवों के कुछ समूहों को छोड़कर पश्चिमी एशिया का उनका साम्राज्य एकदम से नष्टप्रायः हो गया। त्रिविष्टप के इन्हीं देवों में से एक युवक ने आदित्य-कुल के बचे हुए बुजुर्गों के परामर्शों की अनदेखी करते हुए स्वयं को इनका अधिपति घोषित कर दिया। अपने इस निर्णय का विरोध करने पर इस महत्त्वाकांक्षी **देवराट् अद्भुत** (इंद्र) ने अपने पिता **द्यौस** की भी हत्या कर दी थी (संदर्भ—**ऋ.**-4/18)। देवराट् 'अद्भुत' नामक इस इंद्र ने त्रिविष्टप स्थित नए देवलोक के पड़ोसी गणों (यक्ष, नाग, गंधर्व आदि) को अपना मित्र बनाते हुए अपने राज्य की प्रतिरोधात्मक क्षमता को सुरक्षित करके देव-वर्चस्व को पुनः प्रतिष्ठापित किया। देवराट् 'अद्भुत' के ही काल में **विवस्वान** (सूर्य) के पुत्र **वैवस्वत मनु** मत्स्यों (मछुआरों) के सक्रिय सहयोग से जलप्लावन की त्रासदी से बंधु-बांधवों सहित स्वयं को सुरक्षित बचाते हुए भारत के सिंधु प्रांत में आकर विस्थापित हुए थे। मनु के पलायन कर जाने के बाद उनके विमाता के पुत्र रहे **यम** ही पितरों के राज्य के स्वामी बने थे। मनु पुत्र **इक्ष्वाकु** ने भारत के हृदय स्थल (कोशल) में **सूर्यवंश** की नींव डाली। इसी सूर्यवंश में **युवनाश्व, मांधाता, त्रिशंकु, हरिश्चंद्र, भगीरथ, दिलीप, सुदास, रघु, दशरथ, राम** आदि प्रतापी सम्राट् हुए। इक्ष्वाकु के इस कालजयी कुल का अंतिम शासक **सुमित्र**

हुआ, जिसका वध शैशुनाग वंशी उदायिभद्र के द्वारा किया गया था।

इधर वैवस्वत मनु व उनके भ्राता यम द्वारा नए दायित्वों का सँभालने से पूर्व ही मरीचि-कश्यप की तीसरी पत्नी (दनु) के पुत्रों में से ज्येष्ठ रहा **विप्रचिति** एक पराक्रमी योद्धा के रूप में पश्चिमी विश्व में विख्यात हो चुका था। दानवेश के पद पर अधिष्ठित हो चुके विप्रचित्ति ने जलप्लावन की त्रासदी के कारण फ्रांस, इटली, स्पेन, पुर्तगाल के अपने मूल क्षेत्र को त्यागकर **पुराने देवलोक** (एलब्रुज शिखर क्षेत्र या आधुनिक अजरबेजान), **यमलोक** (पुरानी पर्शिया या आधुनिक ईरान) तथा **मानवलोक** (मनुपुत्रों के आधिपत्य वाले सिंधु क्षेत्र) को आक्रांत (***विप्रचित्ति दुरोधर्ष देवतानां भयंकरम् ये न लोकत्रयं क्रोधात्र त्रासितं स्वेन तेजसा***—महाभारत-भीष्म पर्व-90/29) करते हुए दानवों के साम्राज्य का विस्तार **गजनी, हिरात, हरम, शंकरा** व **सिंधु** के प्रदेशों तक कर दिया। **'शक्तिसंगम तंत्र'** नामक एक प्राचीन ग्रंथ के अनुसार, विश्व के तात्कालिक 56 देश **देवप्रस्थ, यमप्रस्थ, वरुणप्रस्थ, कूर्मप्रस्थ, मनुप्रस्थ** तथा **इंद्रप्रस्थ** नामक क्षेत्रों में ही समाहित रहे थे। अंततः त्रिविष्टप स्थित देवों से युद्ध करते हुए दानवेश विप्रचित्ति देवराट् इंद्र के हाथों मारा गया (संदर्भ—मत्स्य पुराण-47/52)। संभवतः मिस्र के ग्रंथों में वर्णित **'दायोनिसिअस'** (Dionysius) या फिर यवन मेगस्थनीज द्वारा उल्लिखित **'दोनोसोर'** (Donosor) का संबंध भी **'दानवेश'** या **'दानवासुर'** कहलानेवाले विप्रचित्ति या उसके किसी परवर्ती उत्तराधिकारियों से ही रहा था। विप्रचित्ति के संहार के पश्चात् इसके शुभचिंतक रहे असुर याचक त्वष्टा-पुत्र **'त्रिशिरा विश्वरूप'** (पारसिक ग्रंथों में इसे 'विवरस्प' के रूप में चिह्नित किया गया है) के छलपूर्वक वध के कारण लगे ब्रह्म-हत्या के अपयश से भयभीत होकर इंद्र (देवराट् अद्भुत) अज्ञात क्षेत्र को पलायन कर गया। देवराज की अनुपस्थिति में देवासुर संग्रामों में **नहुष** से उपकृत हो चुके देवों ने परिस्थितिजन्य कारणों से इन्हें ही अपना इंद्र घोषित कर दिया। किंतु अल्पकाल में ही इंद्र पद की गरिमा से उपजे प्रमाद के कारण नहुष को इस गौरव से वंचित होना पड़ा था। नहुष के इस अपमान का बदला लेते हुए उसके पराक्रमी अनुज **रजि** ने इंद्रलोक को अपने अधिकार में ले लिया, किंतु देव-श्रेष्ठों द्वारा समझाए जाने पर उसने देवलोक को स्वतंत्र कर दिया। रजि के उपरांत इंद्र बने **'वृष'** ने देवों के लिए चुनौती बन चुके महेंद्र क्षेत्र के बलशाली शासक **वृत्र** से पहले मित्रता का ढोंग रचा और तदुपरांत धोखे से दनु के इस वशंज का दधीचि से प्राप्त वज्र नामक आयुध से हत्या कर संपूर्ण महेंद्र क्षेत्र को ही देवलोक का अंग बना लिया (***इंद्रो वै वृत्रं हत्वा***

महेन्द्रोऽभवत—काठक संहिता)। वृत्र-वध के बाद असुरों के इन नगरों (पुरों) का विध्वंस करने के कारण देवताओं का यह इंद्र **'पुरंदर'** के नाम से भी विख्यात हुआ। सन् 1921 में पुरातत्त्ववेत्ताओं को पश्चिमी पंजाब के मांटूगोमरी जिले के **हड़प्पा** नामक स्थान की खुदाई में मिली असुर लिपि में अंकित मुद्राएँ भी यही संकेत करती हैं कि इन नगरों के ध्वंसावशेष आर्यों के नहीं, बल्कि असुर विप्रचित्ति के उत्तराधिकारियों के राजप्रासादों के ही रहे होंगे।

दानवासुर विप्रचित्ति के पूर्व दिशा में बढ़ने के पश्चात् सिंधु से पश्चिमोत्तर क्षेत्र का शासन-भार उसके भाई **वृषपर्वा** के अधीन हो गया था। **अरबी शाहनामा** में इसी वृषपर्वा के लिए **'अफरासियाब'** (Afrasiab) व **जेंद-अवेस्ता** में **'फ्रान-ह्स्यान'** (Fran-Hrasyan) का प्रयोग किया गया है। आश्चर्यजनक रूप से समरकंद के भंग्नावशेष एक प्राचीन नगर को यहाँ के लोग आज भी **'अप्रोसिआब'** ही कहते हैं, जो निश्चित रूप से **'वृषपर्वा'** या **'अफरासियाब'** का अपभ्रंश ही प्रतीत होता है। वृषपर्वा की पुत्री **शर्मिष्ठा** का विवाह एल-पुरूरवा के प्रपौत्र **ययाति** से हुआ था, जो निकटवर्ती प्रांत (आधुनिक पाकिस्तानी पंजाब) का ही शासक रहा था।

कालांतर में देव-सेनापति के पद पर प्रतिष्ठित हुए शंकर पुत्र **स्कंद** (कार्त्तिकेय) ने अपने पराक्रम से सुदूर पश्चिम (यूरोप) के दानवी राज्यों को भी नष्ट कर डाला और **केतुमाल द्वीप** (नार्वे व स्वीडन) में **'स्कंध'** नामक राजधानी स्थापित कर इस क्षेत्र के इंद्र बन गए। दानव मर्क तथा कार्तिकेय की **'स्कंधनगरी'** के प्रतीकात्मक ही इस क्षेत्र में पड़नेवाले राज्यों को आज भी **'डेनमार्क'** व **'स्कैंडनेविया'** नाम से ही संबोधित किया जाता है। इंद्र (कार्त्तिकेय) द्वारा अपनी 'स्कंधनगरी' को देवभूमि घोषित किए जाने के पश्चात् इस क्षेत्र विशेष को **'स्वर्ग'** कहने की जो परिपाटी प्रारंभ हुई होगी, किचिंत् उसी के प्रभाववश स्वीडिश भाषा में स्वीडन के लिए आज भी **'स्वेर्गे'** (Sebergye) का ही उच्चारण किया जाता है। शंकर-पुत्र कार्त्तिकेय द्वारा स्कैंडनेविया में विस्थापित हो जाने से पिनाकी (शंकर) के पश्चात् कैलाश से रुद्र-परंपरा का पटाक्षेप हो गया। कालांतर में शंकर से अभय प्राप्त कर बलशाली हो चुके दैत्यकुलीन **बाण** के पराक्रमों से असुरों (दैत्यों व दानवों की संयुक्त शक्ति) का वर्चस्व कुर्दिस्तान के उत्तरी क्षेत्र में पुनः स्थापित हो गया। 'वायु पुराण' में वर्णित **'वन'** नामक इसकी राजधानी के प्रतीकस्वरूप ही इस क्षेत्र में आज भी एक झील को **'बान'** के नाम से जाना जाता है। **'सहस्रबाहु बाण'** पश्चात् असुर शक्ति क्रमशः क्षीण होती चली गई। इंद्र द्वारा **नमुचि, वाष्कल, कुवय, अजक, विक्षर, कुक्षि** आदि

असुर राजाओं का क्रमानुसार वध कर दिए जाने के कारण छिन्न-भिन्न हो चुके असुर साम्राज्य का अस्तित्व असीरिया व सिंधु के कुछ क्षेत्रों तक सीमित होकर रह गया। असुर-ह्रास के इसी कालखंड में पृथ्वी के दक्षिणी गोलार्ध में **पौलस्त्य रावण** के नेतृत्व में राक्षसी-सभ्यता का प्रादुर्भाव हुआ, जो विश्व पटल पर शनैः-शनैः एक अदम्य शक्ति के रूप में छा गई। इधर असुर आक्रमणों से निश्चिंत हो चुके देवताओं में गंधर्वों के प्रभाववश नृत्य-संगीत के साथ-साथ आमोद-प्रमोद की भावनाएँ पल्लवित होती गईं। कामनाओं के अतिरेक में प्रजनन के प्रति उपजी अनासक्ति के प्रमादवश बाँझपन से ग्रसित हुए तैंतीस करोड़ की अनुमानित जनसंख्या वाले इस अति समृद्ध तथा दीर्घजीवी देवजाति का अस्तित्व धीरे-धीरे ह्रास को प्राप्त होता गया। महाभारत के **महाप्रस्थानिक पर्व** के अनुसार सम्राट् युधिष्ठिर अपने अंतिम काल में देवलोक (त्रिविष्टप या तिब्बत) के अतिथि हुए थे; किंतु परीक्षित काल तथा उसके पश्चात् के संदर्भों में देवों का कहीं उल्लेख नहीं मिलता है। संभवतः काल के इसी खंड में (ई.पू. 3100 के लगभग) देवजाति का अस्तित्व हिम क्षेत्र में घटित किसी भौगोलिक या प्राकृतिक त्रासदी के परिणामस्वरूप पूर्णतः नष्ट हो गया होगा।

उधर **दाशरथी राम** द्वारा दुर्घर्ष राक्षसराज रावण का बंधु-बांधव सहित वध कर दिए जाने तथा रामानुज **भरत** द्वारा **गंधर्वों** का संहार किए जाने से राक्षसी-सभ्यता तथा गंधर्वों का भी इस संसार से हमेशा के लिए अंत हो गया। गंधर्व व राक्षसों के इस विनाश के पश्चात् भी असुर, यक्ष, नाग, किरात आदि प्राचीन जातियाँ काफी समय तक अस्तित्व में बनी रही थीं। महाभारत काल में हुए **यक्ष-युधिष्ठिर** संवाद जहाँ इस काल तक यक्षों के बने रहने की पुष्टि करते हैं, वहीं भीष्म पर्व (37/15) के संदर्भ यह संकेत देते हैं कि दुर्योधन के पक्ष में सिंधु क्षेत्र के **'क्षुद्रक'** व **'मालव'** आदि असुर योद्धाओं ने महाभारत युद्ध (ई.पू. 3137) में भाग लिया था। इन्हीं असुरों की एक शाखा का राज्य पश्चिमी एशिया (**असीरिया**) में ई.पू. 600 के लगभग तक बना रहा था। इतिहास प्रमाण है कि **कैल्डियन नेवोपोलेस्सर** के दुर्दांत आक्रमणों से तहस-नहस हो चुके **निनिवा से हरन** में विस्थापित हुए **अशुर-उबैलित** (ई.पू. 605) के पश्चात् असुर-राजवंश (Asur Dynasty) का इस संसार से हमेशा के लिए ही लोप हो गया। जहाँ तक नागों का प्रश्न है, तो जनमेजय तृतीय के उत्पीड़नों से बचे नागों के वंश में हुए भारशिव नाग के उत्तराधिकारियों ने **कुशान वंश** को उखाड़कर अपनी सत्ता स्थापित की थी। इन्हीं के वंश के अंतिम शक्तिशाली सम्राट् **'भवनाग'** का दौहित्र **इंद्रसेन** बाद में वाकाटक-नरेश के रूप में प्रसिद्ध हुआ।

कालक्रम में हुए राजनीतिक उथल-पुथल के कारणों से नागों के वंशधर **नागपुर** (महाराष्ट्र), **छोटा नागपुर** (झारखंड), **बंगाल, मणिपुर** के क्रम से अंततः **नागालैंड** के दुर्गम क्षेत्रों में फैलकर बस गए और अपने नए स्वरूपों में अब भी इन क्षेत्रों में विद्यमान हैं। इसी प्रकार **किरात-किलितों** (चीन), **अत्रि-एट्रीयस** (काकेशियन रीजन), **आंगिरस-आर्गिनोरिस** (ग्रीक), **पौलस्त्य** यानी राक्षसों के नए संस्करण के रूप में विकसित भूमध्य-सागरीय जाति **पिलेसगीयंस** या **पेलेस्टाईन, भार्गव-विग्रेस** या फ्रीगीयंस (दक्षिण-पश्चिम एशिया), **मग-मेडिज** (अरब), **काद्रवेय-कूर्द** (कुर्दिस्तान), **अहि-उज्बेग, द्रविड़-ड्रुईड** (सेल्टिक जाति), **दैत्य-डच** (हॉलैंड-जर्मनी), **आर्य-आर्यंस** (भारत-पश्चिमी एशिया-यूरोप) तथा मय दानव के वंशधरों के रूप में **मयांस** (सेंट्रल अमेरिका) भी अपने इन नए संस्करणों के साथ विश्व के विभिन्न अंचलों में पहचाने जाते रहे हैं। इसी अनुरूप वैदिक शाखा से निकले **शैवों, वैष्णवों, चार्वाकों, कपालिकों, बौद्धों, जैनियों** व **सिखों** की ही भाँति **यदुओं** के परवर्ती स्वरूप के रूप में विख्यात हुए ज्यूस या **यहूदियों** से ही **ईसाइयों** व **इसलामिक** संप्रदायों का क्रमानुसार विकास संभव हो पाया था। उपर्युक्त सामाजिक दृष्टांतों तथा **जिनोम थ्योरी** पर आधारित शोधों से यह स्पष्ट हो जाता है कि विश्व की समस्त प्रजातियों का उद्‌गम स्रोत प्रकारांतर से एक ही कुल-परिवार से संबंधित रहा था। किंचित् इन्हीं कारणों से भारतीय संस्कृति में विश्व को एक परिवार ***(वसुधैव कुटुम्बकम्)*** के रूप में ही मान्यता प्रदान की गई है।

प्रस्तुत खंड में **नृवंश** (प्राचेतस दक्ष की दुहिताओं से प्रसूत हुई वंशावलियाँ), वैवस्वत यम, वैवस्वत मनु तथा उसके पुत्र इक्ष्वाकु द्वारा स्थापित **सूर्यवंश** एवं मनु-पुत्री इला के वंशजों द्वारा अस्तित्व में आए **एल, चंद्र, सोम, यदु, हैहय, पुरु, कौरव, कुशान** (कुषाण), **तुषार** (तुरुष्क-तातार-तुर्क), **कुलिंद, अनु** (आनव) आदि राजवंशों का उनकी भौगोलिक स्थितियों के अनुरूप यथायोग्य वर्णन करने का प्रयास किया गया है।

□

हिमालयी उपत्यका में जनमे मानवी इतिहास की वर्तमान शृंखला के प्रथम ज्ञात पुरुष के रूप में चर्चित हुए ब्रह्मा के औरस वंशजों की 73वीं कड़ी रहे प्राचेतस-दक्ष को पुत्र-प्राप्ति के प्रयासों में तेरह कन्याएँ हुईं। विवाह योग्य होने पर इन्होंने अपनी इन कन्याओं को सामूहिक रूप से मरीचि के यशस्वी कुल में उत्पन्न हुए कश्यप नामक प्रजापति को सुपुर्द कर दिया। दक्ष पुत्रियों को स्वीकार करने के कुछ काल बाद मरीचि-कश्यप लोहित्य सागर (लालसागर) से उत्तर-पूर्व स्थित देमावंद पर्वत (एलब्रुज पर्वत) के निकट **'आर्य वीर्यवान'** नामक रमणीय स्थान पर अपनी राजधानी बनाकर रहने लगा। आर्य वीर्यवान को ही जेंद अवेस्ता में **'अरियनेम बेजो'**, ग्रीक साहित्य में **'एरियाना'** व अन्य पाश्चात्य ग्रंथों में **'एरान्न'** कहकर संबोधित किया गया है। कैस्पियन सागर के पश्चिमी तट पर स्थित इस क्षेत्र को आजकल **'अजरवेजान'** के नाम से पुकारा जाता है। दक्ष की उपर्युक्त वर्णित तेरह कन्याओं के स्थान पर कहीं-कहीं उसके **साठ कन्याओं** के होने का भी उल्लेख मिलता है, जिसमें से **तेरह** मरीचि-कश्यप को सौंपने के बाद दक्ष ने **दस** यम को, **सत्ताईस** चंद्रमा को, **चार** अरिष्टनेमी को, **दो** भृगुपुत्र-शुक्र को, **दो** कृशाश्व को और **दो** अंगिरा को दी थीं। यहाँ पर ध्यान देने योग्य बात यह है कि यम, दक्ष-पुत्री अदिति के पौत्र थे व भृगुपुत्र-शुक्र, दक्ष कन्या दिति की पौत्री दिव्या के पुत्र थे एवं चंद्र भृगुपुत्र-शुक्र के पौत्र अत्रि के पुत्र थे। इस प्रकार दक्ष-पुत्रियों का अपनी ही बहनों की पीढ़ियों में इतने अंतरों के साथ उत्पन्न हुए पौत्रों-प्रपौत्रों व दौहित्रों से तमाम दीर्घजीवी तर्कों के उपरांत भी युग्म संबंध स्थापित करना व्यावहारिक प्रतीत नहीं होता है। भारतीय शास्त्रों में ब्रह्मा के मानस पुत्र **'दक्ष'** (अग्निष्वाता) व शिव पत्नी सती के पिता **'दक्ष'** या फिर **'प्राचेतस दक्ष'** के अलावा भी कई अन्य **दक्ष प्रजापतियों** का संदर्भ मिलता है। किंचित् काल के विभिन्न खंडों में प्रचलित रहे **'दक्ष'** नाम की इस एकरूपता के कारण उत्पन्न हुई भ्रांतियों ने ही तदंतर विकसित हुई गाथाओं में उपर्युक्त वर्णित इन **साठ** कन्याओं के **अलग-अलग जनकों** के स्थान पर इनके **एक ही पिता होने** का भ्रम उपस्थित कर दिया होगा।

इन तेरह दिव्य कन्याओं की संतानों से प्रसूत हुई देव-दानव आदि **मातृसत्तात्मक सभ्यताओं** का वर्णन प्रस्तुत अध्याय में विस्तार से किया गया है।

प्राचेतस-दक्ष और उसकी कन्याएँ

प्राचेतस दक्ष को वीरण-प्रजापति की पुत्री असिक्नी ***(दक्षस्योद्वहतो भार्यामसिक्नीं वीरणीं पराम्*—वायु पुराण**-65/130) से क्रमशः **दिति, अदिति, दनु, अरिष्टा, सुरसा, विनता, ताम्रा, क्रोधा, खसा, काला, सुरभि, मुनि** व **कद्रु** नामधारी तेरह कन्याएँ हुई। दक्ष ने अपनी इन तेरह कन्याओं का दान मरीचि-कुल में उत्पन्न **कश्यप** नामक प्रजापति को किया था। मारीचि कश्यप की संतानें चूँकि प्राचेतस दक्ष की इन तेरह कन्याओं के अलग-अलग गर्भ से उत्पन्न हुई थीं, अतः इन्हें तथा इनके वंशजों को पिता कश्यप के स्थान पर दक्ष-सुताओं (संबद्ध माताओं) के नाम से ही पहचाना जाने लगा। इस तरह मानवी समाज में पहली बार पिता को नेपथ्य में रखते हुए **मातृ-वंश** तथा प्रकारांतर में **मातृ-पूजा** की प्रथा विकसित हुई। **नवरात्रि** तथा **देवी जागरण** की भारतीय परंपराएँ व **मदर्स-डे** की पाश्चात्य अवधारणाएँ इसी से अभिप्रेरित दिखती हैं। महिमामयी इन **तेरह मातृकाओं** के नामों के अनुरूप ही इनकी संतानें **दैत्य, आदित्य** (देव), **दानव, कालकेय, वैनतेय या गरुड़, नाग** (नागा), **पिशाच** (कपालिक), **खासी या यक्ष** (येति)-**राक्षस,** अरिष्टनेमि या **गंधर्व** (मौनेय), **किन्नर** (किम्मरजी), **अहि** (उरग-उज्बेग), **काद्रवेय** (कद्रु या कूर्द) आदि के रूप में जाने गए। कालांतर में ये सभी संबोधन समाज-विशेष तथा जातियों में परिवर्तित हो गए। **मय** (मयांस), **एल, हेति** (हिताईत), **मेडिज** (मग/शाकद्वीपी), **तुरानी, मितन्नी, तुर्वश, हैहेय, यदु** (यादव या यहूदी), **हूण, नृग्रिटो** (नीग्रो) आदि जातियों तथा **सुमेरियन, बेबीलोनियन, असीरियन, कैल्डियन, मिस्री, यूनानी, पारसिक** आदि प्राचीन सभ्यताओं एवं भारत के प्रसिद्ध **सूर्यवंश** (रामादि), **चंद्रवंश** (कौरव-पांडव आदि) व **नागवंश** (तक्षक-भारशिव नाग आदि) के जन्मदाता भी **दक्ष-दुहिताओं** के इन महान् संतानों के ही वंशधर रहे थे। अलग-अलग माताओं के उपरांत एक ही पिता से **'आर्य-वीर्यवान'** (अरियनेम बेजो या एरियाना या आधुनिक अजरबेजान) नामक स्थान विशेष में पैदा

होने के कारण ही विभिन्न जाति नामधारी ये सभी **'काश्यप'** गोत्री गण सामूहिक रूप से **'आर्य'** या **'आर्यंस'** के रूप में भी जाने-पहचाने गए। आर्यों की ही भाँति **ब्रज'** बिहारी, मलिक मोहम्मद **जायसी**, फिराक **गोरखपुरी**, अकबर **इलाहाबादी**, शकील **बदायूँनी**, हसरत **जयपुरी**, काका **हाथरसी**, अल्हड़ **मुरादाबादी**, मजरूह **सुल्तानपुरी**, ओम प्रकाश **चौटाला**, प्रकाश सिंह **बादल**, सुरजीत सिंह **बरनाला**, सुखदेव सिंह **'ढींढसा'** व निर्झर **'प्रतापगढ़ी'** आदि के उपनाम भी इनके पैतृक स्थान के ही परिचायक हैं। इस प्रकार यह स्पष्ट हो जाता है कि ***'आर्य'*** शब्द जातिबोधक होने के बजाय क्षेत्र-विशेष में रहनेवाले मानव-समूहों को परिभाषित करने के लिए ही प्रयुक्त होता रहा था। उत्खननों में पाए गए पुरातत्त्वीय अवशेषों व भाषा संबंधी सामग्री की उपलब्धता के आधार पर **पीक** तथा **गार्डन चाइल्ड्स** (कृति **'The Aryans'**—Ref. at Page-183) आदि पाश्चात्य विद्वान् भी आर्यों के मूल स्थान के रूप में दक्षिणी रूस (Trans Caucasian Region) को ही रेखांकित करते हैं।

कालांतर में इन **आर्यों,** अर्थात् **दैत्यों** व **दानवों** का आधिपत्य जहाँ दक्षिणी यूरोप से लेकर बाल्टिक सागर के तटीय क्षेत्रों तक स्थापित हो गया, वहीं **देव** (वारुणेय व आदित्य) तथा **सुरगण** कश्यप सागर के दक्षिणी भू-भाग में एवं **गरुण, अहि, काद्रवेय** आदि कश्यप सागर के पूर्वी क्षेत्रों में फैल गए। किंचित् इन क्षेत्रों में पाए गए आर्यों के प्राचीन अवशेषों तथा परंपरागत परिवेशों के अपने आंकलनों के दृष्टिगत ही आर्यों के मूल स्थान के रूप में **हर्ट** (Hirt), **पेनका** आदि विद्वान् जर्मनी व बाल्टिक सागर के तटीय क्षेत्रों को, **मैक्समूलर** आदि मध्य एशिया को, **रोडस** व **एडवर्ड मेयर** आदि पामीर के पठार को तथा **ब्रैंडेस्टीन** सरीखे लोग यूराल पर्वतमाला के दक्षिण में स्थित किर्जिग स्टेप को ठहराते हैं। **कीथ** व **ओल्डेनवर्ग** आदि कुछ विद्वान् तो **'ईरान'** (पुराने पर्शिया या ऐलम/ईलावर्त) तथा **'आयरलैंड'** के नामकरणों को भी इन्हीं **'आर्यंस'** से ही अनुप्रेरित मानते हैं। 18000 ई.पू. के लगभग समाप्त हुए हिमयुग के पश्चात् ह़िम-स्खलनों तथा इनके पिघलने से घटित हुई जलप्लावन की पहली त्रासदी के उपरांत देवों का एक समूह **त्रिविष्टप** (तिब्बत) के उन्नत स्थलों पर तथा सुरों का एक दल (मनु आदि) हिंदुकुश पर्वतांचल के **मूलस्थान** (पाकिस्तान स्थित मुलतान) व तदंतर (ईक्ष्वाकु आदि) भारत के हृदयस्थल में सरयू के तट (**अयोध्या**) में आकर विस्थापित हो गया। भारतीय भाव-भूमि से विकसित हुई **'वैदिक संस्कृति'** की एकरूपता के कारण काल के इस प्रखंड तक भूमध्य सागर के पूर्वी तट से लेकर चीन सागर के पश्चिमी तट यानी *'पृथिव्यायै समुद्रपर्यन्तायाः'* तक विस्तृण भू-भाग को **जंबूद्वीप** के

अविभक्त अलंकरण से ही संबोधित किया जाता रहा था, किंतु **आर्य-वीर्यवान** (अजरबेजान) नामक स्थान में जन्मे दक्ष-सुताओं के इन औरस पुत्रों के उत्तरोत्तर वर्चस्वों से प्रभावित हुए क्षेत्रों को तदंतर **'आर्यावर्त'** के अतिरिक्त विशेषणों से ही संबोधित किया जाने लगा। कालक्रम में घटित हुई प्राकृतिक त्रासदियों की शृंखलाओं से उत्पन्न जैविक व्यवधानों व राजनीतिक उतार-चढ़ावों के कारण आर्यावर्त की भौगोलिक व्याख्याएँ भी सिकुड़ती ही चली गईं। उदाहरण के लिए, यदि प्राचीनतम संदर्भों को दरकिनार कर दिया जाए तो भी गौतम बुद्ध के काल तक **अपगणस्थान** (अफगानिस्तान), **त्रिविष्टप** (तिब्बत), **ब्रह्म प्रदेश** (बर्मा या आधुनिक म्याँमार) आदि भारत के ही अंग रहे थे। सन् 1947 में हुए विभाजन के पश्चात् तो भारत का पश्चिमोत्तर तथा पूर्व में बंगाल का अधिकतर हिस्सा कटकर एक अलग राष्ट्र (अब पाकिस्तान व बँगलादेश) के रूप में परिवर्तित हो गया। भारत की वर्तमान भौगोलिक स्थिति के अनुरूप रावलपिंडी (पाकिस्तान) स्थित **तक्षशिला** और वहाँ के जगत्-प्रसिद्ध आचार्य **चाणक्य** या फिर सिंधु घाटी सभ्यता से संबंधित **हड़प्पा** व **मोहनजोदड़ो** को जिस प्रकार विदेशी ठहराया जा सकता है, ठीक उसी प्रकार आधुनिक विद्वानों द्वारा आर्यों तथा उनकी जन्मस्थली को आज के भारतीय संदर्भ में बहुत ही सहजता से विदेशी कहा जा सकता है। अपने संकुचित दृक्क्षेपों के कारण पाश्चात्य इतिहासज्ञ आर्यावर्त की इस प्राचीनतम स्थिति को स्वीकार्य नहीं कर पाते हैं। भारतीय मूल के पिता (कश्यप) व माताओं (दक्ष-दुहिताओं) के अंशों से जन्मे आर्यगण परंपरा के अनुरूप वैदिक संस्कृति के ही अनुगामी रहे थे। यही कारण रहा है कि अलग-अलग माताओं की कोख से उत्पन्न होने के बावजूद दैत्यों, देवों, दानवों आदि में वैदिक यज्ञादि का विधि-विधान समान रूप से प्रचलित रहा था। **स्ट्रैवो** द्वारा फ्रांस के मार्शलीज नामक नगर में यज्ञभूमि के खंडहरों का उल्लेख, जर्मनों द्वारा स्वस्तिक चिह्न को अपनाना, मध्य एशिया के मेडिज नामक सूर्यपूजकों का अस्तित्व इसी के कुछ ज्वलंत प्रमाण हैं। दक्ष-दुहिताओं से उत्पन्न इन आर्यों की गाथाएँ इस प्रकार प्रकट होती हैं—

1. दैत्य—प्राचेतस-दक्ष की ज्येष्ठ पुत्री दिति से मरीचि-कश्यप को **हिरण्यकशिपु, हिरण्याक्ष, वज्रांग** व **अंधक** नामक चार प्रतापी पुत्र हुए। दक्ष-सुता दिति के ये सभी पुत्र अपनी माँ के नाम के अनुरूप ही दैत्य कहलाए। भारतीय शास्त्रों के अनुसार, हिरण्यकशिपु द्वारा स्थापित **'हिरण्यपुर'** नामक दैत्यों की राजधानी समुद्र के निकट एक रमणीय स्थान पर स्थित थी। **ब्लैक-सी** के पश्चिम में स्थित रोमानिया व हंगरी

की भौगोलिक स्थितियाँ इसी तथ्य का संकेत करती हैं कि भारतीय शास्त्रों में **'हिरण्यपुर'** के लिए समुद्र-तट के जिस रमणीय स्थान का वर्णन हुआ है, कदाचित् वह स्थान रोमानिया या हंगरी का **डेन्यूब-डेल्टाई** क्षेत्र या समुद्री किनारा ही रहा होगा। इस प्रकार दैत्यों का राज्य इनके पितृ-स्थान यानी कश्यप सागर (**कैस्पियन सी**) तट से पश्चिम स्थित काला सागर (**ब्लैक सी**) के पश्चिम तट से लेकर उत्तर-पश्चिम के **बाल्टिक सागर** तक फैला हुआ था। इस क्षेत्र में पड़नेवाले जर्मनी (हॉलैंड) व पोलैंड को आज भी **डाईत्स लैंड** तथा यहाँ के निवासियों को **डच** कहा जाता है। यही नहीं, जर्मनी से लेकर ऑस्ट्रिया, हंगरी, यूगोस्लाविया, रोमानिया व बुलगेरिया तक बहनेवाली नदी को इन विभिन्न राष्ट्रों में बोली जानेवाली अलग-अलग भाषाओं के विपरीत **'डेन्यूब'** के एक ही नाम से पुकारा जाता है। डाईत्स, डच, डेन, डेन्यूब आदि शब्द स्पष्टतः **'दैत्य'** के ही अपभ्रंश प्रतीत होते हैं। **'टीटन'** भी दैत्य का ही अपभ्रंश है। ब्रिटेनवासी **अंग्रेजों के पूर्वज** टीटन ही रहे थे। **सीजर** (Caeser) के अनुसार, टीटन एक भयानक जाति थी और इनमें मानव-बलि की प्रथाएँ भी रही थीं (Ref.—***A History of the English speaking peoples***, Vol.-I)। फ्रांस की गाथ जाति का उद्भव भी **'गाथ'** नामक एक दैत्य से ही हुआ था। कालक्रम में भाषा में आई विकृति के उपरांत भी रोमनों के **जियस** या हिरण्यकशिपु, जेञ्जिस में उल्लिखित **बल** या वलि, वाइबिल (पुरानी प्रतिज्ञा) के **ब्योर** व उसका प्रतापी पुत्र **बालाम** यानी विरोचन व वलि, यवन नाम **दायोनिसिअस** यानी दानवासुर (विप्रचित्ति), पोलैंड की **ब्लैक-वरजिन** नामक देवी या दक्ष-सुता दिति, **डाईत्सलैंड** या दैत्य भूमि अथवा **डच** या दैत्य आदि शब्दों के ऐक्य संदर्भ यह स्पष्ट संकेत देते हैं कि यूरोप के अधिकतर हिस्से दिति के इन दैत्य पुत्रों द्वारा ही बसाए गए थे। ***'The Aryans-the history of civilization'*** के लेखक Mr. V. Gordon Chide अपनी कृति में यह उद्घाटित करते हैं कि कार्पेथियन पर्वतमाला व डेन्यूब नदी का मध्य भाग ही 6500 ई.पू. की **कार्पथो-डेन्यूबियन सभ्यता** की विकास-स्थली रही थी और वही कालांतर में **पिलेसगियंस** (Pelasgians) व तदंतर **रोमानियन** (Romanian) के दो भिन्न रूपों में पहचानी गई। प्रकारांतर में इन्हीं रोमानियनों का विभाजन **जर्मन** व **स्लाविक** नामक दो शाखाओं में हुआ।

हिरण्यकशिपु को **'कयाधू'** नामक दानवी से **प्रह्लाद, अनुह्लाद, ह्लाद** व **संह्लाद** नामधारी चार पुत्र व **दिव्या** नामक एक पुत्री हुई। हिरण्याक्ष को **उत्कूर, महानाभि, भूतसंतापन, शकुनि, महाबाहू** व **कालनाभ** नामधारी छह पुत्र हुए। बज्रांग को **तारक** नामक एक पुत्र हुआ। हालाँकि ये सभी दैत्यगण अपने समय के प्रसिद्ध

योद्धा रहे थे, किंतु इन सबमें मात्र प्रह्लाद का ही वंश दैत्य साम्राज्य के अधिपति के रूप में प्रसिद्ध हुआ। प्रह्लाद के अनुज ह्लाद को **ह्लद** व **निसुंद** नामक दो पुत्र हुए। निसुंद के **सुंद** और **उपसुंद** नामक दो पुत्र हुए। सुंद को ताड़का नामक गंधर्वी से **ब्रह्मघ्न, मूक** व **मारीच** नामक तीन पुत्र हुए। दंडकारण्य (भारत) में विस्थापित हुए इस सुंद का वध घटोद्भव अगस्त्य ऋषि ने पंचवटी के निकट किया था। प्रह्लाद के दूसरे भाई अनुह्लाद को **वायु** व **सिनीवाली** नामक दो पुत्र हुए और इनके वंशधर **हलाहल** के नाम से प्रसिद्ध हुए। दैत्यों और देवों के मध्य उपजे समुद्र-विवाद के समाधान के लिए अमृत नामक स्थान पर आहूत **पंचायत** (समुद्र-मंथन) का इन्हीं हलाहलों द्वारा घोर विरोध का प्रयास किया गया था, परंतु रुद्र द्वारा समझाए जाने पर वे सभी अंततः इसमें सहयोग देने के लिए उद्यत हो गए। संघर्ष का विषवमन करनेवाले इन **हलाहलों** को वश में करने के कारण ही कालांतर में **रुद्र** (महादेव) की ख्याति **'गरल शमनकर्ता'** के रूप में प्रसिद्ध हुई थी। प्रह्लाद के सबसे कनिष्ठ भ्राता रहे **संह्लाद** को **आयुष्मान** व **शिवि** नामक दो पुत्र हुए थे।

हिरण्यकशिपु के पश्चात् दैत्य सम्राट् के पद पर प्रतिष्ठित हुए प्रह्लाद को **विरोचन, गवेष्ठी, जंभ, वाष्कलि, कालनेमि** व **शंभु** नामधारी छह पुत्र हुए। गवेष्ठी को **शुंभ, निशुंभ** और **विष्वकसेन** नामक तीन पुत्र हुए। इनमें से शुंभ व निशुंभ का बध कात्यायनी नामक एक देवी ने सम्मुख युद्ध में किया। जंभ को **जंभास्य, शतदुंदभि, दक्ष** व **खंड** नामक चार पुत्र हुए। वाष्कलि को **विरोध, मनु, बृक्षायु** और **कुशलीमुख** नामक पुत्र हुए। कालनेमि के भी **ब्रह्मजित, क्षत्रजित, देवांतक** और **नरांतक** नामक चार पुत्र हुए। शंभु को **धनुक, असिलोमा, नाबल, सगोमुख, गवाक्ष** और **गोमान** नामधारी छह पुत्र हुए। प्रह्लाद के पश्चात् दैत्य सम्राट् बने **विरोचन** को **वलि** नामक एक प्रतापी पुत्र हुआ। विभिन्न देवासुर संग्रामों में विरोचन समेत उपर्युक्त सभी दैत्य योद्धाओं के वीरगति प्राप्त करने के पश्चात् महापराक्रमी वलि दैत्य सम्राट् के पद पर आरूढ़ हुआ। अपने पराक्रम से **स्वर्ग** (यानी एलवुर्ज की ऊँची भूमि का क्षेत्र, जिसे आज भी ईरानियन पैराडाइज या ईरान के स्वर्ग के नाम से जाना जाता है) व **सातों पाताल** (यानी **महातल**-बुखारा, **सुतल**-वलख, **नितल**-सेग्दिमाशा, **तलातल**-मर्गिआना, **वितल**-पामीर के पास का फानतान क्षेत्र, **रसातल**-कराकुरम व **अतल**-बेबीलोनिया) को जीतकर दैत्य सम्राट् वलि **'त्रिलोकी'** के नाम से प्रसिद्ध हुआ। धर्मनिष्ठ व महादानी वलि एक यज्ञ अनुष्ठान के दौरान देवताओं द्वारा रचे गए एक कुचक्र का शिकार होकर अपने संपूर्ण राज्य का दान **वामन** नामधारी याचक को करके

सुतल (बलख) नामक **घोर पाताल** में निर्वासित जीवन-यापन करने हेतु बाध्य हुआ। वलि के **अंग, कुंभनाभ, गर्दभाक्ष, कुशि** इत्यादि सैकड़ों पुत्र थे। अंग का उत्तराधिकारी उसका पुत्र **दधिवाहन** रहा था। दधिवाहन को **दिविरथ,** दिविरथ को **धर्मरथ** तथा उसे **सत्यरथ** नामक पुत्र हुआ। इसके उपरांत **चतुरंग, पृथुलाक्ष, चंप, ह्यंग, भद्ररथ, वृहत्कर्मा, वृहद्भान** (संदर्भ—मत्स्य पुराण, अध्याय-48) के क्रम से इनके वंशधरों में **बाण** नामक एक दुर्धर्ष योद्धा हुआ, जिसे रुद्र पिनाकी (शंकर) का भी अभयहस्त प्राप्त था। अपने पराक्रम से एशिया माइनर के अनेक राज्यों को जीतकर **सहस्रबाहु** के उपनाम से दैत्य सम्राट् के पद पर अधिष्ठित होकर बाण ने बलि के पश्चात् नेपथ्य में चली गई दैत्यों की प्रतिष्ठा को पुनः स्थापित किया। **'वन'** नामक इसकी राजधानी लोहित्य सागर से उत्तर-पूर्व में स्थित थी (संदर्भ—**वायु पुराण** 67.85)। टर्की में स्थित **'वान'** नामक झील सहस्रबाहु वाण व उसकी 'वान' नामक राजधानी से ही अभिप्रेरित प्रतीत होती है। वाण के उत्तराधिकारियों में किसी प्रतापी सम्राट् के न होने के कारण दैत्य साम्राज्य पुनः छिन्न-भिन्न हो गया और उसके पश्चात् दानवों के बढ़ते वर्चस्व ने दैत्यों के स्वतंत्र अस्तित्व को ही समाप्त कर दिया।

2. आदित्य (देव)—प्राचेतस-दक्ष की द्वितीय पुत्री अदिति से मरीचि कश्यप को कुल बारह पुत्र–**धाता, वरुण, मित्र, अर्यमा, इंद्र, अंश, भग, विवस्वान, पूषा, सवित्र, त्वष्टा** व **विष्णु** (***धाता वरुणोमित्रऽर्यमा इंद्र अंशो भगः विवस्वान् पूषा सवित्रोत्वष्टा विष्णुरिति द्वादश पुरा आदित्या आसन्***—आयुर्वेद संहिता) हुए। दक्ष-सुता अदिति के नाम के अनुरूप उसके ये सभी पुत्रगण **द्वादश आदित्य** के नाम से विख्यात हुए। आदित्यों में ज्येष्ठ **धाता** सांसारिक अभिलिप्साओं में अपनी अरुचियों के कारण स्वाध्याय आदि कर्मों का संकल्प लेकर प्रखर ऋषि हो गए। अपने दिव्य गुणों के कारण कुछ ही काल में वे ऋषियों द्वारा विद्वत् पीठ के सर्वोच्च पद पर प्रतिष्ठित होकर **'ब्रह्मा'** की उपाधि से विभूषित हुए।

धाता के पश्चात् उनके अनुज **वरुण** आदित्य कुल के मुखिया बने। आदित्यों के हिस्से में आए कश्यप सागर के दक्षिणी भू-भाग (इलावर्त) का सम्राट् बने वरुण की राजधानी का नाम **सुषा नगरी** था (***सुषा नाम पुरी रम्या वरुणस्यापि धीमतः***—मत्स्य पुराण)। ईरान का **'एलम'** नामक क्षेत्र व विश्व के प्राचीनतम शहर के रूप में प्रतिष्ठित रही इसकी **'सूशन'** नामक राजधानी वस्तुतः वरुण के इलावर्त तथा सुषानगरी के ही परवर्ती संस्करण रहे थे। 'ऋग्वेद' में वरुण को जहाँ एक न्यायप्रिय, उदार व दृढ़व्रती सम्राट् के रूप में परिभाषित किया गया है, वहीं जेंद अवेस्ता तथा

अन्य पर्शियन साहित्यों में इलावर्त का शासक होने के नाते वरुण को **'इलाही'** या फिर **'इलौही'** तथा असुरों के अधिपति होने के कारण **'अहुर फरन'** के नामों से भी संबोधित किया गया है। कश्यप सागर (**कैस्पियन सी**), लोहित्य सागर (**रेड सी**), अरब सागर (**अरेबियन सी**) व काला सागर (**ब्लैक सी**) नामक समुद्रों से चारों तरफ से घिरे राज्य का अधिपति होने के कारण वरुण को **जलों का देवता** या स्वामी भी कहा जाता रहा। उच्चारणगत पारसी विसंगतियों के कारण मिस्री धर्मग्रंथों में वर्णित **'फराऊन'** नामक जल-देवता भी भारतीय **'वरुण'** का ही पर्यायवाची प्रतीत होता है। यही नहीं, आदित्य कुल का प्रथम सम्राट् होने के नाते कालांतर में वरुण **ब्रह्म-देव** के रूप में भी प्रतिष्ठित हुआ। इसी आशय के अनुरूप विभिन्न आस्थाओं तथा साहित्य में वरुण को **'अल्लाह', 'कर्तार', 'विधाता', 'लॉर्ड क्रिएटर', 'अहुर फरन'** आदि नामों से भी संबोधित किया गया। विवस्वान (सूर्य) तथा विष्णु को छोड़कर शेष आदित्य भ्रातागण राज्य प्रबंधन में सहयोग के लिए वरुण के साथ ही रहे थे। आदित्यों में कनिष्ठतम रहे विष्णु ने **क्षीरसागर** (शीरवान या कैस्पियन सी) के तटवर्ती क्षेत्र में नारायण द्वारा बसाए गए **बैकुंठ** (बैकुड) नामक नगर को अपने अधिकार में ले लिया था, जबकि विवस्वान (सूर्य) इन सबसे अलग कश्यप सागर से दक्षिण-पश्चिम व फारस की खाड़ी से उत्तर-पश्चिम के भू-भाग पर **'सुर'** नामक नगरी बसाकर रहने लगे थे। वर्तमान **सीरिया,** विवस्वान (सूर्य) द्वारा स्थापित **'सुर प्रदेश'** का ही भाषाई अपभ्रंश है।

'शुनादेवी' नामक अपनी राजमहिषी से सम्राट् वरुण (ब्रह्मदेव) को (***वरुणस्य पत्नी सामुद्री शुनादेवीत्युदाहृता***—वायु पुराण-84/6) **अंगिरा** व **भृगु** नामधारी दो ब्रह्मपरायण पुत्र हुए। वरुण के इन दोनों पुत्रों को देव, दैत्य व असुर समाजों में समान रूप से आदर दिया जाता रहा। अंगिरा का विवाह प्रजापति दक्ष की सरूपा व निरूपा नामक दो कन्याओं से हुआ था। अंगिरा को दक्ष नंदनी सरूपा से **बृहस्पति** नामक एक पुत्र हुआ। भृगु को हिरण्यकशिपु की पुत्री दिव्या से **काव्य-उशना** तथा पुलोमा दानव की पुत्री पौलमी से **च्यवन** नामक दो पुत्र हुए। काव्य-उशना का विवाह यशस्विनी तथा मनस्विनी नामक दक्ष-दुहिताओं से हुआ था। अंगिरा व भृगु के ये सभी पुत्रगण अपने समय के प्रख्यात विद्वान् व राजनीति-विशारद हुए। संयोग से इसी बीच आदित्यों में कनिष्ठ रहे विष्णु ने दैत्यों से अपने घोर विग्रह के कारण स्वरूप भृगु की दैत्य-पत्नी दिव्या का अवसर मिलते ही वध कर दिया। अकारण वध की इस घटना से उद्वेलित भार्गवों (विशेषकर भृगु व दिव्या के वंशधरों) का रुझान देवों के विपरीत दैत्यों, दानवों और असुरों के प्रति हो गया। यही नहीं, आदित्य परंपरा से एकदम उलट भार्गवों ने

प्रतिक्रियास्वरूप अपने आराध्य के रूप में अनार्यों में विशेष रूप से लोकप्रिय रहे **'रुद्र'** को प्रतिष्ठित कर दिया। इसी क्रम में आदित्यों से अपने विग्रह को उजागर करते हुए भृगु-दिव्या के पुत्र काव्य-उशना ने **'शुक्राचार्य'** के उपनाम से दैत्य/असुर के गुरु-पद को भी सहर्ष स्वीकार कर लिया। **काव्य-उशना** (शुक्राचार्य) के इस निर्णय का सम्यक् प्रत्युत्तर देते हुए देवताओं ने भी वरुण के दूसरे पुत्र अंगिरा के वंशधर रहे बृहस्पति को अपना गुरु मनोनीत करते हुए वरुण के वंशजों के मध्य ही विभेद की एक स्थायी खाई भी खोद दी (***बृहस्पतिर्वा आंगिरसो देवानां पुरोहित आसीद् उशना काव्योऽसुराणाम्***—जै. ब्राह्मण-1/125)। इस प्रकार वरुण (ब्रह्मदेव) के वंशजों द्वारा देव-दैत्य आदि के पौरोहित्य कर्म को अपनाने के कारण सम्राट् (वरुण) के उत्तराधिकारी के रूप में बचे आदित्य-भ्राताओं का दावा स्वतः ही निष्कंटक हो गया।

वरुण के पश्चात् आदित्य-भ्राताओं में अति महत्त्वाकांक्षी व बलशाली रहे **महेंद्र** ने **'इंद्र'** के उपनाम से सम्राट् के पद को ग्रहण किया। **वाल्मीकि रामायण** (युद्ध कांड-117 सर्ग) का ***'इन्द्रकर्मा महेन्द्रस्त्वं'*** की उक्ति भी इसी तथ्य की पुष्टि करते हैं। वरुण के समतामूलक सिद्धांत के विपरीत इंद्र ने सम्राट् के पद को ग्रहण करते ही असुरों व दैत्यों से अपना संबंध विच्छेदित करते हुए एक स्वतंत्र राज्य की स्थापना की। इंद्र ने अपने राज्य को **'देवभूमि'** व यहाँ के निवासियों को **'देव'** की संज्ञा देते हुए अपने को **'देवराट्'** की नवीन उपाधि से विभूषित किया। इस प्रकार देव के नाम से आदित्यों का नया संस्करण इंद्र के कार्यकाल के समय से अस्तित्व में आया और यहीं से आदित्यों की मातृ-व्यवस्था के स्थान पर देवताओं में पितृ-सत्ता विकसित हुई। इंद्र ने वरुण द्वारा विकसित सुषा नगरी के स्थान पर देवों के लिए क्षीरसागर (कश्यप सागर) के उत्तरी तट पर स्थित 'अमृत' नामक क्षेत्र में **'अमरावती'** नामक राजधानी को स्थापित किया। आज भी इस स्थान के निवासियों को **'अमरेह'** कहा जाता है। पुराणों में इसे **'श्रीनार'** तथा पर्शियन इतिहास में इसे **'शीनार'** कहा गया है। कालांतर में सुमेर-सभ्यता का विकास भी इसी क्षेत्र से प्रारंभ हुआ।

देवराट् इंद्र पर आदित्य-भ्राताओं में कनिष्ठ किंतु अधिक बुद्धिमान रहे विष्णु (**जघन्यजस्तु सर्वेषाम् आदित्यानां गुणाधिकः**—महाभारत, आदि पर्व) का अधिक प्रभाव रहा। किंचित् यही कारण रहा कि इंद्र के अनुज रहे विष्णु को **'उपेंद्र'** के उपनाम से भी संबोधित किया जाता रहा था। विष्णु की कूटनीतिज्ञ मंत्रणाओं के अनुरूप चलने के कारण पुलोम दानव की पुत्री पौलमी को अपनी राजमहिषी स्वीकारने के उपरांत भी इंद्र (महेंद्र) का दैत्यों व दानवों से सत्ता-संघर्ष यथावत् बना रहा।

धीरे-धीरे इनकी आपसी कटुता ने इतना उग्र स्वरूप धारण कर लिया कि **दायद बंधुओं** (देवों और दैत्यों के गुटों) को आपस में कुल बारह युद्ध करने पड़े। इन देवासुर संग्रामों में दैत्यों के लगातार हुए पराभवों ने देव समाज में इंद्र व विष्णु के व्यक्तित्वों को गरिमामयी रूप से स्थापित कर दिया। इस प्रकार ये दोनों देवों के रक्षक तथा शत्रुहंता के नाम से विख्यात हो गए। विष्णु के मार्गदर्शन तथा इंद्र के पराक्रम से देवताओं का उत्तरोत्तर उत्कर्ष होता चला गया और इनका साम्राज्य कैस्पियन सागर-तट के पश्चिम स्थित यूरोप के कुछ हिस्सों के साथ पूर्व में ईरान, तिब्बत व चीन तक फैल गया। कालांतर में दानवों तथा असुरों के बढ़ते दबाव के कारण देवों को **त्रिविष्टप** (तिब्बत) के पर्वतीय, किंतु सुरक्षित क्षेत्र में आकर सिमटना पड़ा था और अनंत काल तक यह क्षेत्र देवों के ही अधीन रहा था। अपने साम्राज्य की सामरिक सुरक्षा के तहत देवताओं ने अपनी सीमाओं पर बसनेवाले नागों, वैनतेयों, मरुतों, यक्षों, गंधर्वों आदि दायद बंधुओं से भी मैत्री संबंध स्थापित किए। नीतिज्ञ विष्णु की मंत्रणा पर तात्कालिक इंद्र ने नागों के राजा **शेष** को, वेनतेयों के अधिपति **गरुड़** को, मरुतों के स्वामी **वायु** (पवन) को, यक्षों के नरेश **कुबेर** तथा गंधर्वों में विशिष्ट स्थान रखनेवाले **नारद** व **काम** को भी **'देव'** की मानद उपाधि से विभूषित किया और इस प्रकार दायद बंधुओं से पनपे देवों के इस मैत्री-संबंधों को और अधिक मजबूत किया।

इंद्र

सृष्टि उत्पत्ति की वैदिक अवधारणाओं के अनुसार शयन कर रहे परमपिता **महाविष्णु** के नाभि कमल से ब्रह्मा या ब्रह्मांड का उद्भव हुआ था, अतः अपनी स्थितियों के अनुरूप ही महाविष्णु पाताल तथा ब्रह्मा आकाश के अधिपति या दिग्पाल माने गए हैं। इसी भावना के अनुरूप अपने राज्य की सीमाओं के सामरिक प्रबंधनों को सुदृढ़ करने के लिए कालांतर में देवराट् इंद्र ने भी आठों दिशाओं के रक्षकों के रूप में विभिन्न दिग्पालों की नियुक्तियाँ कीं। **इंद्र** ने स्वयं को पूर्व दिशा का, **यम** को

पश्चिम दिशा का, **कुबेर** को उत्तर दिशा का, **वरुण** को दक्षिण दिशा का, **रुद्र** को ईशान दिशा (पूर्वोत्तर) का, **अग्नि** (दक्ष) को आग्नेय दिशा (पूर्व-दक्षिण) का, **निरुत** (राक्षस) को नैऋत्य दिशा (पश्चिम-दक्षिण) का व **वायु** (पवन या मरुत) को वायव्य दिशा (पश्चिमोत्तर) का **दिग्पाल** घोषित किया। दिग्पालों से संबंधित उपर्युक्त नियुक्तियाँ तात्कालिक देवलोक तथा वर्णित गणों की भौगोलिक स्थितियों को भी स्वतः ही स्पष्ट कर देती हैं।

इंद्र (महेंद्र) की बढ़ती ख्याति ने देवराट् के पद को ही कालांतर में **'इंद्र'** के रूप में प्रतिष्ठापित कर दिया। यही कारण है कि देव (आदित्य) युग से लेकर वासुदेव कृष्ण के काल तक अस्तित्व में रहे देव-समाज के सम्राट् पद को सुशोभित करनेवाले **महेंद्र** (इंद्र) के अलावा **अर्जुन, विश्वभुज, भूतधामन, विपश्चित, सुशांति, तेजस्वी, शिवि, मनोजव, वलि, पुरंदर, देवराज, नहुष, रजि, ऋतुधामा, वृष, स्कंद,** (कार्त्तिकेय), **अद्भुत, दिवस्पति, शुचि** आदि को इनके व्यक्तिगत नामों के बजाय देवराट् के रूप में **'इंद्र'** अथवा **'देवेंद्र'** के उद्बोधनों से ही स्मरण किया जाता रहा। नाम की इसी एकरूपता के कारण आम जनमानस में इंद्र की छवि एक **अतिदीर्घजीवी पुरुष** के रूप में भी स्थापित हुई। इसी तरह सृष्टिकारक **महाविष्णु** (ईश्वर) की कल्पना के अलावा पृथु-वैन्य से आठ पीढ़ी पहले हुए **विष्णु** (नारायण) व फिर दैत्य कालीन (अर्थात् बाराह उद्धारक, प्रह्लाद रक्षक, बलि तारक), मनु कालीन (मत्स्य) तथा रावण व उसके नाना माली-सुमाली के कालों में रहे विभिन्न **विष्णुओं** का संदर्भ भी कालक्रम में विष्णु नामधारी इन ऐतिहासिक पुरुषों को एक मानते हुए इनके दीर्घजीवी होने का ही भाव उत्पन्न करता है। इस प्रकार की भ्रांतियाँ वस्तुतः वेद मंत्रों में प्रयुक्त किए गए शब्दों के आधार पर ऐतिहासिक पुरुषों, वंशों तथा पदवियों के नामकरण की परिपाटी से ही विकसित हुई थीं। **वेद तथा उसके अंगों व उपांगों में** वर्णित विष्णु (ब्रह्म), ब्रह्मा, अदिति, धाता, वरुण, मित्र, अर्यमा, अंश, भग, इंद्र, विवस्वान, सप्तऋषि, रुद्र (अग्नि), मरुत, सोम आदि नाम **ईश्वर** तथा उसकी **कृतित्व शक्तियों** तथा उनसे उत्पन्न विभिन्न प्रकार के **प्राकृतिक पदार्थों** के द्योतक रहे थे, जबकि **पुराणों** एवं **गाथाओं में** दोहराए गए ब्रह्मा, रुद्र, सप्तऋषि, अग्नि (दक्ष), कश्यप, अदिति, मित्र, वरुण, अर्यमा, इंद्र, विष्णु (उपेंद्र), भग, विवस्वान (सूर्य), मनु, यम, सोम आदि नाम पृथ्वी पर विभिन्न कालखंडों में अस्तित्व में रहे **ऐतिहासिक व्यक्तियों** तथा **पदों** के लिए प्रयुक्त हुए थे। यही नहीं, कुछ मामलों में परवर्ती ऐतिहासिक पुरुषों को संबोधित करने के लिए पुनः इन्हीं नामों का उपयोग किया गया। सम्यक् मनन द्वारा ही नाम

की एकरूपता से उत्पन्न भ्रांतियों के आवरण से मुक्त होकर यथार्थ को आत्मसात् किया जा सकता है और सही मायने में तभी जाकर पौराणिकता पर लगाए गए काल्पनिकता के कलंक को धोया जा सकता है।

'शतपथ ब्राह्मण' के अनुसार, महेंद्र के पश्चात् देवराट् के पद पर सुशोभित हुए इंद्र का वास्तविक नाम **'अर्जुन'** रहा था ***(अर्जुनो ह वै नामेन्द्रो यदस्य गुह्यं नाम)***। 'मायथॉलॉजी ऑफ आर्यन नेशंस' में **काक्स** ने ग्रीक नाम **आर्गिनोरिस, अरकोडिया** आदि को इसी 'अर्जुन' से ही अभिप्रेरित माना है। इंद्र (शिवि) के लिए बेबीलोनियन साहित्यों में **'सुआ इंदावोगस'** का संबोधन प्रयुक्त हुआ है। 'ऋग्वेद' में इंद्र के लिए **'पर्जन्य'** का भी संबोधन हुआ है। इसी के अनुरूप यूरोप की तमाम स्लाव जातियाँ, युद्ध में शत्रुओं का दमन करनेवाले **पोईरोन** या **पाईरन** नामक देवता के रूप में **इंद्र** की ही पूजा किया करती थीं।

रुद्र (शिव) के प्रभाववश असुरों, दैत्यों, नागों व भार्गवों में जहाँ विवाह-पद्धति विकसित हो चुकी थी, वहीं देवों व गंधर्वों में इसका प्रचलन न होने के कारण उन्मुक्त यौन-संबंध की परिपाटी यथावत् बनी रही थी। गंधर्वों के सान्निध्य के कारण देवताओं में संगीत, नृत्य के साथ आमोद-प्रमोद की भावनाएँ भी बलवती हुईं। इधर गंधर्वों से प्राप्त सोम का सेवन करके दीर्घजीवी हुए देवताओं में चिर-यौवन सुख की अभिलिप्साएँ भी पनपने लगीं। कामनाओं के अतिरेक में देव-दंपतियों का प्रजनन के प्रति अनासक्ति का भाव पनपने लगा और कालांतर में देव-समाज के लिए प्रजनन को वर्जित कर दिया गया। यही कारण रहा कि **उर्वशी, रंभा, मेनका, पुजिंकस्थला, रति** आदि को गर्भधारण करने के कारण स्वर्ग (देवभूमि) से निर्वासित होना पड़ा था। इस प्रमाद के फलस्वरूप कालक्रम में बाँझपन से ग्रस्त हुई तैंतीस करोड़ की कभी अनुमानित जनसंख्यावाली अति समृद्ध देवजाति (***कोटयस्तास्त्रयस्त्रिंश द्देवदेवनिकायिनाम्***—मत्स्य पुराण-148/99) का महाभारत के पश्चात् त्रिविष्टप (तिब्बत) में आए किसी भयानक प्राकृतिक प्रकोप के कारण इस संसार से हमेशा-हमेशा के लिए

इंद्र का राज दरबार

अंत हो गया। महाभारत में वर्णित **महाप्रस्थानिक पर्व** के अंतिम पड़ाव में युधिष्ठिर द्वारा इंद्र के त्रिविष्टप स्थित राज्य में आतिथ्य ग्रहण करने का प्रसंग, देवों के अस्तित्व को सम्राट् परीक्षित के काल (ई.पू. 3100 के लगभग) तक बने रहना ही स्थापित करता है।

3. दानव—मरीचि-कश्यप को प्राचेतस दक्ष की तीसरी पुत्री दनु से **द्विमूर्धा, शंबर, अयोमुख, शंकुशिरा, कपिल, शंकर, एकचक्र, महाबाहू, तारक, महाबल, स्वर्भानु, वृषपर्वा, पुलोम** और परम बलशाली **विप्रचित्ति** नामक चौदह विख्यात पुत्र हुए और ये सभी अपनी माँ **(दनु)** के नामानुरूप **दानव** ही कहलाए। यवन ग्रंथों में इनका उल्लेख **दयोनिसिअस** के रूप में हुआ है, जबकि मेगस्थनीज इन्हें **'दोनोसोर'** कहकर संबोधित करता रहा। ये सभी उच्चारण स्पष्ट रूप से **दानवेश** का ही अपभ्रंश लगते हैं। मिस्र के पुरोहितों के अनुसार ये तीसरी श्रेणी के देव थे (Dionusos belong to the God of third order) जो कि दिति, अदिति व दनु के क्रम से ठीक ही दिखते है। विप्रचित्ति के पराक्रम से प्रभावित होकर मरीचि-कश्छप ने उसे ही दानवों का राजा बनाया था (***विप्रचित्तिं च राजानं दानवानामथाऽऽदिशत्***—वायु पुराण-70.7)। दानवेश विप्रचित्ति के साम्राज्य का विस्तार फ्रांस, इटली, स्पेन व पुर्तगाल तक रहा था। इसे पुराणों में **रसातल** का अध्यक्ष भी कहा गया है, जिसका तात्पर्य समुद्र से सभी ओर से घिरे हुए क्षेत्र से ही रहा था। उपर्युक्त सभी राष्ट्र समुद्र से घिरे हुए ही हैं। भारतीय शास्त्रों (**अष्टांग संग्रह**, छठा अध्याय) के अनुसार विप्रचित्ति का **बक्कस** नामक एक विशेष प्रकार के शराब से अत्यधिक लगाव भी रहा था। यह संयोग ही है कि फ्रांस अपने भूगर्भीय विशेषताओं के कारण **शैंपन** नामक शराब के उत्पादन के लिए आज भी विश्व भर में प्रसिद्ध है। दैत्य सम्राट् वलि के पश्चात् दनु के इस पराक्रमी योद्धा पुत्र ने **देवलोक, रसातल** तथा **मानवलोक** (सिंधु प्रदेश) को आक्रांत किया था (***विप्रचित्ति दुरोधर्ष देवतानां भयंकरम् ये न लोकत्रयं क्रोधात् त्रासितं स्वेन तेजसा***—महाभारत, भीष्म पर्व-90.29)। मिल्टन के **'पैराडाइज लॉस्ट'** नामक कृति में इसके लिए **'बारबेरियन'** विशेषण का प्रयोग किया गया है। इनके अतिरिक्त गजनी, हिरात, हरम, शंकरा, इक, वास्पोरस आदि देशों में भी दानव फैले हुए थे। दानवासुर विप्रचित्ति को हिरण्यकशिपु की कन्या सिंहिका से **शल्य, वातापि, नमुचि, इल्वल, नरक, कालनाभ, चक्तयोधी, खसृम, व्यंश, नभ, अंधक, महावीर** व राहू—ये कुल तेरह पुत्र हुए, जो दानव के अतिरिक्त **सैहिंकेय** के नाम से भी जाने गए। तेरह सैहिंकेयों के वंशधरों में **कालकक्ष, अश्वचक्र, कुक्षि, कुंभ, मुरु, केतु, रोचनामुख,**

कालकेय, काककंज व **कप** नामधारी प्रचंड दानववीर हुए। समुद्र-मंथन के समय देवों के छद्म वेष में अमृतपान के लिए सचेष्टरत रहे **सैहिंकेय राहू** व **केतु** का वध विष्णु ने **विवस्वान** (सूर्य) व **चंद्रदेव** के संकेत पर ही किया था। देवराट् इंद्र के हाथों दानवेश विप्रचित्ति, वृत्त आदि का वध कर दिए जाने के पश्चात् अंतिम दानवेश **मर्क** को देव सेनापति (कार्त्तिकेय या स्कंध) ने युद्धभूमि में मार गिराया था। इसके पश्चात् दानवों का यह गौरवपूर्ण सम्राज्य छिन्न-भिन्न होकर रह गया और देवों के राजा रहे इंद्र ने अपने नामरूप यहाँ **स्कंध** नामक एक नगरी का निर्माण करवाया था। **दानव मर्क** व **डेनमार्क** की आपसी समानता सिद्ध करती है कि इनका अंतिम अस्तित्व **'स्कैंडनेविया क्षेत्र'** में ही समाप्त हुआ था। स्कैंडनेविया वस्तुतः कार्त्तिकेय (स्कंद) द्वारा स्थापित **'स्कंध नगरी'** का ही भाषाई अपभ्रंश है। महाभारतकालीन सप्तसिंधु प्रदेश की **छुद्रक** व **मालव** जातियाँ इन्हीं दानवों से बने असुरों की वंशज रही थीं। इसी प्रकार **तुरानियों** के लिए शास्त्रों में वर्णित ***दनूनाम तुराणाम्*** का संदर्भ भी इनके दानव होने की ही पुष्टि करता प्रतीत होता है।

4. अरिष्टनेमि (गंधर्व)—मरीचि-कश्यप से दक्ष-सुता अरिष्टा को **तार्क्ष्य, अरुणि** व **वारुणि** नामक तीन पुत्र प्राप्त हुए। **अरिष्टा** के इन तीनों पुत्रों को मूलतः **अरिष्टनेमि** के रूप में ही जाना गया। पुष्प, इतर व शृंगार-परिधान के प्रेमी रहे अरिष्टा के इन तीनों पुत्रों की रुचियाँ गायन व नृत्य विद्या को भी सीखने की ओर बढ़ीं। नारद का संसर्ग पाकर संगीत कला में दक्ष होने के साथ-साथ इन तीनों ने औषधि व रसायन में भी निपुणता प्राप्त की। अपने औषधि-ज्ञान व रसायन शास्त्र में पारंगतता के बल पर अरिष्टनेमियों ने ही बहुचर्चित सोम वनस्पति तथा इसके सेवन-विधि की खोज की। प्रजापति दक्ष ने अपनी चार कन्याएँ इन अरिष्टनेमियों को ब्याही थीं। संगीत तथा सुगंध के प्रति अपनी आसक्तियों के कारण अरिष्टनेमियों को कालांतर में **गंधर्व** कहा जाने लगा। वैदिक वाङ्मय में कुल **सत्ताईस गंधर्वों** का उल्लेख मिलता है, जिनमें **अरिष्टनेमि, विश्वावसु, सात्त्विक, हाहा, हूहू, गोलभ, पुष्पदंत, किंकर, मित्रावसु, पर्जन्य, सिद्ध, दुंदभि, अतिवाहु, सुपर्ण** आदि विशेष रूप से प्रसिद्ध रहे। विश्वावसु, पुष्पदंत, किंकर,

गंधर्व

मित्रावसु, पर्जन्य, सिद्ध आदि रुद्र के अनन्य भक्त के रूप में विख्यात हुए। मित्रावसु को **चित्रांगद** नामक पुत्र व **चित्रांगदा** नामक कन्या हुई। चित्रांगदा का विवाह लंकापति रावण से हुआ था। **चित्रांगद** के उत्तराधिकारियों में **चित्रसेन, सुचंद्र, सुवर्ण, अंगारपर्ण, युगप, वृह्क, गोपति** आदि प्रमुख गंधर्व हुए थे। इनके अलावा **आरुज, कबंध, कर्ण प्रावरण, तृपण, बहुगुण, शैलूज** व **भूमन्यू** नामधारी गंधर्वों का भी उल्लेख भारतीय शास्त्रों में हुआ है। देवताओं व अप्सराओं से भी गंधर्वों का अभीष्ट संबंध रहा था। देवताओं को सोम गंधर्वों द्वारा ही प्राप्त होता रहा था। देव मनोरंजन के लिए गंधर्वों व अप्सराओं का गायन व नृत्य का कार्यक्रम इंद्रलोक में अनवरत रूप से आयोजित होता रहा था। गंधर्वों का राज्य उत्तर में सफेद खोह पर्वत अंचल **(पेशावर)**, दक्षिण में मुलतान **(डेरागाजी खाँ)**, पश्चिम में **कंधार** तथा पूर्व में **पंजाब** तक फैला हुआ था। गंधर्व लोक में स्थित होने के कारण सफेद खोह पर्वतमाला को **गंधमादंन पर्वत** के नाम से जाना जाता रहा था। पश्चिम पंजाब के **मॉण्टूगोमरी जिले के हड़प्पा** नामक स्थान में सन् 1921 में किए गए उत्खननों में पुरातत्त्ववेत्ताओं को नृत्य की विभिन्न मुद्राओं को प्रदर्शित करती हुई नर व नारी की मूर्तियाँ प्राप्त हुई हैं, जो स्पष्ट संकेत करती हैं कि किसी काल के यहाँ के निवासी संगीत व नृत्य के प्रेमी रहे थे। शृंगार-प्रसाधन, उन्मुक्त हास-परिहास तथा तड़कते-भड़कते संगीतमय जीवन की **पंजाबी शैली** निश्चित रूप से गंधर्वों के विरासत के रूप में यहाँ आज भी जीवंत है।

विश्वावसु के पुत्र **अमावसु** ने गंधर्वों से अलग मध्य भारत के **बघेलखंड अंचल** में शोण (सोन) नदी के तटवर्ती क्षेत्र में अपना एक स्वतंत्र राज्य स्थापित किया। तदंतर इसके उत्तराधिकारी अमावसु वंशीय के रूप में ही जाने-पहचाने गए। अमावसु को **कुश** नामक एक पुत्र हुआ। कुश को **वैदर्भी** से **कुशनाभ, कृशाश्व, अमूर्तरजस्** और **वसु** नामक चार पुत्र हुए। कुशनाभ को **घृताची** अप्सरा से एक कन्या की प्राप्ति हुई, जिसे उसने **चूली ऋषि** व **सोमदा** गांधर्वी से उत्पन्न **ब्रह्मदत्त** को सौंप दिया। कृशाश्व को **कृशिक** नामक एक पुत्र हुआ, जिसने कालांतर में कान्यकुब्ज में अपना राज्य स्थापित किया। निःसंतान रहे कान्यकुब्ज नरेश कृशिक ने अपने चचेरे बहनोई वयोवृद्ध ब्रह्मदत्त के नवजात शिशु **गाधि** को अंततः गोद ले लिया। कृशिक के उत्तराधिकारी बने गाधि तदनुसार **कौशिकेय** के नाम से विख्यात हुए। इन्हीं गाधि के पुत्र **विश्वरथ** (विश्वबंधु) को भारतीय इतिहास में **विश्वामित्र** के नाम से जाना गया।

5. काद्रवेय (नाग)—दक्ष-पुत्री कद्रु से मरीचि-कश्यप को **शेषनाग, वासुकि,**

तक्षक, कर्कोटक, धनंजय, महानील, कालिय, अश्वतर, काबल, शंखरोमा, वाह्यकुंड, दधिमुख, पुष्पदंत, मद, उपनंद, धृतराष्ट्र, आपूरण, माल्यपिंडक, संवृत, शीर्षा, कुकुर, कुकुण, आर्यक, वामन, एलापत्र व **मंदक**—ये कुल छब्बीस पुत्र हुए। कश्यप के ये सभी पुत्र अपनी माँ **(कद्रु)** के नाम के अनुरूप **'कूद्र'** कहलाए। कूद्रो में ज्येष्ठ **शेषनाग** इनका मुखिया बन गया। उसके पश्चात् ये सभी कूद्र भ्रातागण व इनके वंशज **'नाग'** के रूप में भी पहचाने गए। इसी प्रकार दक्ष-सुता कद्रु के इन पुत्रों द्वारा कुल छब्बीस नागवंश अस्तित्व में आए। शेषनाग ने मनसा नामक देवकन्या को अपनी अर्धांगिनी बनाया। शेषनाग के पश्चात् **वासुकि** नागों के सम्राट् बने और इन्हीं के कार्यकाल में अमृत-मंथन हुआ था। नागों की अभिरुचियाँ मूल्यवान् जवाहरातों यानी मणि, हीरा, नीलम, माणिक, पन्ना आदि के क्रय-विक्रय की ओर रही थीं। अपने इस व्यावसायिक लगाव के कारण नागों को प्रायः ही देश-विदेश की यात्राएँ करनी पड़ती थीं। अपनी लंबी व्यावसायिक यात्राओं के दौरान नागों ने देशांतरों में अपना वैवाहिक संबंध भी स्थापित किया और इस प्रकार इनका विस्तार अपने मूल स्थान से दूर-दराजों के प्रदेशों में भी हुआ। नागों का मूल स्थान कश्यप सागर से पश्चिम में **नागह्य** नामक क्षेत्र में रहा था। आजकल इस क्षेत्र को **कुर्दिस्तान** (तुर्की) के नाम से जाना जाता है। प्रसिद्ध अमृत-मंथन भी कश्यप सागर के उत्तरी तट पर हुआ था और देव व दैत्यों के अलावा नागों ने वासुकि के नेतृत्व में इस मंथन में सक्रिय भूमिका निभाई थी। मैत्री संबंधों के कारण दैत्य सम्राट् बलि को कैद करके देवों ने उसे नागों को ही सुपुर्द किया था, जिन्होंने उसे **बलसुरा** नामक स्थान में अपनी अभिरक्षा में रखा था। सिपहसालार **अमरु** द्वारा किए गए विध्वंस के तुरंत बाद इसलाम के **दूसरे खलीफा उमर** द्वारा 640 ईस्वी में पुनः बसाए गए इस नगर को अब **बसरा** के नाम से जाना जाता है। वैनतेयों (गरुणों) से इनका स्वाभाविक वैर रहा था। कालांतर में इनके आक्रमणों से बचे रहने के लिए नागों को अपना पैतृक स्थान छोड़कर दक्षिण-पूर्व के समुद्री तटों पर आश्रय लेना पड़ा। बंगाल की खाड़ी के अलावा हिमालय की तराई में भी नागों की बस्तियाँ रही थीं। नागों के छब्बीस कुलों में **अकर्कर, अजगर, अतिखंड, अनंत, अनील, पतन, आरुणि, आर्तिमान, आर्यक, आस्तिक, उग्र, उग्रतेजा, उदपारक, उलूपी, कक्ष, कंबल, कल्माष, कालबेग, कालीयक, कृशक, कोटरक, कौणय, क्राथ, क्षेमक, चक्र, चक्रमंद, तरुण, महाहनु, महोदर, माल्यपिंडक, मुद्गर, धारण, धूर्त्तक, नहुष, किष्णनक, नंदक, अमाहट, अरुण, अर्बुद, अव्यय, अश्वसेन, पाशु, भारशिव, चित्रसेन** आदि प्रसिद्ध नाग हुए। राम के पुत्र **कुश** ने

तक्षक नाग की पुत्री **कुमुदावती** से विवाह किया था और उससे उन्हें **अतिथि** नाम का पुत्र हुआ था। द्वापर में **कृष्ण** ने **कालीय नाग** को वृंदावन के यमुना-तट से खदेड़कर समुद्र-तट पर (बंगाल की खाड़ी में) बसने के लिए विवश किया था। **कुंती** के नाना **आर्यक** नाग थे, जिन्होंने जल से **भीम** को निकालकर उसे विष के प्रभाव से मुक्त किया था। **तक्षक वंश** के नाग **अधिपति** ने **परीक्षित** का वध किया था, जिसके प्रतिशोध के लिए परीक्षित पुत्र **जनमेजय** ने नागों पर प्रचंड आक्रमण किया। इस युद्ध में पराजित नागों को जनमेजय ने जीवित अग्निकुंड में झोंकवा दिया। उसका यह कृत्य बाद में **नाग यज्ञ** के रूप में प्रसिद्ध हुआ। **भारशिव** नाग के वंशज **वीरसेन** ने **कुशान वंश** को पराजित करके भारत में अपना साम्राज्य स्थापित किया था। भारशिवों के वंशज रहे सम्राट् **भवनाग** का दौहित्र **रुद्रसेन** वाकाटक-नरेश तृतीय हुआ था। प्रसिद्ध **तक्षशिला गुरुकुल** की स्थापना तक्षकवंशीय नाग सम्राटों ने ही की थी। नागों को कश्मीर से पिशाचों तथा गंधर्वों ने खदेड़कर दक्षिण-पूर्व में बसने के लिए विवश किया था। इस प्रकार **छोटानागपुर** का क्षेत्र, **मणिपुर** व वर्तमान **नगालैंड** नागों का गढ़ हुआ। पूर्वी भारत में नाग एक जाति के रूप में आज भी अस्तित्व में हैं। बंगाल में नाग माता के रूप में **मनसा देवी** की पूजा की जाती है और इसी क्रम में नाग-पूजा के लिए भारत में **नाग-पंचमी** का त्योहार भी मनाया जाता है। इनके अलावा पश्चिम एशिया के **कद्रू** या **कुर्द** तथा **मेक्सिको के आदिवासी** दक्ष-सुता कद्रु के ही वंशधरों में से हैं।

6. वैनतेय—प्राचेतस दक्ष की कन्या विनता से कश्यप को **सुपर्ण, सुनाम, सुनेत्र, सुवर्ची, सुरुक** व **गरुड़** नामधारी कुल छह पुत्र हुए। विनता के ये सभी पुत्र **'वैनतेय'** के नाम से प्रसिद्ध हुए। वैनतेयों का यह वंश धीरे-धीरे विकास करता गया। इनमें **सुवर्णचूड़, नागाशी, दारुण, चंडतुंड, अनिल, अनल, अनिभिष, कुंभीनसि, मधु, घटोदर, कैटभ, दशावर, विशालाक्ष, कंडली, पंकाजित, अनध, कपोत, गुरुभार, चिरांतक, चिराव, वज्रविषकंभ, सर्पांत, सारस, महाखग, मालय, वामन, वातवेग, दिशाचक्षु, दिवाकर, सूर्यनेत्र, हेमवर्ण, सुस्पर, प्रिरांव, सप्तराव, दीपक, पद्मकेतन, सुमुख, चित्रकेतु, चित्रवर्ह, अनघ, मेषदृत, कुमुद, दक्ष, सोमभोजन, कपोल, विष्णुधर्मा, कुमार, परिवर्ह, हरि, मधुपर्क, हेमवर्गा, मातशिखा, निशाकर, सरिद्द्वीप, वैनतेय, विमिष, वाल्मीकि** आदि प्रसिद्ध रहे थे। वैनतेयों का नागों से शाश्वत वैरभाव बना रहा और आपसी युद्धों में ये हमेशा ही नागों पर भारी पड़ते रहे थे। नागों के मित्र होने के कारण देवों से वैनतेयों का घोर विग्रह हुआ। इसमें देव

पराजित हुए। विष्णु के प्रयासों से वैनतयों तथा देवों में संधि हो पाई। इस संधि के बाद गरुड़ अपने विमान के साथ विष्णु की सेवा में रहने लगे। विष्णु से अपनी इसी अंतरंगता के कारण गरुड़ बहुत चर्चित हुए। गरुड़ के वंशज रहे **अरिष्टनेमि** के पुत्र का नाम भी **सुपर्ण** रहा था। यह एक अति बलवान् योद्धा रहा था। इसकी भगिनी का विवाह सूर्यवंशी चक्रवर्ती सम्राट् **सगर** से हुआ था। सुपर्ण का पुत्र **सुपर्णचूड़** व उसका पुत्र **सूर्यनेत्र** हुआ। फिर **सुस्पर, सुमुख, सरिद्द्वीप** आदि के क्रम से **दिवाकर** हुआ। दिवाकर के **गरुड़** व **अरुण** नामक दो पुत्र हुए। अरुण को ताम्रा-पुत्री श्येनी से **जटायु** व **संपाती** नामक दो वीर पुत्र हुए। इनमें जटायु सीता-हरण के समय जनस्थान में महाबली रावण के हाथों मारा गया। संपाती एक अग्नि दुर्घटना में जल जाने के कारण अपाहिज के रूप में **मलय पर्वत** में अकेला रहने लगा। यहीं पर उसकी भेंट सीता की खोज में निकले वानर-दल से हुई थी। संपाती का पुत्र **सुपाशर्व** एक प्रसिद्ध नाग-शत्रु के रूप में विख्यात हुआ। लंकायुद्ध के दौरान नाग-संकट में फँसे राम व लक्ष्मण को इसी ने मुक्ति दिलवाई थी। गरुड़ का वंशज होने के कारण परवर्ती उल्लेखों में नाग-संकट के उद्धारक इस सुपार्श्व को गरुड़ कहकर ही संबोधित किया गया। वैनतेयों का मूल स्थान **'गरुड़धाम'** के नाम से विख्यात रहा था, जो कुर्दिस्तान के उत्तर कश्यप सागर के पश्चिमी तट पर स्थित रहा था। इसके समीप ही विष्णु का बैकुंठधाम रहा था। आजकल यह क्षेत्र **'गरडेशिया'** के नाम से जाना जाता है।

यक्षों का महल

7. खासी (यक्ष व राक्षस)—कश्यप को दक्षसुता खसा से **चुलकोक** व **महाकोक** नामक दो पुत्र हुए। खसा के ये दोनों पुत्र **खासी** के नाम से विख्यात हुए। चुलकोक के वंशज विकट योद्धा के रूप में उभरे। इनकी वीरता से प्रभावित होकर देवताओं ने अपने साम्राज्य की रक्षा का भार इन्हें सौंप दिया। रक्षक का कर्तव्य निभाने के कारण कालांतर में ये **'राक्षस'** के नाम से विख्यात हुए। समर्पित निष्ठाओं के उपरांत भी देवों द्वारा अपने प्रति अपनाई गई भेद-नीति के कारण कुछ ही समय में देवताओं से इन्हें वितृष्णा सी हो गई और ये सभी देव विरुद्ध बनाए गए दैत्य व असुरों के समूहों में जाकर मिल

गए। देवताओं के उत्कर्ष स्थापित होने पर इन्हें जन-समुदाय में देवों द्वारा निंदनीय रूप से प्रचारित किया गया और तदनुसार देव-समाज तथा उनसे प्रभावित सभ्यताओं में राक्षस गण उसी के अनुरूप प्रतिष्ठित भी हुए। राक्षसों में **अलभ, अंजनपर्वा, अलंबुष, अलायुधच, घटोत्क, अविंध्य, किर्भीर, जरा, गजमुख, क्रोधवश, दीर्घजिह्व, धूम्राक्ष, प्रधस, प्रमाथी, प्ररुज, प्रहस्त, मणिमान, विरुपाक्ष, पटशः, घटोत्कच, डिंभक, जटा, जंभू, तारक्ष, क्रोधविर्द्धन, मरीच, पर्वण, तुंड, गंधमादन, शालकंकट** आदि प्रचंड योद्धा हुए। शालकंकट को संध्या से **सालकटंकटा** नामक एक कन्या हुई, जिसका विवाह हेति-भया के पुत्र **विद्युत्केश** से हुआ। विद्युत्केश-सालकटंकटा के पुत्र **सुकेश** को गांधर्वी वेदवती से **माली, सुमाली** व **माल्यवान** नामक तीन पुत्र हुए। सुकेश के इन तीनों तेजस्वी पुत्रों के रण-कौशल से अभिभूत होकर दैत्य-सम्राट् विरोचन ने इन्हें दैत्यों का सेनापति नियुक्त कर दिया। 'तारकामय' नामक देवासुर संग्राम में दैत्य-सम्राट् विरोचन व बड़े भाई माली के मारे जाने तथा कालांतर में देवों द्वारा छल से दैत्य सम्राट् वलि को बंदी बनाए जाने के पश्चात् हताश हुए सुमाली व माल्यवान अपने परिजनों समेत पश्चिम-दक्षिण के अज्ञात क्षेत्र में जाकर अपनी खोई हुई शक्ति को संगठित करने लगे। अफ्रीका का **माली** व **सुमाली गणराज्य** तथा **मैलागैसी** (मेडागास्कर) **द्वीप** वस्तुतः इन तीनों पराक्रमी भ्राताओं (माली, सुमाली व माल्यवान) की स्मृतियों को क्रमशः आज भी तरोताजा किए हुए हैं। सुमाली को **प्रहस्त, अकंपन, विकट, कलिकामुख, धुम्राक्ष, दंड, सुपार्श्व, महावल, संह्लादि** व **महाकर्ण** नामधारी दस पराक्रमी पुत्र तथा **कैकसी** नामक कन्या हुई। कैकसी को पौलत्स्य निदाध पुत्र **विश्रवा** से **रावण, कुंभकरण** व **विभीषण** नामक पुत्र तथा **बज्रमणि** नाम की कन्या हुई। सूप जैसे चौड़े नाखूनों की स्वामिनी बज्रमणि को बड़े-बड़े नाखून रखने के कारण **'शूर्पनखा'** कहा जाने लगा और तदनुसार वह इसी नाम से प्रसिद्ध भी हुई। नाना सुमाली के सान्निध्य में युद्ध-विद्या में प्रवीण होकर महाबली रावण ने सप्तद्वीपों को जीतकर लंका नामक नगरी में राक्षसों की विधिवत राजधानी स्थापित की। कालांतर में इसके पुत्र **मेघनाद** ने देवताओं को परास्त करके अपने पिता के मातुल-कुल का देवों द्वारा किए गए अपमान का प्रतिशोध ही नहीं लिया, बल्कि इंद्र सहित देवताओं को बंदी बनाते हुए **इंद्रजीत** की उपाधि से भी आजन्म अपने को विभूषित किया। माल्यवान की पुत्री **पुष्पोत्कंटा** से विश्रवा को **महोदर, प्रहस्त, महापाशु** व **खर** नामक पुत्र तथा **कुंभीनसी** नामक पुत्री हुई। विश्रवा को माली की पुत्री **वाका** से **त्रिशिरा** व **दूषण** नामक पुत्र तथा **असलिका** नामक पुत्री हुई। नानाओं के प्रभाववश विश्रवा के

ये सभी पुत्रगण अपने समय के भयंकर राक्षस हुए। ये सभी राक्षस-योद्धा लंकापति रावण के संबंधी तथा यूथपति रहे थे। राम के साथ युद्ध में रावण तथा उसके वीर राक्षसों का वंश सहित नाश हो गया।

इधर **महाकोक** बचपन से ही भोजनभट्ट होने के कारण सदैव ***यक्षामः*** (भक्षण करूँगा) की ही रट लगाए रहता था। यक्षामः की इस रट के कारण वह तथा उसके वंशज **यक्ष** (यति) के नाम से विख्यात हुए। इसके वंशधरों में **कुस्तुंबुरू, पिंगल, फलोदक, फलकक्ष, ताम्रोष्ठ, गुह्यक, गजकर्ण, मचक्रुक, श्वेतभद्रं, अनिकेत, चीवासा, स्थूलावर्ण, विशालक, प्रद्योत, गंडडूक, शिखादर्त्त, वृक्षवाणी, वराहकर्ण, अमोघ, कशेरक, ऋद्धि, गणेश** आदि प्रसिद्ध यक्ष हुए। कालांतर में **देववर्णिनी** नामक यक्षिणी का पुलत्स्य गोत्री विश्रवा से एक पुत्र हुआ। अपनी विचित्र देहयष्टि के कारण यह **कुबेर** के नाम से विख्यात हुआ, जो आगे चलकर यक्ष-गंधर्व व किन्नरों का संयुक्त राजा बना। **'कु'** का अर्थ होता है कुत्सित व **'वेर'** का तात्पर्य शरीर से होता है। इस प्रकार कुबेर का आशय भद्दे शरीरधारी से हुआ। **'कुबड़'** या **'कुबड़ा'** शब्द की व्युत्पत्ति भी इसी **'कुबेर'** शब्द से ही हुई थी। यक्षपति वैश्रवस्य कुबेर की **भद्रा** व **ऋद्धि** नामक दो स्त्रियाँ थीं। इसके पुत्र का नाम **नल-कुबेर** था। कुबेर ने गंधमादन पर्वत अंचल के पूर्व में यक्षों के लिए **अलकापुरी** नामक एक राजधानी बनाई। कुबेर के सामर्थ्य को भाँपते हुए देवराज इंद्र ने मुंजवान क्षेत्र में उत्पन्न होनेवाली सोम वनस्पतियों की रक्षा का भार सौंपते हुए इसे यहाँ का लोकपाल नियुक्त किया था। यक्षों का नागों, गंधर्वों तथा किन्नरों से मधुर संबंध रहे थे। राक्षसराज रावण यक्षपति कुबेर के अनुज थे। यक्षों का शरीर थुलथुला व डील-डौलवाला होता था। यक्षगण **कामदेव** की उपासना किया करते थे। यक्षों का वनस्पतियों व वृक्षों से काफी लगाव था। सन् 1920-21 में मॉण्टुगोमरी के हड़प्पा व लरकाना जिले के मोहनजोदड़ो नामक स्थानों की खुदाई में पुरातत्त्ववेत्ताओं को पीपल के वृक्ष तथा हाथों में वृक्ष धारण किए व्यक्तियों के चित्रों वाली मुद्राएँ व घुटने तक वस्त्र धारण किए हुए सात पंक्तिबद्ध स्त्रियों की मूर्तियाँ प्राप्त हुई हैं, जिनके सिर पर पीपल की शाखाएँ अंकित हैं। इनसे यह स्पष्ट हो जाता है कि यक्षों के प्रभाव के कारण ही इस क्षेत्र में वृक्षों को अधिक मान दिया जाता रहा था। यक्षों में गण-व्यवस्था रही थी। इनका अधिपति गण द्वारा ही निर्वाचित हुआ करता था। शंकर-पार्वती के दत्तक पुत्र गणेश का यक्षकुल से संबंध होने के कारण ही गणेश की प्रतिष्ठा **'गणपति'** के रूप में हुई। हिमालय के तराई क्षेत्रों में पाई जानेवाली खासी जातियाँ इन यक्षों की ही वंशधर हैं।

8. कालिकेय—कश्यप को दक्ष-सुता काला से सहस्रों बलशाली पुत्र प्राप्त हुए, जो **कालिकेय** के नाम से विख्यात हुए। तात्कालिक राजनीतिक परिस्थितियों के मद्‌देनजर इन सभी ने स्वतंत्र रूप से अपनी सत्ता स्थापित करने की अपेक्षा दैत्यों को ही सहयोग देना श्रेयस्कर समझा। दैत्य सम्राट् वलि के पराभव के उपरांत उत्पन्न हुई असहज स्थितियों के परिणामस्वरूप अपनी अस्मिता को बचाए रखने के लिए इन्हें दक्षिण-पूर्व के समुद्री टापुओं में आश्रय लेने के लिए विवश होना पड़ा। इसी क्रम में दैत्य नगरी से पलायन करके कालिकेयों ने भारतीय महासागर के पश्चिमी छोर पर स्थित कुछ द्वीपों पर कब्जा करके अपनी स्वतंत्र सत्ता स्थापित की। इस प्रयास के तहत संभवतः **मालद्वीप** तथा **मॉरीशस** उनके सत्ता के केंद्र बने थे। कालिकेयों के इस नवगठित राज्य का प्रथम सरदार **मुचुकुंद** हुआ। उसके उपरांत उसका साहसी पुत्र **विद्युज्जिह** कालिकेयों का राजा हुआ। विद्युज्जिह ने लंकापति रावण की सहोदरी शूर्पणखा का मौका पाकर बलात् हरण किया और उसे कालिकेयों की राजमहिषी बनाया। भगिनी के अपहरण से क्रोधित होकर रावण ने कालिकेयों पर प्रचंड आक्रमण किया तथा द्वंद्व युद्ध में कालिकेयों के अधिपति विद्युज्जिह का वध करके उसके राज्य को अपने अधीन कर लिया। रावण द्वारा जनस्थान की अधीश्वरी के रूप में विस्थापित किए जाने पर शूर्पणखा अपने पति के बचे हुए कुल-वांधवों के साथ **दंडकारण्य** में जाकर रहने लगी। खर-दूषण व राम के मध्य हुए संघर्षों में सूर्पणखा के ये सभी स्वजन (कालिकेय) वीरगति को प्राप्त हुए।

9. ताम्रा—दक्ष कन्या ताम्रा से कश्यप को **शुकी, श्येनी, भासी, सुग्रीवी, शुचिं** और **गृद्‌ध्रिका** नामधारी छह कन्याएँ हुईं, जो अति प्रभावशालिनी हुईं। इनमें श्येनी का विवाह वैनतेय अरुण से हुआ, जिससे श्येनी को जटायु व संपाती नामक दो पुत्र हुए। संपाती को सुपार्श्व नामक पुत्र हुआ। शुकी को गुरुत्मान से **नटा** नामक पुत्री तथा **त्रिशिर, सुमुख, बल, पृष्ठ, त्रिशखनेत्र** व **सुरस** नामधारी छह पुत्र हुए। नटा के वंशधरों द्वारा करतब दिखानेवाली **नट जाति** अस्तित्व में आई। भासी को **उलूक, काक, कलविंक** व **कपोत** नामक पुत्र हुए। ये सभी **भास** के नाम से विख्यात हुए। इन्हीं के कुल में विख्यात **कवि भास** व **काक** हुए। **सुग्रीवी, शुचि** और **गृद्‌ध्रिका** से उत्पन्न संतानें एकांतप्रिय रहीं। इसी कारण ये प्रायः वनों और कंदराओं में रहते थे। वनों में रहने के कारण इन्हें **वन-चर** या **वन-नर** कहा जाने लगा। कदाचित् भाषा में आई विकृति के फलस्वरूप वन-नर के नाम से जानी जानेवाली इन जातियों को धीरे-धीरे **वानर** कहा जाने लगा होगा।

इस संदर्भ में **वाल्मीकीय रामायण** (किष्किंधा कांड, सर्ग-3, श्लोक-28 से 31) के कथन अधिक तार्किक लगते हैं, जिसमें **ऋष्यमूक** पर्वतांचल में **राम** को सर्वप्रथम मिले **हनुमान** से बातचीत के ढंग से अभिभूत होकर **लक्ष्मण** ने उनके प्रकांड विद्वान् होने के तथ्य को स्वीकार्य किया था। लक्ष्मण के अनुसार, *'जिसे ऋग्वेद की शिक्षा नहीं मिली हो, जिसने यजुर्वेद का अभ्यास नहीं किया हो या जो सामवेद का विद्वान् न रहा हो वह ऐसी भाषा का प्रयोग कदापि नहीं कर सकता है। निश्चित रूप से इसने (हनुमान) व्याकरण का कई बार अभ्यास किया होगा, तभी इतनी लंबी वार्त्ता में इसकी भाषा अशुद्ध नहीं हुई। वार्त्ता के दौरान इसके मुख, नेत्र, ललाट, भौं इत्यादि में भी कोई विकृति नहीं आई और उर, कंठ व मुख से निकले शब्द मध्यम स्वर में ही रहे। इसने बहुत ही संक्षिप्त रूप से अपने अभिप्राय को स्पष्ट कर दिया है, जिसे समझने में किसी प्रकार की कोई कठिनाई नहीं हुई है।'* लक्ष्मण के उपर्युक्त कथन का आशय निश्चित रूप से किसी मानवेतर योनि के प्राणी के लिए नहीं, अपितु एक विद् पुरुष के लिए ही व्यवहृत हुआ प्रतीत होता है। वानरों में हनुमान के अतिरिक्त **नल** व **नील** अपने काल के विख्यात शिल्पी रहे थे। इन्हें इस कौशल का प्रशिक्षण स्वयं प्रसिद्ध वास्तुशास्त्री **मय दानव** ने ही दिया था। नल व नील की इस कुशल प्रतिभा की अपेक्षा किसी लंगूर, बंदर या पूँछवाले जंतु से करना बुद्धि-भ्रम का ही पर्याय माना जा सकता है। इसके अतिरिक्त **बृहदारण्य** उपनिषद् (3/7/1) में उल्लिखित **'कपिरोत्र ऋषि'** का संदर्भ भी यही संकेत करता है कि उस कालखंड में उक्त ऋषि से संबंधित **'कपि'** नामक कोई गोत्र रहा होगा, जिसका आशय कालांतर में भ्रमवश बंदर या वानर के लिए प्रयुक्त **संस्कृत के कपि** शब्द से ही किया जाने लगा होगा।

वानरों या वन-नरों/वन-चरों का राज्य **विंध्य** से दक्षिण **किष्किंधा** में रहा था। इन्हीं वन-नरों या वानरों के यूथपति के रूप में **वालि, केशरी, सुग्रीव, अंगद, हनुमान, कुमद, गज, नील, नल, गवय, गवाक्ष, चंडबल, दधिमुख, द्विविद, मैंद, वज्रवाहु** आदि काफी प्रसिद्ध हुए। इनमें सूर्यज व उसके पुत्र **वालि** तथा **सुग्रीव** आगे चलकर वानरों के सम्राट् हुए। **महाप्रतापी वालि** का वध राम के हाथों हो जाने पर **सुग्रीव** के नेतृत्व में वानरों ने ही रावण के विरुद्ध राम द्वारा किए गए युद्ध-अभियान में सहयोग किया था। विंध्य के दक्षिण में बसनेवाली आदिवासी जातियाँ इन्हीं पराक्रमी वानरों के ही यशस्वी वंशधरों के रूप में आज भी अस्तित्व में बनी हुई हैं।

10. क्रोधा—दक्षसुता क्रोधा से मरीचि-कश्यप को **अतिकाय, प्रेत, विचित्रमुख** व **भूत** नामधारी चार पुत्र हुए। इनके वंशधरों में **अजामुख, वकमुख, पूरी, स्कंदी,**

विपाद, अंगारिक, कुंभपात्र, प्रकुंदरक, उपचार, उलूखलिक, अनर्क, कुखंडिक, पाणिपात्र, नैतृंड, ऊर्णाशु, निपुण, सूचीमुख व **उच्छेषणाद** नामधारी अति बीभत्स आकृति वाले उग्र गण हुए। हिंसक प्रवृत्ति, मांसभक्षण व रुधिरपान जैसे अमानुषिक आचरणों तथा अपनी विचित्र देहयष्टि एवं कपिश (भूरे या मटमैले) रंग के कारण ये सभी गण कालांतर में **पिशाच** के नाम से विख्यात हुए (वायु पुराण-69-257)। अपने अमानुषिक आचरणों, लूट-मार, चोरी-हत्या आदि निंद्य कर्मों में लिप्त होने के कारण ये सभी छुपे तौर पर मानव बस्ती से दूर खंडहरों तथा श्मशान भूमि जैसी वीरान जगहों में आश्रय लेते थे। जीविका के लिए इनका अभियान प्रायः रात्रि में ही होता था, इसी कारण इन्हें **निशाचर** भी कहा जाता रहा। पिशाचों का मूल स्थान गंधर्व लोक से उत्तर यक्षों के अलकापुरी के निकट रहा था। अपने समदर्शी भाव के कारण केवल रुद्र ही पिशाचों के प्रति सहानुभूति रखते रहे और पिशाच (भूत) गण भी उनके अनन्य सेवक बने रहे थे। इसलिए रुद्र को **भूतनाथ** भी कहा गया। अपने अद्भुत खान-पान व रहन-सहन की प्रवृत्तियों के कारण कापालिक आदि अवधूतों के रूप में पिशाच जाति का नवीन संस्करण आज भी सामाजिक स्तर पर यथावत् बना हुआ है।

11. सुरसा—कश्यप को दक्ष पुत्री सुरसा से **अहि** नाम का एक पुत्र हुआ। अहि के वंशजों में **भुजंग, सर्प, किरात** व **पिंडार** नामधारी अति प्रतापी पुरुष हुए। कालांतर में अहि के नाम पर ही उनके वंशज **अहि** या **उरग** के नाम से प्रसिद्ध हुए। यही अहि या उरग ही **उइगुर** या **उज्बेगो** के पूर्वज रहे थे। **मणि, कुंड, पिंजरक, आप्त, शिखि, क्राथ, निष्ठुरक, तित्तिर, कुहुर, करची, खग, विरस, सुरस, वधिर, मुखर, कौरण्य, मूषिकाद, पीठरक, सुमना, पणिमान, पारावत, वारियात, पिच्छल, पिंडसेक्ता, पिशंग, पुष्पद्रंष्ट, पूर्णभद्र, पृथुश्रवा, कुलिक, उरग, कूर्म, कुंडधार, शत्रुदमन, विहंग, वलाहक, वेणी, हस्तिप्रभ, शंखशिरा, तिमूर** आदि अहियों के विख्यात मुखिया हुए। वैनतेयो (गरुड़ आदि) से घोर विग्रह के कारण उनके घोषित शत्रु रहे नागों से अहियों का घनिष्ठ संबंध रहा। अहियों का मूल स्थान **महातल** (बुखारा) से पश्चिम की ओर **अहिस्थान** नामक क्षेत्र में रहा था। आजकल यह क्षेत्र भाषाई अपभ्रंश के कारण **उज्बेकिस्तान** के नाम से जाना जाता है। कायस्थों की **अस्थाना** नामक जाति का भी संबंध किंचित् अहिस्थान से ही रहा था, क्योंकि अग्रवालों की ही भाँति उनकी (अस्थानाओं की) अपनी परंपराओं में सर्प को **मामा** माना जाता है। उनके विश्वास के अनुसार, सर्प अस्थानाओं को नहीं डसते हैं। संभवतः अस्थाना (कायस्थ) आदि के रूप में ही अहियों की अंतर्भुक्ति भी धीरे-धीरे

हिंदू समाज में हो गई होगी।

12. सुरभि—दक्षसुता सुरभि को कश्यप से **नंदी** व **महिष** नामक दो अति पराक्रमी पुत्र उत्पन्न हुए। नंदी में एक साँड़ जितना बल रहा था। रुद्र (शिव) के व्यवहार एवं बल से प्रभावित होकर नंदी उनके प्रति अनुरक्त हो गया। कालांतर में वह रुद्र (शिव) के प्रधान अंगरक्षक व दास के रूप में प्रसिद्ध हुआ। नंदी द्वारा प्रारंभ की गई इस परिपाटी का अनुसरण करते हुए उनके वंशज भी **'नंदी'** के नाम से ही रुद्रों के प्रधान सेवक बनते गए। नंदी नामधारी इन्हीं उत्तराधिकारियों में से एक को अप्सरा गोपाली से एक अति विलक्षण गुणोंवाली सुशीला कन्या प्राप्त हुई। **'नंदिनी'** नामक अपनी इस कन्या में सेवा-सत्कार के उत्तम गुणों का समावेश कराने के उद्देश्य से नंदी ने इसे अन्नपूर्णा उमा के संरक्षकत्व में दीक्षित होने के लिए छोड़ दिया। कुछ काल उपरांत कैलाश के भ्रमण पर आए वसिष्ठ को **नंदनी** के सेवा-भाव ने इतना आकृष्ट किया कि वे उसे शंकर-पार्वती से आग्रहपूर्वक आतिथ्य-परिचर्या के लिए माँगकर अपने आश्रम में लिवा लाए। वसिष्ठ आश्रम में आने के पश्चात् नंदनी को **'काम्या'** नामक एक सर्वगुणसंपन्ना कन्या की प्राप्ति हुई। किंचित् गुरुकुल के गोधनों की अनन्य भाव से सेवा करने तथा साँड़ उपनामधारी नंदी को बैल मानने की भ्रमित मानसिकताओं के कारण ही उसकी दुहिता **'नंदनी'** व दौहित्री **'काम्या'** को भी **धेनु** (गाय) की संज्ञा से ही चिह्नित किया जाने लगा होगा। संयोग से वसिष्ठ आश्रम में पधारे कान्यकुब्ज-नरेश **कौशिक** (विश्वरथ) भी नंदनी की पाक-विधि व सेवा-सत्कार जैसे दिव्य गुणों व सौंदर्य पर इतने मुग्ध हो गए कि वे उसे पाने की धृष्ट याचना भी वसिष्ठ से कर बैठे। ऋषि द्वारा आश्रम के इस **अन्नपूर्णा** स्रोत को देने से इनकार करने पर कान्यकुब्ज-नरेश स्वयं को अपमानित महसूस करने लगे। प्रतिकार की भावना से दोनों के मध्य उत्पन्न शत्रुता का यह भाव कौशिक विश्वरथ के ऋषि विश्वामित्र बन जाने के पश्चात् भी उन दोनों के परवर्ती उत्तराधिकारियों में राम के काल तक यथावत् बना रहा था।

नंदी की ही भाँति सुरभि का द्वितीय पुत्र **महिष** भी पराक्रमी हुआ, किंतु अपने बलाबल के अहं के कारण वह अतिशय उद्दंड भी हो गया। आर्यों द्वारा बहिष्कृत किए गए महावृण, वाह्लीक, कोल आदि जातियों तथा निंदनीय कर्मों में लिप्त भृत्यों को संगठित करके नर्मदा के उत्तरी तट पर **माहिष्मति** नामक एक नगरी की स्थापना करके उसने महिष-राज्य की नींव रखी। महिषों के इस दुर्दांत नेता के प्रचंड आक्रमण व आतंक से आस-पास के राज्यों का जन-जीवन तदनुसार अस्त-व्यस्त हो उठा।

असुरों जैसा आचरण करने के कारण सामान्य जनों के मध्य यह **महिषासुर** के अपर नाम से भी जाना जाने लगा। महिषासुर ने अपने आतंक से इंद्र को भी प्रताड़ित किया। इसी क्रम में उसने **कोला** नामक राज्य पर भी आक्रमण किया। उसके भय से **कोलानरेश सुरथ** अपने राज्य को छोड़कर जंगलों में भाग गया। **महिषासुर** के आतंक से छत्रविहीन प्रजा की रक्षा के लिए उस क्षेत्र की अधिष्ठात्री **दुर्गा देवी** ने इसे द्वंद्व युद्ध के लिए ललकारा तथा अपने भाले से इस आततायी का वध कर दिया। तदनुसार उनके

अदम्य पराक्रम से अभिभूत हो उठे जनमानस ने नारी के सभी नवों **अवस्थाओं** (कुमारी, बाला, कन्या, किशोरी, युवती, यति, अप्रौढ़ा, प्रौढ़ा व वृद्धा) तथा **दिव्य गुणों** (धृति, धात्री, कीर्ति, स्मृति, श्री, क्षमा, लज्जा, सौम्या व मेधा) के प्रतीकात्मक शक्ति के **मूल नौ स्वरूपों** *(प्रथमं शैलपुत्री च द्वितीयं ब्रह्मचारिणी तृतीयं चंद्रघण्टेति कूष्माण्डेति चतुर्थकम् पंचम स्कंदमातेति षष्ठं कात्यायनीति च सप्तमं कालरात्रीति महागौरीति चाष्टमम् नवमं सिद्धदात्री च नवदुर्गाः प्रकीर्तिताः*—दुर्गासप्तशती) के समष्टि अर्थात् **'नव-दुर्गा'** के महिमा-मंडन के साथ इनकी पूजा-अर्चना करना प्रारंभ कर दिया। इस प्रकार मातृसत्तात्मक समाज में प्रचलित मातृ-पूजा के प्राचीनतम भाव के साथ **शक्ति-आराधना** का यह नवीन संपुट भी जुड़ गया। चूँकि मानवों को शारीरिक ऊर्जा खाद्यान्नों से प्राप्त होती है और खाद्यान्नों की उपज ऋतु-चक्रों की परिवर्तनशीलताओं पर निर्भर होती हैं, अतः जीवनोपयोगी प्राकृतिक ऊर्जा से सामंजस्य बैठाने के उद्देश्य से नौ रातों तक नियमित की जानेवाली शक्ति-साधना का आयोजन प्रत्येक ऋतु-परिवर्तन के साथ किया जाने लगा। कालांतर में रबी व खरीफ की मुख्य उपज तथा गरमी व सर्दी के प्रधान जलवायु परिवर्तन को ध्यान में रखते हुए **चैत्र** व **आश्विन** (शारदीय) मास की शुक्ल प्रतिपदा से नवमी तिथि तक आहूत किए जानेवाले **नवरात्रि** (मातृ अथवा शक्तिपूजा) के अनुष्ठानों को विशेष मान्यता प्राप्त हुई।

13. मुनि—दक्षकन्या मुनि से मरीचि-कश्यप को **प्रघा अप्सरस** नामक एक उन्मुक्त स्वभाववाली लावण्यमयी कन्या हुई। गंधमादन क्षेत्र में विचरण करते समय इस कन्या का संपर्क गंधर्वों से हुआ। उन्हीं के सान्निध्य में यह नृत्य, गायन व शृंगार आदि

कला में पारंगत हुई। इसी मध्य प्रघा को अज्ञात गंधर्वों के साहचर्य से **अंतरा, किन्नरी** व **विद्यावती** नामक तीन अति सुंदर कन्याएँ हुईं। किन्नरी को महात्मा विक्रांत से **समुद्रसेन, कालिंद, महानेत्र, महाबल, सुवर्णघोष, सुग्रीव** व **महाघोष** नामधारी सात पुत्र हुए। माता के नाम के अनुरूप ये सभी **किन्नर** कहलाए। इनके वंशधरों में **हरिषेण, सुषेण, वारिषेण, रुद्रदत्त, इंद्रद्रुम, महाद्रुम, विंदु** व **विंदुसार** आदि अति पराक्रमी व यशस्वी हुए। गंधर्वों की ही भाँति किन्नर गण भी रास-रंग के प्रेमी रहे। किन्नर या किम्मरजी कोहकाफ में रहते थे। विद्यावती को वैश्रवण नामक एक प्रतिष्ठित विद्वान् पुरुष से **शैषय, विक्रांत** और **सोमनस** नामधारी तीन परम विद्वान् पुत्र प्राप्त हुए। विद्यावती के ये तीनों पुत्र तथा इनके वंशज कालांतर में **विद्याधरों** के नाम से विख्यात हुए।

इधर अप्सरस दुहिता **अंतरा** को अज्ञात गंधर्वों से **दारवत्या, प्रियमुखा, सुरोत्तमा, मिश्रकेशी, चाशी, पर्णिनी, अलंबुषा, रंभा, मारीचि, पुत्रिका, सुवरा, लक्षणा, कर्णिका** नामधारी अति लाववण्यमयी तेरह कन्याएँ उत्पन्न हुईं। नृत्य-गान व शृंगार में पारंगत ये सभी कामिनियाँ अपनी नानी के नाम के अनुरूप गंधर्व-लोक में **'अप्सरा'** के नाम से ही संबोधित की जाने लगीं। गंधर्वों व देवों के साहचर्य से इन अप्सराओं को **विद्युवर्णा, तिलोत्तमा, अद्रिका, मनोरमा, सुवाहु, पुर्णिता, सुप्रतिष्ठिता, पुंडरीका, सुगंधा, सुदंता, सुरसा, हेमा, शादद्वती, सुवृता, कमला, सुभुजा, हंसपदा, काम्या, केशिनी** व **उम्लोचा** नामधारी कंन्याएँ हुईं। इसी प्रकार देवों, यक्षों व गंधर्वों द्वारा इन्हें भी अनेक पुत्र व पुत्रियाँ हुईं। इनकी कन्याओं में **मेनका, सहजन्या, पुंजिकस्थला, धृतस्थला, घृताचि, विश्वाची, प्रम्लोचा, उर्वशी, अनुम्लोचा, अद्रिका, अनुचाना, असिता, गोपाली, चारुनेत्रा, चित्रलेखा, चित्रसेना, चित्रा, प्रभा, मनोरमा, रुचि, लक्षणा, विद्युता, शुचिका, सोमा, स्वयंप्रभा, सुगंधा, पञ्चचूड़ा, इरा, मालिनी** आदि अपने अद्भुत सौंदर्य व शृंगार कला की निपुणता के कारण काफी प्रसिद्ध रहीं। महर्षि अगस्त्य, ब्रह्मर्षि वसिष्ठ व शुनक तथा ययाति पुत्र आयु व दुष्यंत पुत्र भरत आदि महापुरुष व राजपुरुष इन्हीं अप्सराओं के गर्भ से जनमे थे। ये सभी अप्सराएँ देवराज इंद्र व यक्षपति कुबेर के राजदरबार की प्रसिद्ध नर्तकियाँ रही थीं। नृत्य के अलावा इनका कार्य देव, यक्ष व गंधर्वों की भोग-लिप्सा को तुष्ट करना भी रहा था। अप्सराओं द्वारा स्थापित इस परंपरा का निर्वाह **देवदासियों** के रूप में दक्षिण भारत के मंदिरों में आज भी यथावत् हो रहा है।

□

वैदिक वाङ्मय में **असु** (प्राणशक्ति)+**र** (संपन्न) के भावार्थ से परिपूर्ण **'असुर'** शब्द का प्रयोग बलशाली पुरुषों को परिभाषित करने के लिए ही किया गया था। कुछ इसी तरह के भावों के अनुरूप दिव्य या कुशाग्र बुद्धि की उपमा से विभूषित करने के लिए ही प्राचीन भारतीय ग्रंथों में **'असुरमेधा'** के शाब्दिक अलंकरण को ही अपनाया गया था। साहित्यिक कृतियों में प्रयुक्त हुए इन विशेषणों की ही भाँति ऐतिहासिक आलेखों में वर्णित **'असुरों'** के संबोधन से एक **'उद्यमशील वीर जाति'** का संकेत मिलता है, जिनकी कर्मठता से लोहित्य सागर के पूर्व का वीरान क्षेत्र धीरे-धीरे शस्य संपदा से पूरित होकर एक हरित भूमि में परिवर्तित हो **'शाकद्वीप'** के नाम से प्रसिद्ध हुआ। इलावर्त या एलम निवासी **'वारुणेयों'** के प्रभाव के कारण अपनी स्वभावजनित क्रूरताओं के उपरांत भी असुर गण अग्निपूजक रहे थे। संभवतः इन्हीं के प्रभाववश ही शाकद्वीप (प्राचीन अरब) तथा इलावर्त (एलम या पर्शिया) की आदिम जातियों में अग्नि-उपासना के बीज अंकुरित हुए थे। अग्नि-उपासना से संबंधित यज्ञ-विधियों की व्यापकताओं के कारण ही मिस्र के प्राचीन ग्रंथों में जहाँ अरब को सुगंधित वातावरणवाले देश के रूप में चिह्नित किया जाता रहा था, वहीं अंग्रेज कवि **मिल्टन** ने भी अपनी कविताओं में प्राचीन अरब के बयार से सागर तक को सुगंधित बने रहने की कल्पना की है। यहाँ के इन अग्नि-उपासकों से ही प्राचीन अरब की मग, मिहिर, मूक आदि मेडिज जातियाँ अस्तित्व में आई थीं और इन्हीं के द्वारा अरब के महरा, मोखा, मकरनियत आदि नगर बसाए गए थे।

पारसिक भाषा में संस्कृत व्यंजन **'स'** तथा **'न'** के लिए प्रयुक्त **'ह'** तथा **'फ'** की उच्चारणगत विसंगतियों के कारण भारतीय **'असुर'** तथा उनके अधिपति के रूप में विख्यात **'वरुण'** को यहाँ के संबोधनों में **'अहुर'** तथा **'फरन'** कहकर ही चिह्नित किया गया। इसी अनुरूप **जेंद-अवेस्ता'** (छंद व्यवस्था) नामक पारसी ग्रंथ में यहाँ के मेधावी आदि-पुरुष को **'असुरमेधा'** के भारतीय उच्चारण सदृश्य ही **'अहुरमज्दा'** कहकर संबोधित किया गया है। मिस्र के धर्मग्रंथों में वर्णित **'फराऊन'** नामक जल-देवता भी **'भारतीय वरुण'** का पारसी संस्करण ही प्रतीत होता है। संस्कृत **'स'** के लिए प्रयुक्त हुए फारसी उच्चारण **'ह्'** के परिणामस्वरूप 500 ई.पू. के ईरानी सम्राट् डेरियस (ययाति-पुत्र द्रह्यु से प्रसूत **'दार्यवास्य वंश'** का तात्कालिक उत्तराधिकारी दार्यवसु, जिसे फारसी में **'दारयवहु'** कहा गया है) के अभिलेखों में **'सप्तसिंधु'** इसके

तटीय प्रदेशों को **'हफ्तहिंदु'** व **'हिंद'** के रूप में उल्लिखित किया गया है। इसी प्रकार यूनानी वर्णमाला में **'ह'** या *'H'* के समानार्थी अल्फाबेट न होने के कारण 326 ई. पू. में ईरान के रास्ते भारतीय क्षेत्रों में प्रविष्ट हुए सिकंदर व उसके यूनानी सहयोगियों ने सप्तसिंधु प्रदेशों के लिए व्यवहृत पारसी उच्चारण **'हिंद'** के लिए INDIKA (इंदिका) का संबोधन प्रयुक्त किया होगा। कालांतर में इसी INDIKA को लैटिन तथा उससे निकली अंग्रेजी भाषा में INDIA (इंडिया) कहा जाने लगा। वस्तुतः **'सिंधु नदी'** के भौगोलिक संदर्भ में परिभाषित **'हिंदू-हिंद-हिंदुस्तान'** या **'INDUS-INDIKA-INDIA'** का आशय आज की परिस्थिति में पाकिस्तानी परिक्षेत्र तथा वहाँ के लोगों के लिए ही अधिक व्यावहारिक दिखता है।

भाषागत इन्हीं विसंगतियों के कारण **असुरों** के एक परवर्ती नृप (**अस्सी** या **Assy**) के लिए व्यवहृत पारसी उच्चारण **'अहि'** के प्रभाववश ही कालांतर में यमुना के तटीय क्षेत्रों में विस्थापित हुए इनके कुछ कुलों के लिए **'अहीर'** का भारतीय संस्करण अस्तित्व में आया। अहीर बाहुल्य ब्रजभूमि के शासक रहे **कंस** तथा **बक, अध, धेनुक** आदि उसके निकट सहयोगियों के लिए भारतीय ग्रंथों में किया गया **'असुर'** संबोधन इसी का द्योतक है।

असुरों की परंपरा का तथा इसकी एक शाखा में विकसित हुई पश्चिम एशिया की असीरियन सभ्यता के उतार-चढ़ाव का वर्णन प्रस्तुत अध्याय में किया गया है।

असुर

आदित्यों के प्रथम सम्राट् 'वरुण' (***वरुणः आदित्यो प्रथम राज्ञः***—शतपथ ब्राह्मण) से असुरों के मधुर संबंध इस बात की पुष्टि करते हैं कि असुर **शाकद्वीप** (अरब) की प्राचीन जातियों में से ही रहे थे। 'Story of Civilization' नामक अपनी पुस्तक में प्रसिद्ध इतिहासकार **विल ड्यूरैंट** (Will Durant) भी इन्हें अरब के शुष्क प्रदेशों का ही मूल निवासी घोषित करते हैं। वस्तुतः असुरों का तात्पर्य एक **'उद्यमशील वीर्यवान'** जाति से ही रहा था, जो जीविका आदि के लिए उपयोगी क्षेत्रों को अधिकृत करने के प्रयास में निरंतर युद्धों में रत रहने के कारण प्रायः बर्बर तथा हिंसक हो चुके थे। अपनी इन स्वभावजनित क्रूरताओं के उपरांत भी असुर गण आदित्यों (वारुणेयों) के निकट सहयोगी ही बने रहे थे। असुर व आदित्यों की इन्हीं घनिष्ठताओं के ही परिप्रेक्ष्य में वरुण को भारतीय शास्त्रों में असुरों का आधिपति माना गया है (संदर्भ—**ऋ.**-1.1.2.6.14)। एक कठोर तथा नृशंस शासक की प्रसिद्धि के अतिरिक्त **आदित्य-वरुण** की ख्याति नरमेघ यज्ञकर्ता के रूप में भी रही थी, जो असुरों की मूल प्रवृत्ति को ही प्रतिबिंबित करती है। भारतीय गाथाओं में वर्णित **विश्वामित्र-शुनःशेप** का वलि प्रसंग भी यही प्रमाणित करता है कि वरुण को असुरों की ही भाँति नरबलि अत्यंत प्रिय थी। अंतर्संबंधों की प्रगाढ़ता के ही कारण असुरों तथा वारुणेयों में अग्निपूजा की परंपरा समान रूप से प्रचलित रही थी। संभवतः इन्हीं के ही प्रभाववश **अरब** तथा **पर्शिया** (ईरान) की प्राचीन जातियों में अग्नि-उपासना की पद्धति विकसित हुई थी। यहाँ के अग्नि उपासकों को कालांतर में **मग** या **मेडिज** के नाम से जाना जाने लगा और इन्हीं के वंशधरों द्वारा अरब के **महरा, मोखा** व **मक्का** आदि नगरों की स्थापना की गई थी। ईरानी (पारसिक) वाङ्मय में वरुण के लिए प्रयुक्त किया गया **'अहुर फरन'** का संबोधन भी कुछ इसी तरह के भावों से प्रेरित लगता है। संस्कृत वर्ण **'स'** के लिए पारसी **'ह'** की उच्चारणगत विसंगतियों के कारण ही फारसी भाषा

में भारतीय **'असुर'** के लिए **'अहुर'** शब्द व्यवहृत हुआ था। इसी परिप्रेक्ष्य में **'अहुर फरन'** का आशय भी स्पष्टतः **'असुर वरुण'** की ओर ही संकेत करता लगता है। यही नहीं, उच्चारण व चरित्रगत साम्यताओं के कारण मिस्री धर्मग्रंथों में वर्णित **'फराऊन'** नामक जलदेवता भी **'वरुण'** का ही पारसी संस्करण लगता है। कालांतर में इंद्र द्वारा **'देव संस्कृति'** तथा विवस्वान (सूर्य) द्वारा **'सुर-सभ्यता'** के विकसित किए जाने के उपरांत वरुण के अनुयायियों का प्रभाव भी शनैः-शनैः क्षीण होता चला गया। इस परिवर्तन का दुष्प्रभाव असुर-आदित्य संबंधों पर भी पड़ा होगा। वारुणेयों के नेपथ्य में चले जाने से आदित्यों के सत्ता-समीकरणों से उपेक्षित कर दिए गए असुरगण तात्कालिक दैत्य सम्राट् **वलि** के उदार स्वभाव व त्रैलोक्य विजयी आभामंडल के वशीभूत होकर **'दैत्य-दानव'** जैसे देव तथा सुर विरोधी शक्तियों के संपर्क में आ गए। हालाँकि असुरगण प्रकट रूप से दैत्य सम्राट् के अनुगत ही बने रहे थे, किंतु अपने गौरवशाली अतीत के प्रभाववश वे दैत्यों तथा दानवों के स्वतंत्र अस्तित्वों को असुरों के प्रभामंडल के अंतर्गत समेटने में भी सफल रहे थे। किंचित् यही कारण रहा था कि दैत्य सम्राट् वलि के लिए **'वलासुर'** (संदर्भ-**ऋ.**-1.1.1.4.11.5), महाप्राण बाण के लिए **'बाणासुर'**, दानव नमुचि के लिए ***'नमुश्चिासुरः'*** (संदर्भ—तांडय ब्राह्मण) तथा विप्रचित्ति, वृषपर्वा, इलविल, वातापि आदि मूर्धन्य दानवों के लिए **'असुर'** का ही संबोधन प्रयुक्त हुआ था। वायु पुराण (68/1-2) का यह श्लोक ***'अभवन्दनुपुत्रास्तु वंशे ख्याता महासुराः विप्रचित्तिप्रधानास्ते शंत तीव्रपराक्रमाः'*** तथा विष्णु पुराण (1/21/11-13) का यह संदर्भ ***'व्यंशः शल्यश्च बलवान् नभश्चैव महाबलः वातापि नमुचिश्चैव इल्वलः खसृमस्तथा अन्धको नरकश्चैव कालनाभस्तथैव च स्वर्भानुश्च महावीर्यो वक्त्रयोधी महासुरः एते वै दानवाः श्रेष्ठा दनुवंशविवर्द्धनाः एतेषां पुत्रपौत्राश्च शतशोऽथ सहस्त्रशः'*** इसी के प्रमाण हैं। इस तरह असुरों की परिधि में जाति-विशेष के अतिरिक्त उनकी सुर या देव-विरोधी भूमिकाओं के कारण ऐसे सभी संगठनों को समावेशित किया जाने लगा, जो मूलतः देव-संस्कृति के विपरीत आचरण करते थे (*न सुरा इति असुराः*)। भारतीय आख्यानों में दुर्गा व महादेव के कोपभाजन बने महिष-मंडल व त्रिपुर के अधिपतियों को उनकी बर्बरता के कारण **महिषासुर** व **तारकासुर** के घृणास्पद विशेषणों से अलंकृत किया गया है। इसी तरह भारतीय शास्त्रों में वर्णित **'असुर इलविल'** (इल्वल या इलीविश) के अपभ्रंश स्वरूप अरबी तथा यहूदी ग्रंथों में **'इबलीस'** का प्रयोग किया गया है, जिसका शाब्दिक अर्थ **'शैतान'** होता है। संभवतः दैत्य व दानव जातियों के लिए प्रयुक्त **'असुर'** के इसी भाववश ही परवर्ती

ग्रंथों में आदित्यों (देवों) के साथ इन्हें भी जहाँ प्रजापति मारीचि-कश्यप की संतानों के रूप में परिभाषित किया गया है (*कश्यपः प्रजापतौ पितरि ब्रह्मचर्यमूषुर्देवा च असुराः*—शतपथ ब्राह्मण), वहीं दैत्यों/दानवों तथा देवों के संगठनों के मध्य हुए विग्रहों को भी **'देवासुर संग्राम'** के रूप में ही चिह्नित किया गया है।

दैत्यसम्राट् **वलि** के पराभव के पश्चात् विश्व-पटल पर देवों या सुरों के प्रबल विरोधी के रूप में उभरे **दानवासुर विप्रचित्ति** के दुर्दांत पराक्रमों के कारण आधुनिक पुर्तगाल से लेकर तुर्की, इराक, ईरान, अफगानिस्तान समेत सिंधु के कुछ प्रदेशों तक असुरों (दानवों) का एकच्छत्र आधिपत्य स्थापित हो गया था (***विप्रचित्ति दुरोधर्ष देवतानां भयंकरं ये न लोकत्रयं क्रोधात् त्रासितं स्वेन तेजसा***—महाभारत-भीष्मपर्व-90/29)। इंद्र द्वारा विप्रचित्ति का वध कर दिए जाने पर इन क्षेत्रों का शासन तदंतर **नरकासुर, नभासुर, अंधकासुर, दृभीकासुर, पर्णयासुर, कुवयासुर, अजकासुर, कुक्षिकासुर, नमुचि** आदि दानव सुभटों द्वारा संचालित होने लगा था। इसी क्रम में सिंधु के पश्चिमोत्तर प्रदेशों को अपने अधिकार में ले चुके विप्रचित्ति के अनुज **वृषपर्वा** ने अपनी पुत्री **शर्मिष्ठा** का विवाह एल पुरुरवा के पराक्रमी प्रपौत्र **ययाति** से करके अपनी स्थिति को सुदृढ़ कर लिया था। इसी तरह **इलविल** तथा **वातापि** आदि असुर भ्राताओं ने भारत के दक्षिणारण्य में अपनी पैठ बना ली थी। कालांतर में **देवताओं** तथा ऋषि **अगस्त्य** द्वारा इनके अधिकतर योद्धाओं का संहार कर दिए जाने पर असुरों का यह विस्तृत साम्राज्य छिन्न-भिन्न होकर मात्र पश्चिमोत्तर में ही सिमटकर रह गया।

वृषपर्वा के पश्चात् पश्चिमोत्तर सिंधु के प्रदेशों का शासक **बलवृसम** हुआ। इसका विवाह **अहिकुल** (कुर्दिस्तान) की राजकुमारी **उलूपी** से हुआ था। बलवृसम के उपरांत **अद्रिशूर देवी** का उपासक रहा उलूपी-तनय, **वृत्रव्यंस** असुरों का सम्राट् हुआ। आहिकुलीन माता तथा दानवकुलीन पिता के संयुक्त भावार्थ के तहत वृत्र के लिए कालांतर में **'अहि-दानव'** का संबोधन भी प्रयुक्त होने लगा। वृत्रासुर अथवा अहिदानव का संदर्भ रामायण, महाभारत, पुराणों आदि भारतीय ग्रंथों के अतिरिक्त पारसिक आख्यानों में भी मिलता है। **'अवान यस्त'** में अहि-दानव के लिए जहाँ **'अजि-दहाक'** का प्रयोग किया गया है, वहीं **'जेंद-अवेस्ता'** में इसके लिए **'अहुर-मज्द'** का संबोधन हुआ है। पारसिक ग्रंथों के अनुसार, अहुर-मज्द ने ही **'हप्त-हिंदु'** यानी सप्त-सिंधु प्रदेश को राजनीतिक आधार प्रदान किया था। महाभारत (शांति पर्व-206/40) के संदर्भ जहाँ वृत्रासुर को यादवों के नाथ **(यादसांपति)** के रूप में भी प्रतिष्ठित करते हैं, वहीं कंस आदि अंधक वंशी यादव नृपों के लिए भारतीय शास्त्रों में 'असुर' संबोधन भी

प्रयुक्त हुआ है। किंचित् वृषपर्वा असुर की पुत्री शर्मिष्ठा के पुत्र होने के कारण **यदु-क्रोष्टु** आदि भ्राताओं से प्रसूत वंशजों का तथा इनके उनतालीसवीं पीढ़ी में हुए यदुवंशी हर्यश्व का वृत्रासुर के वंशधर रहे मधु असुर का दामाद होने के कारण इनके यादव उत्तराधिकारियों की आपसी अंतर्भुक्तियाँ हुई होंगी। कालांतर में इन्हीं अंतर्भुक्तियों के परिणामस्वरूप **'असुर अस्सी'** के फारसी रूपांतर रहे 'अहि' के कारण अस्तित्व में आई **'अहीर'** नामक जाति यादवों के सन्निकट आई। यादव कृष्ण के रूप में अवतरित हुए अपने त्राणकर्ता के प्रति अगाध निष्ठा रखने के कारण अहीरों के स्वभाव में असुर प्रवृत्ति के विपरीत आमूल परिवर्तन हुआ। इस प्रकार कृष्णभक्ति में आकंठ डूबे रहने तथा गौ आदि के सेवा-भाव के कारण असुरों का अहीर नामक संस्करण कालांतर में **'भगत'** के अतिरिक्त विशेषणों से भी समाज में संबोधित होने लगा। वृत्र एक उद्दंड शासक के साथ-साथ अतुलित पराक्रमी योद्धा भी रहा था। इसके नृशंस आक्रमणों से देवता काफी त्रस्त रहा करते थे, अतः इसके निराकरण के लिए तात्कालिक **इंद्र** (वृष) ने वृत्र से संधि का प्रस्ताव भी रखा था (***मा ना अन्योऽन्यंऽवधीदिति तौ वै समामेतामनभिद्रोहाय***—मैत्रायणी संहिता-4/3/4)। छद्म मित्रता की इस आड़ में **च्यावन-दधीचि** से प्राप्त **वज्र** नामक आयुध से वृत्र का वध धोखे से करके (संदर्भ—**ऋ.**- 1.1.6.13.84.13) इंद्र ने महेंद्र क्षेत्र को अपने अधिकार में ले लिया था (***इंद्रो वै वृत्रमहन्त्सोऽन्यान् देवानत्यमन्यत स महेन्द्रोऽभवत्***—मैत्रायणी संहिता-4/6/8)। **सिंध्** के **हड़प्पा** में पाई गई **असुर लिपि** में अंकित मुद्राएँ यही संकेत देती हैं कि खुदाई मे ले नगरों के ध्वंसावशेष आर्यों के नहीं, बल्कि वृत्रासुर के राज-प्रासादों के ही रहे होंगे, जिन्हें इंद्र ने वृत्र के संहार के बाद विनष्ट किया होगा। वृत्र-वध के पश्चात् इस क्षेत्र से असुर सत्ता का समूल विनाश तो अवश्य हो गया, किंतु येन-केन-प्रकारेण जीवित बच गए **अश्वशिरा, अश्वशकुं** व **अश्वग्रीव** नामक वृत्रासुर के उत्तराधिकारियों की लंबी वंश-शृंखलाएँ असुरों के अस्तित्व को बनाए रखने में सफल रही थीं।

देव-उत्कर्ष से भयातुर होकर पूर्वजों के पश्चिमोत्तर स्थित क्षेत्रों **(समरकंद)** में विस्थापित हो चुके **अश्वशंकु** के वंश में **अयःशंकु, अश्वतांन, अरिष्ट, पटच्चर, निचंद, सुचंद्र** आदि के क्रम से **मल** तथा **क्षुद्र** हुए। इन्हीं के वंशधरों में से **मालव** तथा **क्षुद्रक** नामक असुरों की जातियाँ अस्तित्व में आई थीं (***असुरा मालवा च क्षुद्रमीनाश्च ये जनाः***—मार्कण्डेय पुराण-58/45) जिनके सुभटों ने महाभारत के युद्ध में दुर्योधन का पक्ष लिया था (संदर्भ—महाभारत-भीष्मपर्व 37/15)। इसी तरह सिंधु-पूर्व के निरापद क्षेत्रों में यदुवंशियों के सहयोग से आश्रय ले चुके **अश्वग्रीव** के कुल में **निसुंद**

लवण, शलभ, मित्रज्ञ, मित्रधर्म, मित्रवर्धन, मित्रवान, शतमुख, धृष्टरोमा, कुलीतर, दुरारोह, शंबर व **मधु** हुए। असुर शंबर का राज्य दंडकारण्य के दक्षिण में स्थित **वैजयंतीपुर** में रहा था। इसका विवाह मय दानव की ज्येष्ठ पुत्री तथा मंदोदरी की बड़ी बहन **मायावती** से हुआ था। इस प्रकार यह मंदोदरी के पति रहे राक्षसपति रावण का साढ़ू भी था। अयोध्या-नरेश दशरथ के नेतृत्व में देव-सेना से हुए युद्ध में पांचालपति दिवोदास ने शंबर का वध किया था। तदुपरांत छिन्न-भिन्न हो चुके इसके राज्य को अपने अधिकार में लेकर रावण ने अपने अनुज खर-दूषण के अधिनायकत्व में यहाँ राक्षस-उपनिवेश की स्थापना की थी। इधर **खंभात्** (गुजरात) के तटवर्ती राज्य का शासक रहे **मधु असुर** ने रावण की मौसेरी बहन **कुंभीनसी** से विवाह किया था। कालांतर में इस राज्य को अपने दामाद यदुवंशी **हर्यश्व** को सौंपकर इसने **ब्रज क्षेत्र** के यमुना-तट पर **'मधुपुरी'** नामक एक सुंदर नगरी की स्थापना की। मधु के उपरांत इस क्षेत्र का शासक उसका पुत्र **लवण** हुआ, जिसका वध करके रामानुज **शत्रुघ्न** ने मधुपुरी को अपने अधिकार में ले लिया था। शत्रुघ्न के उत्तराधिकारी गण बहुत दिनों तक इसका उपयोग नहीं कर पाए, परिणामतः क्रोष्टुवंशी **सात्वत** ने इसपर अपना अधिकार कर लिया और तदुपरांत असुर मधु द्वारा बसाई गई मधुपुरी पहले **मधुरी** और फिर **'मथुरा'** के नाम से विख्यात हुई। **'असुर अस्सी'** के फारसी संबोधन यानी **'अहुर अहि'** से निःसृत हुई **'अहीर'** नामक नवीन जाति का ब्रज क्षेत्र में विस्थापित होना तथा अंधकवंशी नृपों द्वारा शोषित रहने के पश्चात् वृष्णिवंशी यादव कृष्ण के प्रयासों से कंस आदि की दासता के चंगुल से मुक्त होकर सम्मानित रूप से जीवनयापन करने की इनकी प्रक्रियाएँ इसी काल के उपरांत घटित होती हैं।

इन क्षेत्रों के अतिरिक्त सुदूर पश्चिम में भी असुरों का एक राज्य रहा था। फारस की खाड़ी से उत्तर स्थित जाग्रोस पर्वत से लेकर पश्चिम में दजला नदी तक फैली इस सभ्यता को पश्चिमी इतिहासकार **'असीरियन सभ्यता'** (Assyrian Civilization) के नाम से संबोधित करते हैं। प्रसिद्ध इतिहासकार ई.एम. वर्न्स के अनुसार, यहाँ विकसित हुई असीरियन सभ्यता क्रमानुरूप **तृतीय स्तर** की रही थी (संदर्भ—Western Civilization-vol. I, Page-63)। संभवतः पश्चिम की ओर प्रयाण कर गए वृत्र के **तृतीय उत्तराधिकारी** अश्वशिरा के कुल में उत्पन्न **तुंबुरुध, आरुज, तारक्ष, प्ररुज, एरक, चीवासा, कालीयक, वृहक** आदि के वंशजों द्वारा ही असीरिया के इस राज्य की स्थापना की गई होगी। वृहक को **सोम** नामक पुत्र हुआ तथा इसके पुत्र का नाम **असी** था। पाश्चात्य इतिहासकार असीरिया (Assyria) के

मूल निवासी को **'असी'** (Assy) से ही संबंधित करते है, जबकि यूनानी साहित्य के अनुसार **'सैम'** के पुत्र रहे **'अहेर'** ने ही इस राज्य की स्थापना की थी। सैम व अहेर का यह यूनानी उच्चारण स्पष्टतः सोम व असी या असुर की ओर ही संकेत करता प्रतीत होता है। असीरियन राज्य की प्रारंभिक राजधानी रही **'असुर'** (Assur) भी **'असी'** से ही अभिप्रेरित लगती है। भारतीय शास्त्रों के अनुसार, असी के वंश में उत्पन्न हुए **कुस्तुंबुरु, अबलह्, अअज, नुअजक** आदि उत्तराधिकारियों का म्लेच्छ तथा यवन जातियों से घनिष्ठ संबंध था। पश्चिमी इतिहासकार असुर साम्राज्य (असीरिया) के संस्थापक रहे असी या अहेर के बाद के इनके इतिहास को अंधकारमय घोषित करते हुए **'नमरुद'** से ही **'असुर राजवंश'** का व्यवस्थित रूप प्रस्तुत करते हैं। असुर-सम्राट् नमरूद ने **'निमरी'** से हटकर **'निनवे'** में अपनी राजधानी स्थापित की थी। नमरुद के बाद **अशुर-राबी** प्रथम (Ashur-Rabi-I) शासक हुआ। इसके उत्तराधिकारी हुए **अशुर-उबैलित** प्रथम (Ashur-Ubaillit-I) के शासन काल में असुर-सत्ता का विधिवत विकास हुआ था। अपनी दूरदर्शिता का सम्यक् परिचय देते हुए उबैलित ने मिस्र तथा बेबीलोनिया से राजनयिक मित्रता स्थापित कर असुरों की सामरिक सुरक्षा को सुदृढ़ किया था। इसके उत्तराधिकारी **अशुर-एनलिल-निरारी** (Ashur Enlil-nirari) तथा **अदद-निरारी** प्रथम (Adad-Nirari-I) के शासनकालों में असीरियनों व बेबीलोनियनों में संघर्ष छिड़ गया था, किंतु **शालमनेसर** प्रथम (Shalmaneser-I) के उत्तराधिकारी रहे **अशुर टुकुल्ति-निनुर्त** प्रथम (Ashur Tukulti-Ninurt-I) ने अपने पराक्रम से बेबीलोनिया को अंततः असीरिया में मिला ही लिया। इसके पश्चात् **तिग्लैथपिलीसर**-प्रथम (Tigtathpileser-I) तक असीरिया के शासन को **एनलिल-कुदुर-उसुर** (Enlil-Kudur-Usur), **निनुर्त-अपल-इकुर** (Ninurt-Apal-Ekur), **अशुरदन** प्रथम (Ahsurdan-I) तथा **अशुर-रेश-इशि** (Ashur-Resh-Ishi) सँभालते रहे थे। तिग्लैथपिलीसर प्रथम ने मुश्की आदि जातियों

नवीं शताब्दी ई.पू. का
असुर राजा

को पराजित करके असीरियन शक्ति को एशिया माईनर में प्रतिष्ठित कर दिया था। इसकी हत्या के बाद **अशुर-बेल-कैल** (Ashur-bel-kala), **अशुरनसिरपाल** प्रथम (Ashurnasirpal-I), **शालमनेसर** द्वितीय, **असुर राबी** द्वितीय, **तिग्लैथपिलीसर** द्वितीय व **अशुरदान** द्वितीय के शासन काल कुछ विशेष उल्लेखनीय नहीं रहे थे; किंतु असुर **अदद-निरारी** द्वितीय ने अपने पराक्रम से असीरियन साम्राज्य का **हाबुर** (Habur) तक विस्तार किया था। इसके उपरांत **टुकुल्ति-निनुर्त** द्वितीय व तत्पश्चात् **अशुर-नजिरपाल** द्वितीय असीरियन राज्य का उत्तराधिकारी हुआ। असीरियन इतिहास के सर्वाधिक क्रूर शासकों में इसकी गणना होती है। शत्रुओं के नगरों को भस्मीभूत करने से लेकर वहाँ के नागरिकों को जिंदा जलाने या अमानुषिक यातनाओं के साथ कत्ल करने में इसे बहुत आनंद आता था। इसके उत्तराधिकारी हुए **शालमनेसर** तृतीय को पैंतीस वर्ष के अपने शासनकाल में इकतीस वर्षों तक युद्धों में ही रत रहना पड़ा था। इसके द्वारा अपने कनिष्ठ पुत्र **शंशी अदद** पंचम को युवराज घोषित कर दिए जाने से ज्येष्ठ पुत्र **अशुर दनिनपाल** ने विद्रोह कर दिया था, किंतु उसे सफलता नहीं मिल पाई। **शम्शी-अदद** (Shamshi-Adad) की मृत्यु के पश्चात् पुत्र **अदद-निरारी** तृतीय के अवयस्क होने के कारण उसकी विधवा **सम्मुरमत** ने पाँच वर्षों तक शासन को सँभाले रखा था। **अदद निरारी** तृतीय, **शालमनेसर** चतुर्थ, **असुरदान** तृतीय, **अशुर निरारी पंचम** आदि अयोग्य शासक सिद्ध हुए। परिणामतः असीरियन साम्राज्य पुनः खंड-खंड में विभाजित हो गया। गृहयुद्ध के इस वातावरण में **तिग्लैथपिलीसर** तृतीय सिंहासनारूढ़ हुआ और अपने उद्यमों से विद्रोहों को दबाने में सफल रहा था।

उसकी मृत्यु के उपरांत अल्पकाल के लिए इसका पुत्र **शालमनेसर** पंचम राज्याधिकारी बना, किंतु इसकी हत्या के बाद इसके विश्वासपात्र रहे **सारगोन** द्वितीय ने राज्यसत्ता का अधिग्रहण कर लिया। यह **सुमेरियन सारगोन** से पृथक् व्यक्ति रहा था और इसी कारण **'द्वितीय'** के विशेषण से भी विभूषित हुआ था। बेबीलोनिया व इजराइल का दमन करने के कारण इसकी प्रसिद्धि एक विजयी सम्राट् के रूप में हुई। इसके राज्यकाल में असीरिया का साम्राज्य **सिलिसिया** (Cilicia) से लेकर फारस की खाड़ी तक फैल गया था। ई.पू. 705 में एक युद्ध अभियान में इसकी मृत्यु हो जाने के उपरांत असीरिया का शासक इसका पुत्र **सेनैकेरिब** (Sennacherib) बना। इसने मिस्र तथा पेलेस्टाइन को पराजित किया था। सेनैकेरिब के उपरांत इसका पुत्र **एसरहद्दोन** (Esarhaddon-680-669 BC) सिंहासनारूढ़ हुआ। सिम्मेरियनों व सीथियनों से मधुर संबंध स्थापित कर तथा फोनिशिया को जीतकर उसने असीरियन

साम्राज्य का विस्तार मिस्र के **थीब्ज** प्रांत तक कर लिया (Ref.—History of World by W.N. Weech, Page-77)। मिस्र के एक विद्रोह को दबाने के अभियान में अस्वस्थ हो जाने के कारण **'हरन'** में इसकी मृत्यु हो गई।

एसरहद्दोन के पश्चात् उसका ज्येष्ठ पुत्र **अशुरबनिपाल** (668-626 BC) असीरिया तथा कंनिष्ठ पुत्र **शमश-शुमउकिन** बेबीलोनिया का शासक हुआ। इन दोनों भाइयों में सत्रह वर्षों तक मधुर संबंध बने रहे थे, किंतु उसके बाद इनमें आपस में ही ठन गई। परिणामतः अशुर-बनिपाल ने बेबीलोनिया पर प्रचंड आक्रमण कर उसे जीत लिया और शमश-शुमउकिन ने उसकी यातनाओं से बचने के लिए राज-प्रासाद में आग लगाकर आत्मदाह कर लिया। बेबीलोनिया की विजय के पश्चात् अशुर बनिपाल ने **वारुणेयों** (सुमेरियनों) के **एलम** (इलावर्त) राज्य पर दुर्दांत आक्रमण करके **सूसन शहर** (सुषा नगरी) को संपूर्णतः नष्ट कर दिया। अशुर बनिपाल के नृशंस आक्रमण के पश्चात् **'सूसन शहर'** के साथ-साथ **'एलम'** (वरुण के वंशजों) का स्वतंत्र अस्तित्व सदा-सदा के लिए समाप्त हो गया। एक निर्मम विजेता के अतिरिक्त अशुर बनिपाल की ख्याति एक उत्कृष्ट निर्माता तथा साहित्य व कला-प्रेमी के रूप में भी प्रचारित रही थी। उसने भव्य राज-प्रासादों के अलावा एक विशाल पुस्तकालय का भी निर्माण करवाया था। ई.पू. 626 में कैल्डियन शासक **नेवोपोलस्सर** (Nebopolassar-626-605 BC) द्वारा बेबीलोनिया पर किए गए आक्रमणों का सामना करते हुए अशुर बनिपाल की मौत हो गई। इसके पश्चात् असीरिया का शासक बने इसके पुत्र **सिन-शर-इस्कुन** (Sin-Shar-Iskun-626-612 BC) की दुर्बलता का लाभ उठाते हुए नेवोपोलस्सर तथा मीड के शासक **उबक्षत्र** (Ubchhatra) के सम्मिलित आक्रमणों ने **'निनिव'** को उसी प्रकार से विनष्ट कर डाला, जिस प्रकार असीरियनों ने कभी **'सूसन'** को किया था। इस आक्रमण में सिन-शर-इस्कुन को उसके परिजनों समेत राज-प्रासादों में ही जलाकर मार डाला गया; किंतु किसी तरह बच निकले उसके पुत्र **अशुर-उवैलित** द्वितीय (612-605 BC) ने **'हरन'** में विस्थापित होकर असुरों के इस राज्य को बचाए रखने का भरसक प्रयत्न किया। अंत में कैल्डियनों के वर्चस्व के कारण ई.पू. 605 में इनका ऐसा पतन हुआ कि विश्व के प्राचीनतम जातियों में से एक रहे असीरियनों (असुर राजवंश) का अस्तित्व हमेशा के लिए ही समाप्त हो गया, जबकि असुरों की मूल प्रवृत्ति को त्यागकर सौम्य आचरण अपनाने के कारण भारतीय जाति के रूप में प्रतिष्ठापित हुई इसकी **'अहीर'** नामक शाखा यादवों से हुई अंतर्भुक्तियों के बावजूद आज भी उत्तर भारत में यथावत् बनी हुई है। □

*कश्यप-अदिति के द्वादश पुत्रों में से एक रहे विवस्वान आदित्य (या सूर्य) ने कश्यप सागर के दक्षिण-पश्चिम (नैऋत्य) कोण में **'सुर'** नामक एक स्वतंत्र राज्य की स्थापना करके देव-कुल के समानांतर अपनी अलग वंश-परंपरा को विकसित किया था। पश्चिमी एशिया समेत भारत की अनेक जातियाँ विवस्वान सूर्य के वंशजों द्वारा ही अस्तित्व में आई थीं। विवस्वान (सूर्य) के प्रभाववश ही मेडिज (या मगी) नामक सूर्य-उपासकों का अस्तित्व उभरा था। अरबी में सूर्य को **'आद'** कहा जाता है। इसी आद या विवस्वान (सूर्य) के पुत्र रहे यम या आदम से यहाँ के लोगों के लिए **'आदमी'** का उद्‍बोधन प्रयोग में आया। इसी अनुरूप सूर्य-पुत्र मनु के प्रभाववश उनके वंशजों द्वारा शासित प्रदेश की जनता **'मानव'** के रूप में विख्यात हुई।*

विवस्वान (सूर्य) तथा उनके पुत्रों (यम, मनु आदि) द्वारा स्थापित परंपराओं के साथ-साथ विश्व प्रसिद्ध जलप्लावन की घटना और उसके प्रभाव से प्रसूत हुई पितृ-सत्तात्मक व्यवस्थाओं का वर्णन प्रस्तुत अध्याय में किया गया है।

विवस्वान (सूर्य), यम व मनु तथा उनके वंशज

कश्यप-अदिति के पुत्रों में विष्णु की ही भाँति **विवस्वान** ने भी अपनी स्वतंत्र सत्ता स्थापित तो अवश्य की, लेकिन विष्णु के विपरीत अपने अन्य भ्रातागणों (देवों) से सर्वथा अलग स्वयं की स्वतंत्र वंश-परंपरा को भी विकसित किया। आदित्य-कुल से संबंधित होने के कारण विवस्वान को **आदित्य** भी कहा गया। चूँकि संस्कृत में 'आदित्य' शब्द का प्रयोग सूर्य के लिए भी किया जाता है, अतः विवस्वान द्वारा धारण किए गए आदित्य उपनाम के पर्यायवाची के रूप में इन्हें बहुधा **'सूर्य'** के नाम से भी उल्लिखित किया गया है। विवस्वान (सूर्य) द्वारा स्थापित वंश-परंपरा बहुत काल तक पश्चिम तथा पूर्व एशिया के राजनीतिक पटल पर छाई रही। मूलतः विवस्वान (सूर्य) ने कश्यप सागर से दक्षिण-पश्चिम व फारस की खाड़ी से उत्तर-पश्चिम के क्षेत्र में **'सुर'** नाम से अपना स्वतंत्र राज्य बसाया था। तदंतर अपने पराक्रम से अनेक राज्यों को जीतकर उन्होंने दक्षिण व पश्चिम के सुदूर क्षेत्रों तक अपने साम्राज्य का विस्तार भी किया। विवस्वान के राज्य का यह **'सुर'** नामकरण वस्तुतः उसके **'सूर्य'** उपनाम से ही अभिप्रेरित रहा था। आजकल का **'सीरिया'** इसी सुर राज्य का ही बिगड़ा स्वरूप है। मिस्र, यूनान, ईरान, भारत आदि के पुराने राजवंशों के जन्मदाता विवस्वान (सूर्य) के ही वंशज रहे थे। विवस्वान (सूर्य) के बढ़ते वर्चस्व व प्रभामंडल के कारण इनके सहोदर रहे देवों को भी कालांतर में **'सुर'** के नाम से ही संबोधित किया जाने लगा। देवराट् इंद्र के लिए **सुरेंद्र** का उद्‌बोधन इसी का प्रमाण है। विवस्वान (सूर्य) के प्रताप व प्रभाव के कारण पश्चिमी एशिया व मिस्र आदि में ही नहीं, बल्कि असुर देशों में भी सूर्य की पूजा होने लगी, जो काफी समय तक इस क्षेत्र में प्रचलित भी रही थी। किंचित् यही कारण रहा कि **जेरुसेलम** से विकसित ईसाई आस्थाओं में **संडे** (रविवार) को एक पवित्र दिन के रूप में स्वीकार किया गया है। मध्य एशिया में सूर्य के पुजारियों को विवस्वान-पुत्र मनु के अनुरूप **मगी** या **मेडिस**

ही कहा जाता रहा है। इन्हीं मगी या मेडिस को भारत में **मग ब्राह्मण** या **शाकद्वीपी** (भारतीय शास्त्रों में अरब को शाक द्वीप कहा गया है) के नाम से पुकारा जाता है। जलप्लावन की घटना के पश्चात् वैवस्वत मनु द्वारा हिंदूकुश के मूल स्थान में पदार्पण करने के पश्चात् सूर्य को बलि देने के लिए मध्य एशिया से **किलात-आकुली** नामक दो असुर-ब्राह्मणों (मगी) को बुलाना पड़ा था (***किलाताकुली असुरब्राह्मण इति आहूतः)***। इसी तरह कृष्ण के पुत्र शांब को भी चंद्रभागा नदी के तीर पर स्थापित किए गए सूर्य मंदिर में प्राण-प्रतिष्ठा के लिए शक या शाकद्वीपी ब्राह्मण बुलवाने पड़े थे। कृष्ण-पुत्र शांब द्वारा निर्मित कराया गया यह भव्य सूर्य-मंदिर महमूद गजनवी के अंतिम आक्रमण (1027 ईस्वी) से पहले तक यथावत् बना रहा था। सूर्यभक्त इन शाकद्वीपी (शाकलद्वीपी) ब्राह्मणों के प्रभाववश ही भारत के बिहार तथा इससे सटे उत्तर प्रदेश के पूर्वी इलाके में संतान की कामनावाले **छठ** नामक व्रत में सूर्य को अर्घ्य देने का उपक्रम भी जुड़ गया। महाभारतकालीन अंग-नरेश **'कर्ण'** की सूर्य उपासनाओं के प्रभाववश धीरे-धीरे छठ का यह अनुष्ठान सूर्य के त्योहार के रूप में ही मनाया जाने लगा। मिस्र में सूर्य को कहीं **'रा'** तो कहीं **'होरुस'** की संज्ञा दी गई है। अरब में इसे **'आद'** तथा अवेस्ता (ईरान) में **'मिथ्र'** के नाम से संबोधित किया गया है। अवेस्ता का **'मिथ्र'** व वैदिक **'मित्र'** (सूर्य के लिए भारतीय शास्त्रों में कहीं-कहीं मित्र' शब्द भी प्रयुक्त किया गया है) समानार्थी होने के साथ-साथ आपसी साम्यता भी दरशाते हैं। अरब व मुसलिम देशों में **आदम** व **आदमी** शब्द का ईजाद भी इसी सूर्य (**आद**) से ही अभिप्रेरित रहा था।

विवस्वान (सूर्य) को भृगुवंशी त्वष्टा पुत्री सुरेणु (संध्या) से **यम** नामक पुत्र व **यमी** नामक कन्या तथा सवर्णा नामक एक अन्य स्त्री से **श्राद्धदेव** नामधारी एक पुत्र व **यमुना** नामक एक पुंत्री उत्पन्न हुई। सुरेणु की दासी **छाया** पर भी विवस्वान (सूर्य) मोहित हो गए और उससे भी विवस्वान (सूर्य) को **श्रुतिकर्मा** नामक पुत्र तथा **सावित्री** व **तपती** नामक दो कन्याएँ हुईं। तपती का विवाह पुरुवंश के राजा **ऋक्ष** के पुत्र **संवरण** से हुआ और इसी के गर्भ से **कुरु** का जन्म हुआ, जो कुरु वंश का संस्थापक पुरुष हुआ। चूँकि ज्योतिष-मान्यताओं के अनुसार, शनि को **'भृत्यों (दासों) का ग्रह'** कहा गया है, अतः श्रुतिकर्मा नामक सूर्य के दासी-पुत्र को भी इसी मान्यता के अनुरूप **'शनैश्चर'** कहा जाने लगा (वायु पुराण-84.51)। लोक-मर्यादा को ध्यान में रखते हुए विवस्वान (सूर्य) अपने इन दासीपुत्र/पुत्रियों से एक निश्चित दूरी बनाकर रहते थे। पिता के इस अकारण उपेक्षित व्यवहार से खिन्न होकर श्रुतिकर्मा (शनैश्चर) अपनी

माता व परिवार के साथ पिता द्वारा विजित पश्चिमोत्तर के दूरस्थ राज्य (**यूनान**) में जाकर बस गए। मिस्र व यूनान के प्राचीन ग्रंथों में **'सिन'**, **'सिनि'**, **'सिनिवाली'**, **'मेस्सनिपाद'** आदि का उल्लेख इसी शनैश्चर (श्रुतिकर्मा) के लिए ही किया गया प्रतीत होता है। इसी शनैश्चर की स्मृति में रोमनों द्वारा **'सैटरनलिया'** (Saturnalia) नामक सात दिनों का त्योहार भी मनाया जाता रहा था। इसी परंपरा का यथावत् अनुपालन करते हुए आज भी ईसाइयों में सत्रह से लेकर पच्चीस दिसंबर तक का उत्सव मनाया जाता है। चूँकि यूनान की भौगोलिक स्थिति विवस्वान (सूर्य) के राज्य से पश्चिम में रही थी, अतः यहाँ का प्रभारी बन जाने के कारण सुर प्रदेश की प्रजा में **शनैश्चर** (श्रुतिकर्मा) की मान्यता पश्चिम के अधिपति के रूप में भी प्रतिष्ठित हुई। इधर दासी के प्रति उपजे पति के अवांछित अनुराग से रुष्ट होकर सुरेणु (संध्या) अपने पिता त्वष्टा के यहाँ चली गई। सुरेणु तथा छाया के इस प्रकार चले जाने से सवर्णा सर्वाधिकार से संपन्न हो गई तथा सुरेणु के पुत्र व पुत्री के प्रति सौतिया डाह रखने लगी। विमाता के इस भेदभावपूर्ण बरताव से दुःखी होकर यम अपनी बहन यमी के साथ अपने ताया (वरुण) के राज्य में स्थित **देमाबंद शिखर** (एलबुर्ज पर्वत) पर जाकर रहने लगा। विवस्वान (सूर्य) के पुत्र यम की धर्मपरायणता से मुग्ध होकर दक्ष नामक प्रजापति ने अपनी संज्ञा आदि दस कन्याओं का विवाह इससे कर दिया। यम को इन दसों पत्नियों से **आपः, ध्रुव, सोम, धर्म, अनिल, अनल, प्रत्युष** व **प्रभास** नामक आठ पुत्र हुए, जो कालांतर में **वसु** के नाम से प्रसिद्ध हुए। इन वसुओं के वंश में **द्रविण, हुतहव्यावाह** व **धर** नामधारी यशस्वी पुरुष हुए, जिन्होंने अपना निवास भरत-खंड के हिम क्षेत्रों में स्थापित किया। धर के पुत्र **महिदेव** हुए, जो कालांतर में **महेश** या **रुद्र** के नाम से भी विख्यात हुए। इस रुद्र या महिदेव की निवास-स्थली मानसरोवर स्थित कैलाश रही।

ज्येष्ठ पत्नी संध्या व उसके पुत्र यम द्वारा त्यागे जाने के बाद विवस्वान (सूर्य) को छाया नामक दासी से बने अपने अनैतिक संबंधों के प्रति काफी क्षोभ हुआ और परिहार के लिए वे अपनी पत्नी सुरेणु को मनाने श्वसुर त्वष्टा के आश्रम में पहुँचे। पत्नी का साहचर्य व आश्रम की रमणीयता से मुग्ध होकर विवस्वान राज्य के प्रति अपने दायित्वों को भूलकर श्वसुर के यहाँ ही रहने लगे। पति के साथ आमोद-प्रमोद में रत रहने के अलावा सुरेणु की रुचि नित्य अश्वारोहण करने में भी रही। अश्व के प्रति उसके बढ़ते लगाव के कारण विवस्वान परिहास में उसे **'अश्विनी'** कहकर भी पुकारते रहे। इस तरह रमण करते हुए विवस्वान (सूर्य) को सुरेणु (संध्या) से **नासत्य**

व **दस्त्र** नामक दो जुड़वाँ पुत्र प्राप्त हुए। परिहासवश अश्विनी के विशेषण से संबोधित होनेवाली सुरेणु के ये युग्म पुत्रगण तदनुसार अपने मूल नामों के अतिरिक्त **'अश्विनी कुमार'** के रूप में ही अधिक प्रसिद्ध हुए। कालांतर में रुद्र (महादेव) के द्वारा दीक्षित किए जाने पर अश्विनी कुमार एक प्रसिद्ध शल्य-चिकित्सक के रूप में भी विख्यात हुए। इन्होंने ही **ऋज्नाश्व** को नकली नेत्र लगाए, लँगड़े **परावृज** को कृत्रिम पैर लगाकर ठीक किया, **बद्धमती** के कटे हाथ तथा **दक्ष** के कटे हुए सिर को जोड़ा। शल्य-चिकित्सक के साथ-साथ ये दोनों वीर योद्धा तथा प्रख्यात ऋषि भी हुए।

पिता तथा सौतेले भ्राताओं द्वारा इस प्रकार राज्य को छोड़कर चले जाने के पश्चात् सवर्णा-पुत्र श्राद्धदेव ने सुर-प्रदेश के शासन-संचालन का दायित्व निभाना प्रारंभ किया। शासकीय व्यस्तताओं के उपरांत भी श्राद्धदेव की अभिरुचियाँ मानवीय विकास के नए आयामों को प्रतिष्ठापित करने की रही थीं। इस क्रम में उन्होंने पूर्ववर्ती मनुओं द्वारा स्थापित आचार-संहिताओं का संकलन व अध्ययन करना भी प्रारंभ किया। इस प्रकार समाज-सुधार संबंधी परियोजनाओं को स्वरूप देने के अतिरिक्त श्राद्धदेव इनके क्रियान्वयन में भी सक्रिय योगदान करते रहे। मनु के इन प्रयासों से सुर राज्य में एक नई तरह की परंपरा का विकास हुआ, जो वस्तुतः पुराने मनुओं द्वारा स्थापित की गई आचार-संहिताओं पर ही आधारित रहे थे। उनके इन कार्यक्रमों से प्रभावित होकर लोग उन्हें यानी श्राद्धदेव को **मनु-प्रजापति** भी कहने लगे (संदर्भ—वायु पुराण-84.38)। कालांतर में श्राद्धदेव (मनु) अपने पिता (विवस्वान) के नाम के प्रभाववश **वैवस्वत मनु** तथा माता (सवर्णा) के नाम के अनुरूप **सावर्णि मनु** के रूप में भी विख्यात हुए। यहाँ ध्यान देने योग्य बात यह है कि मिस्र का सबसे पुराना राजवंश किसी **मेनीज** (जिसे रैपसन आदि कुछ पाश्चात्य इतिहासकार काल्पनिक मानते हैं) नामक व्यक्ति द्वारा ही स्थापित किया गया था। संभवतः यह मेनीज नाम मनु का ही अपभ्रंश रहा हो। इसी प्रकार पर्शिया का प्राचीनतम राजवंश भी किसी **मेडिज** द्वारा ही प्रारंभ हुआ बताया गया है। संयोग से मेडिज व मनु में भी काफी साम्यता झलकती है। वैवस्वत मनु को **नरिष्यंत, नाभाग** (नृग), **धृष्ट, शर्याति, करुष, पृषध्र, नाभानेदेष्टि, प्रांशु, वसुमान** व **इक्ष्वाकु** नामधारी दस पुत्र व **ईला** नामक एक कन्या हुई। भागवत (8/13/1-3) में भी वैवस्वत मनु के दस पुत्र बताए गए हैं—*'मनुर्विवस्वतः पुत्रः श्राद्धदेव इति श्रुतः सप्तमो वर्तमानो यस्तदपत्यानी में श्रृणु। इक्ष्वाकुर्नभगश्चैव धृष्टः शर्यातिरेव च नरिष्यन्तोऽथ ऩाभागः सप्तमो दिष्ट उच्यते। करुषश्च पृषध्रश्च दशमो वसुमान्स्मृतः मनोर्वैवस्वतस्यैते दश पुत्राः परंतप।।'* मनु के

दूसरे पुत्र **नाभाग** (नृग) ने दैत्य हिरण्याक्ष के निधन के पश्चात् उसके राज्य **बेबिलोनिया** को अपने अधिकार में कर लिया। विष्णु की प्रेरणा से इसी युवा नृग ने वृद्ध दैत्य सम्राट् हिरण्यकशिपु का वध एलब्रुज पर्वत शिखर पर किया था। हिरण्यकशिपु के अत्याचारों से प्रताड़ित रहे उसके पुत्र प्रह्लाद समेत वहाँ के जन-समुदाय ने नृग के इस पराक्रम से अभिभूत होकर ही उन्हें **नृग-सिंह-देव** या **नृसिंह** की उपाधि से विभूषित किया था। आज भी इस क्षेत्र में अर्ध सिंह व अर्ध नर की एक मूर्ति स्थापित है, जिसे इराकी व ईरानी मान्यताओं में **नरमसिन** कहा जाता है। सुमेरियन इतिहास में नरमसिन को **मनिश्तुसु** का पुत्र व **सारगौन** का पौत्र बताया गया है। संयोग से मनुपुत्र नृग (नाभाग) भी सूर्य (विवस्वान) के ही पौत्र थे। यहाँ पर विवस्वान (सूर्य) व वैवस्वत मनु को यदि भाषाई अपभ्रंश के आधार पर क्रमशः सुमेरियन सारगौन व मनिश्तुसु स्वीकार कर लिया जाए तो नृसिंह अथवा नृग (नाभाग) या नरमसिन की गुत्थी स्वतः ही सुलझ जाती है। जर्मनी में स्थित इसी प्रकार की एक मूर्ति को वहाँ की भाषा में Lowen Mansch कहा जाता है। जर्मनी का Lowen व Mansch तथा अंग्रेजी के Lion व Man वस्तुतः नर-सिंह के ही भाषाई अपभ्रंश हैं। मिस्र के पिरामिडों में

स्फिंक्स

स्फिंक्स (आधे नर व आधे सिंह की आकृति) की प्रतिमा किंचित् इसी सत्य को उद्घाटित करती है। इन तथ्यों के आधार पर बेबीलोन के **नृग्रिटो** भी इन्हीं वैवस्वत-नृग या नाभाग के ही वंशज प्रतीत होते हैं।

वैवस्वत मनु द्वारा राज्य-व्यवस्था को नया आकार प्रदान करने के कुछ काल पश्चात् ही भयंकर **जलप्लावन** की घटना घटी थी। इस प्राकृतिक त्रासदी से होनेवाले महाविनाश से अपने बंधु-बांधवों, तात्कालिक विद्वानों (सप्तऋषियों) व पशु-पक्षियों को सुरक्षित बचाने के उद्देश्य से मनु (श्राद्धदेव) को इस क्षेत्र से मत्स्य जाति द्वारा उपलब्ध कराए गए नौका के माध्यम से पलायन करके पूर्व के ऊँचे पर्वत-शिखर पर (संभवतः हिंदूकुश के पहाड़ी क्षेत्र में) आकर आश्रय लेना पड़ा था। अथर्ववेद के उन्नीसवें मंडल व शतपथ ब्राह्मण में इस जलप्रलय का विस्तृत उल्लेख किया गया है। भारतीय शास्त्रों के अतिरिक्त संसार की प्रायः सभी प्राचीन सभ्यताओं तथा अनेक

ग्रंथों में भी इस घटना का उल्लेख किसी-न-किसी रूप में अवश्य हुआ है। कालगत व भाषागत कारणों से नामों में आई भिन्नताओं के उपरांत भी भारतीय **मनु** की ही भाँति **'जेंद-अवेस्ता'** (पर्शिया या पुराने ईरान) के **यिम,** सुमेरियन **नापश्तिम,** बेबीलोनियन **'जिऊसुद्द्रू',** यूनानी-रोमन गाथाओं के **'डियूकेलियन',** यहूदी-ईसाई-इसलामिक अवधारणाओं के **'नोह/नूह',** युक्तान की एजटिक मान्यताओं के **'तेजपि'** या फिर ब्राजील-पैरागुए-अर्जेंटेनिया आदि गुआरैनी-गाथाओं' के **'टे-मेंडर'** ने बाढ़-विभीषिकाओं से प्रायः एक जैसे उपायों द्वारा ही कुछ जैविक प्रजातियों की रक्षा तथा उन्हें पुनर्स्थापित करने का कार्य किया था। **ब्यूरो ऑफ अमेरिकन इंथोलॉजी** के **'रूथ वेंडिक्ट'** ने अपनी शोध-पुस्तिका में इस बात का जिक्र किया है कि *'दक्षिण अमेरिका के आदिवासियों की यह मान्यता है कि बहुत पुराने काल में आए एक भयंकर बाढ़ से बचने के लिए एक व्यक्ति ने अपने पुत्र-पौत्रों, पशु-पक्षियों तथा अनाज वगैरह को एक बड़ी नौका में लादा था। इस बाढ़ से सभी प्राणी डूब गए, लेकिन इस नौका में बैठे सभी लोग सुरक्षित रहे थे। बाढ़ का असर कम होने पर यह नौका किसी पर्वत-शिखर के ऊँचे स्थान पर जाकर टिकी थी'* *(When the waters went down, the boat grounded on a high place in the mountains to the North-East, So the people on the boat were saved from the first-ending of the world by flood*—**Tales of the Cochiti Indian** by Ruth Benedict*)*। **बाइबिल** में भी चालीस दिन व चालीस रात की अनवरत वर्षा का जिक्र किया गया है। बेबीलोनियन **जिऊ-सुद्द्रू** ने देवता **एंकी** के संकेत पर तथा **यहूदियों** व **ईसाइयों** के धर्मग्रंथों के अनुसार **नूह** या **नोह** नामक व्यक्ति ने एक मछुआरे द्वारा निर्मित नौका के माध्यम से इस क्षेत्र में आई बाढ़ से अपनी तथा अनेक प्राणियों की रक्षा की थी। भारतीय वृत्तांत के अनुसार, इस महाप्रलय से वैवस्वत मनु तथा अन्य प्राणियों की रक्षा एक **मत्स्य** द्वारा बताई गई युक्ति के कारण हो पाती है। इतिहास के संदर्भ में यदि इस घटना का आकलन किया जाए तो यह पता चलता है कि अति प्राचीन काल में बेबीलोनिया **(मेसोपोटामिया** या **इराक)** के **दजला-फरात** नामक नदी के तट पर **फोनिशियन** जाति के लोग (मछुआरे) निवास करते थे, जो अपने जमाने के कुशल नाविक व शिल्पकार भी हुआ करते थे।

मनु का नौका अभियान

भारतीय शास्त्रों में वर्णित **मत्स्य** का संदर्भ संभवतः इन्हीं मछुआरों के लिए किया गया होगा। प्रलय के समय बेबीलोनिया पर मनु-पुत्र नृग (नाभाग) का आधिपत्य रहा था। किंचित् यही कारण रहा होगा कि जलप्लावन की आपदा से बचाव के लिए पुत्र के राज्य में निवास कर रही मत्स्य जाति का आसानी से सहयोग प्राप्त करने में मनु सफल भी रहे होंगे। इन्हीं नाविकों (मत्स्यों) के कुशलतम दल ने मनु को उनके स्वजनों व तात्कालिक विद्ज्जनों सहित जलप्लावन से प्रभावित क्षेत्रों से दूर पूर्व के सुरक्षित स्थान (संभवतः हिंदूकुश पर्वत क्षेत्र) की ओर बाहर निकाला होगा (***अदृश्यन्तर्षयः सप्त मनुर्मत्स्यस्तथैव च, एवं बहुन्र् वर्षगणांस्तां नावं सोऽथ मत्स्यकः।''तच्च नौबन्धनं नाम शृंग हिमवतः परम्।।''***महाभारत वनपर्व-187/46.50)। वायु पुराण में यह कहा गया है कि भारतवर्ष में सभी कालों में लोग निर्बाध रूप से बसे रहते थे (***यदिदं भारत वर्ष यस्मिन्स्वायंभुवादयः, चतुर्दशैते मनवः प्रजासर्गे भवन्त्युत***—वायु पुराण-45. 69), अतः निश्चित रूप से भारतवर्ष महाप्रलय की इस आपदा से अप्रभावित रहा होगा। इसी कारण पूर्व की ओर अपने दल के साथ अग्रसर हुए मनु ने हिंदूकुश के उच्च स्थलों में आकर ही आश्रय लिया था। विश्व के विभिन्न धर्मग्रंथों में उल्लिखित भावों के अनुरूप भी यही तथ्य उभरकर सामने आते हैं।

प्राकृतिक आपदा के कारण हुए महाविनाश व फिर मनु आदि के पलायन के परिणामस्वरूप सुर प्रदेश तथा उसके आस-पास का समूचा क्षेत्र जैविक सृष्टि के दृष्टिगत बुरी तरह से क्षतिग्रस्त हो गया था। प्राकृतिक स्थितियों के सामान्य होने पर देमावंद पर्वत क्षेत्र (जो 'देवस्थान' नाम का ही बिगड़ा हुआ रूप लगता है) में निवास कर रहे विवस्वान (सूर्य) के मझले पुत्र **वैवस्वत यम** लगभग वीरान से हो चुके अपने **पैतृक राज्य** को पुनः बसाने के उद्देश्य से दल-बल सहित यहाँ पहुँचे। वायु पुराण में भी विवस्वान-पुत्र यम द्वारा पितरों के राज्य की पुनः स्थापना का जिक्र हुआ है (***वैवस्वत पितृणां च यमं राज्येऽभ्यषेचयत्***—वायु पुराण-70.8)। इस प्रकार नए सिरे से तदंतर बसनेवाली यहाँ की प्रजा के लिए **'यम'** ही उनके **प्रथम पुरुष** के रूप में प्रतिष्ठित हुए। किंचित् यही कारण रहा कि इस क्षेत्र के आस-पास विकसित हुई यहूदी, ईसाई व इस्लामिक मान्यताओं में यह धारणा पल्लवित हुई कि **स्वर्ग** या **जन्नत** (देमावंद या एलब्रुज पर्वत-शिखर को आज भी ईरानीयन पैराडाइज कहा जाता है) से बहिष्कृत किए जाने पर **एडम (आदम)** तथा **ईव (हौव्वा)** ने मानवी सृष्टि प्रारंभ की थी। चूँकि अरबी में सूर्य को **'आद'** कहा जाता है, अतः सूर्यपुत्र होने के कारण यम के लिए इसी **'आद'** के प्रतीकात्मक **'आदम'** शब्द का प्रयोग किया गया होगा, जो

लैटिन तथा अन्य पाश्चात्य भाषाओं में **'एडम'** के रूप में उच्चारित होने लगा होगा। वैवस्वत यम के लिए प्रयुक्त **'आदम'** के इसी उद्बोधन के कारण पश्चिमी एशिया के निवासियों (मूलतः यम की प्रजा) को यहाँ के प्रचलन में तदनुरूप **आदमी** की संज्ञा से ही परिभाषित किया जाने लगा। पर्सिया के अवेस्ता आदि ग्रंथों में वैवस्वत यम को **'यिम ख्शएत'** या **'यिमशिद'** अथवा **'विवह्वंत** के महान् पुत्र **यिम'** (Son of Vivhavant, great Yima-**Yasna-9**) आदि नामों से ही संबोधित किया गया है। इस प्रकार ईरान का **'यमथल'** नामक स्थान व पारसियों में **'जमशेद'** नाम रखने की परिपाटी भी वस्तुतः यम से ही किसी-न-किसी रूप में प्रभावित रही लगती है।

प्रलय से हुई असंख्य जन-हानि के कारण **'मृत्युलोक'** के नाम से पुकारे जानेवाले पितरों के राज्य को पुनः बसाने के अपने उत्कट संकल्प के तहत प्राकृतिक विभीषिका से किसी तरह बचे लोगों को समुचित रूप से विस्थापित करने तथा मृतकों की अंत्येष्टि आदि की व्यवस्थाओं को सुनिश्चित करवाने के लिए यम अपने पार्षदों सहित प्रत्येक पीड़ित के यहाँ स्वयं उपस्थित हुआ करते थे। जलप्लावन से पूर्व हिंदुओं की ही भाँति यहाँ पर भी मृतकों का दाह-संस्कार ही किया जाता रहा था। पुरातत्त्ववेत्ताओं को जलप्लावन से पूर्व पाए गए मानव-जीवाश्म के साथ अस्थि-राख के अवशेष भी मिले हैं, जो इस प्रचलित दाह-क्रिया की पुष्टि ही करते हैं। संभवतः इस भीषण प्राकृतिक आपदा में हुई अनगिनत मौतें व फिर लाशों की विकृत अवस्थाएँ दाह-क्रिया के लिए उपर्युक्त नहीं रही होंगी, अतः लोगों ने परिस्थितिवश इन लाशों को नदी में बहाने या फिर जमीन खोदकर दफनाने का प्रबंध किया होगा। यही कारण रहा कि इस क्षेत्र से विकसित तत्पश्चात् की सभ्यताओं में मृतकों के संस्कार के लिए यही प्रथाएँ प्रचलन में स्वीकारी गई होंगी। वैवस्वत यम द्वारा अमल में लाए गए इन उपायों से वहाँ का जनजीवन शीघ्र ही सामान्य हो गया और वे पितरों के इस क्षेत्र में **'नरक'** नामक एक नगरी को स्थापित कर अपना राज-काज चलाने लगे। मिस्र की पौराणिक गाथाओं में मृत्युलोक के राजा को **'यूनुस'** कहा गया है, जो कि यम का ही बिगड़ा हुआ उच्चारण प्रतीत होता है। ईरान के एक प्रदेश को वहाँ कभी हुए भयानक प्राकृतिक नरसंहार के कारण आज भी **'दोजख' (नरक)** ही कहा जाता है। पूर्वजों द्वारा बताए गए प्रजावात्सल्यता के नियमों (धर्म) के अपनाने के कारण जनसामान्य में वे **'धर्मराज'** नाम से भी लोकप्रिय हो गए।

लोक-कल्याण के लिए चलाई जा रही एक योजना के निरीक्षण हेतु उत्तरी क्षेत्रों के प्रवास पर निकले यम की दृष्टि घने जंगल में एक अचेत युवक को गोदी में

लिटाकर विलाप कर रही युवती पर पड़ी। ज्ञात करने पर पता चला कि अचेत युवक पड़ोस के शाल्व-नरेश **द्युमत्सेन** का पुत्र **'सत्यवान'** तथा युवती उसकी भार्या **'सावित्री'** थी। प्राकृतिक आपदा के कारण छिन्न-भिन्न हो चुके राज्य की दुर्दशा के कारण तरुण दंपती जंगल से लकड़ियाँ काटकर अपने परिवार का भरण-पोषण किया करते थे। संभवतः कुपोषण तथा अत्यधिक श्रम के कारण जीर्ण शरीर का यह युवक अचेत हो गया था। इस राजपुरुष की गंभीर हालत व दयनीय अवस्था पर द्रवित होकर यम उसके उपचार के लिए दक्षिण दिशा में स्थित एक **आरोग्य निकेतन** में ले आए। पति को इस प्रकार एक अपरिचित व्यक्ति द्वारा ले जाने का विरोध करते हुए सावित्री भी यम का पीछा करती हुई वहाँ जा पहुँची। विधिवत उपचार के पश्चात् स्वस्थ हो गए सत्यवान को उसकी पत्नी सावित्री के साथ विदा करते हुए यम ने उनके क्षतिग्रस्त राज्य के पुनर्वास का आश्वासन ही नहीं दिया अपितु समय आने पर यथायोग्य सहयाता भी की। कालांतर में यम के इन्हीं कृतित्वों के दृष्टिगत यह किंवदंती प्रचलित हुई कि मृत्यु के समय यम या फिर उनके दूत अवश्य ही आते हैं तथा मात्र सावित्री ही अपने पतिव्रतापूर्ण हठ के कारण सत्यवान को **यम-पाश** से मुक्त कराने में सफल रही थी। कालांतर में दासों व असुरों के उद्भवों की चपेट में आकर यम का यह साम्राज्य छिन्न-भिन्न होकर रह गया और इनके वंशज उत्तर-पूर्व के हिमाच्छादित क्षेत्रों में जाकर बस गए।

इधर हिंदूकुश पर्वत अंचल के नए क्षेत्र में आकर वैवस्वत मनु ने सिंधु नदी के तट पर **'मूलस्थान'** नामक नगर बसाकर अपने बंधु-बांधवों सहित रहने लगे। मनु द्वारा बसाया हुआ यह नगर आगे चलकर **'मुल्तान'** के नाम से प्रसिद्ध हुआ। यहाँ के जन-जीवन तथा देवों में प्रचलित व्यवस्था में तादात्म्य स्थापित करते हुए मनु एक नई प्रकार की संस्कृति के विकास में जुट गए। चूँकि जलप्लावन के कारण हुई अस्तव्यस्तता में पूर्ववर्ती मनुओं द्वारा रचित आचार-संहिता के संकलित ग्रंथ वैवस्वत मनु द्वारा खो चुके थे, अतः इन ग्रंथों के पठन-पाठन की अपनी पुरानी स्मृतियों के आधार पर तात्कालिक परिवेश का आकलन करते हुए मनु को नए नियमों की रचना करनी पड़ी। मनु द्वारा स्मृति के आधार पर रचित होने के कारण इस नूतन संस्करण

का नाम **'मनु-स्मृति'** पड़ा। फिलीपीन्स के राष्ट्रीय सभागृह में स्थापित मनु सरीखे एक पुरुष की प्रतिमा के नीचे उत्कीर्ण **'मानव जाति के सर्वश्रेष्ठ नीतिशास्त्रकर्ता'** वाक्य निश्चित रूप से मनु व उनके ग्रंथ की उत्कृष्टता का ही परिचय देते हैं। यह संयोग ही है कि यहूदी वाङ्मय में भी ठीक इसी तरह की एक घटना का जिक्र हुआ है। इसके अनुसार, बाबल के जलौध से पहले के **सेथ** (यानी वसिष्ठ), **एद्रिस** (यानी अत्रि) व **आदम** (यानी यम) आदि द्वारा रचित आचार-संहिता, धर्मशास्त्र तथा सृष्टि-उत्पत्ति (पुराण) विषयक ग्रंथों की प्रतियाँ शताब्दियों के पश्चात् **अब्राहम** को जमीन के नीचे गड़े एक पत्थर के संदूक से प्राप्त हुई थी। उर के उत्खननों में सर लियोनार्ड बूली को मिले साक्ष्य यह संकेत देते हैं कि ईसा पूर्व 3200 के आस-पास बाबल में एक जलौध घटित हुआ था। इस घटना के लगभग सौ वर्ष उपरांत (यानी ईसा पूर्व 3102) अरब सागर के जल-स्तरों में आए उछाल के कारण द्वारिका भी जल में समा गई थी। तदुपरांत पश्चिम के देशों की ओर पलायन किए यदुवंशियों को बाढ़ की विभीषिकाओं से वीरान पड़े प्रदेशों में भटकते रहने के कारण **'हविरु'** (ययावर) या **हिब्रु** या फिर यदु के भाषाई अपभ्रंशवश **'ज्यू'** व **'यहूदी'** कहा जाने लगा। अब्राहम इन्हीं यहूदी कबीलों का प्रथम सरदार रहा था। बाइबिल (अंजील) के अनुसार एडम (आदम) से अब्राहम (इब्राहिम) तक की कुल बाईस पीढ़ियों का अंतर 3563 वर्ष तथा अब्राहम से ईसा तक के व्यतीत कालों का अंतर 1920 वर्षों का रहा था। इसी तरह ईसा व पैगंबर मुहम्मद में भी कुल अंतर 579 वर्षों का रहा था। संभवतः मनु द्वारा खोई हुई आदि मनीषाओं (पितरों) तथा यम (एडम या आदम) के धर्मशास्त्रों की कुछ प्रतियाँ किसी तरह से जलप्लावनों की इन घटनाओं के उपरांत भी सुरक्षित बची रह गई होंगी। इन्हीं के कुछ हिस्से सदियों उपरांत यहूदी **अब्राहम** (यानी भारतीय मान्यताओं के अनुसार यदुओं से संबंधित होने के कारण अ-ब्राह्मण के रूप में चिह्नित व्यक्ति) के हाथों लग गया होगा। अपने विवेक के अनुसार इन्हें परिभाषित करते हुए अब्राहम तथा उसके अनुयायी व बाद के सभी धर्मप्रचारकों ने अपने-अपने तरीकों से उपदेश दिए होंगे। किंचित् यही कारण रहा है कि अर्थ-अनर्थ की तमाम विविधताओं के उपरांत भी सभी नए धर्मग्रंथों में वर्णित गाथाओं का स्वरूप कमोबेश एक-दूसरे से काफी मिलता-जुलता सा ही प्रतीत होता है।

मनु द्वारा सप्तसिंधु प्रदेश में अपनी नई व्यवस्था स्थापित करने से पूर्व इस क्षेत्र में मनुर्भरतों की गण-आधारित व्यवस्थाएँ बनी रही थीं। इन **भरतवंशियों** का सामाजिक विभाजन उनके द्वारा प्रतिपादित कार्यों के वर्णन के अनुरूप ही हुआ करता

था। इसी से ही **वर्ण-प्रथा** अस्तित्व में आई। वस्तुतः **वर्ण** शब्द की व्युत्पत्ति **'वृ'** धातु से हुई है, जिसका आशय **वरण करना** होता है। इस तरह कार्य-चयन की स्वतंत्रता के साथ-साथ कर्म प्रवृत्ति के अनुसार ही भरतवंशियों में वर्णों को तय किया जाता रहा था। श्राद्धदेव द्वारा रचित **'मनु-स्मृति'** के अनुपालन द्वारा राजा व प्रजा के विधान को लागू करने के अतिरिक्त आर्यों में रक्त शुद्धता तथा पारिवारिक वृत्ति को यथावत् बनाए रखने पर भी अधिक बल दिया गया। इसके फलस्वरूप जहाँ कर्म-चयन की स्वतंत्रता बाधित हुई, वहीं राजतंत्र व वंशवाद के पितृ-सत्तात्मक व्यवस्था के साथ-साथ जन्म-आधारित जातियों का स्वरूप भी उभरकर सामने आया। जन्म-आधारित जाति-व्यवस्था का यह परिणाम रहा कि फिर कभी कोई दासी पुत्र **कवषएलुष, सुकर्ण** या **जाबाल** अथवा **चांडाल मातंग** विद्वान् होने के पश्चात् भी ब्राह्मण के रूप में स्वीकार नहीं किए गए, अपितु जातिगत कर्मक्षेत्रों का उल्लघंन करनेवाले दु:साहसियों को **शंबूक** व **एकलव्य** सरीखे दंडों को भुगतने के लिए भी बाध्य होना पड़ा। यही नहीं, जातिगत संस्कारों की उपेक्षा करनेवालों का सामाजिक बहिष्कार करते हुए उन्हें बिंध्य पर्वतमाला से दक्षिण के अगम वनों में निष्कासित कर दिया जाता रहा था। आर्यों द्वारा बहिष्कृत किए गए लोगों से ही दक्षिण की **महिष, ऋक्ष, वानर** (वन-नर), **द्रमिष** (द्रविण), **पल्लव, किरात** (किलितो), **शबर, कोल, पौंड्र, व्रात्य, पाण्य, चोल** आदि जातियाँ अस्तित्व में आई थीं। इस तरह मनु द्वारा विकसित की गई उत्तर की इस नई व्यवस्था के तहत **भरतखंड** में धीरे-धीरे मनु-पुत्रों का एकाधिकार तथा वर्चस्व स्थापित होता चला गया। मनु तथा उनके वंशजों के प्रभाववश ही भरतवंशियों को **'आदम-आदमी'** के तर्ज पर **'मानव'** की नूतन संज्ञा से भी चिह्नित किया जाने लगा। रावण-वध के पश्चात् विश्व स्तर पर प्रतिष्ठित हुई मनु के वंशज रहे **दाशरथी राम** की प्रभुसत्ता ने धीरे-धीरे संपूर्ण विश्व का ही **'मानवीकरण'** कर दिया। पाश्चात्य क्षेत्रों में प्रयुक्त Man या Human का प्रयोग निर्विवादित रूप से मनु की संतानों अर्थात् **'मानवों'** के विश्वव्यापी प्रभुत्व को ही रेखांकित करते हैं। राजतंत्र के इसी क्रम में कोशल राज्य के स्वामी बने मनुपुत्र **इक्ष्वाकु** जहाँ भारत में **सूर्यवंश** के मूल संस्थापक **नरेश** हुए, वहीं मनुपुत्री **इला** का पुत्र **पुरुरवा** भी **असुर प्रदेश** (बेबीलोनिया से लेकर गिलगित कश्मीर से पश्चिम का क्षेत्र) में **एल वंश** का जनक हुआ। ईरान स्थित देमावंद पर्वत का **एलब्रुज** नामकरण, सप्त सिंधु से सुदूर पश्चिम के प्रदेश का **इलावर्त** (आजकल का पूर्वी ईरान व अफगानिस्तान) नामकरण तथा अरब आदि देशों में **अल्** उपसर्ग का प्रयोग इसी एल वंश का प्रभाव से ही अभिप्रेरित रहा था। मनुपुत्रों द्वारा उत्तरी भारत

में विधिवत सत्ता स्थापित कर लेने के पश्चात् पुत्री इला के आग्रह पर मनु ने पुरुरवा को अवध के दक्षिण में निवास कर रहे नागों को खदेड़कर **प्रतिष्ठान** (आजकल का झूँसी, इलाहाबाद) नामक नगरी बसाने की स्वीकृति प्रदान कर दी। इधर प्रतिष्ठान नगर में स्थापित अपने राजघराने को पुरुरवा ने अपने पितामह चंद्र के नाम से परिभाषित किया। इस प्रकार भारत में आकर विस्थापित हुए एल पुरुरवा के वंशज **चंद्रवंशी** या **सोमवंशी** कहलाने लगे। कालांतर में **गरडेशिया** (गरुड़धाम) के शासक गरुड़ ने सिंधु से उत्तर के क्षेत्र में हुए एक युद्ध में विवस्वान (सूर्य) के प्रतिभावान पुत्र **'वैवस्वत मनु'** को मार डाला। मनु के पश्चात् उसके पुत्र इक्ष्वाकु द्वारा स्थापित **सूर्यवंश** में जहाँ **युवनाश्व, मांधाता, त्रिशंकु, हरिश्चंद्र, भगीरथ, दिलीप, सुदास, रघु, दशरथ, राम** आदि प्रतापी सम्राट् हुए, वहीं **पुरुरवा** के **चंद्रवंश** में **ययाति, यदु, तुर्वसु, पुरु** आदि कुलपुरुष हुए। यदुपुत्र सहस्रजित के पौत्र **हैहय** के वंश में **सहस्रार्जुन** (कार्तवीर्य अर्जुन) एवं यदुपुत्र **क्रोष्टु** के वंश में **अंधक** व **वृष्णि** हुए, जिनके कुल में क्रमशः **कंस** तथा **बलराम** व **कृष्ण** हुए। इसी प्रकार पुरु के कुल में क्रमशः **दुष्यंत, भरत, कुरु, प्रतीप, शांतनु, भीष्म** आदि दृढ़व्रती तथा प्रसिद्ध **कौरव** व **पांडव** हुए। युधिष्ठिर से इक्कीसवीं पीढ़ी में पांडव वंश का अंतिम शासक **क्षेमक** हुआ (***ऐलं क्षत्रं क्षेमकांतं सोमवंशविदो विदुः***—वायु पुराण-99/432), जिसका अंत मगध सम्राट् महापद्म **नंद** द्वारा किया गया।

वैवस्वत मनु के ज्येष्ठ पुत्र नरिष्यंत को **शुच** नामक पुत्र हुआ। इसी के वंश में उत्पन्न तृण विंदु की पुत्री इलविला से पुलस्त्य को **निदाध** नामक एक पुत्र हुआ। निदाध के वंश में विश्रवा हुए और इसी विश्रवा के पुत्र यक्षपति कुबेर तथा राक्षसपति रावण थे। मनु के दूसरे पुत्र नाभाग (नृग) के पुत्र **अंबरीष** हुए और उनका पुत्र विरूप हुआ। विरूप का पुत्र **पृषदश्व** तथा इसका पुत्र **रथीतर** हुआ। मनु के तीसरे पुत्र धृष्ट को **धृतकेतु, चित्रनाथ** व **रणधृष्ट** नामधारी तीन पुत्र हुए। प्रलय उपरांत मनु के साथ भरतखंड में पदार्पण किए मनु के इन तीनों पुत्रों (नरिष्यंत, नाभाग व धृष्ट) ने सप्तसिंधु प्रांत में अपनी अलग-अलग नगरी बसाकर राज्य करने लगे थे। स्मरण रहे कि मनु के अन्य सात पुत्र (शर्याति, करुष, पृषध, नाभानेदेष्टि, प्रांशु, वसुमान व इक्ष्वाकु) जलप्लावन की घटना के पश्चात् मूल स्थान की गंधर्वबाला **'श्रद्धा'** के गर्भ से ही उत्पन्न हुए थे। कालांतर में असुर प्रधान **विप्रचिति** के दुर्दांत आक्रमणों से मनु के इन तीन पुत्रों द्वारा बसाया गया सप्तसिंधु का राज्य छिन्न-भिन्न हो गया और यहाँ असुरों का आधिपत्य हो गया। दानवासुर विप्रचिति के सिंधु प्रांत में आक्रमण का जिक्र

यवन राजदूत मेगस्थनीज ने भी किया है {*Dionusos made his appearance coming from the regions leying to the west. He overran the whole of India (India relates to Sapta Sindhu Region)*—**Fragments-P/35**}। हड़प्पा व मोहनजोदड़ो में पाई गई असुर लिपि में अंकित मुद्राएँ स्पष्ट संकेत करती हैं कि इस क्षेत्र के इन नगरों की स्थापना असुर विप्रचिति के उत्तराधिकारियों ने ही की थी। सिंधु-तट पर तदंतर रहनेवाली **क्षुद्रक** व **मालव** जातियाँ इन्हीं असुरों से ही संबंधित रही थीं। कालांतर में **तक्षक** के नेतृत्व में नागों ने यहाँ के कुछ क्षेत्रों को अपने अधिकार में ले लिया और **तक्षशिला** नामक नगरी व एक विश्व प्रसिद्ध गुरुकुल की स्थापना की। आगे चलकर इसी गुरुकुल के एक प्रसिद्ध आचार्य (**विष्णुगुप्त चाणक्य**) ने भारत को एक सुदृढ़ राजनीतिक सूत्र में पिरोने का काम किया था। नागों के इस दुर्दांत आक्रमण से बचे कुछ असुरों ने आगे चलकर किसी तरह से अपनी शक्ति को व्यवस्थित किया होगा। तभी महाभारतकाल में उनके सक्रिय योगदान का संदर्भ भी मिलता है। महाभारत के भीष्म पर्व (37/15) के अनुसार दुर्योधन के पक्ष में **सिंधु-सौवर, क्षुद्रक** व **मालव** देश के योद्धाओं ने भारत युद्ध में भाग लिया था। इस प्रकार सन् 1920-21 में सिंध के **हड़प्पा** व **मोहनजोदड़ो** नामक स्थानों में हुई खुदाई में पाए गए नगरों के ध्वंसावशेष आर्यों के नहीं बल्कि निर्विवाद रूप से असुर विप्रचिति के उत्तराधिकारियों के राज-प्रासाद ही रहे होंगे, जिनका विध्वंस नागों ने किया होगा।

मनुपुत्र शर्याति को **आनर्त** नामक पुत्र तथा **सुकन्या** नामक पुत्री हुई। शर्याति ने सुकन्या का विवाह भृगुपुत्र च्यवन से कर उन्हें अपना राजपुरोहित नियुक्त किया। शर्याति का राज्य गुजरात प्रांत में **खंभात की खाड़ी** के पास स्थित था। आनर्त का पुत्र **रेव**, रेव का **रैवत** तथा रैवत का पुत्र **ककुद्मी** हुआ। **हैहेयो** व **तुर्वसों** के आक्रमणों में ककुद्मी का साम्राज्य नष्ट हो गया। मनु के पाँचवें पुत्र **करुष** का **कारुष** नामक पुत्र हुआ। इसी तरह मनुपुत्र नाभनेदेष्टि को **भलनंदन** नामक एक पुत्र हुआ और इसका पुत्र **वत्सप्रिय** हुआ। चूँकि करुष व नाभानेदेष्टि को राज्याधिकार प्राप्त नहीं हुआ था, अतः इनके वंशज आजीविका के लिए मनु द्वारा स्थापित व्यवस्था के अनुरूप व्यापार-वृत्ति को अपनाने के कारण **वैश्य** कहलाने लगे। मनुपुत्र **पृषध्र** ने एक विकट परिस्थितिवश अपने गुरु की एक गाय को मारकर अपनी क्षुधा-तृप्ति की थी। उसके इस बीभत्स कर्म को दस्यु-वृत्ति के समकक्ष मानते हुए दंडस्वरूप उसे राजकुल से बहिष्कृत कर दिया गया। इस प्रकार ऐश्वर्यविहीन उसकी संतानें आजीविका के लिए **भृत्य-वृत्ति** को अपनाने हेतु बाध्य हुईं और तदनुसार मनु-व्यवस्था के अनुरूप उन्हें

शूद्रों की श्रेणियों में ही गिना जाने लगा।

मनु के आठवें पुत्र प्रांशु को **प्रजानि** नामक एक पुत्र हुआ। प्रजानि को **खनिनेत्र,** उसको **क्षुप** तथा क्षुप को **विंश** नामक पुत्र हुआ। विंश को **विविंश** तथा उसे **खनिनेत्र-द्वितीय** नामक एक पुत्र हुआ। इसको **करंघम** तथा करंघम को **अविक्षित** नामक पुत्र हुआ। अविक्षित का महाप्रतापी पुत्र **मरुत** हुआ। मरुत ने प्रचंड वेग से आक्रमण करते हुए हिमालय से उत्तर के क्षेत्रों पर अपना आधिपत्य स्थापित किया तथा हिमालय से उत्तर एक अश्वमेध यज्ञ भी किया था। आक्रमण के इसके प्रचंड वेग के कौशल से अभिभूत होकर प्रजा ने मरुत को **वायु** के उपनाम से भी संबोधित करना शुरू कर दिया। तदनुरूप मरुतों को वायु के नाम से भी जाना जाने लगा। यह प्रतापी मरुत ही प्रसिद्ध मरुत जाति का संस्थापक पुरुष हुआ और इसी के प्रयासों से मरुतों को रुद्र का वरदहस्त भी प्राप्त हुआ था। **पुंजीकस्थला** नामक गंधर्वी से इसी के एक वंशज को **अंजनी** नामक एक कन्या हुई। इसी अंजनी को दक्षिण भारत में स्थित जनस्थान के **कशरु** नामक क्षेत्र में रहनेवाले वन-नरो (वानरों) के यूथपति **केशरी** से महाबली **हनुमान** पैदा हुए, जो कालांतर में प्रसिद्ध योद्धा के साथ-साथ **राम-भक्त** के रूप में भी विख्यात हुए। अपरिहार्य कारणों से केसरी को अपनी नव-परिणीता व गर्भवती भार्या अंजनी को उसके मायके में ही छोड़कर स्वदेश लौटना पड़ा था। इस प्रकार हनुमान का जन्म ननिहाल में ही हुआ था। मरुतों के दौहित्र होने के कारण ही ननिहाल में जनमे हनुमान को **केशरीनंदन** के अलावा **मारुति** व **वायुपुत्र** भी कहा जाता है। हनुमान की कुशाग्र बुद्धि व दुर्धर्ष बल को अपने आराध्य रुद्र की ही अनुकंपा मानते हुए माता अंजनी व मातुल मरुत इन्हें **शंकर-सुवन** भी कहने लगे थे। बाल्यकाल में ही बारह वर्षों की कठोर साधना के द्वारा हनुमान ने सौर-विज्ञान की सूक्ष्म विधाओं को भी सफलता के साथ आत्मसात् कर लिया था। संभवतः इसी कारण कालांतर में सूर्य के निगलने (***बाल समय रवि भक्ष लियो तब तिन्हों लोक भयो अधियारो***—हनुमान चालीसा) का आलंकारिक क्षेपक उनके साथ जुड़ गया। तदनुसार हनुमान जनमानस में इन्हीं रूपों में ही विख्यात हो गए। हनुमान के मातुल रहे इन मरुतों का राज्य महाभारत के काल तक बना रहा और इनके उत्तराधिकारियों ने पांडवों के पक्ष में भारत-युद्ध में भाग लिया था। वैवस्वत मनु के नौवें पुत्र **वसुमान** का कोई वंश-वृत्तांत उपलब्ध नहीं है।

इस प्रकार विवस्वान (सूर्य) के ख्यातिलब्ध पुत्र रहे **वैवस्वत मनु** के इन **दस यशस्वी पुत्रों** में कोशल-नरेश **इक्ष्वाकु** का कालजयी कुल ही बहुत लंबे समय तक

भारत के राजनीतिक पटल पर छाया रहा। इक्ष्वाकु द्वारा स्थापित सूर्यवंश का अंतिम शासक **सुमित्र** हुआ (***इक्ष्वाकोस्तु स्मृतः क्षत्रः सुमित्रान्तं विवस्वतः***—वायु पुराण-99/431), जो **बुद्धकालीन प्रसेनजित** की पाँचवीं पीढ़ी में हुआ था। रघुवंशी क्षत्रिय के रूप में इनके वंशधर आज भी भारतीय समाज के अभिन्न अंग बने हुए है। वस्तुतः यह सूर्यवंशी **(रघुवंशी)** ही मनु-संतानों के रूप में **'मानव'** (Man या Human) कहलाने के वास्तविक अधिकारी हैं, जबकि यम या आदम के वंशजों के लिए ही **'आदमी'** का उद्‍बोधन व्यावहारिक प्रतीत होता है। इसी तरह मनु-पुत्री **इला** व चंद्र (सोम) पुत्र **बुध** के वंशधर **सोमवंशी क्षत्रियों** व **यादवों** के रूप में भारत तथा **यहूदियों** के रूप में पश्चिम एशिया में अब भी विद्यमान है।

□

जलप्लावन की प्राकृतिक आपदा के पश्चात् मेसोपोटामिया के तराई क्षेत्र से हिंदूकुश पर्वतांचल के मूल स्थान (आधुनिक मुलतान) में विस्थापित हुए मनु ने अपने पुत्र इक्ष्वाकु के सहयोग से भारत के हृदय-स्थल में ***'कोशल'*** नामक एक नगरी की स्थापना करके ***सूर्यवंश*** की नींव डाली थी। इक्ष्वाकु के वंशजों से विस्तारित हुई इस शाखा से ही अयोध्या का ***रघु-कुल,*** मिथिला का ***विदेह-कुल,*** कपिलवस्तु का ***लिच्छवि-कुल*** तथा गोदावरी-तट का ***अश्मक-कुल*** अस्तित्व में आया। इक्ष्वाकु से प्रसूत वंश-परंपराओं में ही सत्यव्रती ***हरिश्चंद्र*** व गंगा-अवतरण के नायक रहे ***भगीरथ*** समेत कुलप्रणेता रघु व राक्षसी शक्ति के उन्मूलक ***दाशरथी राम*** हुए। राम के उपरांत इनके पुत्र ***लव*** से चली श्रावस्ती शाखा का अंतिम शासक ***सुमित्र,*** गौतमबुद्ध से भी पाँचवीं पीढ़ी के बाद हुआ।

सूर्यवंश की 105 पीढ़ियों व उनसे संबंधित घटनाओं का वर्णन प्रस्तुत अध्याय में किया गया है।

इक्ष्वाकु का सूर्यवंश तथा जनक (विदेह) व रघुकुल

आदित्यों के **सुर-प्रदेश** (मेसोपोटामिया या वर्तमान इराक व ईरान) में हुए भयंकर जलप्लावन की घटना के कारण बंधु-बांधवों सहित वहाँ से सप्तसिंधु के **मूलस्थान** (आजकल के पाकिस्तान स्थित मुलतान) नामक क्षेत्र में विस्थापित हुए विवस्वान 'सूर्य' या फिर पारसी ग्रंथ जेंद-अवेस्ता (छंद व्यवस्था) के 'विवह्वंत के ज्येष्ठ पुत्र रहे **श्राद्धदेव** अर्थात् **वैवस्वत मनु** (***मनुर्विवस्तो ज्येष्ठः श्राद्धदेवः प्रजापतिः***—वायु पुराण-84.38) ने अपने वंशानुगत संस्कारों के परिप्रेक्ष्य में यहाँ की सामाजिक व राजनीतिक अवधारणाओं को नए सिरे से परिभाषित करने का प्रयास किया। ब्रह्मा व रुद्र (शिव) द्वारा प्रशस्त **भरतवंशियों** की सनातन मान्यताओं से किसी भी प्रकार के संभावित टकराव की आशंकाओं को सर्वथा निर्मूल करने के उद्देश्य से मनु ने अपने स्वपोषित व यथाप्रस्तावित परिकल्पनाओं को वैदिक संस्कृति की चाशनी में ढालते हुए इसे **'मनु-स्मृति'** नामक आचार-संहिता के रूप में प्रस्तुत किया। इस प्रकार **कर्म-आधारित वर्ण-व्यवस्था** तथा विश (जनता) द्वारा **चयनित प्रजापति-पद्धति** को **जन्म-आधारित जाति-व्यवस्था** एवं **वंशानुगत शासन-तंत्र** में निरूपित करते हुए मनु ने **भरतखंड** को एक नए सामाजिक व राजनीतिक सूत्र में पिरोना प्रारंभ कर दिया। अपने इस उद्यम के तहत इस क्षेत्र के सीमोत्तर अंचलों में पुत्रों के नेतृत्व में **नृप-शासित** व्यवस्था की नींव डालकर मनु ने समस्त **उत्तरापथ** में अपने प्रभाव का विस्तार भी करना चाहा; किंतु सप्तसिंधु प्रदेश के सरस्वती-तट पर स्थापित गुरुकुलों की शाश्वत परंपराओं के आलोक में उन्हें अपना अभीष्ट धुँधलाता ही दृष्टिगोचर होने लगा। फलतः अपनी अपेक्षाओं को चरितार्थ करने के लिए उन्हें गुरुकुलों के प्रभाव क्षेत्र से मुक्त एक केंद्र को चिह्नित करने के लिए बाध्य होना पड़ा। इस उपक्रम में

अपने **नव-परिभाषित आर्य-संस्कृति** को **'अवध्य'** (जिसका वध या विनाश न किया जा सके) बनाए रखने के उद्‌देश्य से मनु को अपने पुत्र इक्ष्वाकु के साथ भारत के हृदय-स्थल पर **'कोशल'** नामक राज्य की स्थापना करनी पड़ी। मनु के पदार्पण से पूर्व वैदिक परंपराओं के अनुरूप कर्म-आधारित वर्णों तथा जनपदों में विभाजित रहे इस क्षेत्र की पारिवारिक इकाइयों का संरक्षक **गृहपति** कहलाता था। गृहपतियों से **सभा**, सभा से **समिति** व समिति से **आमंत्रण** (मंत्रिमंडल) का गठन किया जाता था। आमंत्रण के परामर्श पर ही **विश** (जनता) द्वारा वरण किए गए मुखियाओं **(प्रजापतियों)** द्वारा शासन-तंत्र संचालित होता रहा था। वस्तुतः यह एक प्रकार की **प्रजातांत्रिक व्यवस्था** ही थी। मनु द्वारा उद्घोषित **'अवध्य'** के सारगर्भित तात्पर्य के प्रतीकस्वरूप ही उनके द्वारा अधिगृहीत इस संपूर्ण क्षेत्र का नाम **'अवध'** तथा इसकी राजधानी का नाम **'अयोध्या'** विख्यात हुआ (संदर्भ–भारतीय इतिहास संकलन समिति, उ.प्र. द्वारा प्रकाशित पत्रिका का अंक–तीन)। **अथर्ववेद** में वर्णित एक संदर्भ के अनुसार अयोध्या स्वर्ग की ही भाँति एक संपन्न नगरी रही थी (***अष्टचक्रा नवद्वारा देवाना पूः अयोध्या। तस्यां हिरण्यमयः कोशः स्वर्गोज्योतिषावृतः।।***—अथर्ववेद-10/2/32)। हालाँकि **ऋग्वेद** के दसवें मंडल में कोशल जनपद के बजाय इसके दो महान् विजयी राजाओं यथा इक्ष्वाकु व मांधाता का एक हलका सा संदर्भ मात्र ही आता है, फिर भी उत्तर वैदिक कालीन **शतपथ ब्राह्मण** (1/4/1) में वर्णित संदर्भों के आधार पर यह स्पष्ट हो जाता है कि कोशल के पश्चिमी छोर पर **स्यंदिका (सई) नदी** तथा पूर्वी छोर पर **सदानीरा नदी (बड़ी गंडक)** बहती थी। इस प्रकार **अवध क्षेत्र** के अंतर्गत आधुनिक उत्तर प्रदेश के **सीतापुर, बहराइच, गोंडा, बस्ती, गोरखपुर, देवरिया, आजमगढ़, गाजीपुर, वाराणसी, जौनपुर** (यमदग्निपुर या यवनपुर), **प्रतापगढ़** (बेला), **सुल्तानपुर** (कुसवपुर), **फैजाबाद** (अयोध्या), **बाराबंकी** व **लखनऊ** (कोशल या लखनपुर) आदि जनपद आते थे।

वैवस्वत मनु द्वारा **सरयू नदी** के पावन तटवर्ती क्षेत्र में स्थापित इस राज्य का प्रथम शासक उनका नौवाँ पुत्र **इक्ष्वाकु** हुआ। कोशल राज्य की स्थापना के काल में भारत के उत्तर-मध्य के क्षेत्रों में गंगा व यमुना, दोनों ही नदियों का अस्तित्व नहीं रहा था। **वैदिक साहित्यों** में गंगा व यमुना के बजाय सप्तसिंधु, दृषद्वती व सरस्वती के प्रशस्ति-गान के साथ-साथ मध्य देश की नदियों के रूप में सदानीरा (गंडक), तमसा, शोण, पयश्विनी, वेदश्रुति, स्यंदिका (सई), शरदंड, इक्षुमती, गोमती, विपाशा, नर्मदा व सरयू आदि के संदर्भ भी इसी तथ्य को रेखांकित करते हैं। इसी तरह आधुनिक काल

में जबकि गंगा व यमुना–दोनों ही नदियाँ **कान्यकुब्ज क्षेत्र** (कन्नौज, इटावा व कानपुर) से होकर गुजरती हैं, फिर भी सरयू के तटवर्ती क्षेत्रों में निवास करनेवाले **सरयूपारीण** ब्राह्मणों के तर्ज पर इस क्षेत्र के ब्राह्मणों की पहचान **गंगापारीण** या **यमुनापारीण** के बजाय **कान्यकुब्जीय** कहकर ही की जाती रही है। ब्राह्मणों के लिए प्रयुक्त संबोधनों का यह भौगोलिक स्वरूप इस बात का संकेत देता है कि सरयू नदी तथा कान्यकुब्ज राज्य की तुलना में गंगा-यमुना का वर्तमान स्वरूप **अर्वाचीन** ही रहा है। इनके अतिरिक्त भारतीय ग्रंथों में वर्णित कुछ संदर्भ भी इसी प्रकार के तथ्यों की ही पुष्टि करते प्रतीत होते हैं। अनुश्रुतियों के अनुसार मनु-पुत्र इक्ष्वाकु के उनतालीसवीं पीढ़ी में उत्पन्न **सगर** द्वारा प्रारंभ कराई गई **जलप्रवाह** की योजनाओं को मूर्त रूप देते हुए इनसे पाँचवीं पीढ़ी में सिंहासनारूढ़ हुए **भगीरथ** के अथक प्रयासों से ही **गंगा** हिम-उपत्यका से भारत के मैदानी क्षेत्र में **अवतरित** हो पाई थी ***(येन भागीरथी गंगा तपः कृत्वाऽवतारिता***—मत्स्य पुराण-12/44)। यही नहीं, मानसरोवर से निकलकर आधुनिक **हरियाणा** के कुरुक्षेत्र व **पंजाब** के फजिल्का, अबोहर से **राजस्थान** के श्रीगंगानगर, बीकानेर, जैसलमेर होते हुए **गुजरात** के राधनपुर, धनेरा व कच्छ के रन से होते हुए **पश्चिम पयोधि** (अरब सागर) में कभी समाहित होनेवाली **विलुप्त सरस्वती** की ही एक सहायक नदी के रूप में **यमुना** भी कुरुक्षेत्र के आस-पास आकर इसमें मिल जाती थी। वस्तुतः सरस्वती का आकार **'सिंधु'** से भी विशाल रहा था। यह एक वेगवती नदी थी। अपने वेग के कारण इसकी धाराओं में से निरंतर नाद झंकृत होता रहता था। ***'नदना भवन्ति'*** के इन्हीं नैसर्गिक वैशिष्ट्य के कारण इस नदी (सरस्वती) को कालांतर में **'वाणी'** या **'वाक्'** का भी पर्यायवाची माना गया। किंचित् इसके दोनों कूलों पर स्थित गुरुकुलों, कलाकेंद्रों व विद्यापीठों की सतत शृंखलाओं ने ही सरस्वती को नदी के अतिरिक्त भारतीय मानस में विद्या व कला की अधिष्ठात्री देवी के मानुषी ***(वीणा पुस्तकधारिणीम् बुद्धिप्रदां शारदाम्)*** रूप में भी प्रतिष्ठापित करा दिया (Ref—In Search of the Cradle of Civilization, Page-90)। कालक्रम में इस अंचल में हुए भूगर्भीय परिवर्तनों के कारण सरस्वती का यह प्राचीन स्वरूप बाधित हुआ था। भू-विज्ञानियों द्वारा **इलेक्ट्रोमैगनेटिक विधि** से किए गए सर्वेक्षण यह सिद्ध करते हैं कि स्रोत-पथ पर उत्पन्न हुए किन्हीं बाधाओं के कारण सरस्वती नदी का नियमित प्रवाह-पथ तो सूख गया, परंतु इसके भूगर्भ में आज भी अविरल जलप्रवाह बना हुआ है। सरस्वती की अंतर्धाराओं के विषय में भू-वैज्ञानिकों द्वारा किए गए अध्ययन के आधार पर ही राजस्थान व गुजरात की जल-समस्या से निपटने के

लिए सरकार **इसरो** के माध्यम से सरस्वती को पुनः प्रकट करने के लिए प्रयत्नशील भी है। इस भूगर्भीय उथल-पुथल के कारण सरस्वती-यमुना की संयुक्त धाराएँ पूर्व दिशा की ओर मुड़कर **प्रयागराज** में गंगा से आकर मिली होंगी। प्रयागराज में यमुना व सरस्वती की संयुक्त धाराओं का गंगा से संगम का यह दृष्टांत स्वतः स्पष्ट करता है कि भारत के हृदयस्थल में इनका यह प्राच्य-प्रवाह गंगा-अवतरण (भगीरथ के काल) के पश्चात् ही स्वरूप में आया होगा। दिशा-परिवर्तन के कारण कुरुक्षेत्र से प्रयागराज तक बहने वाली इस नवीन, किंतु अपेक्षाकृत पतली हो चुकी धारा को **यमुनोत्री** से प्रसूत प्रवाह का ही विस्तार मानते हुए **सरस्वती** के बजाय **यमुना** के प्रधान रूप में ही जाना जाने लगा। यही कारण रहा है कि प्रयागराज में गंगा-यमुना के **द्रष्टव्य संगम** के उपरांत भी **अदृश्य सरस्वती** की भागीदारी को सहजता से स्वीकारते हुए भारतीय शास्त्रों में इसे **त्रिवेणी** के रूप में ही मान्यता प्रदान की गई थी। किंतु 1900 वर्ष पूर्व हुए भूगर्भीय परिवर्तनों के कारण हिमालयी उपत्यका से कुरुक्षेत्र तक के प्राचीन पथ पर प्रवाहित होनेवाली सरस्वती का यह मूल स्वरूप भी नहीं रह पाया। मानसरोवर क्षेत्र में हुए इस पथ-भटकाव के कारण नूतन क्षेत्र से प्रवाहित होनेवाली सरस्वती की प्रकट धारा को भूगर्भशास्त्री अब **घाघरा** के नए नाम से चिह्नित करने लगे हैं। चूँकि उपलब्ध शास्त्रों की रचनाएँ इस घटनाक्रम से बहुत पहले ही हो चुकी थीं, अतः इस नवीन परिवर्तन का समुचित उल्लेख इनमें नहीं हो पाया है। यही कारण है कि शास्त्रों में वर्णित संदर्भों के तहत आस्थावान श्रद्धालु आज भी संगम (**प्रयागराज**) के त्रिवेणी स्वरूप को ही स्वीकार करते चले आ रहे हैं। इस प्रकार उपर्युक्त तथ्यों से यह स्पष्ट हो जाता है कि गंगा व यमुना के वर्तमान अस्तित्व के ही अभाव में पिता सहित **'इक्ष्वाकु'** को सरयू नदी के तट पर ही अपनी राजधानी (**अयोध्या**) को बसाने के लिए विवश होना पड़ा था। **ईख** (ऊख) **रस के प्राशन** प्रारंभ करने की वार्षिक तिथि (**हरिप्रबोधिनी एकादशी**) को पैदा होने के कारण ही वैवस्वत मनु (श्राद्धदेव) के इस पुत्र का नाम **'इक्ष्वाकु'** रखा गया था (संदर्भ—**रघुवंश महाकाव्य**)। सुमेरियन सभ्यता में उनके प्रथम राजा का नाम **'उक्कसि'** रखा था, जो **'मनिश्तुसु'** का पुत्र तथा **'सारगौन'** का पौत्र था। सुमेरियन इतिहास के ये तीनों नाम **सूर्य, मनु** व **इक्ष्वाकु** के ही अपभ्रंश प्रतीत होते हैं। इक्ष्वाकु के लिए दक्षिण अमेरिका की **'इंका'** सभ्यता में **'क्वेचुआ'** उद्‌बोधन व्यवहृत हुआ था।

संयोग से इस नूतन राज्य की व्यवस्था को सुदृढ़ करने के लिए इक्ष्वाकु को **वसिष्ठ** जैसा समर्थ परामर्शदाता व गुरु भी सहजता से मिल गया। चूँकि वसिष्ठ एक

प्रसिद्ध सूर्य-उपासक भी रहे थे, अतः अपने आराध्य व इक्ष्वाकु के पितामह (विवस्वान, जिसका शाब्दिक अर्थ सूर्य ही बनता है) के नामों में सामंजस्य स्थापित करते हुए इस राजकुल (इक्ष्वाकु के कुल) का नामकरण **'सूर्यवंश'** के रूप में ही सुनिश्चित किया। इस तरह इक्ष्वाकु से पनपी अयोध्या के राजकुल की परंपरा को **इक्ष्वाकु-कुल** या **सूर्य वंश** के नाम से ही जाना जाने लगा। पिता द्वारा प्रदत्त संस्कारों तथा वसिष्ठ की मंत्रणाओं के आधार पर इक्ष्वाकु ने कोशल में एक सुदृढ़ राज-तंत्र की नींव रखी। इक्ष्वाकु द्वारा स्थापित राजवंश की यह शाखा **गौतम बुद्ध** के समवयस्क रहे **प्रसेनजित** (संदर्भ—**हिस्ट्री ऑफ कोशल,** पृष्ठ सं.-234) की पाँचवीं पीढ़ी में हुई इस वंश-परंपरा (अयोध्या राज-कुल) के **अंतिम सम्राट् सुमित्र** (राजसमुद्र नामक ग्रंथ के अनुसार मनु से 122वीं पीढ़ी) तक अविछिन्न रूप से चलती रही थी। राज्य-व्यवस्था के सुचारु प्रबंधन के लिए इक्ष्वाकु ने वसिष्ठ के मार्गदर्शन में समिति तथा आमंत्रण (मंत्रिमंडल) का प्रावधान करके अपने राज-सूत्र को एक ठोस आधार भी प्रदान किया। इक्ष्वाकु द्वारा विकसित समिति तथा आमंत्रण की यह प्रथा राम के काल तक यथावत् चलती रही थी। इसके अतिरिक्त सेना-संगठन के बल पर इक्ष्वाकु ने जहाँ दिगांतर पर्यंत अपने राज्य का विस्तार किया, वहीं वसिष्ठ के पौरोहित्य में संपन्न विविध यज्ञ-अनुष्ठानों व दान-धर्म आदि के माध्यमों से अपनी यशो-कीर्ति का समुचित प्रचार-प्रसार भी किया। इक्ष्वाकु को **'अमृता'** नामक पटरानी से **विकुक्षि** व अन्य रानियों से **नेमि, दंड, शकुनि** व **विराट्** समेत अनेक पुत्र प्राप्त हुए (संदर्भ—आदि रामायण)। विकुक्षि व दंड जहाँ पिता के शासन-प्रबंध में सहयोग करते रहे, वहीं शकुनि अपने पचास भ्राताओं सहित **उत्तरापथ** तथा विराट् अपने अड़तालीस अनुजों समेत **दक्षिणापथ** के विभिन्न राज्यों में अपने-अपने **स्वतंत्र उपनिवेशों** को स्थापित कर राज करने लगे (संदर्भ—मत्स्य पुराण व वायु पुराण)।

विदेह या जनक वंश

राजगुरु वसिष्ठ से अनबन के कारण इक्ष्वाकु-पुत्र **नेमि** को कोशल राज्य छोड़ना पड़ा था। इस प्रकार वे कोशल के पूर्वी छोर पर सदानीरा नदी (बड़ी गंडक) के तटवर्ती क्षेत्र में स्थित **गौतम आश्रम** के निकट **जयंत** नामक एक सुंदर नगरी की स्थापना करके रहने लगे (***जयंतमिति विख्यातं गौतमस्याऽऽश्रमाभितः***—वायु पुराण-89.2)। शरीर की परवाह किए बगैर नगरी के व्यवस्थित निर्माण में जुटे रहने के कारण नेमि शीघ्र ही अति क्षीणकाय हो गए। नगर के प्रति उनकी इस प्रतिबद्धता से कृतज्ञ होकर

लोग उन्हें **'विदेह'** कहने लगे। विदेह (नेमि) को **'मिथि'** नामक एक अति पराक्रमी तथा प्रजा-वात्सल्य पुत्र प्राप्त हुआ (*मिथिर्नाम महावीर्यो येनासौ मिथिलाऽभवत्*—वायु पुराण-89.6)। गुरु अक्षपाद गौतम के प्रसिद्ध **न्याय-सूत्र** के आधार पर वात्सल्यपूर्ण भाव से जनप्रिय राज-व्यवस्था का संपादन करने के कारण नेमिपुत्र मिथि को **'जनक'** के उपनाम से तथा उनके राज्य को **'मिथिला'** के विशेषण से संबोधित किया जाने लगा। इस प्रकार नेमि (विदेह) व मिथि (जनक) के **वंशजों** को इन्हीं के प्रतीकात्मक **'विदेह'** या **'जनक'** के उपनाम से भी पुकारा जाने लगा (संदर्भ—वाल्मीकी रामायण-इकहत्तरवाँ सर्ग-चतुर्थ श्लोक)। राजा मिथि (जनक) को **उदावसु** तथा उदावसु को **नंदीवर्धन** नामक धर्मात्मा पुत्र हुआ। नंदीवर्धन को **सुकेतु** नामक एक वीर पुत्र की प्राप्ति हुई। सुकेतु का पुत्र **देवरात** एक अति बलशाली राजा हुआ। देवरात के पराक्रम से प्रसन्न होकर **रुद्र** (महिदेव) ने इसे अपना अमोघ धनुष **(अजगव)** सम्मानार्थ प्रदान किया था, जो जनक सीरध्वज के राजकाल तक मिथिला के राजभवन में शोभायमान रहा था। देवरात को **बृहदुत्य** तथा उसे **महावीर्य** नामक एक प्रतापी पुत्र हुआ। महावीर्य को **धृतिमान,** धृतिमान को **सुधृति,** सुधृति को **धृष्टकेतु** व धृष्टकेतु को **ह्यश्र्व** नामक विख्यात पुत्र हुआ। ह्यश्र्व को **मरु,** मरु को **प्रतित्वक,** प्रतित्वक को **कीर्तिरथ** व कीर्तिरथ को **देवमीढ़** नामक पुत्र हुआ। देवमीढ़ को **विवुध,** विवुध को **विश्रुत, विश्रुत** को **धृति,** धृति को **पुरजित,** पुरजित को **अरिष्टनेमि,** अरिष्टनेमि को **श्रुवायु,** श्रुवायु को **शतकम्न,** शतकम्न को **उर्जवह,** उर्जवह को **महाधृति** तथा महाधृति को **कीर्तिराज** नामक पुत्र हुआ। इसी प्रकार कीर्तिराज को **धनंजय,** धनंजय को **मितध्वज** व मितध्वज को **खाडिंक्य** नामक पुत्र हुआ। इसका पुत्र **महारोमा** अपने समय का एक अति विद्वान् राजा था। महारोमा का पुत्र **स्वर्णरोमा** व स्वर्णरोमा का पुत्र **ह्रस्वरोमा** हुआ। ह्रस्वरोमा को **सीरध्वज** व **कुशध्वज** नामक दो पुत्र हुए। गौतमकुलीन **शतानंद** के शिष्य रहे सीरध्वज जनक को अपने राज्य में पड़े दुर्भिक्ष के निवारण के लिए एक **भूमियज्ञ** करना पड़ा था। उस यज्ञ में राजा द्वारा चलाए गए **हल** की ठोकर से जमीन में गड़े एक घड़े में से उन्हें एक नवजात कन्या की प्राप्ति हुई। सीरध्वज जनक ने इस **अयोनिजा** का लालन-पालन अपनी पुत्री के रूप में किया। राजा जनक द्वारा पालित **सीता** नामक यह साध्वी कन्या ही **दाशरथी राम** की भार्या हुई (*उद्भिन्ना कृष्ता येन सीता राज्ञा यशस्विनी, रामस्य महिषी साध्वी सुव्रताऽतिपतिव्रता*—वायु पुराण-89.15)। सीरध्वज का भाई **'कुशध्वज'** सांकाश्य नगरी का राजा हुआ। सीरध्वज को **'कृतध्वज',** कृतध्वज को **केशिध्वज,** केशिध्वज को **सीतध्वज** तथा उसे **भानुमान** नामक पुत्र प्राप्त

हुआ। भानुमान को **प्रद्युम्न**, प्रद्युम्न को **शुचि**, शुचि को **सनद्धाज** तथा उसको **उर्ध्वकेतु** नामक पुत्र हुआ। फिर **सुपार्श्वक, चित्ररथ, क्षेमर्द्धि, समरथ, सत्यरथ, उपगुरु, यस्यनव, युयुधा, सुवर्चा, श्रुत, जय, विजय, ऋतु, सुनय** या **शुनक, वीतहव्य, धृति, वहुलाश्व, कृति** व **महावशी** के क्रम से मिथिला में विदेह का यह जनक वंश लंबे समय तक विद्यमान रहा था (स्रोत—**सूर्य वंश का वृक्ष**-मुद्रक : ज्ञान सागर प्रेस, मुद्रित : विक्रमी संवत्-1972)।

इक्ष्वाकु कुल

(1) इक्ष्वाकु पुत्र **विकुक्षि**—गुरु के प्रति किए गए अपराध के कारण पिता द्वारा निर्वासित हुए विकुक्षि ही इक्ष्वाकु की मृत्यु के उपरांत ऋषि वसिष्ठ के अनुरोध पर अयोध्या के राजा बने। क्षुधातृप्ति के लिए यज्ञ-भाग हेतु सुरक्षित रखे गए खरगोश के मांस का भक्षण करने के कारण इनका एक नाम **शशाद** भी पड़ गया था। पुरंजय के अलावा विकुक्षि को उत्पन्न हुए अन्य पंद्रह पुत्र ने मेरु पर्वत के उत्तर में तथा 114 अन्य पुत्रों ने मेरु के दक्षिणी क्षेत्रों में जाकर अपने-अपने उपनिवेशों को स्थापित किया था (संदर्भ—मत्स्य पुराण-12/26/28)।

(2) **ककुत्स्थ**—विकुक्षि का ज्येष्ठ पुत्र पुरंजय एक परम बलवान राजा हुआ। रामायण में इसका एक अन्य नाम **'बाण'** के रूप में भी उल्लिखित हुआ है। **'आडीवक'** नामक छठवें देवासुर संग्राम में इंद्र (देवताओं के राजा) की सहायता करते हुए 'वाण' या पुरंजय' को साँड़ के डील **(कुकुद)** पर सवार होकर वृद्ध दैत्य विरोचन के विरुद्ध घोर युद्ध करना पड़ा था (संदर्भ—**रघुवंश**-षष्ठ सर्ग, श्लोक-72)। भरतखंड में विस्थापित हो जाने के पश्चात् सुर प्रदेश में मनु के वंशजों (मानवों) का यह प्रथम प्रयाण रहा था। इस कारण पुरंजय की कीर्ति देश-दिगांतर तक नए रूपों में भी स्थापित हो गई। साँड़ के ककुद (डील) पर बैठकर युद्ध-कौशल दिखाने के कारण इसे **'ककुत्स्थ'** भी कहा जाने लगा था। इसी विशेषण के कारण कोशल के सूर्यवंशी (इक्ष्वाकु कुलीन) पुरुषों को तदंतर **काकुत्स्थ** कहकर भी चिह्नित किया जाने लगा (***काकुत्स्थशब्दं यत उन्नतेच्छाः शलाध्यं दधत्युत्तरकोशलेन्द्राः***—रघुवंश-6/71)। पराक्रमी ककुत्स्थ के शौर्य से अभिभूत होकर देव-कन्या **'आंधती'** ने इसका वरण किया था।

(3) **सुयोधन**—पुरंजय का उत्तराधिकारी इसका पुत्र सुयोधन हुआ। इसका अन्य नाम **अनेना** व **अनरण्य** भी था। रामायण में इसे **'महातेज'** के विशेषण से भी

अलंकृत किया गया है। अपनी वीरता के कारण सुयोधन का नाम प्राचीनकाल के प्रसिद्ध राजाओं में गिना जाता है। काकुत्स्थ सुयोधन की सबसे छोटी पुत्री **'गाम्'** का विवाह सोमवंशी नहुष के ज्येष्ठ पुत्र **यति** से हुआ था (***काकुत्थकन्यां गां नाम लेमे पत्नी यतिस्तदा***—वायु पुराण-93.14)।

(4) **पृथ**—सुयोधन-पुत्र पृथु का उल्लेखनीय इतिहास नहीं रहा है।

(5) **विष्वगश्व**—मत्स्य पुराण व वायु पुराण तथा महाभारत के अनुसार, यह पृथु का पुत्र था। विभिन्न पुराणों में वर्णित नामावलियों के अनुसार इसे ही **विश्वावसु, विष्ट्राश्व, विष्ठराश्व, विश्वक** आदि नामों से अभिहित किया गया है।

(6) **आर्द**—यह विष्वगश्व का पुत्र था। इसके अन्य नाम **आर्दक, चंद्रक, इंदु, आंध्र** और **आयु** भी थे।

(7) **युवनाश्व प्रथम**—आर्द-पुत्र युवनाश्व प्रथम का पुराणों में बस नाम भर ही उल्लिखित है।

(8) **श्रावस्त**—युवनाश्व-प्रथम के इस पुत्र का अन्य नाम **शाव** या **वत्सक** भी रहा था। इसी ने गौड़ देश में **श्रावस्ती** नामक प्रसिद्ध नगरी बसाई थी (***श्रावस्तश्च महातेजा वत्सकस्तत्सुतोऽभवत् निर्मिता येन श्रावस्ती गौडदेशे द्विजोत्तमाः***—मत्स्य पुराण-12.30)। महाजनपद काल में कोशल की राजधानी भी यही श्रावस्ती ही रही थी।

(9) **वृहदश्व**—महाभारत के **आरण्यक पर्व** (193.8) के अनुसार श्रावस्त-पुत्र बृहदश्व सभी शास्त्रों का विशारद व एक महाबली योद्धा रहा था। लंबे समय तक राज-सुख भोगने के पश्चात् यह वानप्रस्थी हुआ था।

(10) **कुवलाश्व**—पिता के आदर्शों का सम्यक् अनुसरण करते हुए यह एक गुणवान राजा के रूप में प्रसिद्ध हुआ। **उतकं ऋषि** के अनुरोध पर पिता द्वारा निर्देशित कुवलाश्व ने इक्कीस हजार सैनिकों के साथ दानवेंद्र अरुक के पुत्र **धुंध** के सौराष्ट्र स्थित राज्य पर आक्रमण किया था। धुंध का वध करने के कारण इसका एक नाम **धुंधुमार** भी विख्यात हुआ। **अरबी शाहनामा** में इसकी **केर-एसप** कहकर संबोधित किया गया है। इसके दृढाश्व, कपिलाश्व व चंद्रश्व नामक तीन पुत्र हुए।

(11) **दृढाश्व**—कुवलाश्व के उपरांत उसका ज्येष्ठ पुत्र दृढाश्व कोशल का राजा हुआ।

(12) **प्रमोद**—मत्स्य पुराण के अनुसार दृढाश्व का पुत्र प्रमोद हुआ।

(13) **हर्यश्व-प्रथम**—यह प्रमोद का पुत्र था। **गालव ऋषि** का भव्य आतिथ्य

सत्कार करने के कारण ऋषि समाज में यह काफी चर्चित हुआ था।

(14) **निकुंभ**—निरंतर युद्ध में रत रहने के कारण यह आजन्म क्षात्र-धर्म का ही निर्वाह करता रहा था।

(15) **संहताश्व**—इसका अन्य नाम **अमिताश्व** तथा **वर्हणाश्व** भी रहा था। बाल्यकाल से ही पिता निकुंभ के साथ युद्धों में भाग लेने के कारण यह एक प्रसिद्ध रण-विशारद के रूप में विख्यात हुआ। इसके कृशाश्व व अक्षयाश्व नामक दो पुत्र हुए थे।

(16) **कृशाश्व**—संहताश्व के ज्येष्ठ पुत्र कृशाश्व का विवाह **'हैमवती दृषद्वती'** नामक एक विदुषी महिला से हुआ था (संदर्भ ब्रह्मांड पुराण—3/63/65)।

(17) **प्रसेनजित**—भागवत पुराण इसे कृशाश्व तथा वायु पुराण इसे हैमवती का पुत्र बताता है।

(18) **युवनाश्व-द्वितीय**—आंगिरस ऋषियों के प्रभाव में यह एक मंत्रद्रष्टा राजर्षि हुआ। यह एक अत्यंत धार्मिक व्यक्ति रहा था। महाभारत के अनुसार, इसने कई अश्वमेध यज्ञ किए थे। दान-धर्म करते रहनेवाले इस राजा के लिए पुराणों में पहली वार **'महान'** अलंकरण का प्रयोग किया गया है। इसने पौरव मतिनार की कन्या **गौरी** से विवाह कर उसका नामकरण **'बाहुदा'** कर दिया था। पुत्र-प्राप्ति के लिए ऋषियों से परामर्श करके इसने **'ऐंद्रइष्टि'** नामक एक यज्ञ भी किया था। इसी का प्रसिद्ध पुत्र चक्रवर्ती मांधाता के रूप में विख्यात हुआ था। गौरी से उत्पन्न होने के कारण इसके पुत्र मांधाता को जहाँ **'गौरिक'** भी कहा जाता था, वहीं मांधाता की जननी होने के कारण गौरी भी **'मांधात्री'** कहलाती थी। युवनाश्व के पवित्र संस्कारों के कारण इसके प्रपौत्र त्रसदस्यु तक के सभी वंशज अपने समय के प्रख्यात राजर्षि ही हुए।

(19) **मांधाता**—सूर्यवंशियों में इक्ष्वाकु के पश्चात् मांधाता ही सबसे अधिक प्रसिद्ध हुआ था। ऋग्वेद की ऋचाओं में भी इन दोनों नरेशों का उल्लेख मिलता है। मांधाता, ऋषि उतकं का शिष्य रहा था। ऋग्वेद के दसवें मंडल के कुछ सूक्तों (10/134) की रचना कर वह राजर्षि की उपाधि से विभूषित भी हुआ था। इसके राज्यभार ग्रहण करने के काल तक कोशल की राजसत्ता काफी समृद्ध तथा सुदृढ़ हो चुकी थी। अपने कार्यकाल में मांधाता ने न केवल अपनी प्रतिष्ठा व प्रभुता की वृद्धि की वरन् अपने विजय-अभियानों द्वारा कोशल सम्राज्य का विस्तार भी किया। मांधाता ने **अंगार, मरुत, असित, गय, अंग बृहद्रथ, जनमेजय, सुधन्वा** व **नगृ** नामक आठ

मांधाता

राजाओं को पराजित किया था *(यश्चांगारं तु नृपतिं मरुत्तमसितं गयं अंगं वृहद्रथं जनमेजयं सुधन्वानं नगृं चैव मांधाता समरेऽजयत्)*। उसने अपने जीवनकाल में अनेक राजसूय यज्ञ तथा मुक्तहस्त से सुवर्ण आदि दान किए थे। इसका एक नाम **पृषदाज्योदभव** भी था। पुराणों के अनुसार यह त्रिलोक विजयी भी रहा था *(मांधाता यौवनाश्वो वै त्रैलोक्यविजयी नृपः)*। इसने इंद्र के राज्य का भी आधा हिस्सा अपने अधिकार में ले लिया था। इस प्रकार मांधाता चक्रवर्ती ही नहीं था, अपितु **'सार्वभौमस्य राज्ञः'** की उपाधि से भी विभूषित हुआ था। विष्णु पुराण व महाभारत (द्रोण पर्व) के संदर्भों के अतिरिक्त वायु पुराण (88/68) के अनुसार, इसके राज्य में (ब्रिटिशों की ही भाँति) सूर्य अस्त नहीं होता था, अर्थात् इसके राज्य का विस्तार सुदूर पूर्व से सुदूर पश्चिम तक था (***यावत्सूर्य उदयति यावच्च प्रतितिष्ठति, सर्व तद्यौवनाश्चस्य मांधातुः क्षेत्रमुच्चते***)। मांधाता ने यदुपुत्र क्रोष्टु के कुल में उत्पन्न शशविंदु (दक्षिण-पश्चिमी राजपूताना व गुजरात के शासक) की कन्या **बिंदुमती** से विवाह किया था। इक्ष्वाकु वंश के इस विश्व-प्रसिद्ध राजा का मधुपुर (मथुरा) के असुर सम्राट् लवणासुर ने सम्मुख युद्ध में वध कर दिया था। मांधाता को पुरुकुत्स, अंबरीष व मुचुकुंद नामक तीन पुत्र हुए थे। पुरुकुत्स के अलावा मांधाता के शेष दोनों पुत्रों ने अंगिरा गोत्री ऋषि के अनुगामी होकर ब्राह्मणोचित धर्म का पालन करना शुरू कर दिया। कालांतर में इन दोनों के वंशज तदनुरूप आंगिरस गोत्रीय ब्राह्मण के रूप में विख्यात हुए।

(20) **पुरुकुत्स**—मांधाता के पश्चात् उसका ज्येष्ठ पुत्र पुरुकुत्स अयोध्या के सिंहासन पर आरूढ़ हुआ। अपने पिता की विस्तारवादी नीतियों का अनुसरण करते हुए पुरुकुत्स भी युद्धादि अभियानों को निरंतर गति देता रहा था। शतपथ ब्राह्मण

(14/5/4/45) के अनुसार, अपनी विजय के उपलक्ष्य में पुरुकुत्स ने एक अश्वमेध यज्ञ का आयोजन भी किया था। रणंजय के अतिरिक्त वैदिक ऋचाओं की संरचना में किए गए अपने योगदानों के कारण वह एक मंत्रद्रष्टा ऋषि के रूप में भी विख्यात हुआ। विष्णु पुराण (4/3/7) के संदर्भ यह बताते हैं कि पुरुकुत्स ने नागकन्या **'नर्मदा'** से विवाह किया था। इक्ष्वाकुवंशीय इस राजा के उपरांत कोशल राज्य का शौर्य-तेज क्रमशः क्षीण होता चला गया। इसका मुख्य कारण पुरुकुत्स के उत्तराधिकारियों द्वारा अपनाई गई सामरिक उपेक्षा के भाव तथा महिष्मती-नरेश कृतवीर्य व उसके पुत्र सहस्रार्जुन के नेतृत्व में बढ़ती हैहय शक्ति ही रहे थे।

(21) **त्रसदस्यु**—पुरुकुत्स के उपरांत उसका पुत्र त्रसदस्यु कोशल का राजा बना। राजपुरुषों के व्यावहारिक आचरणों के विपरीत इसका रुझान आध्यात्मिक चिंतनों पर अधिक रहा था। त्रसदस्यु भी एक मंत्रद्रष्टा ऋषि के रूप में विख्यात हुआ। ऋग्वेद 4/12 व 8/110 इसी के सूक्त हैं। इस प्रकार युवनाश्व द्वितीय से प्रारंभ हुई **'राजर्षि'** की परिपाटी इक्ष्वाकुवंशीय मांधाता व पुरुकुत्स के पश्चात् त्रसदस्यु तक निर्बाध रूप से चलती रही थी। अयोध्या-नरेश त्रसदस्यु द्वारा अपनाए गए सामरिक निर्लिप्तता के इसी भाव के कारण ही मांधाता द्वारा पराजित किए गए कान्यकुब्ज राज्य ने कौशांबी-नरेश कृशाश्व के यशस्वी पुत्र **कृशिक** के नेतृत्व में कोशल साम्राज्य से अलग होकर अपने को स्वतंत्र घोषित कर दिया। कान्यकुब्ज-नरेश बने इसी कृशिक ने विश्वामित्र के पिता **गाधि** को गोद लिया था।

(22) **संभूत**—त्रसदस्यु के पुत्रों में संभूत ही उसके बाद अयोध्या की गद्दी पर आसीन हुआ था।

(23) **अनरण्य द्वितीय**—यह संभूत का पुत्र था (***संभूतस्याऽऽत्मजः पुत्रो ह्यनरण्यः प्रतापवान्***—वायु पुराण-88.75)। अग्नि (275/25) व हरिवंश (1/12/10) पुराणों के संदर्भ इसको **'सुधन्वा'** कहकर संबोधित करते हैं। विष्णु पुराण (4/3/17) व वाल्मीकी रामायण (उत्तरकांड-सर्ग-21) के अनुसार दिग्विजय-अभियान के दौरान दक्षिणाधिपति रावण के हाथों इसका वध हुआ था। यह सर्वविदित है कि दशानन रावण का वध इसकी 38वीं पीढ़ी में हुए दाशरथी राम के हाथों हुआ था, अतः दीर्घजीवी के सभी तर्कों के उपरांत भी यह सहज स्पष्ट हो जाता है कि अनरण्य को मारनेवाला व्यक्ति **'दशानन रावण'** के बजाय कोई रावण नामधारी पूर्ववर्ती योद्धा ही रहा होगा। कुछ विद्वानों की यह धारणा है कि **रावण** का तात्पर्य व्यक्ति के बजाय **पद विशेष** से ही रहा था। जी रामदास के **'रावण एंड हिज ट्राइब्स'** के अनुसार

'राजा' के लिए तमिल में **'ईरैवन'** शब्द का प्रयोग होता रहा है। संभवतः दशानन-वध के पश्चात् अगस्त्य द्वारा विकसित की गई तमिल भाषा का यह शब्द लंका के दिग्विजयी सम्राट् से अभिप्रेरित रहा हो। किंतु काल के विभिन्न खंडों में विद्यमान रहे **वैवस्वत यम**, दैत्य सम्राट् **त्रिलोकी वलि,** चक्रवर्ती **मांधाता, सूर्यवंशी अनरण्य,** हैहेय **कार्तवीर्य अर्जुन** (सहस्रबाहु) व दाशरथी **राम** से हुई **रावण** नामधारी योद्धाओं की संघर्ष शृंखलाएँ निर्विवाद रूप से यही संकेत देती हैं कि दशरथ व रामकालीन **वैश्रवस रावण** (दशानन) से पूर्व भी दक्षिण में इस नाम के अनुरूप अन्य योद्धाओं का क्रमवार अस्तित्व बना रहा था। इन संभावनाओं के प्रमाणस्वरूप **रामायण** में उल्लिखित **वैश्रवस रावण** व **अहिरावण** (अहियों के सम्राट्) के संदर्भों का अवलोकन किया जा सकता है। किंचित् लंका विजय के उपरांत प्रतिष्ठित हुए आर्यों अथवा सूर्यवंशियों के वर्चस्व के कारण ही भावी पीढ़ियों में खलनायक के रूप में स्थापित हो चुके रावण नाम के प्रचलन से वितृष्णा उत्पन्न हो गई होगी। इस प्रकार अस्तित्व में रहे अंतिम रावण के ही व्यक्तित्व से पूर्ववर्ती रावणों को जोड़कर देखने की परवर्ती ग्रंथकारों की भ्रममूलक मानसिकताएँ ही इंद्रादि सदृश्य रावण को भी दीर्घजीवी पुरुष के रूप में चित्रित करने के लिए बाध्य करती रही हैं। संभवतः कालक्रम में हुए कुल **दस रावणों** की प्रतीकात्मक अभिव्यक्ति के लिए ही राम द्वारा मारे गए **'रावण'** का चित्रण कालांतर में **दशानन** व **बीस भुजाओं** वाले पुरुष के रूप में किया गया होगा।

(24) **त्रसदश्व**—यह अनरण्य द्वितीय का पुत्र था। कहीं-कहीं पर इसे **पृषदश्व** या **वृहदश्व** के रूप में भी संबोधित किया गया है। राज्य-कार्य के प्रति इसकी अरुचियों को ध्यान में रखते हुए राजगुरु वसिष्ठ ने कोशल राजतंत्र का नियंत्रण अपनी अध्यक्षता में गठित मंत्रिमंडल की एक पीठ के अधीन में कर दिया था। कालांतर में अपने नवजात शिशु **'ह्यर्श्व'** को राजगुरु वसिष्ठ व मंत्रिमंडल की अभिरक्षा में सौंपकर त्रसदश्व सपत्नीक वानप्रस्थी हो गया। राजा द्वारा अरक्षित कोशल की सामरिक शक्ति को वृद्ध ब्राह्मण के नेतृत्व में निर्बल मानकर गाधिपुत्र **विश्वबंधु** (आगे चलकर ऋषि विश्वामित्र के नाम से प्रसिद्ध) ने अयोध्या पर प्रबल आक्रमण किया। परंतु राजनीति में निष्णात रहे वसिष्ठ ने पल्लवों, हिरातों, किरातों, वर्वरों, यवनों व कंबोजों के सहयोग से इस आक्रमण का डटकर प्रतिकार ही नहीं किया, अपितु पुत्र-परिजन सहित विश्वबंधु की अपार सेना का समूल नाश भी कर डाला। इस दारुण अपमान से विश्वबंधु इतने मर्माहत हुए कि कान्यकुब्ज (गृहराज्य) लौटने की अपेक्षा वसिष्ठ को सबक सिखाने के उद्देश्य से उनके जैसा ऋषि बनने का संकल्प लेकर

निर्जन वन में साधनारत् हो गए। कालांतर में कान्यकुब्ज नरेश रहे यही विश्वबंधु अपनी कठिन साधना के कारण जनमानस में **'ऋषि विश्वामित्र'** के रूप में ही ख्यातिलब्ध हुए।

(25) **ह्यर्श्व द्वितीय**—पुराणों में इसे ***'त्रसदश्वात्मजः'*** अर्थात् 'त्रसदश्व का पुत्र' कहा गया है। वायु पुराण (88-76) के अनुसार इसकी पत्नी का नाम **दृषद्वती** था।

(26) **वसुमान्**—वायु पुराण में इसे **वसुमत** कहा गया है ***(हर्वश्वातु दृषद्वत्यां जज्ञे वसुमतो नृपः)***। विष्णु पुराण (4/3/20) में इसे **'सुमन'** ***(ततश्च सुमनास्तस्य)*** तथा महाभारत (शांति पर्व–67/29 व 92/3) में इसे **'वसुमना'** कहा गया है। देवगुरु बृहस्पति व वामदेव (नारद) से साक्षात्कार का सुअवसर भी इसे प्राप्त हुआ था।

(27) **त्रिधन्वा**—वायु पुराण (88.77), विष्णु पुराण (4/3/20) व जैमिनीय ब्राह्मण (3/94) में वसुमान के इस पुत्र को **'त्रिधन्वा'** तथा शौनकीय बृहदेवता (5/14) में इसे **'त्रिवृष्ण'** कहा गया है। त्रिधन्वा सामान्यतया एक धर्मभीरु राजा ही रहा था।

(28) **त्रय्यारुण**—त्रिधन्वा के इस परम् विद्वान् पुत्र को शिव पुराण (2/5/37/47) में **'त्रैय्यारुणि'**, विष्णु पुराण (4/3/20) में **'त्रय्यारुणि'**, भागवत पुराण (5/7/14) में **'अरुण'**, मत्स्य पुराण (12.37) में **'त्रय्यारुण'** तथा वायु पुराण (88.77) में **'विद्वान् त्रय्यारुण'** कहकर उल्लिखित किया गया है। पिता द्वारा प्रदत्त संस्कारों व अपनी आध्यात्मिक साधनाओं के बल पर यह एक न्यायप्रिय शासक के साथ-साथ मंत्रद्रष्टा ऋषि (राजर्षि) के रूप में भी विख्यात रहा था। पंडित भगवद्दत्त के अनुसार, ऋग्वेद 5/27 व 9/110 इसी के सूक्त हैं (संदर्भ—भारत वर्ष का बृहद् इतिहास-द्वितीय भाग, पृष्ठ संख्या-100)। न्याय का सम्यक् आदर्श प्रस्तुत करते हुए इस धर्मपरायण राजा ने अपने एकमात्र पुत्र **सत्यव्रत** को उसके अधर्माचरण पर राजभवन से निर्वासित कर दिया था। कालांतर में अन्य कारणों से सामाजिक स्तर से भी बहिष्कृत हुए अपने इस दंडित पुत्र की चांडाल सदृश्य निरुपाय दशा-दुर्दशा से द्रवित होने के कारण त्रय्यारुण का मन राजकाज से भी उद्विग्न हो गया। राजा के इस उपेक्षात्मक बरताव के कारण जहाँ राजकीय व्यवस्था कुप्रभावित हुई, वहीं दुर्योग से असमय पड़े सूखे के परिणामस्वरूप कोशल राज्य में अराजकता की स्थिति भी व्याप्त हो गई। पुत्र-विछोह की आत्मग्लानि व अपनी अकर्मण्यता के अपराध-बोध से मर्माहत होकर त्रय्यारुण ने राज्य-प्रबंधन का भार वसिष्ठ के नेतृत्व में गठित आमंत्रण (मंत्रिमंडल) के हवाले करके स्वयं वानप्रस्थी हो गया (संदर्भ—वायु पुराण-88.84)।

(29) **सत्यव्रत (त्रिशंकु)**—सूर्यवंशी राजपुरुषों में त्रय्यारुण के इस बलिष्ठ पुत्र

का जीवनवृत्त सर्वथा हठी व विद्रोही भावों से ही परिपूर्ण रहा था। अपने स्वभावगत दोषों के कारण अपूर्व बलशाली सत्यव्रत ने सम्मानित देवगणों व अन्य आमंत्रित महानुभावों को लगभग प्रताड़ित करते हुए यदुवंशी ज्यामघ के पुत्र विदर्भ की नवपरिणीता भार्या **'सत्यरता'** (केकय-नरेश की अत्यंत लावण्यमयी बाला) का अपहरण विवाह-मंडप से ही कर लिया। उसकी इस उच्छृंखलता से कुपित होकर पिता त्रय्यारुण ने राजगुरु वसिष्ठ की मंत्रणा पर दंभी सत्यव्रत का परित्याग करते हुए इसे राज्याधिकार (युवराज के पद) से भी वंचित कर दिया। गुरु वसिष्ठ को ही इस दंड का मुख्य नियामक मानते हुए हठी सत्यव्रत ने उन्हें प्रतिक्रियात्मक पाठ पढ़ाने का प्रण किया। क्षत्रियसुलभ प्रतिहिंसा की ज्वाला में दग्ध हो रहे सत्यव्रत ने उचित-अनुचित का विचार किए बिना एक बार अवसर पाकर ब्रह्मर्षि की सर्वप्रिय गाय **(कामधेनु)** का मात्र वध ही नहीं कर डाला, अपितु इसके मांस से निर्मित भोज्य-पदार्थ को छलपूर्वक ऋषि-पुत्रों तथा शिष्यों को खिला भी दिया। इस प्रकार अपने घृणित कृत्य के द्वारा उसने वसिष्ठ-प्रतिशोध की दग्ध अग्नि को शीतल किया (संदर्भ—वायु पुराण-88.105)। दुर्लभ गोधन की हानि व फिर कपटपूर्वक निरापराध जनों को इस घृणित तथा अमानुषिक दुष्कृत्य में परोक्ष रूप से संलिप्त करने की सत्यव्रत की धृष्टता ने वसिष्ठ के **ब्रह्म-दर्प** को आमूलतः झकझोरकर रख दिया। इस अप्रत्याशित अपमान से तिलमिला उठे राजगुरु वसिष्ठ ने उद्दंड सत्यव्रत को सोमवंशी तुर्वशु सदृश्य एक ऐसा सामाजिक दंड देने का निश्चय किया, जिसके परिणामस्वरूप वह आजन्म चतुर्वर्णीय व्यवस्था का अंग बनने के लिए तरसता रहे। उस काल में गुरुतर अपराधों के दंड-स्वरूप सामाजिक-परिधि से बहिष्कृत किए गए अपराधियों को दस्यु, म्लेच्छ या फिर चांडाल के अति तिरस्कृत दुर्पमाओं से संबोधित किया जाता रहा था। चूँकि सुदूर पश्चिम से लेकर पूरब तक एवं समस्त उत्तरापथ पर मनु-पुत्रों व उसके दौहित्रों के वंशजों (आर्यों) का ही आधिपत्य रहा था, अतः बहिष्कृत अपराधियों को अपना सिर छुपाने के लिए मात्र दक्षिण का ही अवलंबन शेष बचता था। वसिष्ठ के इस संकल्प से पूर्व के काल में, सोमवंशी महाराज ययाति ने भी अपने पुत्र तुर्वशु पर कुपित होकर राजदंड का प्रयोग करते हुए उसे जाति-व्यवस्था से बहिष्कृत कर दक्षिणारण्य में निष्कासन का दृष्टांत प्रस्तुत किया था। सत्यव्रत जैसे सूर्यवंशी राजपुरुष के मामले में गुरु होने के नाते वसिष्ठ को राजदंड के स्थान पर सामाजिक दंड का ही आसरा लेना था, अतएव उनके समक्ष ऐसी किसी भी घोषणा से पूर्व आसन्न राजकीय हस्तक्षेप की संभावित आशंकाओं को निर्मूल करने की प्राथमिकताएँ भी रही थीं। इन्हीं कारणों से

राजनीति में विज्ञ रहे वसिष्ठ ने सत्यव्रत को प्रथमतः राजकन्या (परायी स्त्री) को गलत ढंग से अगवा कर कोशल की राजनयिक प्रतिष्ठा को आघात पहुँचाने व फ़िर कोशल-नरेश (अर्थात् अपने पिता) की मर्यादा को धूमिल करने के राज्यघातक प्रयासों तथा श्रद्धा की मूर्ति माने गए गुरु के प्रिय गोधन को क्षति पहुँचाकर राजकुल के गौरव को कलंकित करने का दोषी घोषित करते हुए उसे **'त्रिशंकु'** (अर्थात् तीन गुरुतर पापों का कर्ता) के समाज-विरोधी दुर्नाम से परिभाषित किया। ब्रह्मर्षि द्वारा उद्बोधित 'त्रिशंकु' के इस घृणित उपनाम से जनमानस में चिह्नित हो जाने पर (***त्रय्यारुणेस्सत्यव्रतः योऽसौ त्रिशंकुसंज्ञामवाप***—विष्णु पुराण-4.3.21) सत्यव्रत कोशल राज्य के साथ-साथ मनु द्वारा स्थापित चतुर्वर्गीय सामाजिक व्यवस्था से भी बाहर कर दिया गया (***चित्यमाल्याङ्गरागश्च आयसामरणोऽभवत् तं दृष्टवा मन्त्रिणः सर्वेत्यन्य चण्डालरुपिणम्***—बा.रामायण-बालकांड-सर्ग-58 श्लोक-II)। इस प्रकार राज्यश्री से च्युत तथा सामाजिक स्तर पर लांक्षित होकर त्रिशंकु (सत्यव्रत) को अंततः दक्षिणारण्य के **चांडाल क्षेत्र** में जाकर आश्रय लेना पड़ा।

त्रिशंकु के निष्कासन के तुरत बाद ही कोशल राज्य भयंकर सूखे की चपेट में आ गया। राज्य की इस विषम स्थिति तथा श्रीविहीन व जातिभ्रष्ट पुत्र की दारुण दुर्दशा से अवसाद ग्रस्त हुए नृप त्रय्यारुण राज्य-शासन का भार वसिष्ठ के नेतृत्व में गठित मंत्रिपरिषद् को सुपुर्द करके आत्मिक शांति के प्रयास में तपस्या के लिए वानप्रस्थी हो गए।

इधर दक्षिणारण्य के वनों में भटकता हुआ त्रिशंकु, विंध्याचल के समीप स्थित महर्षि विश्वामित्र के आश्रम में जा पहुँचा। अपने त्राण के लिए त्रिशंकु ने साधनारत रहे इस दिव्य राजर्षि का कृपाकांक्षी होने के यत्न में ऋषि-पत्नी व पुत्रों की सेवा-सुश्रूषा पूर्ण मनोयोग से करना प्रारंभ कर दिया। आश्रम लौटने पर इस तपोभूत ऋषि को अपने आत्मीयों के प्रति त्रिशंकु के सहयोगपूर्ण व्यवहार तथा वसिष्ठ द्वारा उसके प्रति किए गए उत्पीड़नों के संपूर्ण वृत्तांतों की जानकारी हुई। वसिष्ठों से कौशिकेयों के चले आ रहे पुरातन वैर भाव एवं त्रिशंकु के समर्पण भाव से उद्वेलित होकर राजर्षि विश्वामित्र ने उसे सामाजिक तथा राजनीतिक स्तर पर गरिमापूर्वक प्रतिष्ठापित करने का निश्चय किया। अपने संकल्प को चरितार्थ करने के उद्यम में विश्वामित्र ने त्रिशंकु के माध्यम से एक **राष्ट्रवर्द्धन-यज्ञ** का आयोजन करवाया। इस अनुष्ठान के ऋत्विज बने विश्वामित्र के निर्देश पर त्रिशंकु ने देव सहित समस्त राजकुलों को सादर आमंत्रित किया। संभवतः इस राजकीय समारोह का उद्देश्य

त्रिशंकु को इस नए क्षेत्र के राजा के रूप में राजनयिक मान्यता दिलाने के लिए ही रहा होगा। आशा के अनुरूप ब्रह्मर्षि वसिष्ठ व उनके अनुयायियों तथा अयोध्या से रहे मैत्री भावों के परिप्रेक्ष्य में देवगणों ने त्रिशंकु के इस प्रस्ताव को एक अवांछित व्यक्ति की धृष्टता मानते हुए अस्वीकार कर दिया। प्रायोजित अनुष्ठान में उत्पन्न इस बाधा से भन्नाए विश्वामित्र ने यज्ञ के समापन समारोह को स्थगित करते हुए देवगणों को सम्यक् प्रत्युत्तर देने की नीयत से दक्षिण दिशा में त्रिशंकु के लिए देवलोक सदृश्य ही एक नए लोक के निर्माण की घोषणा कर दी।

विश्वामित्र के सामर्थ्य से परिचित देवगणों ने उनके इस अप्रत्याशित निर्णय से विचलित होकर देवलोक के एकाधिकार को सुरक्षित बनाए रखने के उद्देश्य से त्रिशंकु को ही देवलोक में प्रतिष्ठित होने का प्रलोभन दिया। मान-मर्यादा के लिए सदा लालायित रहे त्रिशंकु को भी विश्वामित्र के इस कष्ट-साध्य योजना के फलीभूत होने की प्रतीक्षा करने की अपेक्षा उपलब्ध अवसर का उपभोग करना श्रेयष्कर प्रतीत हुआ। फलतः दक्षिण क्षेत्र में प्रारंभ हो चुके निर्माण-कार्य को अधर में छोड़ते हुए त्रिशंकु देवलोक जाने के लिए उद्यत हो गया। त्रिशंकु के इस उतावलेपन से खिन्न होकर विश्वामित्र अपने आश्रम में लौट गए। इस प्रकार ऋषि के रुष्ट हो जाने से भयातुर त्रिशंकु भी देवलोक जाने के अपने कार्यक्रम को निरस्त करके उन्हें मनाने के लिए ऋषि आश्रम पर जा पहुँचा। इस प्रकार त्रिशंकु न तो नए क्षेत्र का मान्य स्वामी ही बन पाया और न ही देवलोक पहुँच सका। लोकगाथाओं में त्रिशंकु की इस स्थिति को **'स्वर्ग तथा भूमि के मध्य लटका हुआ'** कहकर वर्णित किया गया है।

इधर त्रय्यारुण के पश्चात् पड़े बारह वर्षों के अनवरत दुर्भिक्ष से त्राहि-त्राहि कर उठी अयोध्या की प्रजा वसिष्ठ व उनके आमंत्रण के प्रबंधनों से असंतुष्ट होकर विद्रोह पर उतारू हो गई। कोशल की इस स्थिति का पूरा लाभ उठाते हुए विश्वामित्र ने अपने अनुगत रहे त्रिशंकु को अयोध्या की गद्दी पर सहजता से प्रतिष्ठापित करा दिया। देवताओं द्वारा सम्मानित हो चुके त्रिशंकु के पुराने पापों को भूलकर अयोध्यावासियों ने सुखमय राज्य की प्रत्याशा में सूर्यवंश के इस वास्तविक उत्तराधिकारी को सहजता से अपना नरेश स्वीकार कर लिया। इस परिवर्तन के उपरांत भी वसिष्ठ अपने प्रण पर अडिग रहे और त्रिशंकु के राज्यारोहण के पश्चात् अयोध्या को त्यागकर उत्तर पांचाल-नरेश के मंत्री तथा राजपुरोहित बन गए। अयोध्या-नरेश के रूप में प्रतिष्ठापित हो जाने के उपरांत भी त्रिशंकु (सत्यव्रत) की देवलोक में विहार करने की अभिलिप्साएँ यथावत् बनी रहीं। यही कारण रहा कि **नीलमती** नामक पटरानी से उत्पन्न पुत्र

(हरिश्चंद्र) के वयस्क हो जाने के तुरत बाद ही गुरु विश्वामित्र की सहमति से उसका राजतिलक करके स्वयं पत्नी सहित वानप्रस्थी होने के बजाय वह देवलोक के भ्रमण के लिए निकल पड़ा। इस प्रकार देवलोक के रमणीय ऐश्वर्य को छोड़कर वह फिर कभी अयोध्या वापस नहीं लौटा। संभवतः यहीं रहते हुए ही उसका देहावसान हो गया होगा। इसी कारण त्रिशंकु को लेकर यह लोक मान्यता रही कि विश्वामित्र की कृपा से वह सदेह स्वर्ग में विराजमान रहकर देव-सुखों को भोग रहा है (*विश्वामित्र प्रसादेन त्रिशंकुर्दिवि राजते, देवैः साध महातेजाऽनुग्रहात्तस्य धमितः*—वायु पुराण-88.115)।

(30) **हरिश्चंद्र**—महाबली सत्यव्रत (त्रिशंकु) का यह यशस्वी पुत्र अपने पिता की ही भाँति बलशाली होने के साथ-साथ एक धीरवृत्ति का पराक्रमी राजा भी रहा था। पिता से रुष्ट रहे ब्रह्मर्षि वसिष्ठ को जहाँ इसने अपने व्यवहारों से अनुकूल कर लिया था, वहीं सामर्थ्यवान राजर्षि विश्वामित्र के निर्देशों पर लगभग अपराजयी सैन्यशक्ति का संगठन कर अपने शौर्य का विधिवत प्रसार भी किया। **महाभारत** (सभा पर्व-12/15) के अनुसार इसके पराक्रम के आगे आर्यावर्त के सभी नृपगण नतमस्तक होकर रह गए थे। कुछ एक देशांतर राज्यों ने बिना युद्ध किए ही हरिश्चंद्र के सैनिक अभियान के समक्ष समर्पण कर इसे दिग्विजयी नरेश के रूप में ख्याति दिला दी थी। इस प्रकार भूमंडल के इन प्रसिद्ध राजाओं के पराभव से उत्साहित होकर हरिश्चंद्र ने अपने आपको एकच्छत्र सम्राट् घोषित करने के उद्देश्य से आचार्यों की मंत्रणा पर विश्व प्रसिद्ध **राजसूय यज्ञ** का अनुष्ठान किया। विधान के अनुसार उक्त यज्ञ में सभी अनुगत राजाओं को अपने-अपने अहं का परित्याग करते हुए यज्ञकर्ता के आदेश पर तन-मन-धन से सहयोग करना पड़ता था। इस तरह राजसूय यज्ञ का अनुष्ठानकर्ता स्वयमेव ही उपस्थित राजाओं में श्रेष्ठतम सिद्ध हो जाता था। एक प्रकार से अनुगत राजाओं के मानमर्दन के कारण ही इस तरह के यज्ञ को **राजसूय** के नाम से जोड़ा गया था। सम्राट् हरिश्चंद्र द्वारा आहूत इस यज्ञ में उसके अनुगत रहे सभी राजाओं ने यथासामर्थ्य भाग लिया था। इस यज्ञ में हरिश्चंद्र ने याजकों को मुक्त हस्त से बहुमूल्य वस्तुओं का दान दिया। इस कारण उनकी ख्याति एक **दानवीर सम्राट्** के रूप में भी हुई।

महाभारत (वन पर्व-77.28-29) में वर्णित संदर्भ के अनुसार, शिबिपुर-नरेश, राजर्षि उशीनर की कन्या **'सत्यवती'** (शैव्या) ने एक स्वयंवर में हरिश्चंद्र का वरण किया था। विवाहोपरांत भी जब हरिश्चंद्र को पुत्र नहीं हुआ तब उन्होंने ऋषि विश्वामित्र से इसके उपाय की प्रार्थना की और कामना के फलीभूत होने पर राजर्षि

को उनकी इच्छा के अनुरूप संतुष्ट करने का वचन दिया। संयोगवश इस संकल्प के कुछ काल पश्चात् ही उन्हें **'तारामती'** नामक पटरानी से **रोहिताश्व** नामक एक पुत्र की प्राप्ति हुई। नवजात शिशु के प्रति वात्सल्य भाव से मोहग्रस्त होकर हरिश्चंद्र राज्य-प्रबंधन के गुरुतर कर्तव्यों से विमुख हो गए। सम्राट् पद पर आसीन व्यक्ति की इस बाल-प्रवंचना से चिंतित हो उठे कर्मयोगी विश्वामित्र ने हरिश्चंद्र को उनके दायित्वों के प्रति सचेत करना उचित समझा। राजा के कर्तव्य-बोध को जाग्रत् कराने के आशय से ऋषि ने हरिश्चंद्र को उनकी प्रतिज्ञा का स्मरण कराते हुए उनसे उनका संपूर्ण ऐश्वर्य ही दान में माँग लिया। प्रण के धनी हरिश्चंद्र ने आनन-फानन में अपना संपूर्ण राजपाट विश्वामित्र के हवाले करके पत्नी व पुत्र सहित याजक के वेष में कोशल राज्य से बाहर चले गए। सत्य के प्रति उनकी इस निष्ठा ने जनमानस में उन्हें **'सत्यवादी'** के अतिरिक्त अलंकरण से प्रतिष्ठित कर दिया।

कालांतर में इस स्वाभाविक विपन्नता के कारण जब उन्हें मानुषी कर्तव्यों का बोध हुआ, तब एक उचित अवसर पर विश्वामित्र ने कोशल राज्य को एक धरोहर के रूप में उन्हें पुनः सौंप दिया। इस प्रकार राजर्षि विश्वामित्र के प्रयासों से कर्तव्य-बोध से आप्त हुए यशस्वी हरिश्चंद्र ने तब अपने जीवन का शेष भाग राग-द्वेष से परे एक **न्यासधारी सम्राट्** के रूप में व्यतीत किया।

(31) **रोहिताश्व**—सत्यवादी हरिश्चंद्र का पुत्र **रोहित** नाम से भी जाना जाता था। इसने कोशल राज्य की पूर्वी सीमा से लगे क्षेत्र को·जीतकर वहाँ **रोहितपुर** नामक एक नगर की स्थापना की थी। वर्तमान बिहार के **रोहतास** नामक जनपद की पहचान रोहिताश्व के रोहितपुर से ही की जाती है। कालांतर में पिता के दानी स्वभाव के ही अनुरूप अपनी प्रौढ़ावस्था में इस नगर को ब्राह्मणों के हवाले कर वह स्वयं वानप्रस्थी हो गया।

(32) **हरित**—विष्णु पुराण (4/3/25) व वायु पुराण (88.119) के अनुसार, हरित महाराज रोहिताश्व व महारानी रोहिणी का पुत्र था।

(33) **चंचु**—वायु पुराण (88.119) में इसे **'चंचु'** या **'हारित'** तथा ब्रह्म पुराण (8/26) में **'चंप'** कहा गया है। इसका हारित नाम ही इसे महाराज हरित का पुत्र होना घोषित करता है, जबकि इसके द्वारा चंपा नामक नगरी की स्थापना किए जाने के कारण इसे **'चंप'** के उपनाम से भी चिह्नित किया गया है। महाराज चंचु को **विजय** व **सुदेव** नामक दो पुत्र हुए थे।

(34) **विजय**—चंचु के पश्चात् इसका ज्येष्ठ पुत्र **विजय** कोशल का राजा बना।

इसने अपने बाहुबल से कोशल राज्य के द्वेषी रहे सभी क्षत्रियों पर विजय प्राप्त करके अपने नाम को सार्थक किया था (संदर्भ—वायु पुराण-88.120)।

(35) **रुरुक**—विजयपुत्र रुरुक को लिंग पुराण (66/13) में **'रुचक'**, भागवत पुराण (9/8/2) में **'मरुक'** व सौर पुराण (30/38) में **'कुरुक'** कहा गया है। वायु पुराण (88.121) व विष्णु पुराण (4/3/25) में इसे **'रुरुक'** भी कहा गया है। यह अपने समय का एक धर्मनिष्ठ राजा रहा था।

(36) **वृक**—वायु पुराण (88.121) में इसे **'हृतक'** तथा मत्स्य पुराण (12.38) व विष्णु पुराण (4/3/25) में **'वृक'** कहा गया है।

(37) **बाहु**–मत्स्य पुराण (12.38) में जहाँ इसे ***'वृकाद्‍वाहुरजायत'*** अर्थात् वृक से उत्पन्न **'बाहु'** नामक पुत्र कहा गया है, वहीं वाल्मीकीय रामायण (बालकांड-66/24 व अयोध्या कांड-123/15) में इसे **'असित'** कहकर पुकारा गया है। वायु पुराण (88.121) व विष्णु पुराण (4/3/26) के संदर्भ भी इसे **'बाहु'** के रूप में ही परिभाषित करते हैं। प्रणयी प्रवृत्ति के पुरुष रहे महाराज बाहु की वैसे तो अनेक रानियाँ थीं, किंतु इन सबमें अति लावण्यमयी रही यादव कुलीन राजकुमारी **'कालिंदी'** को ही उसने अपनी पटरानी बनाया था। ऐश्वर्य-भोगों के अतिरेक में व्यसन दोषों से ग्रस्त हो जाने के कारण बाहु की रुचियाँ सैन्य-संगठन, युद्ध-अभ्यास आदि श्रमसाध्य कार्यों की अपेक्षा रास-रंग की ओर ही केंद्रित रही थीं। महाराज के इस उपेक्षात्मक बरतावों से पड़ रहे विपरीत प्रभावों के फलस्वरूप कोशल की प्रतिरोधात्मक शक्ति भी क्षीण होती चली गई। अवसाद ग्रस्त हो चुके कोशल के शौर्य से उत्साहित हो रहे स्वर्गीय सहस्रार्जुन के पौत्र तालजंघ को, परशुराम के भी वीतरागी बनकर मंदराचल के तपोवन में प्रतिष्ठित हो जाने से, हैहयों की धूल धूसरित हो गई प्रतिष्ठा को पुनर्स्थापित करने का एक निष्कंटक अवसर सहज ही प्राप्त हो गया। पूर्व काल में कोशल राज्य से प्रताड़ित हो चुके शक, यवन, पारद, कांबोज, पल्हव आदि गणों को संगठित कर इसने अयोध्या पर जोरदार आक्रमण किया। हैहय कुलीन **माहिष्मती** (मथुरा की सीमा से नर्मदा तक का क्षेत्र) नरेश तालजंघ व इसके पुत्र वीतिहोत्र के नेतृत्व में क्षत्रियों के इन पाँच गणों ने दुर्बल व प्रौढ़ हो चुके महाराज बाहु को पराजित करते हुए अयोध्या को अपने अधिकार में ले लिया (***वाहोर्व्यसनिनस्तस्य हृतं राज्यं पुरा किल, हैहयस्तालजङ्घैश्च, शकैः सार्ध समागतैः। यवनाः पारदाश्चैव काम्बोजाः पल्हवास्तथा, हैहयार्थ पराक्रांता एते पञ्च गणास्तदा।।*** वायु पुराण-88.127/128)।

इस प्रकार राज्याधिकार से च्युत होकर बाहु को अपने अति विश्वसनीय अनुचरों

के सहयोग से अपनी रानियों व स्वजनों को शत्रुओं के घात-प्रतिघात से सुरक्षित बचाते हुए उत्तर-पश्चिम की दिशा में स्थित वनों की ओर पलायन करना पड़ा (संदर्भ—**ब्रह्मांड पुराण**-6/7/78)। चूँकि कोशल से पूर्व की ओर निमि के वंशजों (विदेह-जनक), उत्तर में यक्षों, गंधर्वों व मारुतों तथा पश्चिम में जह्नु व यदुवंशियों के राज्य रहे थे, अतः पश्चिमोत्तर एवं दक्षिण दिशाओं से प्रविष्ट हुए शत्रुओं के दोतरफा प्रतिरोधों में असमर्थ रहे बाहु को पीछे हटने के लिए किंचित् पूर्व-दक्षिण का कोना ही शेष बचा होगा। तदनुरूप राज्य की सीमा से बाहर कर दिए जाने पर बाहु ने अपने आश्रितों समेत पूर्व-दक्षिण के वनों में ही शरण ली होगी। इस तरह और्व आश्रम के निकटवर्ती वन में स्थायी रूप से आश्रय लेने के कुछ ही काल उपरांत इसकी यादवकुलीन पटरानी (कालिंदी) गर्भवती हो गई। स्मरण रहे कि आत्मवान पुत्र **भार्गव और्व** का आश्रम मूलतः सुमेरु क्षेत्र में ही था। कालांतर में इनके वंशज भारत की सरस्वती नदी के तट पर आकर बस गए थे, किंतु हैहयों के आक्रमण से त्रस्त होकर भार्गव जमदग्नि स्यंदिका नदी (सई नदी) के तट पर विस्थापित हो गए थे। इन्हीं के नाम पर इस क्षेत्र विशेष को **यमदग्निपुर** या फिर भाषाई अपभ्रंश के कारण कालांतर में **जौनपुर** कहा जाने लगा। और्व के वंशज होने के कारण जमदग्नि के इस आश्रम का उल्लेख पुराणों में किंचित् 'और्व आश्रम' के रूप में ही किया गया रहा होगा। इस तरह अयोध्या से दक्षिण-पूर्व की ओर पलायित हुए बाहु का वनवासी जीवन भी जौनपुर क्षेत्र में ही व्यतीत हुआ–ऐसा प्रतीत होता है। विपन्नता की उस घड़ी में पुत्ररत्न प्राप्ति की संभावनाओं ने हतोत्साहित बाहु को हर्षाभिभूत कर दिया था, किंतु दैवयोग से पटरानी के प्रसव से पूर्व ही इनका देहावसान हो गया। बाहु की इस असामयिक मृत्यु पर शोकविह्वल हो सुधबुध खो चुकी उसकी पटरानी का गर्भपात कराने के कलुषित उद्देश्य से ईर्ष्यालु सौतों ने इसे जहर खिला दिया। संयोग से औषधि विज्ञान में निष्णात रहे और्व-शिष्यों के त्वरित उपचार से कालिंदी के शरीर तथा गर्भाशय में व्याप्त हो चुके इस विष का कुप्रभाव पूर्णतः नष्ट हो गया। यहाँ स्मरण रखनेवाली बात यह है कि भृगु के वंशज ही **अथर्ववेद** के मंत्रद्रष्टा ऋषि माने गए हैं और इसी अथर्ववेद की एक शाखा (उपवेद) प्रकारांतर में **आयुर्वेद** के रूप में विख्यात हुई। संभवतः अथर्ववेद के अपने पारंपरिक ज्ञान के कारण ही औषधि विज्ञान में पारंगत रहे और्व-शिष्यों (भार्गवों) ने विष के कुप्रभाव से गर्भिणी तथा उसके गर्भस्थ शिशु की रक्षा की होगी। **विष (गर)** के दारुण असर को सकुशल झेल लेने के कारण ऋषि-पुत्रों के सुझाव पर बाहु के इस नवजात शिशु का नाम **'सगर'** ही रखा गया

(संदर्भ—विष्णु पुराण-4/3/36 व वायु पुराण-88/133)।

(38) **सगर**—ऋषि शिष्यों के प्रयत्नों से सुरक्षित जन्म लेनेवाले 'सगर' का बाल्यकाल आश्रम के परिवेश में ही व्यतीत हुआ। और्व आश्रम में रहते हुए ही इसने भार्गवों से शास्त्र व शस्त्र विद्याएँ सीखी थीं। वाल्मीकीय रामायण के अनुसार बाहु पत्नी को दिए गए विष से उसके गर्भस्थ शिशु (सगर) की रक्षा च्यवन ऋषि ने की थी। इसी प्रकार ब्रह्मांड पुराण (3/47/87) व विष्णु पुराण (4/3/36) के अनुसार सगर के जातक कर्म का संपादन और्व ऋषि द्वारा तथा वायु पुराण (88/135) के अनुसार इसे शस्त्र-शिक्षा जामदग्न्य ऋषि (परशुराम) द्वारा संपादित हुई थी। स्मरण रहे कि और्व ऋषि, जिनके नाम पर सुमेरु क्षेत्र का नाम **अर्वस्थान** व फिर **अरब** पड़ा, विष्णुकालीन भृगु के पुत्र रहे च्यवन के पौत्र थे और परशुराम इन्हीं और्व के पौत्र जमदग्नि के पुत्र थे। ऋषियों के दीर्घजीवी रहने के सभी प्रमाणों के उपरांत पीढ़ियों के अंतरालों में उत्पन्न हुए इन सभी भार्गवों का सगर को सम्मिलित सहयोग करना युक्तिपूर्ण प्रतीत नहीं होता है। संभवतः **च्यावन** (अर्थात् च्यवन के वंशज) को च्यवन ऋषि व **और्वस्य** या **जामदाग्न्य** को इनके तात्कालिक उत्तराधिकारियों के स्थान पर ऋषि और्व या परशुराम मान लेने का इन ग्रंथों के बाद के संकलनकर्ताओं का भ्रम ही इन विषमताओं का कारक रहा होगा। किंतु-परंतु की इन सभी आशंकाओं के बावजूद इन संदर्भों से इतना तो निश्चित रूप से स्पष्ट हो ही जाता है कि सगर के व्यक्तित्व निखार में भार्गवों (उपर्युक्त ऋषियों के वंशजों या शिष्यों) का अभूतपूर्व योगदान रहा था। सगर के प्रति उपजी भार्गवों की इस सहानुभूति का मुख्य कारण अपने कुलशत्रु रहे हैहयों के पूर्ण विनांश की योजना ही रही थी।

इस तरह भार्गवों से शस्त्र-संधान तथा युद्ध विद्या में निपुण हो जाने के अविलंब पश्चात् ही कुमार सगर अपने पिता के विश्वस्त अंगरक्षकों को लेकर अयोध्या को हैहयों की अधीनता से मुक्त कराने के लिए निकल पड़े। प्राणप्रण प्रयत्नों से पैतृक राज्य को अधिकृत कर लेने के उपरांत शत्रुओं के समूल मर्दन के उद्देश्य से इस उद्यमी युवक ने एक विशाल सेना का संगठन करना भी प्रारंभ कर दिया। **ब्रह्मांड पुराण** में इसके शौर्यवान सैन्यशक्ति का वर्णन अति भव्यता से किया गया है। इस विकट सैन्यबल से स्फुलिंगित हो रहे तरुण सगर के रोष का पहला लावा उसके दिवंगत पिता के प्रमुख शत्रु रहे हैहयों पर ही फूटा। माहिष्मती अभियान-पथ पर पड़नेवाले शत्रु राज्यों को बुरी तरह रौंदते हुए सगर ने हैहयों पर दुर्दांत आक्रमण किया। हैहयों का राज्य उत्तर में मथुरा व कान्यकुब्ज की सीमाओं से लेकर दक्षिण में

नर्मदा के तटीय क्षेत्र तक तथा पश्चिम में खंभात की खाड़ी तक फैला हुआ था। इस संपूर्ण क्षेत्र को **महिष मंडल** के नाम से भी जाना जाता रहा। युद्धोन्मत्त सगर ने सहयोगियों सहित तात्कालिक हैहय सम्राट् (तालजंघ के पुत्र **वीतिहोत्र**) का वध ही नहीं किया, अपितु भार्गवों द्वारा प्रदत्त आग्नेयास्त्र का प्रयोग करते हुए हैहयों की माहिष्मतीपुरी (माहेश्वरी नदी के तटीय नगर) को भी भस्मीभूत कर डाला (संदर्भ—ब्रह्मांड पुराण-3/48/20)। यहाँ उल्लिखित **आग्नेयास्त्र** का अभिप्राय संभवतः आधुनिक **मिसाइल प्रक्षेपण-यंत्र** या **टैंक** आदि के ही तात्कालिक स्वरूप से रहा होगा। इस प्रकार हैहयों का निःशेष करने के पश्चात् सगर की वक्रदृष्टि क्षत्रियों के उन पाँच गणों पर केंद्रित हुई, जिन्होंने बाहु के विरुद्ध तालजंघों (हैहयों) का साथ दिया था। अतः अयोध्या वापस लौटने के बजाय कोशल के पश्चिमोत्तर दिशाओं में स्थित राज्यों पर चढ़ाई करते हुए इसने **शक, यवन, कांबोज, पल्हव** व **पारदों** सहित **किरातों** को भी पराजित करके इन्हें चतुर्वर्ण की परिधि से ही बहिष्कृत कर दिया (संदर्भ—ब्रह्म पुराण 8/43/51, भागवत पुराण-9/8/5 व ब्रह्मांड पुराण-3/63/134)। स्मरण रहे कि **एल पुरुरवा** की प्रतिशाखाओं से संबंधित रहने के कारण सगर के काल तक इन गणों को सामाजिक स्तर पर आर्य-क्षत्रिय का ही सम्मान प्राप्त रहा था। सगर द्वारा प्रताड़ित तथा अपमानित होकर उपर्युक्त सभी गण भारत के पश्चिमोत्तर प्रांतों की ओर निकल गए। तदुपरांत यवन आधुनिक **हरात** के क्षेत्र में, शक **बुखार** में, पारद **बल्ख** में, कांबोज **सिंधु के उद्गम क्षेत्र** में तथा पल्हव (आजकल के) **काबुल** में रहने लगे थे। इस प्रकार समस्त **उत्तरापथ** को कोशल के लिए निष्कंटक बनाते हुए उल्लसित सगर ने अपना रुख दक्षिण-पश्चिम के अति समृद्धशाली राज्य **विदर्भ** की ओर मोड़ा। शत्रुहंता सगर के अपरिमित पराक्रम से भयग्रस्त होकर वयोवृद्ध हो चुके विदर्भराज **निवृत्ति** ने उसके समक्ष आत्मसमर्पण करते हुए अपनी अनुपम सुंदरी कन्या **केशिनी** का विवाह सगर से कर दिया। विदर्भ-प्रवास के दौरान ही सगर को **अंगराज** (पूर्वी बिहार व झारखंड) का भी मैत्री-संदेश प्राप्त हो गया। इस तरह अपने सामरिक अभियानों के द्वारा भरतखंड के प्रमुख राजाओं को पराजित तथा अनुगत बनाते हुए दिग्विजयी सगर अपनी राजधानी की ओर उन्मुख हुआ। अयोध्या पहुँचने से पूर्व कुछ समय के लिए उसने अपने ननिहाल, अर्थात् यादवों (मामाओं) की नगरी **मथुरा** में विश्राम भी किया (संदर्भ–**ब्रह्मांड पुराण**-3/49/6)। अयोध्या पहुँचने पर प्रजा ने इस विजयी नरेश के भव्य स्वागत् में जहाँ अपने पलक-पाँवड़े बिछा दिए, वहीं राजगुरु (**आपव** नामधारी वसिष्ठ गोत्रीय ऋषि) ने भी शिष्टाचार की सभी सीमाओं का प्रायः

उल्लंघन सा करते हुए स्वयं ही इस युवा योद्धा की स्वस्तिवाचन के वैदिक मंत्रों से अगवानी भी की थी। राजमहल पहुँचने पर अपनी नवविवाहिता पत्नी सहित माता कालिंदी की चरणवंदना करके वह राज सिंहासन पर आरूढ़ हुआ।

शक्तिसंपन्न चक्रवर्ती नरेश की ख्याति से अयोध्या की राजगद्दी पर प्रतिष्ठित हो जाने के पश्चात् सगर ने अपना संपूर्ण ध्यान राजकीय प्रबंधनों तथा जनहित कार्यों पर केंद्रित किया। इसी मध्य **गरुड़धाम** (गरडेशिया) के तात्कालिक शासक रहे अरिष्टनेमि ने सगर की यशोगाथा पर मंत्रमुग्ध होकर अपनी कन्या **सुमति** का विवाह इससे कर अयोध्या से अपने राजनयिक संबंधों को और प्रगाढ़ कर लिया (संदर्भ—वायु पुराण-88/156 व वाल्मीकीय रामायण-बालकांड, सर्ग-35, श्लोक-14)। सुमति का भाई **सुपर्ण** अपने समय में गरुड़ जाति का एक प्रसिद्ध योद्धा भी रहा था। रामायण में वर्णित **जटायु** व **संपाती** इसी के वंशज रहे थे। कश्यप-विनता के वंशज होने के कारण गरुड़ों को **'काश्यप'** या फिर **'वैनतेय'** के संबोधनों से भी पुकारा जाता था। कालक्रम में उपजे भ्रमवश इन्हीं गरुड़ों को कुछ लोगों ने **गिद्ध** के नाम से चिह्नित करना भी शुरू कर दिया। किंचित् इन्हीं कारणों से पुराणों में सुमति के लिए 'काश्यप-दुहिता' का विशेषण भी प्रयोग किया गया है (***काश्यप दुहिता सुमतिर्विदर्भराजतनया केशिनी च द्वे भार्ये सागरस्यास्ताम्***—विष्णु पुराण-4/4/1)। सगर को केशिनी से **असमंजा** नामक एक पुत्र तथा सुमति से साठ रो अधिक बलशाली पुत्रों की प्राप्ति हुई। पुराणों में सुमति को **साठ सहस्र** पुत्रों की जननी कहा गया है।

निरुक्त आदि के व्याकरणाचार्यों के स्पष्टीकरण के अनुसार प्राचीन ग्रंथकारों द्वारा हजार के लिए **युत** तथा अधिक संख्याओं को दरशाने के लिए **सहस्र** शब्दों के सांकेतिक भावों का प्रयोग किया जाता था। वाल्मीकीय रामायण (उत्तरकांड, सर्ग-36, श्लोक-15) में दस लाख की संख्या को दरशाने के लिए ***'वर्षयुतशतेनापि'*** (अर्थात् युत या हजार पर सौ वर्ष) तथा अथर्ववेद में एक कल्प वर्ष की संख्या के निरूपण के लिए ***'शततेऽयुतं हायमान् द्वेयुगे त्रीणि चात्वारि कृण्मः'*** (अर्थात् सौ अयुत या दस लाख के पहले दो, तीन व चार जोड़ने पर चार अरब बत्तीस करोड़ का मान बनता है) द्वारा हजार व दस हजार की संख्या के लिए क्रमशः 'युत' एवं 'अयुत' शब्दों का ही प्रयोग किया गया है। कालांतर में **पाणिनि** द्वारा किए गए व्याकरण सुधारों के पश्चात् संस्कृत भाषा में हजार के लिए **'युत'** के स्थान पर **'सहस्र'** लिखने की परिपाटी विकसित हुई। इस नूतन सांख्यकीय के कारण ही प्राचीन ग्रंथों में उल्लिखित संख्याओं के निरूपण

में प्रायः अनुवादगत भ्रम की स्थितियाँ उत्पन्न हो जाया करती हैं। इसके अतिरिक्त वाल्मीकीय रामायण का संदर्भ भी 'सहस्र' की उचित व्याख्या करने में निश्चित दिशा देता ही प्रतीत होता है। रामायण (बालकांड-38/6) में सगर द्वारा पुत्रप्राप्ति के लिए पत्नी सहित सौ वर्षों तक तपस्यारत रहने का वर्णन किया गया है। कदाचित् अंतरालों के क्रम से सौ वर्ष की पूर्ण अवधि में ही सगर को सुमति से उपर्युक्त सभी **(साठ से अधिक)** पुत्र ही उत्पन्न हुए होंगे। वैसे भी, मनु स्मृति (1/85) के अनुसार सतयुग में मनुष्यों की आयु चार सौ वर्ष, त्रेता में तीन सौ वर्ष, द्वापर में दो सौ वर्ष तथा कलियुग में सौ वर्ष की होती रही है ***(अरोगाः सर्वसिद्धार्थाश्चतुर्वर्षशतायुषः, कृते त्रेत्रादिषु ह्येषामायुर्ह्रसति पादशः)*** । महाभारत (शांतिपर्व-348/15) के संदर्भ यह प्रमाणित करते हैं कि परशुराम ने त्रेतायुग में ही क्षत्रियों (हैहयों) का विनाश किया था ***(त्रेतायुगे भविष्यामि रामो भृगुकुलोद्वहः क्षत्रंचोत्सादयिष्यामि समृद्धवलवाहनम्)*** और परशुरामं सगर के पिता वाहु के काल में ही संन्यास लेकर मंदराचल में तपस्यारत हो गए थे। इस प्रकार सगर का काल भी **आद्य त्रेता** का ही रहा होगा। अतः मनुस्मृति में वर्णित युगानुरूप आयु सीमा (300 वर्ष) के अधीन रहे **आदि त्रेताकालीन सगर** का साठ हजार पुत्रों का जनक होना व्यावहारिक प्रतीत नहीं होता है। इन घटित दृष्टांतों के अवधि-परिप्रेक्ष्य में यहाँ वर्णित **'साठ सहस्र पुत्रों'** का आशय निश्चित रूप से **'साठ से अधिक पुत्रों'** के लिए ही व्यवहृत जान पड़ता है।

अपने प्रभाव को यथावत् बनाए रखने के लिए चक्रवर्ती सगर अयोध्या के अतिरिक्त विभिन्न विजित क्षेत्रों तथा अनुगत राज्यों में क्रमवार यज्ञों का अनुष्ठान करता रहा था। कोशल के अनुगत राज्य रहे अंग देश में आयोजित सगर के सौवें यज्ञ के अनुष्ठान में किसी अज्ञात शत्रु ने विघ्न उपस्थित करने के उद्देश्य से यज्ञपूजित **अश्व** को चुराकर **ऋषि कपिल** के आश्रम में बाँध दिया। **ब्रह्म** (8/61), **वायु** (88/152), **शिव** (2/5/38) पुराणों तथा **महाभारत** (12/26/162) में इन्हें सौ अश्वमेध यज्ञों का कर्ता बताया गया है। कालीदासरचित रघुवंश (3/49) के अनुसार ***'हरिर्यथैकः पुरुषोत्तमः स्मृतो महेश्वरत्र्यम्वक एव नापंरः तथा विदुर्मां मुनयंः शतक्रतुं द्वितीयगामी नहि शब्द एष नः'*** अर्थात् *विष्णु व महेश्वर के लिए जिस प्रकार क्रमशः* ***'पुरुषोत्तम'*** *तथा* ***'त्र्यम्बक'*** *का विशेषण प्रयुक्त होता रहा है, ठीक उसी प्रकार सौ अश्वमेध के कर्ता के रूप में विद्यजनों ने देवराट् इंद्र को* ***'शतक्रतु'*** *के नाम से परिभाषित किया है।*

इस तरह यह स्पष्ट हो जाता है कि अपनी इस उपलब्धि को श्रेष्ठतम बनाए

रखने के लिए इंद्र ने सगर के किसी शत्रु के माध्यम से उसके इस अंतिम यज्ञ के अश्व को चुरवाकर व्यवधान उपस्थित करने का षड्यंत्र रचा होगा। इस प्रकार पुत्रादि उत्पन्न होने के क्रम से प्रारंभ किए गए इन अनुष्ठानों के एक अंतिम प्रयास में अश्व प्रकरण के कारण कपिल ऋषि द्वारा सगर पुत्रों के भस्म होने का आख्यान भारतीय शास्त्रों में उल्लिखित हुआ है। पुराणों में उल्लिखित कपिल का यह आश्रम, प्रियव्रत व उत्तानपाद शाखाओं के संयुक्त प्रतिनिधि रहे कर्दम के पुत्र, सांख्याचार्य कपिल के किसी परिवर्ती गोत्र (उत्तराधिकारी) का रहा था। अश्व की सुरक्षा के लिए नियुक्त सगर-पुत्र अश्व-खुर का अनुसरण करते हुए **भंगक्षेत्र** (ब्रह्मपुत्र के कटाव से खंडित हो रही भूमि—आधुनिक बंगाल की खाड़ी के क्षेत्र) में स्थित कपिल के इस आश्रम में जा पहुँचे। चुराए गए अश्व को वहाँ पाकर अद्वितीय वैज्ञानिक परंपरा के धनी इस वयोवृद्ध सांख्याचार्य के प्रति वे सभी अमर्यादित बरताव तथा घृणित अपशब्दों का प्रयोग करने लगे। श्रद्धेय ऋषि को अपमानित होते देखकर उनके शिष्यों तथा अनुयायियों में प्रतिरोध की ज्वाला भड़क उठी। वैज्ञानिक तकनीकी में पारंगत रहे ऋषि-शिष्यों से हुए इस मुठभेड़ में मारे गए सुमति-पुत्रों को क्रोधवश यहाँ के लोगों ने अग्नि को समर्पित कर दिया। धार्मिक ग्रंथों में इनका कपिल मुनि के क्रोध से भस्मीभूत होने का संदर्भ मिलता है।

सगर-पुत्रों में कपिलों की क्रोधाग्नि से किसी तरह सुरक्षित बचे **असमंजा, सुकेतु, धर्मरत** एवं **शूर पंचवन** नामधारी चार पुत्र (संदर्भ—वायु पुराण-88/148-149) ही वापस लौटकर सगर को यह दुखद समाचार सुना पाए थे। पुत्रवध से शोक-संतप्त हुए सगर का मन अनावश्यक रूप से भड़के इस जन-असंतोष के कारण अधिक सशंकित हो उठा। अपनी कीर्ति पर लग रहे इस धब्बे के परिहार के लिए उसने अपने बुद्धिमान पौत्र (केशिनी-सुत असमंजा के पुत्र) **अंशुमान** को ऋषि की क्रोधाग्नि को शांत करने व तदनुसार उत्पन्न जनाक्रोश के निवारणार्थ भेजा।

अंशुमान के व्यवहार से प्रसन्न होकर कपिल ने यज्ञपूजित अश्व उसे लौटा दिया तथा साथ ही पुत्रों द्वारा किए गए पापों के प्रायश्चित्तस्वरूप अविस्मरणीय लोकरंजन का प्रबंध करने का निर्देश भी सगर को दिया। पौत्र द्वारा ऋषि के संदेश को प्राप्त करने के उपरांत सगर ने यज्ञ में उपस्थित आचार्यों से ऐसी किसी अद्वितीय योजना के विषय में राय जाननी चाही, जिससे समुचित लोकरंजन हो सके। ऐतिहासिक घटनाओं के मर्मज्ञ रहे इन आचार्यों ने काफी विचार-विमर्श के पश्चात् यह निष्कर्ष निकाला कि **ब्रह्मसर** (मानसरोवर) से निकलनेवाली सात नदियों में से एक की धारा

को देवगण अपने प्रभाववश उत्तर की तरफ मोड़ते हुए **देवलोक** (त्रिविष्टप) में ले गए हैं और शेष छह नदियाँ अपनी प्रकृति की अनुरूप दक्षिण के जलनिधि में जाकर मिलती हैं। इन छहों में ब्रह्मपुत्र को छोड़कर शेष सभी नदिया (सिंधु, शतद्रु, सरस्वती, दृषद्वती व वितस्ता) **रत्नाकर** यानी **पश्चिम पयोधि** (आधुनिक अरब सागर) में गिरती हैं। ऋषियों की मंत्रणा के अनुसार, यदि उत्तर की ओर गई नदी किसी प्रकार मध्य क्षेत्र से गुजरती हुई भंगक्षेत्र (सुमति-पुत्रों के वध स्थान) से **महोदधि** यानी **पूरब पयोधि** (आधुनिक बंगाल की खाड़ी) में मिल जाय तो इस संपूर्ण क्षेत्र में जल-संसाधन उपलब्ध कराने के कारण सगर के साथ-साथ सूर्यवंश का गौरव भी चिरकाल तक के लिए स्थायी हो जाएगा और इस अभूतपूर्व जनहित से सगर-पुत्रों के पापों का भी विमोचन संभव हो सकेगा। इस सारगर्भित मंत्रणा के क्रियान्वयन के लिए वसिष्ठ ने इस योजना के पक्ष में सूर्यवंश के मित्र रहे देवगणों से सहयोग लेने का परामर्श सगर को दिया। राजगुरु की प्रेरणा पर उद्यत होकर सगर एक याचक के रूप में देवलोक पहुँचे तथा अपने अंतिम समय तक वे गंगा को लाने के लिए प्रयत्नशील भी रहे।

(39) **असमंजस**—सगर-केशिनी का यह पुत्र बाल्यकाल से ही अशिष्ट था। इसके प्रजापीड़क स्वभाव से उद्वेलित होकर सगर ने अपने अंतिम समय में इसका परित्याग कर दिया (संदर्भ—महाभारत आरण्यक पर्व-106/10-15)। पिता द्वारा बहिष्कृत होकर यह **'वर्हिकेतु'** के नाम से जाना गया। राजा द्वारा प्रताड़ित होने पर यह वानप्रस्थी हो गया।

(40) **अंशुमान**—कपिल के क्रोधाग्नि से शेष बचे अन्य तीन पुत्रों के व्यवहारों से असंतुष्ट होकर सगर ने अपने पौत्र (असमंजस के पुत्र) अंशुमान को ही अपना उत्तराधिकारी घोषित किया था (संदर्भ—भागवत पुराण-9/8/30)। सगर के पश्चात् अंशुमान ही अयोध्या के सिंहासन पर विराजमान हुआ। पितृकन्या **यशोदा** से इसका विवाह हुआ था। गंगा को लाने के सगर के संकल्प को क्रियान्वित करने के लिए यह आजन्म प्रयत्नशील रहा था। इस संबंध में देवलोक की निरंतर यात्राएँ करके वहाँ के प्रभावी पार्षदों को अपने अनुकूल भी करता रहा और अंततः अपने अकाट्य तर्क से **देवराट्** को भी सहमत करा लिया। अपने प्रयोजन में सफल होने के पश्चात् राज्य का भार पुत्र दिलीप को सौंपकर कुछ विशेषज्ञों के साथ गंगा के उद्गम क्षेत्र में पहुँचकर इसे गंतव्य तक पहुँचाने के लिए सर्वेक्षण आदि कार्य करवाने लगा। इस प्रकार अपने जीवन के अंतिम समय (बत्तीस से अधिक वर्षों) तक निरंतर वह हिमाच्छादित क्षेत्रों में गंगा-योजना पर उद्यम करते हुए परलोकवासी हुआ। वाल्मीकि रामायण (बालकांड,

सर्ग-39, श्लोक-3/4/5) में अंशुमान के इस प्रयास का वर्णन 'बत्तीस सहस्र वर्ष तक हिमालय में तप करने के पश्चात् गंगा को लाने में असमर्थ रहे अंशुमान की हुई मृत्यु' के रूप में किया गया है।

(41) **दिलीप प्रथम**—पिता की मृत्यु की सूचना पाकर दिलीप ने भी उनके अधूरे कार्य को अंतिम परिणति पर पहुँचाने के उद्देश्य से हिमक्षेत्र की ओर प्रस्थान किया था। वाल्मीकीय रामायण (बालकांड, सर्ग-39, श्लोक-9) भी जहाँ इसके तीस सहस्र वर्ष तक राज्य करने का अनुमोदन करता है, वहीं ब्रह्मांड पुराण (3/56/33) व महाभारत (आरण्यक पर्व-106/40) के संदर्भ तत्पश्चात् इसके वनस्थ होने की पुष्टि करते हैं। संभवतः इनका आशय दिलीप द्वारा हिमक्षेत्र में उपस्थित होकर गंगा परियोजना से संबंधित कार्यों के परिचालन से ही रहा हो। हिमक्षेत्र के दुरूह शीतोष्ण वातावरण के कारण कालांतर में इसकी मृत्यु हो गई होगी। वाल्मीकीय रामायण (बालकांड, सर्ग-39/10) में इसकी मृत्यु का कारण **व्याधि** बताया गया है, जो उपर्युक्त तथ्यों के अनुरूप ही प्रतीत होता है।

(42) **भगीरथ**—सगर द्वारा प्रारंभ कराई गई गंगा परियोजना को परिणाम तक पहुँचाने के कारण भगीरथ का नाम भारतीय इतिहास में अमर हो गया। महाभारत (आरण्यक पर्व-108/1) में इसका उद्बोधन एक **चक्रवर्ती** सम्राट् के रूप में ही किया गया है। चक्रवर्ती के इस संबोधन से यह स्पष्ट हो जाता है कि सगर द्वारा विस्तृत किए गए कोशल राज्य का स्वरूप भगीरथ पर्यंत यथावत् ही बना रहा था। भगीरथ के राज्यकाल में ही दानव सम्राट् के मानमर्दन के लिए देवताओं द्वारा **रुद्र-पिनाकी** (शंकर) के पुत्र **स्कंद** (कार्त्तिकेय) का वरण देव-सेनापति के पद पर किया गया था। इधर अंशुमान व दिलीप द्वारा कराए गए सर्वेक्षणों से भगीरथ को यह पता चल चुका था कि हरिद्वार से प्रारंभ हो रहे उनके राज्य क्षेत्र की भूमि का पूर्वी ढलान नदी की धारा के गंतव्य प्रवाह के लिए सर्वथा उपयुक्त रहेगा, किंतु ब्रह्मसर से गंगा की धारा को उस केंद्र स्थल तक लाने के लिए रुद्र के आधिपत्यवाले पार्वत्य क्षेत्रों का ही उपयोग करना पड़ेगा। अतः पूर्वजों की अभीष्ट-सिद्धि के लिए देवानुमति के साथ-साथ रुद्र के सक्रिय सहयोग की भी आवश्यकता उन्हें आन पड़ेगी। उपर्युक्त तथ्यों पर गंभीरतापूर्वक विचार करके भगीरथ ने रुद्र को अपने अनुकूल करने की नीयत से, उनके पुत्र कार्त्तिकेय के अभियान को सफल बनाने के लिए यथायोग्य सामरिक सहयोग भी प्रदान किया। इस प्रकार अपने उद्यम से देवताओं तथा रुद्रगणों को मानसिक रूप से अपने पक्ष में करते हुए भगीरथ रुद्र की शरण में जाकर उपस्थित हुआ। अपने

पुत्र के प्रति किए गए भगीरथ के सहयोगों तथा उसकी जनकल्याणी योजनाओं से प्रभावित होकर रुद्र ने पितृशोक से ग्रस्त इस उद्यमी नरेश को यथायोग्य सहयोग करने का वचन दिया। रुद्र से आश्वस्त होकर भगीरथ देव-प्रमुख रहे ब्रह्मा व देवराट् आदि को अपने पक्ष में करते हुए देवलोक (त्रिविष्टप, यानी तिब्बत) की ओर बहनेवाली नदी की असाध्य धारा को कुशल कारीगरों के अथक परिश्रम से दक्षिण की ओर मुड़वा दिया। वाराह पुराण के अनुसार देवलोक (त्रिविष्टप के पार्वत्य क्षेत्र) से पृथ्वी (भारत के मैदानी क्षेत्र) की ओर मुड़ने के कारण इस नदी को ***'गाम्गताम् इति गंगा'*** के नाम से परिभाषित किया गया है। रुद्र के प्रयत्नों से त्रिविष्टप की ऊँचाई से नीचे की ओर आ रही गंगा की इस वेगवती धारा को सुरक्षित रूप से भूमि के अंदर ही अंदर **गंगोत्तरी** तक लाया गया (भूवैज्ञानिकों के अनुसार, गंगोत्तरी से कोई अठारह किलोमीटर दूर भूमिगत बर्फीली गुफा के उत्तरी छोर से भागीरथी उद्गमित होती है), फिर **उत्तराखंड** की घुमावदार घाटियों में भ्रमण कराते हुए आनुपातिक शांत होती इसकी धारा को भगीरथ द्वारा **ऋषिकेश/हरिद्वार** के समतल क्षेत्र में लाकर पूर्व की स्वच्छंद दिशा लेने के लिए छोड़ दिया गया।

यह सर्व विदित है कि **ब्रह्मसर** या **बिंदुसर** (मानसरोवर) के जलस्रोत का कारक **काराकोरम** से हिमालय तक अगाध रूप से फैला हुआ **ग्लेशियर** ही है। हिमयुगीन काल के तुरत बाद ग्लेशियर का यह विस्तार काराकोरम से लेकर पश्चिम के **क्षीरसागर** (कैस्पियन सी) अर्थात् **कॉकेशियन ग्लेशियर** तक फैला रहा था *(The great Caucasian chain consisting of Alpine, Carpathian, Hellenide and Anatolian ranges with height exceeding 5,000 mtrs. i.e. at Mt. Elbrus fostered a well-developed system of glaciers having strong linkage with Haramosh, Skardu and Baltoro glaciers of Karakoram belt in Pleistocene Age. Ref.—* **"The Azerbaijan Connection"** by Dr. Thor Hyerdahl)। कालांतर में उत्पन्न हुई जलवायिक उष्णताओं के कारण हिमाच्छादित क्षेत्र शनैः-शनैः सिकुड़ते चले गए और इन्हीं के प्रभाववश ग्लेशियरों का यह विस्तृत स्वरूप भी लघुता को प्राप्त होकर क्षेत्रीय परिधि में संकुचित होता गया। स्मरण रहे कि विष्णु का निवास भी क्षीरसागर में स्थित **बैकुंठ धाम** (पुरातत्त्ववेत्ताओं द्वारा अन्वेषित कैस्पियन सी के तटवर्ती रहे 'वैकुड' नामक प्राचीन नगर) में ही रहा था। इस प्रकार तात्कालिक स्थिति के अनुसार गंगा सहित मानसरोवर से उद्गमित अन्य नदियों के जल का **मूल सूत्र** क्षीरसागर तक जुड़ा हुआ रहा था। किंचित् यही सब कारण रहे थे कि भारतीय शास्त्रों में गंगा को **विष्णु के पैर** से निकलकर (अर्थात्

क्षीरसागर या कैस्पियन सी से ब्रह्मसर तक के ग्लेशियर का विस्तार) **ब्रह्मा के कमंडल** में समाहित होना (अर्थात् ब्रह्मसर-मानसरोवर में जलरूप में एकत्र) व फिर **शंकर (रुद्र) की जटाओं** में लिप्त रहने (यानी ब्रह्मसर से गंगोत्तरी तक की अदृश्य भूमिगत यात्रा) तथा रुद्र (शंकर) द्वारा निचोड़े जाने पर टपकी तीन बूँदों से अलग-अलग धारा बनकर बहने (यानी गंगोत्तरी से निःसृत तीन धाराओं के रूप में नियमित प्रकट प्रवाह) के आलंकारिक भावों में वर्णित किया गया है।

भगीरथ के दृढ़ निश्चय व असाध्य प्रयासों से ही त्रिविष्टप (देवलोक) की ओर बहनेवाली गंगा की अमृत धारा हिमालयी उपत्यका से भारत के मैदानी हृदय-स्थल में प्रवाहित हो सकी थी। तदनुसार दिलीप-समर्णा के इस यशस्वी पुत्र के प्रतीकात्मक ही इस नदी की एक धारा का नाम **'भागीरथी'** भी प्रसिद्ध हुआ (***भगीरथस्तु तां गंगामानयामास कर्मभिः, तस्माद्भागीरथी गंगा कथ्यते वंशावित्तमैः***—वायु पुराण-88/169), जबकि इसकी शेष दो धाराओं का नामकरण भगीरथ की पटरानी रही **'मंदाकिनी'** व कन्या **'अलकनंदा'** के अनुरूप ही विख्यात हुआ (संदर्भ—आदि रामायण)। भगीरथ के समकालिक रहे जह्नु कोशल के आधिपत्य से मुक्त रहे कान्यकुब्ज क्षेत्र के स्वतंत्र नरेश रहे थे। विश्वामित्र के सगोत्रीय होने के कारण त्रिशंकु के उत्तराधिकारी इनसे मित्रवत संबंध रखते थे। भगीरथ के प्रयासों से मैदानी क्षेत्र में प्रवाहित गंगा के उनके क्षेत्र से होकर गुजरने से हुई धन-जन की हानि से क्रोधित हुए जह्नु को प्रसन्न करने के लिए **'भागीरथी'** की ही तर्ज पर कोशल के आचार्यों ने उस क्षेत्र से प्रवाहित धारा को **'जाह्नवी'** की संज्ञा से विभूषित कर कान्यकुब्ज-नरेश को भी अंततः संतुष्ट कर दिया।

इस प्रकार अपने उद्गम व अवतरण के व्याख्यात्मक रूपकों के कारण गंगा **विष्णुपदी, सुरसरि, भागीरथी, जाह्नवी** तथा अपनी तीन मूल धाराओं **(मंदाकिनी, अलकनंदा** व **भागीरथी)** के कारण **'त्रिपथगा'** आदि नामों से भी जानी जाती है। हिमालयी उपत्यका के गंधक व दिव्य जड़ी-बूटियों के औषधीय सम्मिश्रण के कारण गंगा की जीवनदायिनी धारा को उपकृतजनों ने माता का वात्सल्यमयी पीयूष मानकर ग्रहण करना प्रारंभ कर दिया। जनमानस की इस उत्कट् आस्था के कारण भारत में पतितपावनी के रूप में स्मरण की जानेवाली गंगा को नदी के बजाय माता के श्रद्धेय सम्मान से ही नमन किया जाने लगा। इस प्रकार उत्तरांचल से भंग क्षेत्र (गंगासागर) तक फैले अपने साम्राज्य व पड़ोसी राज्यों की प्रजाओं को मातृमयी गंगा की अमृत धाराओं से तृप्त कराकर पुण्यभागी रहे **भगीरथ** ने अपनी यशोगाथा को चिरकाल तक

के लिए स्थायी बना दिया। शास्त्रों में सूर्यवंश के वर्णित सोलह सम्राटों में भगीरथ को भी सम्मिलित किया गया है।

(43) **श्रुत**—भगीरथ के पश्चात् उसका पुत्र श्रुत कोशल की गद्दी पर विराजमान हुआ। संभवतः श्रुत का कोई उल्लेखनीय योगदान नहीं रहने के कारण ही मत्स्य, अग्नि तथा पद्म पुराणों में इसका नाम नहीं मिलता है।

(44) **नाभाग**—वायु पुराण (88/170) के अनुसार, श्रुत का दायद रहा **'नाभाग'** उसका उत्तराधिकारी हुआ। नाभाग एक धर्मपरायण राजा था। नाभाग के अतिरिक्त पूर्वकाल में मनु को हुए नौ पुत्रों में से भी एक का नाम नाभाग ही रहा था। उसी से नृगिटो वंश चला था।

(45) **अंबरीष**—नाभाग का पुत्र रहे अंबरीष ने पूर्वजों की परंपराओं के अनुरूप अनेक यज्ञादि किए। इसके राज्य में प्रजा सभी कष्टों से मुक्त रही थी। **'विद्या'** नामक राजकुमारी इसकी पटरानी रही थी (संदर्भ—आदि रामायण)।

(46) **सिंधुद्वीप**—अपनी अन्वेषणात्मक मेधा के कारण अंबरीष के इस पुत्र की ख्याति एक ऋषि के रूप में ही प्रतिष्ठित रही थी। मंत्रद्रष्टा होने के कारण इसके सूक्तों को ऋग्वेद के दसवें मंडल में भी सम्मिलित किया गया है।

(47) **आयुतायु**—सिंधुद्वीप के इस पुत्र को विभिन्न पुराणों में भिन्न-भिन्न नामों से संबोधित किया गया है। वायु पुराण (88/173) में इसे **'आयुतायु'**, अग्नि पुराण (272/30) में इसे **'श्रुतायु'** तथा ब्रह्म (8/79), हरिवंश (1/15/18) व शिव (2/5/39) पुराणों में **'श्रयुताजित'** नाम दिया गया है।

(48) **ऋतुपर्ण**—आयुतायु के पश्चात् 'ऋतुपर्ण' अयोध्या का राजा बना। महाभारत (वनपर्व-68/2/75 व सभापर्व 8/15) के अनुसार, इसका अन्य नाम **'भागस्वरि'** व **'भांगस्वरि'** भी रहा था। ऋतुपर्ण एक विशाल हृदय का परम बलवान राजा रहा था। यह दिव्य **अक्ष-विद्या** में भी अति निपुण रहा था (संदर्भ—वायु पुराण-88/174)। निषध राज बीरसेन का पुत्र **नल** इसका सखा रहा था। इसी नल-दमयंती की कथाओं का वर्णन महाभारत में विस्तार से किया गया है।

(49) **सर्वकाम**—यह ऋतुपर्ण का ज्येष्ठ पुत्र था। ब्रह्म पुराण (8/80) में इसे **'आंतपर्णि'** व हरिवंश पुराण (1/15/20) में **'आर्तपर्णि'** नामों से संबोधित किया गया है।

(50) **सुदास**—सर्वकाम के इस पुत्र का विवरण वाल्मीकि रामायण (7/65) में उपलब्ध है। जैमिनी ब्राह्मण (3/23) में वसिष्ठ को इक्ष्वाकुवंशीय राजा रहे **सुदास**

पैजवन का भी पुरोहित कहकर उल्लिखित किया गया है ***(वसिष्ठो वै सुदासः पैजवनस्य ऐक्ष्वाकस्य राज्ञः पुरोहित आस)***। वायु पुराण (88/176) में इसका एक नाम **'हँसमुख'** भी बताया गया है, जो संभवतः उसकी मुखाकृति का ही एक विशेषण रहा होगा। अग्नि, शिव, मत्स्य व पद्म पुराणों में इसकी कोई चर्चा नहीं की गई है। किंचित् तात्कालिक भारत के राजनीतिक परिदृश्य में इसकी नगण्य उपस्थिति के कारण ही इन ग्रंथों के रचयिताओं ने इसे संज्ञान में नहीं लिया होगा। हरिवंश पुराण (1/15/20) इसे देवराट् इंद्र के सखा के रूप में प्रस्तुत करता है। घटनाक्रम के अनुसार कार्त्तिकेय (स्कंद) का इंद्र (देवताओं का राजा) बनकर दानवों से विजित क्षेत्र में **स्कंध** नामक नई नगरी (आधुनिक डेनमार्क, नॉर्वे व स्वीडन अर्थात् **स्कैंडनेवियन** क्षेत्र) में स्थापित हो जाने के कुछ काल उपरांत, पुराने **देवलोक** (त्रिविष्टप) में शेष बचे देवताओं में से एक उत्साही तरुण ने कुछ युवाओं के सहयोग से स्वयं को देवों का नेता घोषित कर दिया। **अद्भुत** नामक इस महत्त्वाकांक्षी इंद्र ने संपूर्ण उत्तरापथ में अपने प्रभाव को प्रतिष्ठापित करने के उद्देश्य से सूर्यवंशी सुदास की तरफ मित्रता का हाथ बढ़ाया था। अयोध्या नरेश सुदास ने भी देवताओं के मध्य अपनी धाक जमाने के लिए इस नए बने इंद्र का प्रस्ताव तुरंत स्वीकार कर लिया। इस प्रकार सेना सहित देवलोक में आकर इसने अपने मित्र को विधिवत स्थापित करवाने में सक्रिय सहयोग भी किया। सुदास की इस अनुपस्थिति का लाभ उठाते हुए **यदु, तुर्वशु, अनु** और **द्रह्यु** के वंशजों ने **पुरोदास, पथ्य, भलान, अलिन, कवष, सिम्यु** आदि मनुर्भरतों को संगठित करके सप्तसिंधु के क्षेत्र में अपनी शक्ति को बढ़ाना प्रारंभ कर दिया। इनके इस उद्यम से सशंकित होकर सौदास व तृत्सुओं ने इंद्र की सहायता से इन दस राजाओं को बुरी तरह पराजित किया। परुष्णी नदी के तट पर हुए इस विकट युद्ध को **'दाशराज्ञ संग्राम'** के नाम से जाना जाता है। नहुषवंशीयों में पौरव इस युद्ध में तटस्थ रहे थे। भीषण नरसंहार व विध्वसंक कार्यवाहियों में अपनी प्रमुख भूमिका के कारण इस विजय का श्रेय इंद्र को ही प्राप्त हुआ और संपूर्ण आर्यावर्त में उनकी धाक जम गई। कालांतर में यमुना-तट पर हुए एक युद्ध में सुदास हस्तिनापुर नरेश **संवरण** के हाथों मारा गया।

(51) **मित्रसह**—सुदास के इस पुत्र को **'सौदास'** के नाम से भी जाना जाता था (संदर्भ—डॉ. सीतानाथ प्रधान की पुस्तक—'क्रोनोलॉजि ऑफ एनशिएंट इंडिया')। विष्णु (4/40), लिंग (66/26), ब्रह्म (8/81), हरिवंश (1/15-21) व वायु (88/176) पुराणों में इसे **'कल्माषपाद'** तथा भागवत पुराण (9/9/18) में इसे **'कुल्साषाघ्रि'** के

नाम से चिह्नित किया गया है। कल्माषपाद का विवाह **मदयंती** नामक स्त्री से हुआ था। बहुत काल तक पुत्र न होने पर राजा के अनुनय पर वसिष्ठ ने नियोग द्वारा इसकी स्त्री का गर्भाधान करवाया था (***राजा मित्रसहश्चापि वसिष्ठाय महात्मने, मदयंतीं प्रिया दत्वा तया सह दिवंगतः***—महाभारत-शांतिपर्व-240/30)। परंतु अपने पिता के शत्रु रहे हस्तिनापुर नरेश संवरण के प्रति वसिष्ठ के बढ़ते नरम रुख से चिढ़कर इसी सौदास (कल्माषपाद्) ने राजगुरु के प्रतिद्वंद्वी रहे विश्वामित्र को परामर्श आदि में प्राथमिकता देना भी प्रारंभ कर दिया। वसिष्ठ के प्रति बढ़ती कटुता से वशीभूत होकर इसने अपने नियोगज पुत्र **अश्मक** को राजधानी से दूर दक्षिण में पलने-बढ़ने के लिए भेज दिया। कुछ काल उपरांत उसे **सर्वकर्मा** नामक एक औरस पुत्र की भी प्राप्ति हुई। कल्माषपाद की अंतरंगता का लाभ उठाते हुए ऋषि विश्वामित्र ने अपने एक अनुयायी यक्ष **'किंकर'** को राजकीय⁄पाकशाला के प्रमुख के पद पर नियुक्त करा दिया था।

इसी मध्य कोशल नरेश द्वारा आयोजित एक अनुष्ठान में वसिष्ठ-पुत्र शक्ति व विश्वामित्र में यज्ञ-विधि को लेकर विवाद हो गया। उपकृत यक्ष ने विश्वामित्र के उपकार का बदला चुकाने की नीयत से **'शक्ति'** समेत वसिष्ठ के शेष पुत्रों को धोखे से मारकर उनके मांस को अन्य व्यंजनों के साथ पकाकर आगंतुक राजपुरुषों को खिला दिया। इस घृणित नरसंहार का प्रमुख दोषी कल्माषपाद को मानते हुए वसिष्ठ ने उसे भी ठीक उसी प्रकार से शापित किया, जिस प्रकार से उनके एक पूर्वज ने त्र्यारुण के पुत्र को 'त्रिशंकु' की संज्ञा से विभूषित कर बारह वर्षों तक के लिए अयोध्या से निर्वासित करा दिया था। परंतु उस समय की स्थितियाँ तथा इस काल की परिस्थिति में एक मूलभूत अंतर यह आ चुका था कि त्रिशंकु के विपरीत कल्माषपाद स्वयं अयोध्या का नरेश था। इस प्रकार वसिष्ठ के कोपभाजन बनने के पश्चात् भी कल्माषपाद के लिए त्रिशंकु जैसी असहज स्थितियाँ नहीं बन पाईं। फलतः पुत्र-शोक से लगभग असक्त हो उठे वसिष्ठ को अपनी पत्नी **'अरुंधती'** व विधवा पुत्रवधु **'अदृश्यंती'** के साथ अयोध्या को त्यागकर हस्तिनापुर नरेश संवरण के राज में जाकर रहने को विवश होना पड़ा। इधर वसिष्ठ-पुत्रों की नृशंस हत्या का विवरण ज्ञात होने पर क्रोधित कल्माषपाद ने यक्ष किंकर को मृत्युदंड तो दे दिया, परंतु गुरु-पुत्रों के इस अकारण वध का परोक्ष कारक अपने को मानते हुए प्रायश्चित्तस्वरूप स्वतः ही वानप्रस्थियों जैसा जीवन-यापन करने लगा।

कल्माषपाद के पश्चात् इसके **नियोगज** (अश्मक) व **औरस** (सर्वकर्मा) पुत्रों ने कोशल राज्य में अपनी स्थितियों के अनुरूप दो अलग-अलग राज्यों की नींव डाली।

इस प्रकार कल्माषपाद (मित्रसह) के पश्चात् कोशल का सूर्यवंश, उत्तर व दक्षिण के दो अलग क्षेत्रों में विभाजित हो गया। विभाजित हुए दक्षिण कोशल का नरेश बनकर **'अश्मक'** ने जहाँ **पौदन्य** (पोतन) नामक नगरी अपनी राजधानी बनाई (संदर्भ—महाभारत, आदि पर्व-168/25), वहीं अयोध्या की मुख्य गद्दी पर आरूढ़ होने के पश्चात् भी **'सर्वकर्मा'** मात्र उत्तर-कोशल का ही नृप बना रहा।

अश्मक का यह राज्य (दक्षिण कोशल) आधुनिक **बघेलखंड** से लेकर **बिलासपुर, संबलपुर** व **रायपुर** तक फैला हुआ था। अश्मक का पुत्र **उरुकाम** हुआ और इसका पुत्र **मूलक** रहा था। मूलक का पुत्र **शतरथ,** शतरथ का पुत्र **ऐडिविड** (संदर्भ—सौंदरनंद-11/45) व इसका पुत्र **कृतशर्मा** हुआ। कृतशर्मा के पुत्र का नाम **विश्वकर्मा** तथा उसके पुत्र का नाम **विश्वसह** था। इसी विश्वसह के पुत्र रहे **भानुमान** की पुत्री **कौशल्या** का विवाह उत्तर कोशल-नरेश अज के पुत्र **दशरथ** से हुआ था। कालांतर में अश्मक के कुछ वंशजों ने दक्षिण-पश्चिम के गोदावरी तटों पर (आधुनिक नांदेड़ में) **अश्मक** नामक प्रांत की स्थापना की थी, जिसका अस्तित्व महाभारत युद्ध के पश्चात् भी बना रहा था।

(52) **सर्वकर्मा**—मित्रसह का यह औरस पुत्र अयोध्या की मुख्य गद्दी पर एक संकुचित होते राज्य (उत्तर-कोशल) के उत्तराधिकारी के रूप में ही विराजमान हुआ। मत्स्य पुराण (12/47) के अनुसार सर्वकर्मा को अनरण्य नामक पुत्र हुआ था।

(53) **अनरण्य**—सर्वकर्मा के पश्चात् उत्तर-कोशल के राज सिंहासन पर आरूढ़ हुए अनरण्य का कोई विस्तृत कृत्य उपलब्ध नहीं है।

(54) **निघ्न**—अनरण्य के उपरांत राजा बने निघ्न को **अनमित्र** व **रघु** नामक दो पुत्र हुए। निघ्न का ज्येष्ठ पुत्र अनमित्र युवा अवस्था से ही राजसुख से विमुख होकर वनवासी का जीवन व्यतीत करने लगा।

(55) **रघु प्रथम**—अनमित्र के वन चले जाने के उपरांत 'रघु' अयोध्या के राज्यभार को सँभालने लगा, किंतु अनेक विवाहों के उपरांत भी उसकी कोई संतान नहीं हुई। परिणामस्वरूप रघु के ज्येष्ठ भ्राता रहे अनमित्र का पुत्र ही इसका उत्तराधिकारी हुआ।

(56) **दुलिदुह**—रघु के उपरांत अनमित्र का पुत्र रहा 'दुलिदुह' अयोध्या का राजा बना (संदर्भ—हरिवंश पुराण-1/15/24)। यह एक परम विद्वान् पुरुष था। शिव पुराण में इसका उल्लेख **'मुंडिदह'** के नाम से किया गया है।

(57) **दिलीप द्वितीय**—दुलिदुह के इस पुत्र के लिए विष्णु (4/4/81), वायु (88/

182) व कल्कि (3/3/21) पुराणों में **'खट्वांग'** विशेषण का प्रयोग किया गया है। संभवतः देवों के पक्ष में दानवों से विकट युद्ध करने के कारण ही दिलीप को इस अतिरिक्त उपाधि से अलंकृत किया गया होगा। अश्वघोष द्वारा रचित **सौंदरनंद** (7/32) के अनुसार, दिलीप के यज्ञ-अनुष्ठान में देव, गंधर्व व अप्सराएँ सक्रिय रूप से सम्मिलित रही थीं। किंचित् दानवों पर विजय पाने के उपलक्ष्य में दिलीप ने इस यज्ञ का आयोजन देवलोक में ही किया होगा और तदनुसार उपकृत देवगणों ने इसमें सक्रिय भूमिकाएँ निभाई होंगी। खट्वांग दिलीप का विवाह मगध की राजकुमारी **'सुदक्षिणा'** से हुआ था और इसी मागधी से उसे **'रघु'** नामक एक कुलश्रेष्ठ पुत्र की प्राप्ति हुई थी (संदर्भ—रघुवंश-1/31)। सुवंधु कृत **'वासवदत्ता'** के संदर्भ ***(दिलीप इव सुदक्षिणान्वितः रक्षितगुश्च)*** भी सुदक्षिणा नामक स्त्री व खट्वांग दिलीप के संबंधों को रेखांकित करते हैं। कालिदास की प्रसिद्ध कृति रघुवंश (1/61) के अनुसार, दिलीप द्वितीय के राज्यकाल में प्रजा का सर्वांगीण विकास हुआ था। महाभारत (शांतिपर्व-28/71-80) में वर्णित सोलह महान् राजाओं की सूची में दिलीप-द्वितीय का नाम भी सम्मिलित किया गया है। इन सभी उपलब्धियों के उपरांत भी अल्पायु रहे इस नृपश्रेष्ठ को देवों के पक्ष में लगातार युद्धादि कार्यों में व्यस्त रहने के कारण शांतिपूर्वक अयोध्या के राजसुख को भोगने का बहुत थोड़ा ही अवसर प्राप्त हो पाया था।

(58) **रघु द्वितीय**—विष्णु (4/4/83), कूर्म (1/21/16), लिंग (66/37), वायु (88/183) व शिव (2/5/39/16) पुराणों के संदर्भ अयोध्या के नरेशों की सूची में दिलीप द्वितीय व रघु द्वितीय के मध्य **'दीर्घबाहु'** नामधारी एक राजा के अस्तित्व को स्वीकारते हैं। उपर्युक्त वर्णित तथ्य के विपरीत ब्रह्म (8/85), कल्कि (3/3/31) व हरिवंश (***दीर्घबाहुर्दिलीपस्य रघुनाम्नाऽभवत्सुतः***—1/15/25) पुराणों में स्पष्ट रूप से रघु को ही खट्वांग दिलीप का पुत्र तथा **'दीर्घबाहु'** को इसी के उपनाम के रूप में उल्लिखित किया गया है। अमरकृति रघुवंश के रचयिता **कालिदास** व कालजयी ग्रंथ हर्षचरित्र द्वारा इतिहास पर अपनी पकड़ सिद्ध करनेवाले **महाकवि बाण** भी रघु द्वितीय को खट्वांग दिलीप का ही पुत्र मानते हैं। कालिदास (रघुवंश-3/34) के अनुसार, **'युग व्यायतबाहु'** व अश्वघोष (सौंदरानंद -7/3) के अनुसार, **'युगदीर्घबाहु'** नामक समास का प्रयोग रघु के जीवनकाल तक उसकी लंबी भुजाओं के दृष्टिगत किया जाता रहा था, जबकि मृत्यु के उपरांत लोग उसे उसके मूल नाम (यानी **'रघु'**) से ही स्मरण करने लगे थे। किंचित् रघु के जीवन काल में प्रयुक्त इसी विशेषण के भ्रमवश ही **'दीर्घबाहु'** के स्वतंत्र अस्तित्व की कल्पनाएँ साकार हो उठी होंगी।

पराक्रमी योद्धा होने के अतिरिक्त रघु एक कुशल व्यवस्थापक तथा न्यायप्रिय शासक भी थे। कालिदास कृत 'रघुवंश' के चतुर्थ सर्ग में एक योद्धा के रूप में इनके विजय-अभियानों का बड़ा ही सजीव वर्णन किया गया है। पूर्व दिशा के **कलिंग** व **कामरूप** नरेशों, दक्षिण के **पांड्यन** राज्य तथा उत्तर के **किन्नरों** (कोहकाफ वासी—किम्मरजी) व **कांबोजों** (काबुलियों) को अधीनस्थ बनाने के पश्चात् पारस के **म्लेच्छ** राज्यों पर विजय प्राप्त करने के उद्देश्य से रघु की विजयवाहिनी ने स्थल मार्ग से पश्चिम की ओर प्रस्थान किया था। पश्चिमी राज्यों के अपने इस अभियान में, सम्राट् सगर द्वारा प्रताड़ित हो चुके **यवनों** से भी रघु को विकट युद्ध करना पड़ा था। रघु के हाथों बुरी तरह पराजित होकर इन यवनों को आधुनिक हरात के अपने क्षेत्र से सुदूर-पश्चिम की ओर पलायन करना पड़ा था। इस तरह **इक्ष्वाकु, ककुत्स्थ, मांधाता, सगर** आदि सूर्यवंश के पराक्रमी नरेशों की भाँति कुल-पताका को चतुर्दिक् फहराने के उपरांत वापस अयोध्या लौटे रघु ने **'विश्वजित'** नामक एक यज्ञ का अनुष्ठान भी किया था (संदर्भ—रघुवंश-4/86)। रघु के इस यज्ञ में कौत्स आदि ऋषियों सहित आमंत्रित एवं अनुगत राजाओं ने भी भाग लिया था। यज्ञ के समापन पर अद्वितीय उदाहरण प्रस्तुत करते हुए रघु ने पराजित राजाओं से अर्जित की गई कर-राशि को याचकों, सैनिकों तथा प्रजागणों में समान रूप से वितरित कर दिया। उत्सव-उमंग के इन्हीं क्षणों में गर्भवती हुई रघु की पटरानी **'मधुमती'** ने समय पाकर एक अति सुंदर बालक को जन्म दिया। आचार्यों ने ब्रह्म-मुहूर्त में जन्मे इस शिशु का नामकरण मुहूर्त-पति (ब्रह्मा) के प्रतीकात्मक भाव के अनुरूप **'अज'** रखा ***(कौत्समहर्षेराशीवदिन ब्राह्मे मुहूर्ते रघोर्महिषी पुत्ररत्नं प्रासूत, अत एव तस्य अज' इति नामकरणं बभूवेत्याह)***।

इस प्रकार अपने प्रताप तथा प्रभाव से खंडित हो चुके इक्ष्वाकु के साम्राज्य (कल्माषपाद के पश्चात् उत्तर व दक्षिण कोशल के दो प्रांतों में विभाजित कोशल राज्य) की गरिमा को राजनीतिक व सामाजिक क्षितिज पर ध्रुवतारे की ही भाँति अधिष्ठित करके उत्तर-कोशल के इस यशस्वी नृप ने अपने आपको इक्ष्वाकु तथा ककुत्स्थ जैसे कुल-पुरुषों की श्रेणी में लाकर खड़ा कर दिया। किंचित् इन्हीं निहित वैशिष्ट्यों के कारण ही हरिवंश पुराण (1/15/25) में रघु को अयोध्या के **'महाराज'** के रूप में अलंकृत किया गया है। महाराज रघु के इन अविस्मरणीय योगदानों के प्रतीकस्वरूप ही उत्तर कोशल के राजवंश को तदंतर **'रघु-कुल'** के नाम से भी चिह्नित किया जाने लगा। कालांतर में वंश-परंपरा का अक्षरशः पालन करते हुए महाराज रघु अपने युवा

हो चुके पुत्र को राज्य-भार सौंपकर नगर से बाहर एक निर्जन स्थान में आश्रम स्थापित कर निस्पृह-जीवन व्यतीत करने लगे। इस तरह समाधि की परिपक्व अवस्था में पहुँचने पर **अपान-क्रिया** द्वारा वे शरीर के बंधन से मुक्त हो गए।

(59) **अज**—रघु के पुत्र रहे अज एक निश्छल हृदय के भावुक व्यक्ति थे। हालाँकि उत्तर-कोशल राज्य के विस्तार में इनकी कोई प्रत्यक्ष भूमिका नहीं रही थी, फिर भी उत्तराधिकार में प्राप्त पैतृक राज्य व पिता द्वारा स्थापित कुल-मर्यादा को उन्होंने बड़े यत्न से सँजोकर रखा। भोजकुल में उत्पन्न विदर्भराज की कनिष्ठ भगिनी **'इंदुमती'** ने खुले स्वयंवर में मगध-नरेश **'परंतप', अंगराज**, कलिंग-नरेश **'हेमांगद'**, **पांड्यनराज, अवंतिनाथ,** महिष्मती-नरेश **'प्रतीप'** व मधुपुर (मथुरा) के नरेश **'सुषेण'** आदि की उपस्थिति में उत्तर कोशल के इस तरुण राजकुमार का वरण किया था (संदर्भ—रघुवंश-6/20-80)। विवाहोपरांत अज व इंदुमती भी शंकर-पार्वती सदृश्य पति-पत्नी के अटूट रिश्ते व प्रेम-पाश में शनैः-शनैः बँधते चले गए। कुलश्रेष्ठ रहे श्वसुर रघु की मृत्यु के कुछ काल उपरांत गर्भवती हुई इंदुमती ने निर्धारित अवधि के व्यतीत होने पर एक अति सुदर्शन तथा हृष्ट-पुष्ट बालक को जन्म दिया। इस जातक के जन्मोत्सव पर दसों दिशाओं से एकत्रित हुए महारथियों के दुर्लभ संयोग (आठों दिशाओं से आमंत्रित विशिष्ट आगंतुकों के स्वागत-सत्कार में, नभ को आलोकित करनेवाले रश्मिरथी सूर्य की उपस्थिति में, पाताललोक के अधिष्ठाता माने गए पालनहार विष्णु के सदृश्य अयोध्यापति अज को मिलाकर बने दसों दिग्पालों जैसे योग) को नित्य स्मरणीय स्वरूप प्रदान करने के उद्देश्य से आचार्यों ने रघु के इस पौत्र का नाम **'दशरथ'** रखा। अज दंपती के वात्सल्य की छाँव में सज्ञान हुए दशरथ की शिक्षा-दीक्षा, मैत्रावारुणि कुल में उत्पन्न तात्कालिक राजगुरु **'पौडव वसिष्ठ'** के गुरुकुल में संपन्न हुई। दैवयोग से इसी अवधि में अज को सपरिवार दक्षिण कोशल के एक राजकीय समारोह में भाग लेने का सुअवसर भी प्राप्त हो गया। यहाँ निभाए गए आतिथ्य-सत्कार के भावपूर्ण क्षणों में भानुमान की दुहिता के सौंदर्य व गुणों से अभिभूत हो उठे अज दंपती को रघुवंश की भावी वधू के रूप में **'कौशल्या'** सर्वथा उपयुक्त प्रतीत हुई। इधर दक्षिण कोशल-नरेश **भानुमान** को भी जामात्ता के रूप में सुदर्शन दशरथ एक ही दृष्टि में भा गए। इस प्रकार अभिभावकों की सहमति से परिणय-सूत्र में बँधे **दशरथ-कौशल्या** की इस जोड़ी ने दोनों कोशलों के राजनयिक संबंधों को और अधिक प्रगाढ़ कर दिया।

पुत्रवधू कौशल्या के अयोध्या आगमन की प्रथम वर्षगाँठ से ठीक पहले अज

दंपती को एक अति सुंदर कन्या की प्राप्ति हुई। दारुण-योग में जन्मी इस मनोहारी बालिका का नाम उसके स्वभाव के अनुरूप ही **'शांता'** रखा गया। राज्यलक्ष्मी, सुशीला पुत्रवधू व फिर अनुपमा दुहिता के इस विलक्षण संयोग को **'त्रिशक्तियों'** का प्रत्यक्ष अनुग्रह मानकर भाव-विह्वल हो उठे अज दंपती राजमहल के प्रांगण में पखवारे भर नाना प्रकार के अनुष्ठानों व उत्सवों का आयोजन करवाते रहे। दुर्योग से इस आनंद-वेला के समापन के अवसर पर घटित एक दुर्घटना में चोटिल हो जाने से महारानी इंदुमती का प्राणांत हो गया। प्राणों से भी प्रिय अपनी भार्या के इस असामयिक विछोह से लगभग विक्षिप्त से हो उठे अज को राजगुरु वसिष्ठ व उनके शिष्यों ने काफी समझा-बुझाकर संयत किया (संदर्भ—रघुवंश-8/76-91)। इस प्रकार कुल-मर्यादा का विचार करते हुए अज अन्मनस्क भाव से राज्य-संचालन के निहित कर्तव्यों का पालन करते हुए पुत्र दशरथ को राज्य-प्रबंधन का गुर भी सिखलाते रहे।

इधर शोकाकुल पिता के द्वारा उपेक्षित हुई मातृविहीना **'शांता'** का लालन-पालन एक पुत्री के रूप में दशरथ व कौशल्या ने बड़े ही मनोयोग से करना प्रारंभ कर दिया। शांता के प्रति अग्रज द्वारा निभाए गए इन्हीं व्यवहारों के परिप्रेक्ष्य में कहीं-कहीं इसे दशरथ-कौशल्या की पुत्री के रूप में भी चिह्नित किया गया है। इस प्रकार राज्य-कार्यों में व्यतीत हुए विधुरता के इन आठ वर्षों तक पत्नी की छवि को हृदय में सँजोए रखने के कारण रुग्ण हो चुके 'अज' अनेक प्रकार की व्याधियों से ग्रसित हो गए। इन शारीरिक कष्टों से मुक्ति की आकुलता के साथ-साथ दिवंगत प्रिया से असीम मिलन के लिए आतुर रहे अज ने **गंगा-सरयू** की **संगम-स्थली** (अर्थात् आज के बलिया व सारन के तटवर्ती क्षेत्र) में धार्मिक अनुष्ठान के बहाने **प्रायोपवेश विधि** (अन्न-जल परित्याग) का अनुसरण करते हुए आत्मबलि दे दी (संदर्भ—रघुवंश-8/94-95)।

पहले माता व फिर पिता की हुई मृत्यु से सशंकित दशरथ ने शांता को रघुकुल के लिए अभिशाप मानकर निस्संतान रहे अपने मित्र **अंगराज रोमपाद** को सौंप दिया। दत्तकपुत्री शांता के वयस्क होने पर अंगराज रोमपाद ने इसका विवाह सूर्यवंशी मांधाता के द्वितीय पुत्र अंबरीष के कुल में उत्पन्न हारित ऋषि के वंशज रहे विभांडक ऋषि के यशस्वी पुत्र **'ऋष्यशृंग'** से कर दिया। अथर्ववेद परंपरा के अनुयायी होने के कारण श्यामलवर्णी ऋष्यशृंग अपने समय के प्रसिद्ध जीव-विज्ञानी रहे थे। पीड़ित जीवों के मांसतंतुओं (Tissues) से उसके नष्ट हुए अंग-प्रत्यगों (Limbs) को विकसित करने से लेकर गर्भवती के भ्रूण (Womb) का सफल विभाजन द्वारा एक से अधिक संतानों को उत्पन्न कराने की कला के साथ-साथ स्त्रियों की बाँझपन-निवृत्ति करवाने में भी

वे सिद्धहस्त रहे थे। आधुनिक चिकित्सक भी अब प्रत्यारोपण (Transplantation) के बजाय टिशुओं से ही आवश्यक प्रत्यंगों को विकसित करने में सफलता प्राप्त कर रहे हैं। वैज्ञानिक पत्रिकाओं के अनुसार इस विधि द्वारा अब तक कुत्तों व बंदरों के यूरेटर, फेलोपियन ट्यूब और गर्भाशयों सहित लगभग 60 से अधिक मानवों के प्रत्यंगों को सफलतापूर्वक विकसित किया जा चुका है। अपने विशेष गुणों के कारण ही कालांतर में इन्हीं ऋष्यशृंग के महती प्रयासों से दशरथ की तीनों रानियों की पुत्रवती होने की कामनाएँ फलीभूत हो पाई थीं।

(60) **दशरथ**—अज के पश्चात् उनके पुत्र दशरथ उत्तर-कोशल के नरेश हुए (संदर्भ—रघुवंश-(9/1)। दशरथ एक पराक्रमी योद्धा के साथ-साथ सत्यनिष्ठ व दृढ़प्रतिज्ञ नृप भी थे। राजगुरु **'पौडव वसिष्ठ'** के अतिरिक्त उनकी परामर्शदात्री समिति में जहाँ **सुयज्ञ, जाबालि, काश्यप, मार्कंडेय, कात्यायन** आदि मूर्धन्य ऋषि रहे थे, वहीं उनका आमंत्रण (मंत्रिमंडल) **धृष्टि, जयंत, विजय, सुराष्ट्र, राष्ट्रवर्धन, अकोप, धर्मपाल, सुमंत्र** आदि आठ अति विवेकी मंत्रियों से परिपूर्ण था। अंगराज रोमपाद उनके अंतरंग सखा थे। यही नहीं, देवराट् **इंद्र** से लेकर राजर्षि **दिवोदास**, आदिकवि ऋक्ष **वाल्मीकि** व गरुड़ के अनुज रहे अरुण के ज्येष्ठ पुत्र **गृधराज जटायु** तक की गिनती उनके अभिन्न मित्रों में होती थी। दशरथ-काल के ऋषियों में **वामदेव** (नारद), **पौडव वसिष्ठ, पौलस्त्य विश्रवा**, च्यवन गोत्री ऋक्ष **वाल्मीकि** (रामायण के रचयिता), ब्राहस्पत्य **भरद्वाज**, शतानीक **गौतम, शतानंद**, भार्गव **जाबलि**, मंदराचल निवासी परशुराम गोत्री **बालाकि, काश्यप, आगस्त्य, सुतीक्ष्ण, शरभंग, कात्यायन** व **मार्कंडेय** तथा राजर्षियों में **दिवोदास** व **विश्वामित्र** प्रमुख रहे थे। इसी प्रकार दशरथ के सिंहासनारूढ़ होने के समय जहाँ कैलाश के अधिपति रुद्र-पिनाकी (**शंकर**), देवलोक (त्रिविष्टप) में **शुचि** नामधारी अठारहवें इंद्र, अलकापुरी में यक्ष-**कुबेर**, गंधर्व लोक (सफेद कोह) में **पुष्पदंत**, गरुड़धाम (गरडेशिया) में **गरुड़**, लंका में सप्तद्वीपाधिपति **रावण** तथा असुरपुरी (बेबीलोनिया) के अधीश्वर **वाणासुर** रहे थे, वहीं भरतखंड के पश्चिमोत्तर में स्थित केकय की गद्दी पर **आनवराज**, उत्तर पांचाल में व्राधयश्व **दिवोदास**, दक्षिण पांचल में **रुचिराश्व**, कान्यकुब्ज में **ऋतुराज**, शर्याति में असुर **मधु** (मधुपुर

दशरथ

अर्थात् मथुरा इसी ने बसाई थी और इसी के पुत्र लवणासुर का वध दशरथ के कनिष्ठ पुत्र शत्रुघ्न ने किया था), विदर्भ में **सुवाहू,** माहिष्मती में वयोवृद्ध **प्रतीप**, वैजयंती में रावण का साढ़ू तिमिध्वज **शंबर,** किष्किंधा में वन-नरों (वानरों) के राजा व देवराज इंद्र के मित्र रहे **सूर्यज** (महाबली बाली व सुग्रीव इसी के पुत्र थे), दक्षिण कोशल की गद्दी पर कौशल्या के पिता **भानुमान**, प्रतिष्ठानपुरी (इलाहाबाद के झूँसी) में पौरव **सुहोत्र,** सांकाश्यपुरी में **कुशध्वज**, मिथिला में **सीरध्वज जनक**, मगध में **प्राप्तिज्ञ** तथा अंगदेश में दशरथ के सखा **रोमपाद** राज्य कर रहे थे। इसके अतिरिक्त वैशाली, मालव, दक्षिण पंचवटी, कशरु, जनस्थान, ऋक्षज, कामरूप, सिंधु, सौवीर, सौराष्ट्र, मत्स्य, वंग, कलिंग, द्रविड़ आदि अपेक्षाकृत छोटे राज्यों के संरक्षक क्रमशः **प्रमति, दुर्जय,** गृधराज **जटायु,** वानर यूथपति **केशरी** (रामभक्त हनुमान के पिता), रावण के अनुज **खर-दूषण,** ऋक्ष नामक आदिम कबीले के सरदार **जांबवान, विकटभट्ट, शिवि, अंबष्ठ** आदि योद्धा रहे थे।

दशरथ का शौर्य-प्रदर्शन

महाराज रघु के उपरांत शिथिल सी पड़ चुकी अयोध्या की शौर्याग्नि को पुनः प्रज्वलित करने तथा छोटे-छोटे राज्यों में विभाजित हो चुकी भरतखंड की सैन्यशक्तियों को एक सशक्त छत्र के नीचे एकजुट करने के उद्देश्य से दशरथ अपने राज्यारोहण के तुरत बाद ही लंबे युद्ध अभियान पर निकल पड़े। श्वसुर भानुमान के दक्षिण कोशल, नेमिवंशीय स्वजनों के सांकाश्य व मिथिला तथा अभिन्न मित्र रहे रोमपाद के अंग देश को छोड़कर काशी, बंग, भंग, कामरूप व कलिंग राज्यों को विजीत करते हुए दशरथ की विजयवाहिनी ने पूर्वांचल के आपने अंतिम प्रयाण पर मगध को घेर लिया। पराक्रमी दशरथ से भिड़ने की अपेक्षा उनसे संबंध जोड़ने की लालसा में लगभग समर्पण की मुद्रा में, प्रौढ़ावस्था को पार कर चुके मगधराज **प्राप्तिज्ञ** ने अपनी माननी पुत्री **'सुमित्रा'** का विवाह इस राज-सिंह से कर दिया। इस प्रकार पूर्व दिशा के सफल अभियान को पूर्ण कर अपनी नवविवाहिता पत्नी (मागधी सुमित्रा) के साथ रघु का यह यशस्वी पौत्र अयोध्या में प्रविष्ट हुआ। राजगुरु **पौडव वसिष्ठ** की मंत्रणा पर इन विजयों के प्रतीकस्वरूप **अश्वमेध** यज्ञादि अनुष्ठानों का संपादन करने के पश्चात् उत्साही दशरथ अपने पश्चिम के अभियानों पर निकल पड़े। अपने मित्र रहे उत्तर पांचाल-नरेश **दिवोदास** का आतिथ्य ग्रहण करने के उपरांत कान्यकुब्ज, दक्षिण पांचाल, मत्स्य, सौराष्ट्र, विदर्भ, सिंधु, सौवीर आदि राज्यों को अयोध्या के अधीनस्थ

करते हुए दशरथ ने पश्चिमोत्तर के सबसे प्रतापी रहे ययाति पुत्र अनु के वंशज **'आनवराज'** को भी पराजित कर दिया। आनवराज **केकय** की लावण्यमयी कन्या **'कैकेयी'** के सौंदर्य पर मुग्ध होकर दशरथ ने बंदी बनाए नृप तथा उसके एकमात्र पुत्र **युधाजित** को अभयदान देते हुए रघुवंश का संबंधी बनने का प्रस्ताव रखा। पराजय की विवशताओं के उपरांत भी कैकेयी के भावी पुत्र को ही अयोध्या का उत्तराधिकारी बनाने के प्रण पर, केकेयराज आनव तथा उनके परिजनों ने दशरथ के इस संधि-प्रस्ताव को स्वीकार कर लिया।

इस तरह महारानी कौशल्या व मगध की माननी बाला सुमित्रा के वांछित अधिकारों को धूल-धूसरित कर पटरानी बनाई गई केकय की इस षोडसी तरुणी के साथ चक्रवर्ती दशरथ अयोध्या वापस लौटे। अपनी इन विजयों के उपलक्ष्य में आयोजित उत्सवों तथा अश्वमेध यज्ञादि से निवृत्त होकर सम्राट् दशरथ अपनी इस तरुणी भार्या ***(वृद्धस्य तरुणी भार्या)*** के रहने के लिए सुंदर महल के निर्माण के अतिरिक्त दास-दासियों की व्यवस्था तथा प्रेयसी के आमोद-प्रमोद के साधनों के प्रबंधन में जुट गए। कैकेयी के राज्य-प्रबंधन, शस्त्र-संचालन, आखेट आदि रुचियों पर ध्यान देते हुए सम्राट् दशरथ इनकी समुचित व्यवस्था भी करते रहे थे। कदाचित् कैकेयी की अभिलाषाओं की पूर्ति के लिए **मृगया** पर निकले दशरथ द्वारा असावधानीवश चलाए गए **शब्दवेधी बाण** द्वारा (वैश्य मुनि की दलित पत्नी से उत्पन्न) मातृ-पुत्र भक्त **श्रवण कुमार** का तमसा नदी के तट पर प्राणांत हो गया था (संदर्भ—रघुवंश-9/76.78)। भारतीय आख्यानों के अनुसार, पुत्र-शोक से दग्ध हो उठे इन अंधे दंपती ने दशरथ को पुत्र-वियोग में छटपटाते हुए ही प्राण त्यागने का श्राप दिया था।

दशरथ-इंद्र मित्रता व रावण का वर्चस्व

चक्रवर्ती सम्राट् दशरथ द्वारा उत्तर भारत में किए गए कोशल के इस राज्य-विस्तार के ही कालखंड में धूमकेतु की भाँति दक्षिणी गोलार्ध में चमक रहे **वैश्रवस रावण** भी अपने सारगर्भित प्रयासों से संपूर्ण विश्व के सत्ता-अधिष्ठानों को उदरस्थ करने के लिए उद्यत हो उठा था। ब्रह्मा के मानस-पुत्र के वंशज रहे ऋषि **विश्रवा** व दक्ष-दुहिता की कुल-बाला **कैकेसी** के श्रेष्ठ संयोग से उत्पन्न हुआ तेजस्वी **रावण,** एक दुर्धुर्ष योद्धा होने के अतिरिक्त प्रसिद्ध वेदज्ञ, कुशल नीतिज्ञ तथा कालमर्मज्ञ विद्वान् (रावण-संहिता के रचयिता) के रूप में भी प्रतिष्ठित रहा था। दसों विद्याओं का ज्ञाता होने के कारण वह **दशानन** के अतिरिक्त विशेषणों से भी संबोधित किया जाने लगा।

कालांतर में विद्या संबंधी उसके इस विशेषण को आलंकारिक रूप में **दशशीष** के रूप में चित्रित किया जाने लगा। आचार्यों के मूर्धन्य पीठ के ब्रह्मा नामधारी मुखिया के निर्देशन में एकाग्रनिष्ठ भाव से की गई कष्टसाध्य साधनाओं के परिणामस्वरूप विविध **आधिदैविक सिद्धियों** (Super Natural Powers) को अर्जित करनेवाले रावण का संयमित अंतर्मन भी घृणा-द्वेष से परिपूर्ण तात्कालिक परिवेशों को देखकर उद्विग्न हो उठा था। श्रेष्ठतर-निम्नतर की घृणास्पद अवधारणाओं के कारण ही रावण के काल तक बारह विकट **देवासुर संग्रामों** की रक्त रंजित घटनाओं के साथ-साथ जातिगत वैमनस्य के विष-वृक्ष भी अपने बीभत्स रूप में सर्वत्र उग आए थे। अपनी दूरदृष्टि से विचारशील रावण यह अनुमान सहज ही लगा चुका था कि देवों की स्वतः श्रेष्ठ सिद्ध होने की स्वार्थपरक मान्यताओं के कारण ही गौरवशाली अतीतवाली असुर सहित दैत्य, दानव आदि कर्मशील जातियों का भविष्य अंधकारमय होता चला जा रहा है। आर्थिक व राजनीतिक कारकों की अपेक्षा सामाजिक हेयता के दोषों से व्याप्त विखंडन की इस मानसिकता पर अंकुश लगाने के लिए रावण के समक्ष देव-पराभव के साथ-साथ नई सामाजिक संरचना का विकल्प ही अवशेष रहा था। अपने मंतव्य को चरितार्थ करने के लिए रावण ने एक समाज-सुधारक की शांतिमयी छवि की अपेक्षा तात्कालिक परिस्थितियों में पराक्रमी विजेता की भूमिका को ही अधिक प्रभावी माना। अतः रावण के विश्वविजय अभियान के पीछे **राज्य-वैभव** प्राप्त करने की लोलुपता के विपरीत संपूर्ण नृवंश को **'रक्ष-संस्कृति'** के शोषण मुक्त छत्र के नीचे एकजुट करने की क्रांतिकारी योजनाएँ ही अधिक प्रभावी रही थीं। किंचित् यही कारण रहा था कि विश्व कल्याण के लिए सदैव सचेष्ट रहनेवाले **शंकर** (रुद्र-पिनाकी) आदि दिव्यतम विभूति का देवदुर्लभ वरद्हस्त भी रावण को प्राप्त रहा था।

पिता पौलस्त्य विश्रवा के प्रभाव क्षेत्र रहे **अस्त्रालय** (ऑस्ट्रेलिया) तथा माली, सुमाली, माल्यवान आदि नानाओं के आधिपत्यवाले **शंखद्वीप** (अफ्रीका, जहाँ आज भी माली, सोमाली व मैलागासी नामक गणराज्य इनके प्रभावस्वरूप अस्तित्व में बने हुए हैं) एवं ज्येष्ठ भ्राता (रावण की विमाता देववर्णिनी से उत्पन्न रहे) यक्षपति कुबेर की **स्वर्ण लंका** (सिंहल द्वीप यानी सीलोन) को सहजता से हथियाने के बाद पार्श्व के **नारिकेल** (निकोवार द्वीप), **सुंद** (सुंडा या सुंबा), **सुवर्ण** (सुमात्रा), **मलय** (मलेशिया), **यव** (जावा)/**बाली, बहूरीण** (बोर्नियो), **बाराह** (न्यूगिनी) आदि सप्तद्वीपों को विजीत करके रावण ने पृथ्वी के दक्षिणी गोलार्द्ध में अपना एकच्छत्र साम्राज्य स्थापित कर लिया था। इसके अतिरिक्त सुदूर पश्चिम के दैत्यों-दानवों तथा उत्तर के गंधर्वों व नागों

से सूत्र जोड़कर (धुर पाताल यानी मध्य अमेरिका की **मयांस** सभ्यता के जनक रहे **मय दानव** की कनिष्ठ पुत्री **मंदोदरी,** गंधमादन क्षेत्र (आधुनिक कंधार व पेशावर) के गंधर्वराज **मित्रावसु** की पुत्री **चित्रांगदा** व नागह्वय यानी कुर्दिस्तान के अधिपति नागराज **माल्यपिंडक** की पुत्री **सुवामा** से अपना, हिरण्यपुर अर्थात् दक्षिण-पूर्वी यूरोप के दैत्य सम्राट् **विरोचन** की दौहित्री **वज्र-ज्वाला** से अपने मझले भाई **कुंभकरण** एवं गंधर्वपति **शैलूष** की दुहिता **सरमा** से कनिष्ठ अनुज **विभीषण** का विवाह संपन्न कराकर) रावण ने अपने प्रभाव के आधार को विश्वस्तरीय स्वरूप प्रदान कर दिया था। हैहेयो के पराभव के पश्चात् पश्चिमी भारत के **आनर्त राज्य** (खंभात की खाड़ी का प्रदेश) का अधिग्रहण करनेवाले **मधु असुर** (रावण की मौसी पुष्पोत्कंटा की पुत्री कुंभीनसी का पति) तथा दक्षिणी भारत के वैजयंतीपुर के **कुलीतर वंशीय** नृप **तिमिध्वज शंबर** (मंदोदरी की बड़ी बहन मायावती के पति) का रावण के संबंधी एवं सूर्यज के पश्चात् किष्किंधा के वन-नरपति (वानरेश) हुए **बाली** से मित्रता हो जाने के कारण भारत का दक्षिणांचल भी एक प्रकार से रावण द्वारा प्रभावित किया जा चुका था।

रावण के बढ़ते वर्चस्व से सशंकित हो उठे **देवराट् इंद्र** (शुचि) ने नारद आदि भ्रमणशील ऋषियों के माध्यम से उरपुर (मेसोपोटामिया) के **वारुणेय**, अमरावती (पार्शिया) के **आदित्यों** (विवस्वान सूर्य के ज्येष्ठ-पुत्र यम के वंशजों), गरडेशिया के **गरुड़,** हिमालय से पश्चिमोत्तर प्रांत (पामीर) के **मरुतों,** अलकापुरी (लेह-लद्दाख) के यक्षपति **कुबेर** व चीन के **किरातों** (किलिंतों) को इस आसन्न संकट से सचेष्ट करते हुए व्यक्तिगत स्तर पर स्वयं ही उत्तर भारत के चक्रवर्ती सम्राट् **दशरथ** से घनिष्ठता स्थापित की। इस प्रकार आर्यावर्त के सहयोगी राज्यों के सुदृढ़ कवच से **'देवलोक** (त्रिविष्टप) को आवृत्त करने के पश्चात् इंद्र भारतीय उपमहाद्वीप में पाँव पसार चुकी आसुरी शक्तियों के समूल नाश के लिए उद्यत हो उठा। इंद्र की इस योजना को क्रियान्वित करने के लिए **'दशरथ'** के नेतृत्व में **मित्र-वाहिनी** ने रावण के साढ़ू तिमिध्वज **शंबर** पर दुर्दांत आक्रमण कर दिया। गिरिव्रज उपत्यका में एकत्र हुई दोनों पक्षों की सेनाओं में तदनुसार तुमुल संग्राम छिड़ गया। इस युद्ध में देव, आदित्य, वरुड़, गरुड़ के अतिरिक्त अंग-नरेश रोमपाद व पांचालपति दिवोदास भी जहाँ दशरथ के मैत्री-संबंधों के कारण डटे रहे थे, वहीं वीरांगना के वेष में रणचंडी बनी कैकेयी भी दशरथ के साथ रथ पर आरूढ़ होकर पति के पार्श्व भाग की रक्षा कर रही थी। संकट की एक अशुभ घड़ी में कैकेयी को असुरों के प्रचंड आक्रमण से बुरी तरह घिर

चुके आहत दशरथ की रक्षा अपने प्राणों को भी दाँव पर लगाते हुए करनी पड़ी थी। दशरथ के पराजित होने की भ्रमित सूचना के कारण असावधान हुई असुर रक्षा-पंक्ति को **वारुणेय इंद्रद्युम्न** के सहयोग से निमेष मात्र में भेदते हुए पांचालपति **दिवोदास** ने **शंबर** का शिरोच्छेद करके असुरों के पक्ष में जाती हुई विजय को देवों की थाली में पलट दिया। इस तरह असुरों के मर्दन के पश्चात् मित्रवाहिनी अपने नायक दिवोदास के जयनाद के साथ स्वदेश वापस लौट गई।

साढ़ू के निर्मम वध से गुस्साए रावण ने शंबर के वैजयंतीपुर के निकट **दंडकारण्य** में अपने भाई **खर** (माल्यवान के दौहित्र) व **दूषण** (माली के दौहित्र) के संरक्षकत्व में राक्षस-उपनिवेश को स्थापित करके देवविरोधी कार्यों को प्रोत्साहित करवाना प्रारंभ करा दिया। प्रतिशोध की ज्वाला से दग्ध हो रहे रावण ने अपने विश्वविजय अभियान के प्रथम पड़ाव पर ही यक्षों, किरातों, गरुड़ों व मरुद्गणों का मानमर्दन करके वारुणेय **इंद्रद्युम्न** व बेबोलिनिया के असुरपति **मकराक्ष** सहित कनिष्ठ भगिनी वज्रमणि (शूर्पनखा) का बलात् हरण करनेवाले **अश्मपुरी** (यमन) के कालिकेय **विद्युज्जिह** का भी वध कर डाला। रुद्र-शंकर से अभयहस्त प्राप्त कर चुके **अजेय रावण** के समक्ष समस्त विश्व ही एक प्रकार से नतमस्तक हो चुका था। इसी मध्य सूर्यज के पश्चात् किष्किंधा के वन-नरपति (वानरेश) हुए महावीर्यवान **बालि** से भी रावण की अग्नि-साक्षी में मित्रता स्थापित हो चुकी थी। चूँकि मनुवंशियों (मानवों) को **जगज्जयी दुर्धर्ष रावण** अपने पराक्रम के स्तर का नहीं मानता था। (**नर बानर केहि लेखे माहि**—रामचरितमानस) अतः उसके **'सार्वभौम सम्राट्'** बनने के मार्ग में एकमात्र इंद्र ही अवरोधक के रूप में शेष बच रहा था। निरंतर युद्धों से क्लांत हो चुके रावण ने समुचित विश्राम की कामना से इंद्र-मंथन के लिए अपने ज्येष्ठ पुत्र **मेघनाद** को अवसर देना उचित समझा। शंकर-पुत्र कार्त्तिकेय द्वारा युद्ध विद्या में निपुण किए गए मेघनाद ने दिव्यास्त्रों का अद्भुत प्रयोग करके, विलासी हो चुके इंद्र सहित सभी देवताओं को अकेले ही बंदी बनाकर पिता को अपनी प्रथम **रणांजलि** अर्पित की। इंद्र को पराजित करने के कारण ही मेघनाद **'इंद्रजीत'** के नाम से भी जाना जाने लगा।

दशरथ के उत्तराधिकारी

इधर कैकेयी द्वारा पूरी तन्मयता से की गई सेवा-सुश्रूषा व औषधि-उपचार के उपरांत भी (शंबर युद्ध में गंभीर रूप से घायल हो चुके) दशरथ को स्वस्थ होने में

कई वर्ष लग गए। सम्राट् के भली-भाँति ठीक होने तक उनकी यत्नपूर्वक परिचर्या तथा राज्य-संचालन के जटिलतम दायित्वों का सम्यक् निर्वहण करने के कारण कैकेयी दशरथ व कोशल के राजपुरुषों के अतिरक्त छद्‌म रूप से अयोध्या में आश्रय पा रहे इंद्रादि देवगणों की दृष्टि में भी महत्त्वपूर्ण हो चुकी थी। पराजय व निर्वासन की पीड़ा झेल रहे इन सुविधाभोगी देवगणों को अपने निस्तार के लिए महाकोशल का स्वतंत्र अस्तित्व ही शेष बचा था। किंतु ढलती अवस्था के कारण निरंतर क्षीण होती जा रही दशरथ की सामरिक क्षमता एवं संतानहीना रानियों के कारण **'समर्थ उत्तराधिकारी'** का मँडराता यक्ष-प्रश्न, देवों की चिरप्रतीक्षित अभिलाषाओं पर तुषारापात ही कर रहा था। अपने भविष्य को लेकर उद्विग्न हो रहे देवगणों ने मार्गदर्शन के लिए तात्कालिक ब्रह्मा से संपर्क किया। ब्रह्मा द्वारा समस्या के निराकरण के लिए जीव-विज्ञान विषयक उपलब्धियों से परिपूर्ण **'ऋष्यशृंग'** की सेवाओं को प्राप्त करने का परामर्श दिए जाने से हताश देवों को आशा की एक मद्धिम किरण दिखाई पड़ने लगी। ऋष्यशृंग की क्षमताओं से विज्ञ हुए देवों को यह आभास हो चला कि ऋषि के उद्यम से दशरथ की रानियाँ भी कदाचित् पूर्वकाल में देवगणों के त्राणकर्ता के रूप में विख्यात रह चुके **'विष्णु'** के ही सदृश्य अलौकिक गर्भ को धारण कर सकेंगी। अपनी कल्पनाओं को साकार होते देखने के उद्वेग में देवों ने दशरथ से आर्य-संस्कृति तथा अपने वंश के पोषण के लिए इस दुर्लभ अवसर का सदुपयोग करने का आग्रह किया। इसी बीच नारद के माध्यम से दशरथ को यह भी ज्ञात हो चुका था कि निस्संतान रहे रोमपाद को सौंपी गई रघुकुल-बाला **'शांता'** से ही ऋष्यशृंग का विवाह हुआ था। इस प्रकार **'पुत्रेष्टि-यज्ञ'** के लिए संबंधी बन चुके ऋष्यशृंग को उपयुक्त पात्र मानकर दशरथ ने मंत्रियों से परामर्श करके उन्हें सादर अयोध्या आमंत्रित किया (संदर्भ—रघुवंश-10/4)। पुत्र कामना के लिए प्रारंभ कराए गए दशरथ के इस अनुष्ठान में तीनों महिषियों के जनकों व अंगराज रोमपाद के अलावा सिंधु, सौवीर, सौराष्ट्र आदि के राजाओं तथा मूर्धन्य ऋषियों ने भी भाग लिया था। रावण के प्रकोप से संतप्त हो रहे देवों की कातर दशा से द्रवित होकर ऋष्यशृंग ने इस प्रकट आयोजन के मध्य गुप्त-रीति से दशरथ की तीनों रानियों पर अपनी **'चरू-विद्या'** का विलक्षण प्रयोग करना प्रारंभ किया। आश्विन मास में संपन्न हुए इस यज्ञ के तुरत बाद ही दैवयोग से **'चरू'** के प्रभाववश वृद्ध से हो चले दशरथ की तीनों रानियाँ एक ही साथ गर्भवती हो गईं (संदर्भ—रघुवंश-10/59)। तात्कालिक मानुषी-आयु परिमाण के अनुरूप गर्भाधारण की निश्चित अवधि के पश्चात् दशरथ को सर्वप्रथम कौशल्या से **चैत्र शुक्ल नवमी**

तिथि को **पुनर्वसु नक्षत्र** एवं **कर्क लग्न** (मध्याह्न वेला, अर्थात् बारह बजे दिन) में **राम,** तत्पश्चात् **चैत्र शुक्ल दशमी तिथि को पुष्य नक्षत्र एवं मीन लग्न** (उषाकाल) में कैकेयी से **भरत** तथा **एकादशी तिथि** को **आश्लेषा नक्षत्र** एवं **कर्क लग्न** (मध्याह्न काल, अर्थात् दिन के दो बजे के लगभग) सुमित्रा से यमज **लक्ष्मण** व **शत्रुघ्न** के रूप में कुल चार दिव्य पुत्र-रत्नों की प्राप्ति हुई (संदर्भ—वाल्मीकीय रामायण-बालकांड-अष्टादश सर्ग, श्लोक 8 से 15 एवं रघुवंश-10/66,70-71)। वाल्मीकि रामायण में वर्णित ग्रहों की तात्कालिक स्थिति के आधार पर **श्रीराम** की मान्य कुंडली इस प्रकार से प्रकट होती है—

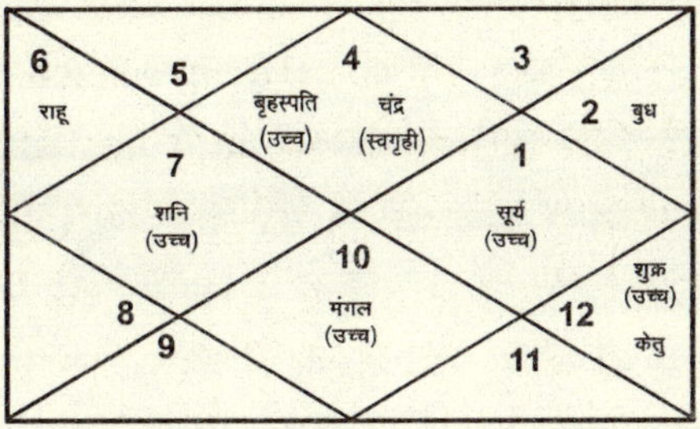

समयांतर के साथ गुरुकुल से दीक्षित होकर निकले दशरथ के चारों पुत्रों में से प्रतिभा-संपन्न **राम** को ही अपना **त्राणकर्ता** मानकर चल रहे देवों को इन्हें भावी संघर्ष के योग्य बनाने के लिए **ब्रह्मर्षि वसिष्ठ** की अपेक्षा **अनुभवी विश्वामित्र** ही अधिक सामर्थ्यवान प्रतीत हो रहे थे। संयोग से शस्त्र-परित्याग के अपने संकल्पों में बँधे रहे ऋषि विश्वामित्र भी दिनोदिन बढ़ते चले जा रहे राक्षसी उत्पातों से तंग होकर वृद्ध सम्राट् दशरथ से **यज्ञ-रक्षा** के निमित्त उनके तरुण पुत्रों (राम व लक्ष्मण) को कुछ समय के लिए माँगकर **सिद्धाश्रम** लिवा लाए थे। राक्षस-संहार संबंधी देवों की दूरगामी योजनाओं के तहत राम-लक्ष्मण को गुरु **विश्वामित्र** ने **दिव्यास्त्रों** से पारंगत कराना भी आवश्यक समझा। इसी क्रम में एक निरापद स्थान पर राम-लक्ष्मण को ले जाकर कर्मयोगी विश्वामित्र ने उन्हें प्रयोग-संहार विधि द्वारा **पिनाकास्त्र, वारुणास्त्र, नारायणास्त्र, वायव्यास्त्र, आग्नेयास्त्र, ब्रह्मास्त्र, ऐषीकास्त्र, मोहास्त्र, प्रस्वापनास्त्र, पैशाचास्त्र, भावनास्त्र, वज्रास्त्र, समापनास्त्र** तथा **कालचक्र, विष्णुचक्र, ऐंद्रचक्र, दंडचक्र, धर्मपाश, कालपाश, वरुणपाश** आदि दिव्यास्त्रों एवं **सौमन, संवर्त, दुर्जय, रभस, ह्यशिर, ब्रह्मसर, मोदकी, शिखरी, मौसल, शीतेषु, शिशिर, विरुच, मकर, अलक्ष्य, प्रतिहारतर, षिच्य, विधूत** आदि उत्तम शस्त्रों से अलंकृत भी किया। सिद्ध गुरु के निर्देशन में

दिव्यास्त्र-संधान के विशेषज्ञ बनकर दशरथ के इन दोनों कुमारों ने जहाँ काम्यवन (आधुनिक बिहार का बक्सर जनपद के क्षेत्र में निवास कर रही **ताड़का** सहित **सुबाहु** व **मारीच** आदि) की राक्षसी शक्तियों का संहार किया, वहीं एकांतवास की कठोर यातना झेल रही ऋषि गौतम की परित्यक्ता पत्नी **अहिल्या** का आतिथ्य ग्रहण कर राजकुमार राम ने उसे समाज में पुनः प्रतिष्ठापित कर दिया। सामाजिक प्रताड़ना झेल रही अपनी माता के प्रति दरशाए गए राम के इस उदार दृष्टिकोण से मिथिला के राजगुरु **शतानंद** अयोध्या के इस राजकुमार के प्रति मन-ही-मन अभिभूत हो उठे। फलतः राम द्वारा जनक की प्रतिज्ञा (प्रत्यंचा चढ़ाने) के विपरीत रुद्र के अमोघ धनुष को भंग करने की त्रुटि को अनदेखी करते हुए उन्होंने जनक सहित उपस्थित समाज को राम की शलाघा का उदाहरण देते हुए संतुष्ट करा दिया। इस प्रकार सीरध्वज जनक के स्नेहिल निमंत्रण पर सपरिवार मिथिला पधारे दशरथ की सहमति से इनके चारों पुत्रों का विवाह **'मैथिली कन्याओं'** से कर दिया गया। इस प्रकार आयोनिजा **सीता से राम**, जनक की औरस सुता **उर्मिला से लक्ष्मण** तथा जनक के अनुज रहे सांकाश्य-नरेश कुशध्वज की ज्येष्ठ पुत्री **मांडवी से भरत** व कनिष्ठ दुहिता **श्रुतिकीर्ति** से **शत्रुघ्न** का विवाह संपन्न कराकर अयोध्या वापस लौटे दशरथ ने भरत के ननिहाल-प्रस्थान के तुरत बाद ही अपने ज्येष्ठ पुत्र राम को युवराज बनाने की तैयारी प्रारंभ कर दी। केकय राज्य से **कैकयी-पुत्र** के प्रति किए गए अपने प्रण के विपरीत **सगोत्री कौशल्या** के पुत्र को उत्तराधिकारी घोषित करने का मन बना चुके सशंकित दशरथ को अभीष्ट-सिद्धि के लिए अयोध्या से भरत की अनुपस्थिति (ननिहाल-प्रवास) का समय ही अधिक निरापद प्रतीत हुआ था (संदर्भ—वाल्मीकि रामायण, अयोध्या कांड, चतुर्थ सर्ग, श्लोक-25/27)।

राक्षस-वर्चस्व के विनाश के लिए आतुर हो रहे देवों को विश्वामित्र की अनुकंपा से दिव्यास्त्रों से सुसज्जित हो चुके राम का अब अयोध्या में एक क्षण के लिए टिके रहना रुचिकर नहीं लग रहा था। फलतः दशरथ के निर्णय से विचलित हो उठे देवों ने दासी **मंथरा** के कूट-तर्कों के माध्यम से प्रभावशालिनी **कैकेयी** को राजाज्ञा के विरुद्ध लामबंद करने का कुचक्र रचा। पुत्रमोह के इंद्रजाल में फँस चुकी कैकेयी पूर्वकाल में (अपने विवाह के समय) किए गए प्रणों तथा शंबर-युद्ध में दिए गए इच्छित वरदानों की वचनबद्धताओं (*रघुकुल रीति सदा चली आई, प्राण जाय पर वचन न जाई*—रामचरितमानस) के आधार पर सम्राट् से भरत के लिए **युवराज का पद** तथा राम को चौदह वर्षों के लिए **दंडकारण्य का वनवास** के अपने अप्रत्याशित हठ मनवाने में

सफल हुई। दिव्यास्त्र प्रदान करते समय विश्वामित्र द्वारा इंगित किए गए देव-मनोरथों के मर्म की कड़ी को सहजता से भाँपते हुए राम ने अपने इस प्रचारित निष्कासन को भावी संघर्ष के एक योजनाबद्ध गोपनीय अभियान के रूप में ही अंगीकार किया। किंचित् यही कारण रहा कि राम ने इस अप्रिय कार्य के लिए कभी भी कैकेयी को लांछित नहीं किया। इस तरह युवराज बनते-बनते **तीस वर्षीय राम** (संदर्भ—अयोध्याकांड-20/35) अपनी अर्धांगिनी सीता व पराक्रमी अनुज लक्ष्मण के साथ **वल्कल** के **छद्म वेष** में वन (दंडकारण्य) के लिए प्रस्थान कर गए।

इधर इस अकारण हुए पुत्र वियोग के मानसिक संघात से बार-बार मूर्च्छित हो रहे असहाय **दशरथ** मंत्री सुमंत्र द्वारा राम का शृंगवेरपुर से आगे की वन-यात्रा के प्रसंग को सुनने के पश्चात् शोक के अतिरेक में कदाचित् हुए गंभीर **मस्तिष्क स्राव** (Brain Haemorrhage) के कारण **गहन निद्रा** (Coma) के वशीभूत हो गए और तदनुसार अर्धरात्रि बीतते-बीतते इनका प्राणांत हो गया (संदर्भ—वाल्मीकिय रामायण, अयोध्याकांड-64/78)।

(61-अ) **भरत**—दशरथ की मृत्यु के पश्चात् ननिहाल से लौटे कैकेयी-पुत्र भरत ने राम की अनुपस्थिति में, चौदह वर्षों तक अयोध्या के राज्य-भार को एक धरोहर (Trustee Kingdom) के रूप में यत्नपूर्वक सँभाले रखा। उक्त अवधि के पश्चात् राम के अयोध्या वापस लौटने पर भातृ-प्रेम का अद्भुत उदाहरण प्रस्तुत करते हुए भरत ने राज्य-भार बड़े भाई को सुपुर्द करके अपनी माँ पर लगे कलंक को धोने का एक तरह से प्रयास ही किया।

(61-ब) **दाशरथी राम**—एक ही नामधारी **'अनरण्य'** (द्वितीय व तृतीय) तथा **'दिलीप'** व **'रघु'** (प्रथम व द्वितीय) आदि सूर्यवंशियों की ही भाँति काल-विभाजन के **त्रेता अवांतर में** कुल-दर्प को प्रज्वलित करनेवाले **'राम'** नामक दो कालजयी पुरुषों का भी आविर्भाव हुआ था। महाभारत (शांतिपर्व) के अनुसार भृगुकुल दीपक **'जामदग्न्य राम'** (परशुराम) का प्रादुर्भाव मध्य त्रेता में (***त्रेतायुगे मध्यांतरे रामो भृगुकुलोद्वहः क्षत्रं चोत्सादयिष्यामि समृद्धबलवाहनम्***-348/15) तथा रघुकुल भूषण **'दाशरथि राम'** (राघवराम) का जन्म द्वापरयुगीन त्रेता के अंतिम कालखंड (***सन्धौ तु समनुप्राप्ते त्रेतायं द्वापरस्य च रामो दाशरथिर्भूत्वा भविष्यामि जगत्पतिः***-348/16) में हुआ था। आदिम काल में देव त्राणकर्ता के रूप में विख्यात रह चुके, मधु-कैटभ हंता **'विष्णु'** के ही सदृश्य अपने रण-चातुर्य से दुर्धर्ष **सहस्रार्जुन** व जगज्जयी **रावण** आदि असाधारण शत्रुओं का क्रमशः संहार करके इन दोनों ही **'रामों'** ने अपनी-अपनी

जातियों के वर्चस्व को स्थायित्व प्रदान किया था। संभवतः इन दोनों 'रामों' के इसी वैशिष्ट्य के कारण ही कालांतर में इन्हें विष्णु के आंशिक अवतारों के रूप में भी स्वीकार कर लिया गया। इस प्रतीकात्मक समानता के उपरांत भी दाशरथि राम का व्यापक आधार यही सिद्ध करता है कि राजनीतिक स्तर पर **ब्राह्मण परशुराम** की अपेक्षा **सामंत राघवराम** के उद्यम कहीं अधिक प्रभावी रहे थे। जामदग्नय राम के **'परशु सहित बड़ नाम'** (यानी परशुराम) के एकमात्र विशेषण के विपरीत दाशरथि राम के लिए वाल्मीकीय रामायण व रघुवंश में जहाँ **'काकुस्थ्य' 'राघव'** या फिर **'राजा रामः'** आदि अलंकारों का प्रयोग किया गया है, वहीं भवभूतिरचित 'उत्तर रामचरित' तथा 'कथासरित्सागर' में इसके लिए **'रामभद्र'** व **'रघुप्रवीर'** का उद्बोधन हुआ है। मुगलिया भारत के भक्तिकालीन कोख से उपजे **'तुलसीदास'** ने तो अवतारवाद के तात्कालिक सम्मोहन से प्रभावित होकर **'दाशरथि राम'** को ही अपना एकमात्र आराध्य ***(एक भरोसो एक बल एक आस विश्वास, साहिब सीतानाथ सो सेवक तुलसीदास*—कवितावली)** घोषित कर दिया। श्रद्धा के अतिरेक में **'जहाँ न पहुँचे रवि, वहाँ पहुँचे कवि'** की उक्ति को सार्थक करते हुए इस अवधी कवि ने **'रामचरितमानस'** की लोकलुभावन कृति के माध्यम से अपने नायक को **'मर्यादा पुरुषोत्तम'** की आभा से युक्त कर दिया।

'रामचरितमानस' के रचनाकाल की व्याप्त परिस्थितियाँ सामान्यतया हिंदू अवधारणाओं के प्रतिकूल ही रही थीं। विधर्मी आक्रांताओं के असहिष्णु ध्वंसात्मक उन्मादों से जर्जर हो चुकी मध्ययुगीन भारतीयों की धार्मिक आस्थाओं तथा स्वाभिमान के पुनरुत्थान के लिए एक अदम्य पराक्रमी जननायक की उस काल में नितांत आवश्यकता रही थी। धार्मिक मूर्च्छा की इस दारुण घड़ी में सूरदास के वात्सल्य तथा कबीर व रहीम के सूफियाना भावों के विपरीत तुलसी के **'लोकरक्षक वनवासी राम'** की छवि ही जनमानस के लिए संजीवनी बूटी सिद्ध हुई। इन परिस्थितिजन्य कारणों से मूल संस्कृत ग्रंथों (वाल्मीकीय रामायण, आदि रामायण व महाभारत-वनपर्व-रामोपाख्यान) की तुलना में अर्थ-अनर्थ की तमाम अतिरंजनाओं से परिपूर्ण रहने के उपरांत भी लोक-भाषा में रचित **'तुलसीदास'** का यह काव्य-ग्रंथ बहुत सहजता से जन-सामान्य को ग्राह्य होता चला गया। तदनुरूप तुलसीदास द्वारा महिमामंडित की गई राम की आदर्शजनित प्रजापालक की छवि भी जन-जन के मानस में अमिट छाप के साथ अंकित होती चली गई। राम के प्रति उपजे इसी राग-अनुराग के प्रभाववश ही रोग-निदान की अचूक औषधि के लिए **'राम-बाण'** शब्द या फिर आसन्न विपत्ति के

नाश हेतु **'राम-रक्षा'** कवच का प्रयोग भी किया जाने लगा होगा। प्रसिद्ध रामायण-विशेषज्ञा तथा **'रामलीला परंपरा व शैलियाँ'** नामक पुस्तक की लेखिका **डॉ. इंदुजा अवस्थी** भी हिंदीभाषी प्रांतों में रामलीला के प्रचलन व राममय वातावरण के निर्माण में तुलसीदास की एकमात्र भूमिका को ही रेखांकित करती हैं। कुछ इसी तरह के भावों को **बाबू श्यामसुंदर दास** ने 'काशी नागरी प्रचारिणी सभा' द्वारा प्रकाशित **'रामचरितमानस'** की प्रस्तावना में भी व्यक्त किया है। इस प्रकार तुलसी के **साधन विहिन वनवासी राम** की (राक्षसों से संघर्षरत) पराक्रमी छवि को व्यक्तिगत स्तर पर आत्मसात् करनेवाले जन-सामान्य के सामूहिक दृष्टिकोण में दशानन रावण की छवि एक **विद्रूप विदेशी आततायी** की ही बनती चली गई। किंचित् युगानुरूप विकसित हुए राष्ट्रीय गौरव के इस उत्कट बोध के ही कारण कालांतर में **राम**, भारतीय संस्कृति के एक **आदर्श पुरुष** तथा **रावण** सामाजिक बुराइयों के प्रतीक के रूप में स्थापित हुए हैं। तुलसीदास द्वारा प्रतिष्ठापित राम के आदर्श-जनित राज्य की इन्हीं अवधारणाओं के परिप्रेक्ष्य में महात्मा गांधी ने स्वतंत्र भारत की कल्पना **'रामराज्य'** के स्वप्निल आदर्शों से की थी।

अयोध्या के पश्चिमी छोर पर **'शृंगवेरपुर'** नामक निषादों का एक छोटा सा कबीलाई राज्य था। विश्वामित्र की मंत्रणा पर अपने सिद्धाश्रम प्रयाण के दौरान राम ने निषादों पर अत्याचार करनेवाले कोशल के सीमारक्षक **बहुलाश्व** व उसके आततायी पुत्र **देवप्रिय** को दंडित करके इनमें अपनी पैठ बना ली थी। राजाज्ञा के अनुपालन हेतु 14 वर्षों के लिए दक्षिणारण्य प्रवास पर निकले राम ने आधुनिक सुल्तानपुर व प्रतापगढ़ के रास्ते शृंगवेरपुर (आधुनिक फाफामऊ-इलाहाबाद से लगभग 15 कि.मी. पश्चिम गंगा-तट पर स्थित) के अपने प्रथम पड़ाव पर इन्हीं निषादों के सरदार **'गुह'** के आतिथ्य को स्वीकार करने तथा मंत्री सुमंत्र आदि से विदा लेने के पश्चात्, अपने अनुज व अर्धांगिनी के साथ गंगा के जल-मार्ग से प्रयाग स्थित **भरद्वाज आश्रम** के लिए प्रस्थान किया। देवगुरु बृहस्पति के पुत्र भरद्वाज से गंतव्य के लिए मार्गदर्शन प्राप्त कर राम पश्चिमोन्मुख हुए। तदंतर वाल्मीकि, कालकाचार्य आदि ऋषियों के आश्रमों का आतिथ्य-लाभ उठाते हुए राम ने अयोध्या की गतिविधियों का अध्ययन सूक्ष्मता से करने के लिए **'चित्रकूट'** के समीपवर्ती क्षेत्र में कुछ काल तक निवास करने का निश्चय किया। वस्तुतः राजाश्रय के आडंबरों से मुक्त किसी अपरिचित क्षेत्र में राम का यह पहला एकाकी प्रवास था। ऋषि वाल्मीकि के एक शिष्य के माध्यम से राम को यहीं पर पिता की मृत्यु का दारुण समाचार तथा ननिहाल से भरत को लिवा लाने का

समाचार प्राप्त हुआ था। राम को दी गई ये सामयिक सूचनाएँ अयोध्या के प्रति उनकी अतिशय सतर्कता तथा उनके द्वारा स्थापित कुशल संचार-व्यवस्था को ही इंगित करती थीं। तदुपरांत अयोध्या वापस लौटा लाने के प्रयास में राजपरिवार सहित आए भरत से भी राम की भेंट चित्रकूट के इसी आश्रम पर हुई थी। ऋषियों के प्रवचनों तथा अब तक के लोक-संसर्ग से राम को यह विश्वास हो चुका था कि आर्य वर्चस्व को व्याप्त सांस्कृतिक प्रदूषणों से मुक्त कराने के लिए उन्हें जन-जागृति का दीर्घकालिक अभियान छेड़ना पड़ेगा। अपनी इस जनोन्मुखी योजना में राज्य को एक बाधा मानते हुए राम ने भरत के राजकीय प्रस्ताव को ही नहीं, अपितु उनके द्वारा लाए गए **'राजसी उपानह'** (खड़ाऊँ) तक को भी बड़ी विनम्रता से अस्वीकार कर दिया। वनवासी राम के सारगर्भित उद्देश्यों के प्रति अपनी निष्ठा तथा कोशल की संपूर्ण शक्ति का राम के दिशा-निर्देश पर तत्पर रहने का आभास देने के उपक्रम में ही भातृ-चरण के प्रतीकरूप इन्हीं खड़ाऊँ के प्रकट प्रदर्शन से भरत ने अयोध्या का राज्य-संचालन करना प्रारंभ किया। इस प्रकार भरत आदि राजपुरुषों से आश्वस्त होकर राम ने चित्रकूट में दस माह के कुल विश्राम के पश्चात् मार्ग में पड़नेवाले **अत्रि-शरभंग** आदि के आश्रमों का आतिथ्य-ग्रहण करते हुए आधुनिक छत्तीसगढ़ के रास्ते से अंततः **दंडकारण्य** के अगम वनों में एक नई स्फूर्ति के साथ प्रवेश किया।

दंडकारण्य के मुहाने पर स्थित **'पंचवटी'** (आधुनिक नासिक से कुछ मील उत्तर) के निकट जहाँ एक ओर तेजस्वी **अगस्त्य ऋषि** का आश्रम था, वहीं गोदावरी के दक्षिण स्थित **'जनस्थान'** (आधुनिक महाराष्ट्र के अहमदनगर व बीड़ जनपदों) में रावण-अनुज **खर-दूषण** के संरक्षकत्व में राक्षसों का उपनिवेश स्थापित था। प्रकट सैनिक-संरक्षक रहे खर-दूषण के नेपथ्य में इस उपनिवेश की वास्तविक संचालिका रावण-भ्राताओं की एकमात्र माननी सहोदरी **वज्रमणि** (शूर्पणखा) ही थी। जनस्थान के इस राक्षस-उपनिवेश का प्रमुख दायित्व शंबर पराभव के उपरांत व्याप्त देव-आर्य

मानसिकताओं के प्रभाव से इस अंचल को मुक्त करने का ही रहा था। किंतु जगज्जयी

राक्ण का स्नेहभाजन होने के कारण निरंकुश से हो चले खर-दूषण व उद्दंड राजबाला शूर्पणखा के अत्याचारों से जनस्थान तथा उसके आस-पास के क्षेत्रों में रावण की रक्षोन्मुखी व्यवस्था की अपेक्षा भय व आतंक का ही साम्राज्य स्थापित हो चुका था। स्थानीय शासकों की कतिपय उच्छृंखलताओं के कारण यमलोक, देवलोक आदि राक्षसी उपनिवेशों में भी कुछ इसी तरह की स्थितियाँ उत्पन्न हो गई थीं। सत्तांधता के मद में चूर इन शोषणकारी शासकों की वृत्ति से उत्साहित होकर **तुंभरण, कर्कश, विराध, कर्बंध** आदि असामाजिक तत्त्वों ने भी सत्ता-स्वार्थ के अपने गणितों के आधार पर राक्षसी-प्रतिष्ठानों में अपनी-अपनी पैठ सुनिश्चित कर ली थी। इस प्रकार लंका के अति सुरक्षित व वैभव-संपन्न परिवेश के आलोक तले आश्रित राक्षसी उपनिवेशों में आतंक व विपन्नता का अंधकार ही व्याप्त रहा था। सामंती व्यवस्था के अभेद्य व जटिलतम तंत्रों के दोषगत जालों के कारण जन-असंतोष के इन दुष्कारकों से संबंधित सूचनाएँ **'सार्वभौम सम्राट्-रावण'** तक पहुँच ही नहीं पाती थीं। यदा-कदा कोई अप्रिय घटना यदि उसके संज्ञान में आई भी तो उसे सचिवों द्वारा सत्ताविरोधी धृष्टता के शमन के लिए अपरिहार्य सिद्ध कर संतुष्ट करा दिया जाता था। राक्षसी उपनिवेशों में व्याप्त इसी कुव्यवस्था के कारण रावण जैसे मूर्धन्य विचारक की बहुउद्देशीय **'राक्षसी'** (रक्षा करने की प्रवृत्तिवाली) साम्राज्य की परिकल्पनाओं के प्रति प्रताड़ित लोगों का दृष्टिकोण **'भाक्षसी'** (भक्षण करनेवाले) का ही हो चला था। देव तथा आर्य हितों की रक्षा के लिए रावण के पराक्रमी नेतृत्व को चुनौती देने हेतु निकले वनवासी राम को क्षेत्र विशेष की इस राक्षस-विरोधी मानसिकताओं ने बहुत सहजता से अपूर्व जन-समर्थन उपलब्ध करा दिया।

दंडकारण्य में प्रवेश करते ही अगस्त्य शिष्य सुतीक्ष्ण के परामर्श पर कुंभज ऋषि का आशीर्वाद प्राप्त करके राम ने गोदावरी व कपिल गंगा के संगम-स्थल के एक ऊँचे टीले पर आश्रम बनाकर रहने का निश्चय किया। तदुपरांत सामरिक सुरक्षा की दृष्टि से महत्त्वपूर्ण रहे **पाँच वट-वृक्षों** की सघन छाया के नीचे निर्मित इस आश्रम **(पंचवटी)** में राम अपनी प्रिया सीता व अनुज लक्ष्मण के साथ बारह वर्षों की लंबी अवधि तक निवास करते हुए राक्षसी उत्पीड़न के विरुद्ध जन-जागरण के अभियान को गति देते रहे थे। शंबर युद्ध के समय दशरथ के मित्र बने **गिद्धराज जटायु** से भी राम की भेंट इसी स्थान पर हुई थी। इस प्रकार ऋषि अगस्त्य के दिव्य निर्देशन में सैन्य प्रशिक्षण आदि के माध्यम से लोगों को भावी संग्राम के लिए उद्यत कर रहे राम का सामना अंततः उद्दंड शूर्पणखा से हो ही गया। राक्षसनंदिनी से हुए विग्रह

के उपरांत सीता पर मँडराते संकट से सशंकित होकर राम ने अपनी प्रिय भार्या को पितृतुल्य **'अग्नि ऋषि'** (संभवतः अंगिरा गोत्री किसी दिव्य ऋषि, जिसे रामायण में 'देव' की उपमा दी गई है) की गोपनीय अभिरक्षा में सौंपकर छद्म सीता के प्रकट साहचर्य की भंगिमा में आसन्न परिस्थितियों से जूझने में व्यस्त हो गए। रावण-वध के पश्चात् **'अग्नि-परीक्षा'** के प्रकट स्वाँग के नेपथ्य में छद्म सीता के बदले वास्तविक सीता का राम को हस्तांतरण इसी **अग्नि ऋषि** या **अग्नि देव** द्वारा ही संपन्न हुआ था। इधर शस्त्र-संचालन में निपुण हो चुके स्थानीय लोगों तथा समर्थ ऋषियों के सक्रिय सहयोग से शूर्पणखा का बदला लेने आए **खर-दूषण-त्रिशिरा** की तिकड़ी समेत चौदह सहस्र सुभटों का संहार राम ने पंचवटी के सुरक्षित आड़ का सहारा लेते हुए कर डाला।

वंधु-वध व भगिनी की दारुण दुर्दशा से मर्माहत हो, विवेक खो चुके रावण ने शूर्पणखा की मंत्रणा पर इस अपमान का सम्यक् प्रतिशोध लेने का निश्चय किया। इस तरह मारीच के नाटकीय सहयोग से राम-लक्ष्मण की अनुपस्थिति में एकाकी सीता का अपहरण कर रावण ने उसे लंका स्थित अशोक वाटिका में त्रिजटा के नेतृत्व में गठित महिला प्रहरियों की अभिरक्षा में नजरबंद कर दिया। दिव्य कुल में उत्पन्न एक वेदज्ञ व जगज्जयी सम्राट् द्वारा किए गए इस लज्जाजनक **'चौरकृत्य'** से लंका का महिमामंडित राजकुल लगभग स्तंभित सा हो उठा। धन, शक्ति व विद्या का संतुलन प्रायः व्यक्ति को अहंकारी बना देता है (***लक्ष्मीश्चैन सरस्वती तदुभयम् यद्ददस्तिनोदारता तच्च्याप्त तृतीयम् भवेत क्वचिदपि पूर्णः रगणैःसौजन्यं न वृजंभते***)। अंग्रेजी में इसी के लिए 'Memon and Minerva cannot be worshiped altogether' कहावत भी प्रचलित है। कदाचित् रावण भी कालक्रम में उपजे त्रिगुणात्मक कुप्रभावों के इन स्वाभाविक दोषों से मुक्त नहीं रह सका था। किंचित् यही कारण भी रहा कि साम्राज्ञी **मंदोदरी,** मातामह **माल्यवान,** महाबलशाली **कुंभकरण** व नीतिज्ञ **विभीषण** के प्रबल प्रतिवादों को अनसुना करते हुए रावण राक्षसी स्वाभिमान को अडिग बनाए रखने हेतु अपने इस दुष्कृत्य को अपरिहार्य मानने लगा था।

मारीच-वध के पश्चात् आश्रम वापस लौटे राम-लक्ष्मण को सीता-हरण की सूचना रावण के प्रहार से मरणासन्न हो चुके जटायु द्वारा मिली। लोकरक्षक के रूप में उभर चुके वनवासी राम को पहुँचाए गए पत्नी-विछोह के इस घृणित आघात से समूचा जनस्थान ही राक्षसों के विरुद्ध उद्वेलित हो उठा था। इस तरह छद्म सीता के संतुलित दाँव पर उपजी सहानुभूति से राक्षसों के हितैषी रहे किष्किंधा समेत संपूर्ण

दक्षिणारण्य को अपने पक्ष में बटोरने के सारगर्भित उद्देश्य से एक पीड़ित की भंगिमा में राम व लक्ष्मण ने पंचवटी से दक्षिण की ओर प्रस्थान किया। वन-प्रदेश किष्किंधा का शासक-वानरेश **बाली** एक पराक्रमी योद्धा होने के साथ-साथ राक्षसपति रावण का मित्र भी रहा था। अतः अपनी दूरगामी नीति के तहत राम को रावण-सखा बाली की अपेक्षा राज्य से निष्कासित किया जा चुका उसका अनुज **'सुग्रीव'** अधिक उपयोगी प्रतीत हुआ। **मतंग** शिष्या **शबरी** के परामर्श पर **ऋष्यमूक पर्वत** क्षेत्र (आधुनिक चेन्नई के सेलम जनपद स्थित एरकाड पर्वत-अंचल) में पहुँचे राम की प्रथम भेंट महाबली **हनुमान** व तत्पश्चात् **वन-नरों** (वानरों) के **यूथपति सुग्रीव** तथा बाली-विरोधी उनके अन्य सहयोगियों से हुई। बाली के नियोजित वध के उपरांत निराश्रित सुग्रीव को किष्किंधा के राजा तथा बाली-पुत्र **अंगद** को युवराज के पद पर अधिष्ठित कराकर राम ने पराक्रम, मित्रता व सदाशयता के अनूठे उदाहरणों द्वारा वन-नरों को एक प्रकार से सम्मोहित कर दिया। राम के महिमामय, किंतु सहज व्यक्तित्व से अतिशय प्रभावित हो चुके धीर-वीर हनुमान ने सीता-खोज के अपने प्रयाण के दौरान **लंका की प्रतिरोधात्मक क्षमता** (आधुनिक राडार प्रणाली सदृश्य गगनचर भक्षणी-**सिंहनी** व दुर्ग प्रतिरक्षा शक्ति स्वरूपा-**लंकिनी**) को नष्ट करने के साथ-साथ यहाँ की भौगोलिक स्थिति तथा शत्रु-पक्ष की सामरिक क्षमताओं का आकलन करते हुए सुग्रीव के दृष्टांतों द्वारा विभीषण आदि सत्ता-विरोधियों को राम के उदार स्वभाव के प्रति आश्वस्त कराते हुए उन्हें अपने पक्ष में बने रहने के लिए उत्प्रेरित भी किया (***तुम्हरो मंत्र विभीषण माना, लंकेश्वर भय सब जग जाना***—हनुमान चालीसा)।

त्रिजटा, सिंहनी, लंकिनी का संदर्भ यह संकेत देता है कि विश्व में महिला-बल के गठन व प्रयोग का श्रेय रावण को ही प्राप्त था। इस तरह सीता-प्रकरण के कारण रावण से बढ़ते **मतभेदों,** राम के **पराक्रमी आकर्षणों** व सुग्रीव-राम के **परिमाणजनक मैत्री**-संबंधों से अभिभूत होकर **विभीषण** ने अंततः लंका का परित्याग करते हुए **कुल-शत्रु राम** का साथ देना ही श्रेयस्कर समझा। इधर उपकृत सुग्रीव द्वारा लंका अभियान के लिए एकत्र की गई विशाल सेना में अवसर पाकर देव तथा आर्य पक्ष के धुरंधर सुभट भी अपने-अपने निहित कारणों से वन-नरों के छद्म वेष में सम्मिलित हो गए। अंजनी-पुत्र के महती प्रयासों के सुफलवश इस सेना के समुद्र-तीर पर पहुँचते ही लंका के गुप्त रहस्यों का ज्ञाता विभीषण भी अपने विश्वसनीय राक्षस-मंत्रियों सहित राम से आकर मिल गया। विभीषण की राज्यलिप्सा को द्विगुणित कर राक्षस-हितों के विपरीत इनका समुचित दोहन करने के कूटनीतिक उद्देश्य से

राम ने लंका के इस निर्वासित राजपुरुष का अभिषेक समुद्र-तट पर ही लंकेश्वर के महिमासंपन्न पद पर आनन-फानन में कर दिया। रावण द्वारा किए गए विद्रूप अपमान के विपरीत राम से सौहार्दपूर्ण मिले इस स्वप्निल सम्मान से अभिभूत होकर विभीषण ने कुल-घात की अपनी कलंकित भूमिका का निर्वहण बिना किसी हिचक के किया था। शिवलिंग की स्थापना के पश्चात् जलमग्न त्रिकूट पर्वत शृंखला के कारण बने तीस किलोमीटर के कुछ उभरे, कुछ छिछले स्तर को शिलाओं के बंध द्वारा निर्विघ्न रूप से पाट देने के उद्देश्य से राम ने धनुष-बाण के बल पर **'सागर'** नामक दुर्धर्ष राक्षसी तटरक्षक को जिस स्थान पर समर्पण के लिए विवश किया था, वही स्थान कालांतर में **'धनुषकोडि'** नाम से विख्यात हुआ। **नल** और **नील** नामक कुशल शिल्पियों द्वारा निर्मित इस **रामकालीन सेतु** को **नासा** (अमेरिका) के सैटेलाइट कैमरों ने अब खोज निकाला है। समुद्र के जलस्तरों में हुई बढ़ोतरी के कारण यह सेतु जल में काफी नीचे, किंतु यथावत् बना हुआ है। **नासा** द्वारा लिये गए चित्रों के अनुसार यह सेतु चट्टानों व रेत के अनोखे मिश्रण से बना है। रामनाथपुरम् में स्थापित **'रामेश्वरम्'** नामक शिवलिंग की गिनती द्वादश ज्योतिर्लिंगों ***(सेतु-बंधे तु रामेश्वरम्)*** में की जाती है। राम से संबंधित ग्रंथों में रामेश्वरम् नामक शिवलिंग की स्थापना के अतिरिक्त राम द्वारा शिव के पूजन-अर्चन का अन्य कोई संदर्भ नहीं मिलता है। कदाचित् लंका तथा उसके आस-पास में व्याप्त **शैव** मानसिकताओं को युद्धपूर्व ही अपने अनुकूल करने के मनोवैज्ञानिक प्रयासों के दृष्टिगत **शिव-अनुरागी रावण** के प्रबल शत्रु रहे **'राम'** ने प्रकट रूप से इस स्थान पर **'शिवलिंग'** की स्थापना व पूजा-अर्चना की होगी।

नासा द्वारा लिया गया राम कालीन सेतु का चित्र

इस प्रकार मंत्र-नीति, रण-कौशल व दिव्यास्त्रों के अपने हस्त-लाघवों तथा **लक्ष्मण, सुग्रीव, विभीषण** एवं **हनुमान** सहित **अंगद, जांबवान, नल, नील, द्विविद,**

मयंद्र आदि पराक्रमी सुभटों के सक्रिय सहयोग से कुटुंब समेत **जगज्जयी रावण** का संहार करके राम ने **कुलद्रोही विभीषण** को सप्तद्वीपाधिपति के महिमामयी पद पर विधिवत् अधिष्ठित कर दिया। इस प्रकार सहस्राब्दी तक जीवित रहे **दशानन-रावण** के पराभव के तुरंत बाद ही भूमंडल के दिक्-दिगांतर तक व्याप्त रहा राक्षसों का दीर्घकालीन शौर्य-दर्प अचानक निस्तेज हो गया और इसके स्थान पर दाशरथी राम के प्रताप व यश की चर्चाएँ ही सर्वत्र गूँजने लगीं। शीघ्र ही क्षेत्र व कालगत सक्रमणों के प्रभाववश राम-रावण से संबंधित लोकगाथाओं के स्वरूप भी बदलते गए। इन परिणामगत परिवर्तनों ने राम के राक्षस-उन्मूलन के योजनाबद्ध उद्यमों को धीरे-धीरे चमत्कारों तथा अतिशयोक्तिपूर्ण अलंकारों के लोकरंजन पुटों से आच्छादित कर दिया। मुगलिया कालखंड में हुए अवधी कवि तुलसीदास द्वारा लोकभाषा के भक्तिभाव से पूर्ण अलंकारों में रचित **'रामचरितमानस'** नामक काव्य-ग्रंथ इसका ज्वलंत प्रमाण है। उधर राम के एकमात्र अनुग्रह से लंकेश्वर के पद पर आरूढ़ हुए वृद्ध विभीषण ने आदर्श व्यवस्था के बहाने राक्षस-परंपरा को तिलांजलि देकर आर्य मान्यताओं को ही प्रश्रय देना प्रारंभ कर दिया। किंतु अपने अथक प्रयासों के उपरांत भी कुल-कलंक के रूप में कुख्यात हो चुके अशक्त विभीषण को सप्तद्वीपों में कहीं भी प्रत्याशित सफलता अथवा व्यक्तिगत प्रतिष्ठा नहीं मिल पाई। प्रौढ़तम हो चुके वानरेश सुग्रीव को भी किष्किंधा में कुछ इसी तरह की परिस्थितियों का सामना करना पड़ा था। अपनी इन्हीं हीन ग्रंथियों के कारण यशस्वी राम के ये दोनों वृद्ध मित्र शीघ्र ही काल-कवलित हो गए। दोषयुक्त कुल के कारण इनके उत्तराधिकारियों का भी मनोबल कभी पनप नहीं पाया, फलतः इनका राज्य शनैः-शनैः खंडित होता चला गया। संभवतः सांस्कृतिक अवनति के इसी कालखंड में अगस्त्य आश्रम के तात्कालिक **पीठाचार्य** ने पांडियन राज्य के अपने नव-निर्मित केंद्र (आधुनिक चेन्नई के तिरुनेलवली जनपद में स्थित **'पोथिगाई'** नामक स्थान) से 'तमिल' नामक नव-भाषा के सृजन द्वारा दक्षिणारण्य समेत सप्तद्वीपों के सांस्कृतिक पुनरुत्थान का बीड़ा उठाया था। कालांतर में अगस्त्य व उनके शिष्यों द्वारा विकसित की गई उत्तर-दक्षिण की इस मिश्रित संस्कृति को **'द्रविड़'** (द+विद्, अर्थात् ज्ञानद्रष्टा) की नवीनतम संज्ञा से परिभाषित किया जाने लगा। तमिल भाषा व व्याकरण के प्रस्तोता रहे आर्य ऋषि अगस्त्य के इस समन्वयवादी सिद्धांत के विपरीत **'फूट डालो व राज्य करो** (Divide & Rule) की कुटिल नीतियों के परिप्रेक्ष्य में अंग्रेजों ने आर्य-अनार्य की विभेदात्मक व्याख्या द्वारा उत्तर व दक्षिण के संबंधों में दरार डालने का प्रयास किया। तदनुसार गुलाम मानसिकताओं के कारण

तथाकथित बुद्धिजीवियों का एक वर्ग द्रविड़ों को उत्तर भारतीयों से अलग जाति के रूप में चिह्नित करने लगा। कालक्रम में **मलय, सुवर्ण, यव, वहरीण, वाराह, कलिंग, स्याम** आदि द्वीपों से होते हुए **चीन-तिब्बत** के रास्ते **साइबेरिया** (शिविर देश) के अंचलों में पहुँचे अगस्त्य के इन्हीं अनुयायियों **(द्रविड़ों)** का संपर्क **सेल्टिक** जातियों से हुआ होगा। 'Keltic-Hindu Links' नामक पुस्तक की लेखिका **डोरोथी चैपलिन** (पृष्ठ-16) के अनुसार *'प्राचीन यूरोप के सेल्टिक समाज पर पूर्व से आए ड्रुईड नामक पुरोहितों का व्यापक असर पड़ा था'।* संभवतः भारत-युद्ध (ई.पू. 3137) के उपरांत की अफरा-तफरी में यूरोप व ग्रेट ब्रिटेन पहुँचे द्रविड़ मूल के इन उपदेशकों के लिए ही **'सेल्टिक ड्रुइड'** (Celtic Druids) का पश्चिमी संबोधन प्रयुक्त होने लगा होगा। सेल्टिक भाषा में 'Druids' का अर्थ होता है—बलूत वृक्ष का ज्ञानी (Knowing of the Oak Tree)। भारत के पीपल सदृश्य यहाँ बलूत वृक्ष को ज्ञान-वृक्ष की मान्यता प्राप्त है। चूँकि द्रविड़ मूल के ये उपदेशक सामान्यतः बलूत के जंगलों में ही अपना आश्रम बनाकर रहते थे, अतः इनकी विद्वत्ता के अनुरूप यहाँ की अवधारणाओं में बलूत के वृक्षों को ही ज्ञान का आधार मान लिया गया था। इस प्रकार द्रविड़ के अपभ्रंश से बने 'ड्रुइड' का शब्दार्थ भी इसी अनुरूप प्रयुक्त होने लगा। 'Asiatic Researches' नामक ग्रंथ (खंड-II, पृष्ठ-483) में इनके इस पश्चिमी प्रवास पर प्रकाश डालते हुए **थॉमस मौरिस** लिखते हैं कि *'**रियूवेन वरो** नामक विख्यात खगोलवेत्ता ने ड्रुइडो की दंतकथाओं, कालखंडों, मान्यताओं, धारणाओं आदि के गहन अध्ययन के उपरांत यह निष्कर्ष निकाला था कि वे भारत से आए दार्शनिक ही रहे थे।'* Encyclopedia Brittanica (आंग्ल विश्वकोश) के अनुसार **'सेल्टिक ड्रुइड'** भारतीय ब्राह्मणों के **'पंचद्राविड़'** शाखा के ही पश्चिमी संस्करण रहे थे। यही कारण रहा कि हिंदुओं की भाँति ड्रुइड भी आत्मा की अनश्वरता व पुनर्जन्म में विश्वास रखने के साथ-साथ Trinity (त्रिमूर्ति) के रूप में Brem (ब्रेम) यानी ब्रह्मा, Braschen (ब्रेश्चेन) यानी विष्णु व Mahaddia (मेहद्दिया) यानी महादेव के सृजन, पालन व संहारक अस्तित्व को भी स्वीकार करते थे। संभवतः एशिया के उत्तरी हिस्सों में फैलते हुए ही इनका सम्मिश्रण सेल्टिक जातियों से हुआ था और ब्रिटेन पहुँचने पर इन पुरोहितों ने यहाँ अपना स्थायी केंद्र स्थापित कर लिया था। केल्टिक व संस्कृत भाषा के शब्दों तथा वाक्य-विन्यासों का अध्ययन करने के उपरांत पश्चिमी भाषाविद् भी यह मानने के लिए विवश हुए हैं कि इन दोनों ही भाषाओं के प्रयोक्ताओं में निकट संबंध अवश्य ही रहा था। कुछ इसी तरह की अभिव्यक्ति **गॉडफ्रे हिगिंस** की पुस्तक 'The Celtic Druids'

में भी देखने को मिलती है। उनके अनुसार, ब्रिटेनवासी पुरोहित स्वयं को ड्रुइड कहते थे, जो वस्तुतः हिंदु-द्रविड़ों से ही निःसृत थे। ड्रुइडो के यूरोपीय अस्तित्व के विषय में 'History of Druids' (पृष्ठ 21/22) में वर्णित **डॉ. स्टूकले** की यह टिप्पणी कि ***'पूरब से यूरोप में ड्रुइडो का आगमन अब्राहम के काल में अर्थात् 1920 ई.पू. में हुआ था'*** निश्चित रूप से **'भारतीय द्रविड़ों'** की **'सेल्टिक ड्रुइड'** के रूप में हुए नामांतर की ही पुष्टि करता प्रतीत होता है।

इधर रावण द्वारा स्थापित की गई राक्षसों की गौरवशाली सभ्यता को नष्टप्राय करके राम अपनी पत्नी सीता व अनुज लक्ष्मण समेत वनवास की निर्धारित अवधि के उपरांत विभीषण द्वारा उपलब्ध कराए गए **'पुष्पक विमान'** से अयोध्या सकुशल वापस लौटे। यशस्वी जननायक के रूप में प्रतिष्ठित हो चुके राम के राज्याभिषेक पर उपकृत देवलोक के प्रतिनिधियों समेत आर्यावर्त के सभी राजाओं ने भाग लिया था। किंतु रावण का भानजा रहा **'लवणासुर'** (मधु असुर व कुंभीनसी के पुत्र) ने राम के आधिपत्य को स्वीकार नहीं किया। फलतः राम ने **मधुपुर** (मथुरा) के शासक लवणासुर के संहार का दायित्व अपने कनिष्ठ अनुज **शत्रुघ्न** को सौंपा। लवणासुर-वध के पश्चात् राम ने शत्रुघ्न को ही मधुपुर अंचल का शासक घोषित कर दिया। कालांतर में शत्रुघ्न के ज्येष्ठ पुत्र **सुबाहु** मथुरा व कनिष्ठ पुत्र **शत्रुघाती** विदिशा के शासक हुए। इसी तरह गंधर्वों द्वारा विजित किए जा चुके केकय को मुक्त कराने के उद्देश्य से राम ने भरत को गंधर्वों से युद्ध करने के लिए भेजा तथा बाद में विजयी भरत को ही पश्चिमोत्तर का शासक भी नियुक्त कर दिया। **भरत** के पश्चात् **तक्ष** व **पुष्कर** नामक उसके दोनों पुत्रों ने क्रमशः **तक्षशिला** (अटक) व **पुष्करावती** (पेशावर) के नाम

से केकय राज्य का विभाजन कर उसपर शासन करने लगे। इस प्रकार लवणासुर-वध के पश्चात् अनार्य शक्ति का समूल नाश हो गया और राम संपूर्ण आर्यावर्त के एकच्छत्र सम्राट् के रूप में प्रतिष्ठापित हो गए। वरुणलोक, देवलोक, गंधर्वलोक व यक्षलोक समेत अंग, बंग, मत्स्य, काशी, सिंधु, सौवीर, शृंगवेरपुर, मिथिला, सौराष्ट्र, मगध, किष्किंधा, लंका, सप्तद्वीप आदि राज्य राम की मित्र-शक्तियाँ रही थीं। कृतज्ञतास्वरूप विभीषण ने अपने मातुल देश (शंखद्वीप या अफ्रीका) का नामकरण भी राम के ज्येष्ठ पुत्र के नाम पर **'कुशद्वीप'** रख दिया था। इस तरह राम के प्रभाववश आर्य जाति का प्रभुत्व पूरे संसार में फैल गया और यह एक श्रेष्ठ जाति के रूप में स्वीकार कर ली गई।

राज्याभिषेक तथा बढ़ती ख्याति के मध्य राम को अपनी गर्भवती भार्या द्वारा राक्षसों की नगरी में बिताए गए तेरह मास के विवादास्पद एकाकी जीवन से संबंधित लाक्षनाओं का भी सामना करना पड़ा था। इस लोकापवाद से यशोकीर्ति में लगे कलंक के निस्तारण के लिए राम ने जानते-समझते हुए भी अपनी सच्चरित्रा पत्नी का परित्याग कर दिया। परित्यक्ता सीता ने वाल्मीकी आश्रम में **कुश** व **लव** नामक दो यमज पुत्रों को जन्म दिया। गुरु वाल्मीकी के इन दोनों सुकुमार शिष्यों ने ही राम द्वारा आहूत अश्वमेध यज्ञ के दौरान राजदरबार में **'रामायण'** का मधुर गान करके उपस्थित जनों को मंत्र-मुग्ध कर दिया था (***काण्डानि षट्कृतानीह पंचसर्गशतानि च, तन्त्रीलय व्यंजनयोगयुक्तं कुशीलवाभ्यां परिगीयमानम्***—बा.रा.उ.का., सर्ग-94)। अहल्या उद्धारक राम तथा निष्पाप सीता–दोनों ही यह अच्छी तरह जानते थे कि पुरुष-प्रधान व्यवस्था में दुष्चरित्रता से आरोपित स्त्री के तत्पश्चात् प्रसवों को भी संदेह की दृष्टि से देखा जाता है। अतः पुत्रों के उत्तराधिकार की वांछनीयता को सिद्ध करने के लिए सीता ने अपने सतीत्व के नाम पर भरे समाज के मध्य आत्माहुति दे डाली। निर्दोष सीता द्वारा की गई आत्महत्या तथा दुर्वासा प्रकरण पर परमप्रिय लक्ष्मण के प्राणत्याग की भावनात्मक घटनाओं ने राम को एक प्रकार से विक्षिप्त ही कर डाला। उद्विग्नता के अतिरेक में महाबली हनुमान के संरक्षकत्व में अपने दोनों पुत्रों को सौंपकर तथा लक्ष्मण-पुत्र **अंगद** व **चंद्रकेतु** को हिमांचल उपत्यका के राज्यों का शासक नियुक्त कर राम ने सरयू में जलसमाधि ले ली। रामानुज लक्ष्मण के पुत्रों से प्रसूत हुई वंश-परंपराओं से ही पव, मल्ल व लिच्छवि शाखाएँ निकली थीं। लिच्छवियों की राजधानी कपिलवस्तु हुई और महाभारत युद्ध के पंश्चात् इस शाखा के तेईसवें वंशज रहे **शाक्य शुद्धोदन** व उनकी महारानी **माया** के पुत्र के रूप में **'सिद्धार्थ'**

अर्थात् गौतम बुद्ध का जन्म हुआ था। इधर ज्येष्ठ भ्राता राम के प्रति अपनी अगाध निष्ठाओं के कारण भरत व शत्रुघ्न ने भी राम का अनुसरण करते हुए सरयू में अपने प्राणों का विसर्जन कर दिया। प्रचलित मान्यताओं के अनुसार राम ने अयोध्या के **'गुप्तार घाट'** क्षेत्र में अपनी इहलीला समाप्त की थी। अपनी माँ के प्रति किए गए अभद्र व्यवहार के कारण अयोध्यावासियों से खिन्न होकर **'कुश'** व **'लव'** ने क्रमशः **'कुशावती'** व **'श्रावस्ती'** को ही अपनी-अपनी राजधानी बनाया, जबकि अपने आराध्य की स्मृति में **'हनुमान'** अयोध्या में ही रहकर राम की धरोहरों की रक्षा करते रहे। आज भी अयोध्या का **'हनुमानगढ़ी'** हिंदू आस्थाओं में एक विशिष्ट स्थान रखता है।

कुशावती शाखा

(62-अ) **कुश**—राम ने अपने ज्येष्ठ पुत्र कुश को युवराज घोषित किया था, किंतु कुश ने कोशल के साम्राज्य को राम के पश्चात् दो भागों में विभक्त कर एक का शासक अपने अनुज **'लव'** को बना दिया। कुश ने अपनी राजधानी विंध्य से दक्षिण के **कुशावती** (वा.रा.-उ.का.-सर्ग-107) में बनाई थी। कुश ने **कुमुद्वती** नामक एक नागकन्या से विवाह किया था। कालांतर में अयोध्यावासियों के अनुरोध पर कुश अयोध्या में आकर रहने लगे थे (रघुवंश-16/25)। इंद्र की सहायता के लिए **दुर्जय** नागक असुर से युद्ध करते समय कुश को वीरगति को प्राप्त हुई थी।

(63) **अतिथि**—कुमुद्वती का पुत्र अतिथि ही कुश का उत्तराधिकारी हुआ। इसने पितृहंता दुर्जय-असुर का वध करके इंद्र को भयमुक्त किया था। अतिथि का विवाह नैषधराज की पुत्री से हुआ था (रघुवंश-98/1)। अपने कार्यकाल में अतिथि ने अश्वमेध सहित कई यज्ञ-अनुष्ठान किए थे।

(64) **निषध**—अतिथि के पश्चात् उसका पुत्र निषध ही राज्याधिकारी हुआ।

(65) **नल**—निषध का पुत्र नल शत्रुओं को पराजित करनेवाला एक पराक्रमी नृप हुआ।

(66) **नभ**—कहीं-कहीं नल के इस पुत्र को 'नाभ' भी कहा गया है।

(67) **पुंडरीक**—नभ के इस उत्तराधिकारी के लिए कूर्म पुराण (1/21/57) में **'पुंडरीकाक्ष'** का प्रयोग हुआ है।

(68) **क्षेमधन्वा**—पुंडरीक के इस पुत्र को **'क्षेमधन्वन् पौंडरीक'** भी कहा गया है। **अग्नि पुराण** (272/27) में इसे **'सुधन्वा'** के नाम दिया गया है। **महाभारत**

(शांतिपर्व) में इसका विदेहराज से युद्ध तथा मुनि **कालकवृक्षीय** के प्रयत्नों से संधि का उल्लेख हुआ है। संधि पश्चात् विदेहराज ने अपनी कन्या का विवाह इसके साथ कर दिया था।

(69) **देवानीक**—वायु (88/203) व मत्स्य (12/53) पुराणों में **क्षेमधन्वा** के इस पुत्र को **'प्रतापवान'** कहा गया है।

(70) **अहीनगु**—देवानीक के इस पुत्र के पश्चात् कुश का वंश दो भागों में विभक्त हो जाता है। विष्णु, भागवत, हरिवंश, वायु तथा शिव पुराण जहाँ अहीनगु के पुत्र पारिपात्र या पारियात्र की वंशावलियों का वर्णन करते हैं, वहीं पद्म, कूर्म, लिंग, मत्स्य व अग्नि पुराण अहीनगु के दूसरे पुत्र सहस्राश्रव की वंशकथा कहते दिखते हैं।

(71) **पारिपात्र**—हरिवंश (1/15/30) व ब्रह्म (8/91) पुराणों में अहीनगु के इस पुत्र को 'सुधन्वा' कहा गया है।

(72) **देवल (दल)**—बल व शल नामक इसके दो भाई रहे थे। पुराणों में इसे **स्थल** (भागवत), **अनल** (हरिवंश) व **चल** (विष्णु) के नामों से भी संबोधित किया गया है।

(73) **उक्थ**—वायु पुराण (88/205) में इसे 'औंक' ब्रह्मांड पुराण (3/63/205) में 'उलूक', भागवत पुराण (9/12/2) में उक्थ' कहा गया है। कालिदास ने **रघुवंश** (18/20) में इसे 'उन्नाभ' के रूप में उल्लिखित किया है।

(74) **वज्रनाम**—उक्थ के इस पुत्र को कल्कि पुराण (3/7/4) में **'राजनाभ'** कहा गया है।

(75) **शंखन**—इसे भागवत पुराण (9/12/3) में 'खगण', हरिवंश पुराण (1/15/32) में 'शंख' तथा शिव पुराण (2/5/39/24) में 'अगुण' कहा गया है।

(71) **सहस्राश्व**—यह एक दीर्घजीवी नृप रहा था।

(72) **इंद्रावलोक**—पारिपात्र उक्थ के काल में इसका राज्याभिषेक हुआ था।

(73) **तारापीड**—यह व्युषिताश्व का समकालिक रहा था।

(74) **चंद्रगिरि**—यह विश्वसह का समकालिक रहा था।

(75) **भानुचंद**—युधिष्ठिर के राजसूय यज्ञ से पूर्व भीम ने वृद्ध हो चले इस नृप को पराजित किया था।

(76) **व्युषिताश्व**—भागवत पुराण (9/12/3) में इसके लिए **'विधृत'** तथा कल्कि पुराण (3/4/3) में **'विघ्रीत'** का संबोधन हुआ है। वायु पुराण (88/206) इसकी गणना एक विद्वान् के रूप में करता है। यह एक प्रसिद्ध शिवभक्त भी रहा था।

(77) **विश्वसह**—इसका उल्लेख़ वायु (·88/206) व विष्णु पुराण (4/4/106) में हुआ है। पुत्र को राज्य देकर यह वानप्रस्थी हो गया था।

(78) **हिरण्यनाभ कौसल्य**—यह योगविद्या में सिद्धहस्त रहा था। इसके लिए **'अट्णार'** का विशेषण भी प्रयुक्त हुआ है। पारिपात्र की शाखा का यह अंतिम राजा था। इसके पुत्र का नाम **'कौशल्य पर'** था, जिसने पिता के साथ वानप्रस्थी होने का निर्णय लिया था।

(76) **श्रुतायु**—यह हिरण्यनाभ कौशल्य के पुत्र **'पर'** का समकालीन रहा था। इसके अच्युतायु व शतायु नामक दो भाई थे। हिरण्यनाभ कौशल्य व उसके पुत्र **'पर'** के वानप्रस्थी हो जाने पर इनके हिस्से के राज्य का शासन-प्रबंध श्रुतायु ने अपने भ्राताओं को सौंप दिया था। ये तीनों भ्राता महाभारत युद्ध में दुर्योधन के पक्ष में लड़ते हुए मारे गए थे। इस प्रकार महाभारत युद्ध में श्रुतायु बंधुओं के निधन से अयोध्या में कुश का राजवंश हमेशा के लिए समाप्त हो गया।

श्रावस्ती शाखा

(63-ब) **लव**—राम के कनिष्ठ पुत्र लव ने पिता द्वारा प्रदत्त **शरावती** या **श्रावस्ती** में राजधानी बनाकर अपनी स्वतंत्र सत्ता स्थापित की थी। अपने उद्यमजनित कुशल प्रबंधनों द्वारा लव ने शीघ्र ही इस नवसृजित राज्य को आदर्श व्यवस्था से परिपूर्ण कर दिया था। मृदुभाषी लव का अपने सभी भ्राताओं से घनिष्ठ आत्मीय संबंध भी बना रहा था। यही कारण रहा था कि इंद्र के पक्ष में दुर्जय असुर से युद्ध करने गए कुश की अनुपस्थिति में लव अयोध्या व कुशावती की सुरक्षा के प्रति भी सचेष्ट रहे थे। बड़े भाई कुश की अपेक्षा लव का वंश सर्वाधिक काल तक विद्यमान रहा था। इस वंश का अंतिम शासक **सौमित्र** गौतमबुद्ध से भी पाँचवीं पीढ़ी के बाद हुआ था।

(64) **पुष्य**—लव के पश्चात् उनके ज्येष्ठ पुत्र 'पुष्य' (कल्कि-3/4/3 व हरिवंश पुराण-1/15/32) श्रावस्ती के नरेश हुए।

(65) **ध्रुवसंधि**—इसे कल्कि पुराण (3/4/3) में **'ध्रुव'** व हरिवंश पुराण (1/15/32) में **'अर्थसिद्धि'** के रूप में चिह्नित किया गया है। ध्रुवसंधि की दो रानियाँ थीं। कलिंगपति की कन्या मनोरमा से इसे **'सुदर्शन'** तथा उज्जैनपति युधाजित की पुत्री लीलावती से **'शत्रुजित'** नामक पुत्र हुए। ध्रुवसंधि की आखेट के प्रति अत्यधिक आसक्ति थी। एक बार मृगया के दुर्योगपूर्ण क्षणों में ध्रुवसंधि स्वयं ही एक सिंह के शिकार हो गए। राजा के असामयिक निधन पर उत्तराधिकार के प्रश्न पर उज्जैनपति व कलिंग-नरेश अपने-अपने दौहित्रों के पक्ष में एक-दूसरे से भिड़ गए। शृंगवेरपुर के निकट हुए इस युद्ध में कलिंगराज को अपने प्राणों की आहूति देनी पड़ी। परिणामतः विजयी उज्जैनपति के दौहित्र **'शत्रुजित'** को ध्रुवसंधि का उत्तराधिकारी घोषित कर दिया गया। निरुपाय ज्येष्ठ रानी मनोरमा को अपने पुत्र 'सुदर्शन' व विश्वसनीय अनुचरों सहित प्रयाग स्थित **'भरद्वाज आश्रम'** में आश्रय लेना पड़ा। कालांतर में काशी-नरेश सुवाहू की पुत्री **'शशिकला'** ने सुदर्शन के सौष्ठव व गुणों से मुग्ध होकर भरे स्वयंवर में इसका वरण कर लिया। स्वयंवर में उपस्थित युधाजित तथा सुदर्शन के सौतेले भाई शत्रुजित ने राज्य विहिन सुदर्शन के स्वयंवर में भाग लेने के औचित्य को नकारते हुए बल प्रयोग द्वारा शशिकला का अपहरण करना चाहा। उसके इस व्यवहार से कुपित होकर काशी-नरेश सुवाहु तथा उनके मित्र राजाओं ने उज्जैनपति युधाजित व सुदर्शन के सौतेले भाई शत्रुजित का वध कर डाला। इसके बाद नववधु के साथ श्रावस्ती पहुँचे सुदर्शन का विधिवत राज्याभिषेक किया गया।

(66) **सुदर्शन**—भरद्वाज आश्रम में संस्कारित हुए सुदर्शन एक उच्च कोटि के विद्वान् व प्रजापालक नृप सिद्ध हुए। इन्होंने अपने जीवनकाल में धार्मिक अनुष्ठानों, यज्ञादि को अधिक महत्त्व दिया था। सत्कर्मों में रमे रहे सुदर्शन को प्रौढ़ावस्था में शशिकला से एक पुत्र प्राप्त हुआ (संदर्भ—रघुवंश-19/1)। पुत्र के वयस्क हो जाने पर राज्य-भार सौंपकर वृद्ध सुदर्शन दंपती वानप्रस्थ के लिए नैमिषारण्य को चले गए।

(67) **अग्निवर्ण**—वृद्धावस्था में जनमे **'अग्निवर्ण'** का लालन-पालन नृप दंपती ने बड़े लाड़-प्यार से किया था। परिणामतः इस जातक में उद्दंडता व राग-भोग के दुर्गुणों का भी समावेश धीरे-धीरे होता गया। सुदर्शन के पश्चात् गद्दी के उत्तराधिकारी हो जाने के पश्चात् अग्निवर्ण की आसक्ति विलासिता व स्त्री-रमण आदि व्यवसनों पर ही केंद्रित होकर रह गई। इस तरह राज्य-संचालन का दायित्व वंश-परंपरा के विश्वसनीय मंत्रियों पर ही आश्रित रहा था। अतिशय विलासितां के कारण अग्निवर्ण शनैः-शनैः असाध्य रोग (संभवत यौनजनित किसी भयानक रोग) के कराल पंजों में

जकड़ता चला गया। अग्निवर्ण की इस व्याधि के लिए **'रघुवंश'** (19/51-53) में ***कालिदास*** ने ***'राज्ञि तत्कुलमभूत्क्षयातुरे.....वैद्ययत्नपरिभाविनं गदं न प्रदीप इव वायुमत्यगात्'*** का प्रयोग किया है, अर्थात् क्षय को प्राप्त राजा वैद्यों के प्रयत्नों को भी विफल करनेवाले रोग से ग्रस्त हो चुका था। इस प्रकार रोगी अग्निवर्ण अंततः मृत्यु को प्राप्त हुआ। राजा अग्निवर्ण के पश्चात् उसकी गर्भवती पत्नी ने विश्वासपात्र मंत्रियों के परामर्श पर श्रावस्ती के शासन-प्रबंध को सँभाले रखा और राज्य के भावी उत्तराधिकारी के रूप में पति के निधन के बाद 'शीघ्रग' नामक एक पुत्र को जन्म दिया।

(68) **शीघ्रग**—तेजस्वी जननी के संस्कारयुक्त वात्सल्य में पला-बढ़ा शीघ्रग एक धीर-गंभीर व्यक्तित्ववाला सच्चरित्र नृप हुआ।

(69) **मरु**—शीघ्रग के इस पुत्र को वायु पुराण (88/210) में **'मनु'**, शिव पुराण (2/5/39/28) में **'मरुत'**, हरिवंश पुराण (1/32/25) में **'आविक्षित मरुत'** तथा विष्णु पुराण (4/4/108) में **'मरु'** भी कहा गया है। अंतिम समय में वानप्रस्थी हुए मरु **'कलाप-ग्राम'** में जाकर योगाभ्यासरत हो गए। यहीं पर उनकी भेंट बाल्यकाल में ही वनस्थ हुए कौरव प्रतीप के ज्येष्ठ पुत्र व शांतनु के बड़े भाई **'देवापि'** से हुई थी।

(70) **प्रसुश्रुत**—मरु के पश्चात् उसका पुत्र प्रसुश्रुत श्रावस्ती का नरेश हुआ।

(71) **सुसंधि**—पुराणों में इसका मात्र नाम भर ही उल्लेख है।

(72) **अमर्ष**—पुराणों में कहीं-कहीं इसे **'अमर्षण'** नाम से भी संबोधित किया गया है।

(73) **महास्वान**—विष्णु पुराण (4/4/111) तथा वायु पुराण (88/211) में इसे **'सहस्यान'** नाम से चिह्नित किया गया है।

(74) **विश्वसह**—वायु पुराण (88/212) के अनुसार इसका नाम **'विश्रुतवान'** था। कहीं-कहीं इसे **'विश्वसाह्लव'** कहकर भी उल्लिखित किया गया है।

(75) **प्रसेनजित प्रथम**—विश्वसह के पश्चात् उसका पुत्र प्रसेनजित श्रावस्ती का राजा हुआ। यह कुशवंशीय हिरण्यनाभ व भानुचंद्र तथा कौरव धृतराष्ट्र का समकालीन नृप था।

(76) **तक्षक**—किंचित् अल्पजीवी होने के कारण इसका नाम भर ही उल्लेख है।

(77) **बृहद्‍बल**—यह कुशवंशीय श्रुतायु का समकालीन था। महाभारत युद्ध में श्रुतायु बंधुओं की भाँति यह भी दुर्योधन के ही पक्ष में लड़ा था। महाभारत के द्रोणपर्व (47/22) तथा विष्णु (4/4/112), भागवत (9/12/8) व लिंग पुराण (66/42) के

अनुसार युद्ध क्षेत्र में यह आर्जुनि अभिमन्यु के हाथों मारा गया था। महाभारत (द्रोण पर्व-24/58) में वर्णित संदर्भों के अनुसार, इस युद्ध में बृहद्बल का सहयोग देने के लिए इसका पुत्र सुक्षत्र भी उपस्थित रहा था। बहुत संभव है कि भारत-युद्ध में वह भी वीरगति को प्राप्त हुआ हो।

(78) **बृहत्क्षत्र**—महाभारत के रक्तरंजित संघर्ष में बृहद्बल तथा सुक्षत्र के निहत होने के पश्चात् श्रावस्ती के गण्यमान्य लोगों ने सुक्षत्र के इस अल्पवयस्क पुत्र (**कुमार बृहत्क्षय**) का राज्याभिषेक कर दिया। राज्यारोहण के पश्चात् यह **बृहत्क्षत्र** के नाम से संबोधित होने लगा। बृहद्बल के उपरांत सिंहासनारूढ़ होने के कारण कुछ पुराणों में इसे सुक्षत्र के बजाय बृहद्बल के पुत्र के रूप में भी उल्लिखित किया गया है। संभवतः बदली परिस्थितियों के अनुरूप अन्य राजाओं की ही भाँति इसने भी पुराने बैर-भाव को भूलकर सम्राट् युधिष्ठिर की अधीनता स्वीकार कर ली थी।

(79) **उरुक्षय**—बृहत्क्षत्र का पुत्र उरुक्षय पांडव-परीक्षित का समकालीन रहा। इसके राज्यारोहण से पूर्व ही श्रीकृष्ण, युधिष्ठिर आदि का देहावसान हो चुका था और कलियुग शुरू हो चुका था।

(80) **वत्सव्यूह**—उरुक्षय के पश्चात् उसका पुत्र वत्सव्यूह श्रावस्ती का राजा बना। यह परीक्षित के पुत्र जनमेजय का समकालीन था। कृष्ण द्वैपायन वेदव्यास की मृत्यु इसी के काल में हुई थी।

(81) **प्रतिव्योम**—वत्सव्यूह का ज्येष्ठ पुत्र प्रतिव्योम एक उदार स्वभाव का संयमी पुरुष रहा था।

(82) **दिवाकर**—यह पांडव अश्वमेघदत्त का समकालीन रहा था। इसके शासनकाल के अंतिम समय में पांडव अधिसीमकृष्ण का राज्यारोहण हुआ था। इसके सिंहासनारूढ़ होने के पश्चात् ही पुराण संकलन के महान् कार्य के लिए शौनक आदि ऋषियों ने नैमिषारण्य में दीर्घ विद्वत् सत्र का आयोजन किया था। हिरण्यनाभ, कौशल्य व श्रतायु के पश्चात् इक्ष्वाकुओं (कुशवंशीय राजाओं) के हाथ से निकल चुकी अयोध्या की राज-सत्ता को इसने अपने पौरुष से हस्तगत करके कोशल (उत्तर व दक्षिण) को पुनः एकीकृत किया था। पुराणों (मत्स्य पुराण-271) में इसे 'अयोध्या को जीतनेवाला नृप' भी कहा गया है।

(83) **सहदेव**—दिवाकर के पश्चात् एकीकृत कोशल राज्य का शासक उसका पुत्र **'महायशा सहदेव'** हुआ।

(84) **बृहदश्व**—सहदेव का उत्तराधिकारी उसका पुत्र **'बृहदश्व'** था। मत्स्य

पुराण (271/6) में इसे **'ध्रुवाश्व'** के रूप में चिह्नित किया गया है।

(85) **भानुरथ**—बृहदश्व के उपरांत उसका पुत्र **'भानुरथ'** कोशल का नरेश बना।

(86) **प्रतीताश्र**—भानुरथ के इस उत्तराधिकारी को मत्स्य पुराण (271/7) में **'प्रतीताश्व'** कहा गया है।

(87) **सुप्रतीक**—यह प्रतीताश्व का पुत्र था।

(88) **मरुदेव**—सुप्रतीक के पश्चात् उसका पुत्र 'मरु' कोशल का राजा बना।

(89) **सुनक्षत्र**—मरुदेव का पुत्र 'सुनक्षत्र' एक गंभीर प्रवृत्ति का कुशल व्यवस्थापक रहा था।

(90) **किन्नराश्व**—इसको **'परंतप'** या **'पुष्कर'** भी कहा जाता है। यह स्वभाव से परम धार्मिक व निरंतर साधनारत रहनेवाला राजपुरुष था।

(91) **अंतरिक्ष**—इसके लिए कई पुराणों में **'महान्'** अथवा **'महामना'** विशेषण भी प्रयुक्त हुए हैं।

(92) **सुषेण**—इसका एक नाम **'सुवर्ण'** भी था।

(93) **अभित्रजित**—यह एक पराक्रमी नृप था। इसने अपने शत्रुओं को पराजित कर कोशल की सत्ता को निष्कंटक बनाए रखा था।

(94) **बृहद्भ्राज**—मत्स्य पुराण (271/10) में अभित्रजित के इस पुत्र को **'बृहद्राज'** कहा गया है।

(95) **धर्मी**—बृहद्भ्राज का उत्तराधिकारी उसका ज्येष्ठ पुत्र 'धर्मी' हुआ। यह एक धर्मभीरु नृप था।

(96) **कृतंजय**—धर्मी का पुत्र कृतंजय अपने समय का एक पराक्रमी व बलवान योद्धा रहा था।

(97) **रणंजय**—कृतंजय के इस विद्या-व्यसनी पुत्र की गणना विद्वान् राजाओं में की गई है।

(98) **संजय**—मत्स्य पुराण (271/11) के अनुसार रणंजय का यह पुत्र एक वीर राजा था। अपने पराक्रम से काशी को जीतकर इसने अपने कोशल राज्य में मिला लिया था। साम्राज्य-विस्तार के कारण बौद्ध-ग्रंथों में इसका उल्लेख **'महाकोशल'** के रूप में किया गया है। इसने अपनी पुत्री का विवाह मगध-नरेश **'विधिसार'** से करके उसे काशी प्रांत का एक गाँव दहेजस्वरूप भेंट भी किया था। यह रामानुज लक्ष्मण के वंशजों में हुए लिच्छवि-नरेश **'शाक्य शुद्धोदन'**, पौरववंशी **'बृहद्रथ'** तथा शैशुनागवंशी

'क्षेत्रज' (क्षेमजित्) का समकालीन रहा था।

(99) **प्रसेनजित**—संजय के पश्चात् उसका पुत्र प्रसेनजित कोशल का राजा बना। पिता द्वारा विजित काशी क्षेत्र में इसने आजन्म अपना प्रभुत्व बनाए रखा। इसने अपनी पुत्री का विवाह **'अजातशत्रु'** से किया था। यह बुद्ध का समवयस्की था। बुद्ध से इसकी भेंट जीवन के अंतिम पड़ाव में **साकिय** जनपद के **'भेदलुप ग्राम'** में हुई थी (संदर्भ—संयुक्त निकाय-2/89)। यहीं पर यह बौद्ध धर्म में दीक्षित भी हुआ था। बौद्ध ग्रंथों में इसे **'पसेनदी'** के रूप में उल्लिखित किया गया है। चीनी यात्री **ह्वून्त्सांग** ने भी अपने संस्मरण में **'इक्ष्वाकुवंशीय प्रसेनजित'** तथा इसके प्रधान अमात्य के रूप में **'अनाथ पिंड सुदत्त'** का उल्लेख किया है। पुत्र **विडूडभ** तथा सेनापति **दीर्घचारायण** द्वारा विद्रोह करके सत्ता हस्तगत्त कर लिये जाने पर प्रसेनजित को अपने जामाता शैशुनागवंशीय **'अजातशत्रु'** का आश्रय पाने हेतु विवश होना पड़ा था। किंतु अपने जामाता की राजधानी **राजगृह** के प्रवेशद्वार पर पहुँचते ही इसकी मृत्यु हो गई। उस समय इसकी आयु लगभग अस्सी वर्ष थी। इसी घटना के कुछ दिन बाद (अर्थात् ई. पू. 1814) **कुशीनार** में एक तथाकथित भक्त द्वारा उपलब्ध कराए गए विषैले खाद्य को ग्रहण करने के कारण हुए संग्रहणी (पेचिस) रोग से **गौतम बुद्ध** का भी **अस्सी वर्ष की आयु** में स्वर्गवास हो गया था।

(100) **क्षुद्रक**—सेनापति दीर्घचारायण के सहयोग से पिता को अपदस्थ करके **'विडूडभ'** कोशल के सिंहासन पर आरूढ़ हुआ था। बौद्धग्रंथों में इसे **'विडूडभ'** तथा ह्यून्त्सांग ने अपने संस्मरण में **'विरुढक'** कहा है। संभवतः पिता के प्रति किए गएं अशोभनीय व्यवहार के कारण ही भारतीय पुराणों में इसे **'क्षुद्रक'** कहा गया होगा। राज्यारोहण के तुरंत बाद शाक्यों को पराजित करके राजधानी वापस लौटते समय क्षुद्रक की मौत नदी में डूब जाने से हुई थी।

(101) **कुलक**—क्षुद्रक के पश्चात् उसका पुत्र 'कुलक' कोशल का राजा हुआ। इसके शासनकाल के समय मगध में अजातशत्रु का ही राज था।

(102) **सुरथ**—कुलक का उत्तराधिकारी उसका पुत्र 'सुरथ' था।

(103) **सुमित्र**—महाभारत कालीन **रघुवंशीय बृहद्बल** के कुल में उत्पन्न हुए सुरथपुत्र **सुमित्र** कोशल के अंतिम इक्ष्वाकुवंशीय राजा रहे थे। सुमित्र के अक्षम उत्तराधिकारियों के आपसी टकराव का लाभ उठाते हुए अजातशत्रु के पराक्रमी पौत्र **उदायिभद्र** ने कोशल को बलात् मगध साम्राज्य में मिला लिया।

इस तरह **उर-पुर** (मेसोपोटामिया) नरेश **विवस्वान** (सूर्य) के यशस्वीं पौत्र रहे

ईक्ष्वाकु द्वारा स्थापित कोशल की इस प्राचीनतम व गौरवशाली राजवंश-परंपरा का **सुमित्र** के पश्चात् पटाक्षेप हो गया। **राजसमुद्र महाकाव्य** के अनुसार, प्रजापति मनु से सुमित्र तक चली इस वंशावली में कुल **एक सौ बाईस राजाओं** का संदर्भ आया है। संभवतः **'कुश'** से लेकर **'कौशल्य पर'** तक **लववंश** के समानांतर क्रम से चली **'कुश की वंशावलियों'** (सत्रह पीढ़ियों) की भी भ्रमित गणनाओं के कारण ही 105 के स्थान पर 122 पीढ़ियों की यह संख्या उभरी होगी। यद्यपि कोशल के पतन के कारण मनु-पुत्र इक्ष्वाकु के राजवंश का अस्तित्व समाप्त हो गया; किंतु छत्रविहीन हो चुके रघु व राघवराम का यह गोत्र (वंशज) **रघुवंशी क्षत्रियों** के रूप में आज भी उत्तर भारत में यथावत् बना हुआ है।

□

मनु-पुत्र इक्ष्वाकु की ही भाँति इसकी बड़ी बहन इला के गर्भ से जनमे **पुरुरवा** द्वारा एशिया का **एल वंश** तथा **चंद्र वंश** अस्तित्व में आया था। पश्चिमोत्तर भारत के चंद्रवंशी **ययाति** के पुत्रों द्वारा हैहेय, यदु, तुषार/तुखार, कुलिंद/कुणिंद/आनव, पौरव व कौरव तथा पांडव वंशों का प्राक्ट्य हुआ। कालांतर में इन्हीं के गर्भ से यादव, तुखार, तातार, तुरुष्क, तुर्क, कुशान आदि जातियाँ उभरकर सामने आईं। यदुओं की एक शाखा से पश्चिम के यहूदियों/ज्यू का अस्तित्व भी उभरा था। यदु वंश की ही **अंधक शाखा** में उग्रसेन व कंस तथा **वृष्णि शाखा** में बलराम व श्रीकृष्ण हुए, जबकि पौरव से निःसृत **कुरु वंश** में प्रतापी भीष्म समेत धृतराष्ट्र, दुर्योधन आदि कौरव सहित युधिष्ठिर, भीम, अर्जुन आदि पांडव हुए। महाभारत संग्राम के पश्चात् अर्जुन के पौत्र परीक्षित से आगे बढ़ी पांडवों की शाखा का अंतिम वंशज **क्षेमक** महापद्म नंद के हाथों मारा गया। वस्तुतः पुरुरवा द्वारा प्रसूत वंश-परंपरा का विस्तार पश्चिम में मिस्र से लेकर पूर्व में नागवह्य (हमारे देश के नगालैंड) तक फैला रहा था।

प्रस्तुत अध्याय में एल पुरुरवा द्वारा स्थापित इस गौरवशाली वंश-परंपरा की बहुआयामी विकास-यात्रा का प्रामाणिक वर्णन किया गया है।

चंद्र (सोम) तथा उनके वंशज

महर्षि भृगु के पौत्र व दैत्य-गुरु शुक्राचार्य (काव्य-उशना) के पुत्र **ऋषि अत्रि** का आश्रम हिमालय से सुदूर पश्चिम के क्षेत्र में रहा था (***परेण हिमवन्तम् एते देशा उदीच्यास्तु***—मत्स्य पुराण, अध्याय-118)। मत्स्य पुराण के इस संदर्भ के अनुसार, अत्रि ऋषि का आश्रम उत्तरापथ के अपवर्त क्षेत्र में **'अत्रिक नदी'** के तट पर स्थित रहा था। 'History of Persia' (Vol.-I, Page-319/332) के संदर्भ **'अत्रिक नदी'** (Atrek River) व **'अत्रिपत्तन'** (Attropatene) को कश्यप सागर के किनारे ही चिह्नित करते हैं। यहीं पर ऋषि अत्रि को **'सोमा'** नामक अप्सरा से एक अति धवल कायावाले मनोहर शिशु की प्राप्ति हुई। चंद्रमा के सदृश्य उज्ज्वल कांति व गोल मुखाकृतिवाले उस बालक को उसके स्वरूप के प्रतीकस्वरूप जहाँ **'चंद्र'** के नाम से अलंकृत किया गया, वहीं माता के नामानुरूप इसे **'सोम'** भी कहा गया। फूल-पौधों के प्रति अप्सरा सोमा के अनुराग व ऋषि अत्रि के संस्कारयुक्त आश्रम के प्राकृतिक परिवेश में पल्लवित होने के कारण बालक 'चंद्र' का रुझान वनस्पतियों की ओर ही बढ़ता गया। **शस्य-राग** के प्रभाववश पेड़-पौधों के पारखी बन चुके चंद्र, कालांतर में वनस्पतियों व जड़ी-बूटियों के एक ख्यातिलब्ध विशेषज्ञ के रूप में चर्चित हुए। संयोग से अत्रि-पुत्र चंद्र द्वारा निर्मित रसायन के लेप से काया के असाध्य रोगी बन चुके **इंद्र** को त्वरित लाभ हुआ और अंततः वे रोगमुक्त हो गए। चंद्र के इन्हीं औषधि-गुणों से अभिभूत होकर **देवराट् इंद्र** ने उन्हें अपने आधिपत्यवाले **आधुनिक गिलगित** से पश्चिमोत्तर के वनस्पति बाहुल्य क्षेत्रों का एकाधिकार दे दिया। इस प्रकार **असुर-याजक अत्रि के पुत्र रहे चंद्र** देवराट् इंद्र की अनुकंपा से हिमालय के पश्चिमोत्तर क्षेत्रों के **प्रजापति** (***सोमः प्रजापतिः पूर्व कुरुणां वंशवर्धनः***—महाभारत, उद्योग पर्व-147/3) भी बन गए। इंद्र द्वारा किए गए इस उपकार के प्रतिकारस्वरूप चंद्र ने विश्व के **'दस मूर्धन्य'** किंतु अशक्त से हो गए देवगणों के लिए जिस स्फूर्तिदायक **वनस्पति-रसायन**

का आविष्कार किया (***चमसाध्वर्यवस्तत्र विश्वेदेवा दशैव तु***—मत्स्य पुराण-23/22), कालांतर में देवों द्वारा यज्ञों के दौरान पान किए जानेवाले इसी पेय की प्रसिद्धि **'सोमरस'** के नाम से हुई। वनस्पति व औषधि विज्ञान की अपनी रुचियों के अतिरिक्त राज्य-व्यवस्था को सुदृढ़ करने के लिए भी चंद्र उद्यमी बने रहे। यही कारण था कि गिलगित से पूर्वी ईरान तक का यह क्षेत्र कुछ ही काल में अत्यंत समृद्ध हो गया। चंद्र की बढ़ती ख्याति तथा शरीर सौष्ठव पर मुग्ध होकर दक्ष नामक एक प्रजापति ने अपनी **सत्ताईस लावण्यमयी कन्याएँ** इसे समर्पित कर दीं (***विशंतिं च यथा सप्त दक्षः प्राचेतसो ददौ, रुपलावण्यसंयुक्तास्तस्मै कन्याःसुवर्चसः***—मत्स्य पुराण- 23/15)। कालांतर में **'वेदांग ज्योतिष'** के सूत्रकार ने आकाश को सत्ताईस नक्षत्रों में विभाजित करते हुए इसका नामकरण **'राजा सोम'** की पत्नियों के नाम पर ही रख दिया। किंचित् चंद्र व दक्ष कन्याओं के नामों की इसी एकरूपता के भाववश चंद्रमा नामक पृथ्वी के उपग्रह को इन सत्ताईस नक्षत्रों का **'स्वामी'** भी मान लिया गया होगा। वायु पुराण (90/25) के श्लोक ***'तं सिनी च कुहूश्चैव वुपः पुष्टिः प्रभा वसुः कीर्तिर्धृतिश्चं लक्ष्मीश्च नव देव्यः सिषेविरे'*** व मत्स्य पुराण (23/26) के श्लोक ***'स्वकीया इव सोमोऽपि कामयामास तांस्तदा'*** ये संकेत देते हैं कि दक्ष की सत्ताईस कन्याओं के अतिरिक्त सोम (चंद्र) ने **सिनी, कुहू, वपु, पुष्टि, प्रभा, वसु, कीर्ति, धृति** तथा **लक्ष्मी**—नौ देवबालाओं को भी अपनी भार्या के रूप में अंगीकार किया था।

निरंतर भोग-विलास में निमग्न रहने के उपरांत भी रसायन आदि सेवन करने के कारण युवा व कमनीय बने रहे सोम (चंद्र) की सुंदरता पर देवगुरु बृहस्पति की षोडसी भार्या **'तारा'** भी रीझ उठी थी। इधर तारा के अनुपम सौंदर्य तथा प्रणय-निमंत्रण से आकुल हो उठे सोम (चंद्र) ने भी देवों से अपने मधुर संबंधों व लोक-मर्यादाओं की परवाह किए बिना ही देवलोक से इस तरुणी का हरण कर लिया। असुर याजक के पुत्र द्वारा देवगुरु बृहस्पति के प्रति की गई इस कुत्सित धृष्टता को देवों ने जहाँ अपना व्यक्तिगत अपमान समझा, वहीं दानवों ने गुरुपुत्र द्वारा हरण करके लाई गई स्त्री को अपनी प्रतिष्ठा का प्रश्न बना लिया। फलतः तारा को लेकर देवताओं व दानवों के मध्य उपजी अहं की इस टकराहट ने उग्र रूप धारण कर लिया और इस प्रकार इनके मध्य छिड़े तुमुल विग्रह को भारतीय ग्रंथों में **'तारकामय'** नामक पाँचवें देवासुर संग्राम के रूप में ही चिह्नित किया गया (***तत्र तद्‌युद्धमभवत्प्रत्यक्षं तारकामयम् देवानां दानवानां च लोकक्षयकरं महत्***—वायु पुराण-90/33)। इस संग्राम में भारी धन-जन की हानि के पश्चात् उभय पक्षों में हुए समझौते के परिणामस्वरूप गर्भवती

हो चुकी तारा इस शर्त के साथ देवगुरु-बृहस्पति को वापस लौटा दी गई कि प्रसव के उपरांत होनेवाली संतान पर सोम (चंद्र) का ही अधिकार होगा। तदुपरांत निश्चित अवधि के व्यतीत होने पर तारा के गर्भ से चंद्र के समान ही सुंदर **'बुध'** नामक एक बालक की उत्पत्ति हुई (***ततः संवत्सरस्यांते द्वादशादित्यसंनिभः-तारोदराद्विनिष्क्रांतः कुमारश्चंद्रंसनिभः***—मत्स्य पुराण- 24/1-2)। यह संयोग ही है कि नभमंडल में विचरण कर रहे **शुक्र** (Venus), **बुध** (Mercury) तथा **चंद्रमा** (Moon) की कांति भी **पितृव्य अनुहार** की भाँति एक जैसी (धवलतम्) ही प्रतीत होती है। किंचित् यही कारण रहा है कि ज्योतिष की परवर्ती रचनाओं में बुध ग्रह को बृहस्पति का अवैध किंतु चंद्रमा का वास्तविक पुत्र ही माना गया है।

चंद्र (सोम) का पुत्र बुध

चंद्र के संयोग से बृहस्पति की पत्नी तारा को उत्पन्न हुए इस पुत्र को शर्त के अनुसार देवों द्वारा सोम (चंद्र) को सौंप दिया गया। वायु पुराण (66/22), मैत्रायणी संहिता (2/2/7) व तांडय ब्राह्मण (***सौमायनो बुधः***-24/18/6) के अनुसार राजा सोम (चंद्र) के इस पुत्र का नाम **'बुध'** था (***राज्ञः सोमस्य पुत्रत्वाद्राजपुत्रो बुधः स्मृतः***—मत्स्य पुराण-24/3)। कदाचित् चंद्र को उनकी अन्य रानियों से कोई पुत्र-रत्न की प्राप्ति नहीं हुई होगी, तभी इसने बुध को ही अपना उत्तराधिकारी घोषित कर इसे भूतल, अर्थात् पर्शिया (ईरान) के पूर्वी क्षेत्र का युवराज घोषित किया था (***बुध इत्यकरोन्नाम्ना प्रादाद्राज्यं च भूतले***—मत्स्य पुराण-24/7)। राजा चंद्र का पुत्र होने के कारण बुध की प्रसिद्धि **'राजपुत्र'** के रूप में भी रही थी। पिता चंद्र के विद्वत्तापूर्ण संस्कारों में पल्लवित हुए कुशाग्र मस्तिष्क के बुध सभी शास्त्रों के ज्ञाता तथा हस्तिविज्ञान के प्रवर्तक रहे थे (***सर्वार्थशास्त्रविद्धीमान्हस्तिशास्त्रप्रवर्तकः***—मत्स्य पुराण-24/2)। इसके अतिरिक्त भट्‌ट कुमारिल द्वारा रचित **'तंत्रवार्तिक'** (1/3/8) इनके व्याकरणाचार्य होने तथा **'वाक्यामृत'** (टीका पृ.स.- 292) व दामोदर कृत **'कुट्‌टनी'** (श्लोक-77) इन्हें क्रमशः अर्थशास्त्र व कामशास्त्र का रचयिता भी होने का प्रमाण प्रस्तुत करते हैं। इनकी विद्वत्ता व सौंदर्य पर मुग्ध होकर सुर प्रदेश के तात्कालिक व्यवस्थापक **'वैवस्वत मनु'** ने अपनी पुत्री **'इला'** इन्हें समर्पित कर दी और साथ ही **तपोभूमि** (मध्य पर्शिया का क्षेत्र) भी इन्हें दहेजस्वरूप दे दिया। कालांतर में यह क्षेत्र मनु-पुत्री इला के अनुरूप ही **'इलावर्त'** के नाम से जाना जाने लगा (***इलावृतमितिख्यातं तद्वर्ष विस्तृतायतम्***—मत्स्य पुराण-132/2)। यही कारण है कि प्राचीन पर्शिया (ईरान)

के इतिहास में इस क्षेत्र को **'इलावर्त'** से मिलते-जुलते **'एलम'** नाम से चिह्नित किया गया था।

एल पुरुरवा तथा उसके द्वारा स्थापित वंश परंपराएँ

राजपुत्र बुध को राजपुत्री इला से एक प्रतिभासंपन्न पुत्र-रत्न की प्राप्ति हुई, जो आगे चलकर **'ऐड पुरुरवा'** या **'एल पुरुरवा'** के नाम से सभी लोकों (राज्यों/जनपदों) में विख्यात हुआ (***इलोदरे च धर्मिष्ठं बुधः पुत्रमजीजनत् पुरुरवा इति ख्यातः सर्वलोकनमस्कृतः***—मत्स्य पुराण-24/9-10)। बुध व इला के इस पुत्र का जन्म **तपोभूमि** (एलम) के क्षेत्र में ही हुआ था। अतः युवा होने पर इसे यहाँ का प्राधिकारी भी नियुक्त कर दिया गया। कालक्रम में घटित **प्रलय** की विभीषिका से बचने के लिए पुरुरवा अपनी माता 'इला' व पिता 'बुध' के साथ अपने नाना 'वैवस्वत मनु' की अभिरक्षा में सिंधु प्रदेश के **मूलस्थान** (आधुनिक मुलतान) में आकर विस्थापित हो गए। ज्ञात रहे कि इसी क्षेत्र में आकर बसने के पश्चात् ही मनु ने गंधर्व-कन्या **'श्रद्धा'** से गांधर्व विवाह किया था। अतः श्रद्धा से उत्पन्न मनु के **'इक्ष्वाकु'** आदि सात पुत्रगण रिश्ते में पुरुरवा के मामा लगते थे, किंतु वय में उससे काफी छोटे ही थे। मनु द्वारा **'स्मृति ग्रंथ'** की रचना व **कोशल राज्य** की स्थापना के पश्चात् पुरुरवा को इला के हठ पर **'प्रतिष्ठानपुरी'** (आधुनिक झूँसी-इलाहाबाद—संदर्भ-ब्रह्मांड पुराण-3/6/20-21) का स्वतंत्र प्रभारी बना दिया गया (***राज्यं स कारयामास प्रयागे पृथिवीपतिः उत्तरे यामुने तीरे प्रतिष्ठाने महायशाः***—वायु पुराण-91/51)। इस तरह कोशल के **'सूर्यवंश'** (***आदित्या वा इमाः प्रजाः***—मैत्रायणी संहिता-2/2/1) की ही भाँति पुरुरवा ने प्रतिष्ठानपुरी में अपने पितामह के प्रतीकस्वरूप **'चंद्रवंश'** (***ऐडीश्च वा इमाः प्रजाः***—मैत्रायणी संहिता- 1/5/10) की नींव रखी। प्रतिष्ठानपुरी को व्यवस्थित करने तथा पश्चिम के क्षेत्रों में घटित प्राकृतिक आपदाओं के शांत हो जाने के उपरांत एल पुरुरवा ने अपने चचेरे नाना **'वैवस्वत यम'** के पदचिह्नों का अनुसरण करते हुए 'पैतृक राज्य' की खोज-खबर लेने का निश्चय किया। धर्मराज यम (जिन्हें ईरानी ग्रंथों के **'यिम-खिश-ओस्त'** कहा गया है) के **'पितर राज्य'** (ईरान के यमथल) के पार्श्व में स्थित चंद्र (सोम) का यह राज्य एल पुरुरवा के उद्यमों से विकसित होकर पुनः समृद्ध हो उठा। तदुपरांत मनु द्वारा पूर्वकाल में प्रदत्त की गई **'तपोभूमि'** व चंद्र (सोम) के **'मूल क्षेत्रों'** को सम्मिलित रूप से एल पुरुरवा की माता **'इला'** के नामानुरूप **'इलावर्त'** कहकर ही चिह्नित किया जाने लगा। इलावर्त को सुव्यवस्थित करने के

अतिरिक्त अपने पराक्रम के बल पर सप्तद्वीपों को जीतकर (*लोकैश्वरमगाद्राजा सप्तद्वीपपतिस्तदा*—मत्स्य पुराण-24/11) पुरुरवा ने पश्चिम के इन क्षेत्रों में अपने प्रताप व राज्य का समुचित विस्तार किया। महर्षि भृगु, दैत्यगुरु शुक्राचार्य व असुर याजक अत्रि के वंशज रहे चंद्र, बुध व पुरुरवा के राजपुरुष बन जाने के उपरांत भी इनमें तपोनिष्ठा व ब्रह्मवेत्ता के आनुवंशिक गुण विद्यमान रहे थे। यही कारण है कि चंद्र व बुध की परंपरा में पल्लवित हुआ एल पुरुरवा भी एक धर्मनिष्ठ व ब्रह्मवादी पुरुष ही बना रहा। वेद-मंत्रों के द्रष्टा होने के कारण उसकी गिनती **'वेदर्षि'** व **'राजर्षि'** की श्रेणियों में ही की जाती थी। अपनी इन विजयों के प्रतीकस्वरूप उसने कई अश्वमेध यज्ञों का अनुष्ठान तो किया ही, यज्ञों की नई विधियाँ भी प्रचलित कीं।

एल वंश

एल पुरुरवा के पड़ोस में इंद्रादि को प्रताड़ित कर चुके दुर्दांत दैत्यपति **'केशी'** का राज्य था, किंतु असुर-याजक के वंशजों का राज्य होने के कारण इलावर्त पर वक्रदृष्टि पड़ने के बजाय उसमें आदर का ही भाव बना रहा था। संयोग से अप्सरा **'उर्वशी'** का अपहरण करके ले जा रहे 'केशी' की भेंट मृगया के लिए वनों में विचरण कर रहे **'पुरुरवा'** से हो गई। उर्वशी की दारुण दशा देखकर कुपित पुरुरवा ने उसे दैत्यों के बंधन से मुक्त कराने के उद्देश्य से केशी दैत्य का संहार उसके अंगरक्षकों समेत कर डाला। केशी-वध के समाचार से झूम उठे **'देवराट् इंद्र'** ने पुरुरवा के पौरुष पर मुग्ध हो चुकी 'उर्वशी' के मंतव्य को भाँपते हुए उसे उपहारस्वरूप इस वीर पुरुष को सौंप दिया। अप्सरा उर्वशी के देव-दुर्लभ अनुपम सौंदर्य का पचपन से लेकर चौंसठ वर्षों के अनुमानित अवधि तक निरंतर उपभोग करते हुए (मत्स्य पुराण में इनके रमणकाल को पचपन वर्ष, हरिवंश पुराण में उनसठ वर्ष, विष्णु पुराण में साठ वर्ष व वायु पुराण में चौंसठ वर्ष माना गया है) पुरुरवा ने उससे **आयु, दृढायु, अश्वायु, धनायु, धृतिमान, वसु, शुचिविद्य, शतायु** व **गतायु** नामक आठ दिव्य पराक्रमी पुत्रों को उत्पन्न किया (*आयुर्दृढायुरश्वायुर्धृतिमान्वसुः-शुचिर्विद्यः शतायुश्च सर्वे दिव्यवलौजसः*—मत्स्य पुराण-24/33-34)। वायु पुराण (91/52) के अनुसार, नाम की भिन्नताओं के साथ पुरुरवा को उर्वशी से **आयु, श्रीमान्** या धीमान्, **अमावसु, विश्वायु, शतायु** व **गतायु** तथा **विष्णु पुराण** (7/4/1) के अनुसार **आयु, अमावसु, विश्वावसु, श्रुतायु, शतायु** व **अयुतायु** आदि छह परमज्ञानी पुत्रों को ही जन्म देने का वर्णन किया गया है। **आयरलैंड** की प्राचीन दंतकथाओं में भी कुछ इसी

प्रकार के विवरणों का उल्लेख है। भारतीय शास्त्रों (पुराणों) में वर्णित आयु व अमावसु के वंशवृक्षों का उल्लेख यह संकेत देता है कि पुरुरवा के पुत्रों में केवल इन दोनों का ही राज्य भारतीय क्षेत्रों में रहा था। इस तरह एल पुरुरवा के शेष पुत्रों के हिस्से में **इलावर्त** राज्य ही आया था और इन्हीं की संततियों द्वारा स्थापित किए गए राज-परिवार की परंपरा को कालांतर में **एल वंश** व इनके राज्य-क्षेत्र को **एलम** के नामों से जाना गया। यहूदियों (Jews) के पूर्व पुरुष **इलाइज** व **इलाइशा,** पर्शियन **इलोही**, जैनेसिस का **'इलाही'** या **'इलोहिम'** एवं अरबी का **'अल्'** उपसर्ग संभवतः मनु-पुत्री इला या उसके पुत्र एल पुरुरवा के वंशजों के परंपरागत प्रभावों के कारण ही इन क्षेत्रों की मान्यताओं व भाषाओं में व्यवहृत हुए होंगे। यही नहीं, एल पुरुरवा के पितामह रहे चंद्र (सोम) के सामंती प्रभावों के कारण ही आज भी इस क्षेत्र के राज्यों के राष्ट्रीय ध्वजों में जहाँ **'चंद्रमा'** को स्थान दिया गया है, वहीं एल वंश के पूर्वपुरुष शुक्राचार्य के नाम पर पड़नेवाले साप्ताहिक दिन **शुक्रवार** को भी यहाँ की मान्यताओं में पाक माना जाता रहा है। ईरान का **सोम** नामक नगर व **सोमस** नदी या फिर ग्रीस का **सोमास आइसलैंड** भी संभवतः एल पुरुरवा के पितामह सोम (चंद्र) से ही अनुप्रेरित दिखते हैं। इसी तरह ईरान की धार्मिक मान्यताओं के अनुरूप रखे जानेवाले **सोम** नामक रोजा व भारतीय **चांद्रायण व्रत** का संबंध भी किसी-न-किसी रूप में इसी सोम या चंद्र से जुड़ा हुआ प्रतीत होता है।

वायु पुराण (2/20-23) के अनुसार, मृगया के लिए एक बार वनों में विचरण कर रहे **एल पुरुरवा** को ऋषियों के **सुवर्ण यज्ञशाला** (***यज्ञवाटं हिरण्ययम्***) को देखकर लोभ हुआ और इसे अधिग्रहित करने के प्रयत्न में हुई मुठभेड़ में ऋषियों द्वारा किए गए **कुशवज्र** के प्रहार से यह मारा गया ***(कुशवज्रैर्विनिष्पष्टः स राजा व्यजहात्तनुम्)***। महाकवि कालिदास इस घटना को जहाँ ***'पुरुरवा ब्राह्मणधनतृष्णया विननाश'*** कहकर रेखांकित करते हैं, वहीं प्रसिद्ध कवि बाण अपनी कृति **'हर्षचरित'** में इस घटना का उल्लेख ***'पुरुरवा ब्राह्मणधनतृष्णया दयितेन आयुषा व्ययुज्यत'*** के श्लोक द्वारा करते हैं। **महाभारत** (आदि पर्व-70/18-20) में वेदव्यास ने भी इसी घटना की ओर संकेत किया है। संभवतः यह घटना आधुनिक हिंदूकुश पर्वतांचल के पश्चिमोत्तर के ऋषि बाहुल्य क्षेत्र (**ऋषिय अंचल** या **रसिया**) में घटित हुई थी, जो चंद्र या बुध के राज्य की भौगोलिक स्थिति के अनुरूप भी लगभग ठीक ही दिखते हैं। इस तरह पुरुरवा की मृत्यु के उपरांत ऋषियों ने उर्वशी से उत्पन्न उसके पुत्र **'आयु'** को, जो कि भावी सम्राट् **'नहुष'** का पिता रहा था, इस क्षेत्र का राजा मनोनीत कर दिया (***और्वशेयं***

ततस्तस्य पुत्रं चक्रुर्नृपं भुवि, नहुषस्य महात्मानं पितरं यं प्रचक्षते—वायु पुराण-2/23-24)।

जह्नु वंश

अमावसु नामक पुरुरवा के पुत्र को संभवतः **'प्रतिष्ठान पुरी'** का राज्य मिला था। उसका उत्तराधिकारी परम-प्रतापी राजा **भीम** हुआ। इसके पुत्र का नाम **कांचनप्रभ** तथा इसके महावलवान पुत्र का नाम **दिव्यहोत्र** था। दिव्यहोत्र को **जीतहोत्र** व उसे **बीतहोत्र** व **जह्नु** नामक दो पुत्र हुए। जीतहोत्र ने अपने राज्य का विभाजन इन दोनों पुत्रों में कर दिया। बड़े पुत्र वीतहोत्र ने जहाँ अपना राज्य **'प्रतिष्ठानपुरी'** में ही बनाए रखा, वहीं उसके अनुज जह्नु ने अपने राज्य का विस्तार **'कान्यकुब्ज क्षेत्र'** तक कर लिया। राजा जह्नु के प्रभाववश इस क्षेत्र के परवर्ती शासकों को **'जह्नुवंशीय'** कहा जाने लगा। जह्नु का विवाह सूर्यवंशी 'युवनाश्व-प्रथम' की पौत्री तथा 'वृहदश्व' की पुत्री **'कावेरी'** से हुआ था (***यौवनाश्वस्य पौत्रीं तु कावेरीं जह्नुरावहत्***—वायु पुराण-91/59)। जह्नु को कावेरी से परम धार्मिक पुत्र **सुहोत्र** उत्पन्न हुआ और उसका पुत्र **अजक** हुआ। अजक का उत्तराधिकारी परम यशस्वी राजा **बलाकाश्व** हुआ। **बलाकाश्व** को **कुश, गय** व **शील** नामक तीन पुत्र हुए। इस प्रकार बलाकाश्व के उत्तराधिकारी बने **कुश** को **कुशाश्व, कुशनाभ, अमूर्तरयश्** व **वसु** नामक परमज्ञानी चार पुत्र हुए। इस तरह कान्यकुब्ज क्षेत्र में जह्नु का यह वंश निरंतर विस्तार करता गया। कालांतर में राम के पूर्वज रहे भगीरथ के प्रयत्नों से जह्नु के इस प्रांत से गुजरने के कारण **भागीरथी** की तर्ज पर गंगा का नाम **जाह्नवी** भी विख्यात हुआ। इधर प्रतिष्ठानपुरी में रमे रहे वीतहोत्र के वंशजों द्वारा अपने को अत्रिपुत्र सोम (चंद्र) से जोड़ने के कारण कालांतर में इन्हें **'सोमवंशी'** कहकर चिह्नित किया जाने लगा।

चंद्रवंशी आयु और उसकी संतति

4. आयु—पुराणों में वर्णित संदर्भों के अनुसार अर्धशताब्दी से अधिक काल तक पुरुरवा के साथ रमण करने के उपरांत उर्वशी उसका परित्याग कर गंधर्व लोक चली गई। गर्भवती उर्वशी के इस प्रकार रूठकर चली जाने से उद्विग्न हो उठे पुरुरवा ने उसे मनाने का बहुत प्रयत्न किया। अंततः उसके प्रसव उपरांत उत्पन्न हुए नवजात शिशु **'आयु'** को लेकर ही उन्हें वापस लौटने के लिए विवश होना पड़ा। विष्णु पुराण

(4/6/78) का यह श्लोक–*'कुमारं चायुषस्मै चोर्वशी ददौ'* व वायु पुराण (91/44) का यह श्लोक–*'तमादाय कुमारं तु नगरायोवचक्रमे'' सपुत्रस्तु गृहान्ययौ'* तथा काष्ठक संहिता (8/10) का यह संदर्भ कि *'उर्वशी वै पुरुरवस्यासीत् सान्तर्वती देवान् पुनः परैत् योऽदो देवेष्वायुरजायत तामन्वागच्छत् तां पुनरयाचत तामस्यै न पुनरददुस्तस्या आयुं प्रायच्छन्'* उपर्युक्त तथ्यों की पुष्टि ही करता है। इस प्रकरण से यह आभास होता है कि उर्वशी से उत्पन्न पुरुरवा के पुत्रों में **आयु** ही सबसे कनिष्ठ व अंतिम था। उर्वशी के इसी पुत्र को पुरुरवा की मृत्यु के पश्चात् ऋषियों ने **'गंधर्वलोक'** (गंधमादन या हिंदूकुश) के समीपवर्ती क्षेत्र का नृप घोषित किया था। **'स्वर्भानु'** (दानव राहू) की कन्या **'प्रभा'** से आयु का विवाह हुआ था (वायु पुराण— 68/22-24, ब्राह्मण पुराण-3/6/23-24 तथा विष्णु पुराण-4/8/1)। स्वर्भानु की पुत्री से आयु को पाँच महान् पराक्रमी व बलवान पुत्र हुए (*एते पुत्रा महात्मनाः पंचैवाऽसन्महाबलाः स्वर्भानुतनया विप्राः प्रभायां जज्ञिरे नृपाः*—वायु पुराण-92/1), जिनके नाम क्रमशः **नहुष, धर्मवृद्ध, रजि, दंभ** व **विपाप्मा** रहे थे।

5. नहुष—आयु के उपरांत उसका ज्येष्ठ पुत्र **'नहुष'** राज्य का उत्तराधिकारी बना। **देवलोक** (त्रिविष्टप) व **गंधर्वलोक** (गंधमादन या हिंदूकुश पार्वत्य क्षेत्र) के पड़ोसी राज्य का अधिपति होने की राजनीतिक व सामरिक विवशताओं के कारण नहुष ने 300 वर्षों से अनवरत चल रहे **'देवासुर संग्रामों'** की **'धात्र'** व **'हलाहल'** नामक दसवें व ग्यारहवें युद्धों की शृंखलाओं में देव-पक्ष का साथ दिया था। इसी मध्य ब्रह्मवादी **'त्रिशिरा'** के वध के कारण लगे ब्रह्म-हत्या के पाप से भयभीत होकर देवों का तात्कालिक **'इंद्र'** (वृष) भूमिगत हो गया था। युद्ध के इस परिदृश्य में राजा के पलायन से हतप्रभ होकर देवों ने **'पराक्रमी नहुष'** को आसन्न संकट से जूझने के लिए अप्रत्याशित रूप से अपना नायक व इंद्र मनोनीत कर दिया। युद्ध के इस संकट में अपने पौरुष के बल पर देवों को सफलतापूर्वक उबारने के पश्चात् इंद्र बने नहुष ने इंद्राणी का बलात् भोग करना चाहा। इसपर कुपित होकर देवों ने उसे इंद्र के पद से च्युत करके उसके धर्मात्मा व बलशाली अनुज **'रजि'** को अपना इंद्र मनोनीत कर दिया। इंद्र बने इसी रजि के नेतृत्व में देवों ने **'कोलाहल'** नामक बारहवें व अंतिम **'देवासुर संग्राम'** में असुरों पर निर्णायक विजय प्राप्त की थी (वायु पुराण-91/85-86 व ब्रह्मांड पुराण-3/72/86)। इधर इंद्र पद से च्युत किए जाने के अपमान से उत्पन्न लोकापवाद से बचने के लिए नहुष ने राज्य भार ग्रहण करने की अपेक्षा अज्ञातवास को ही श्रेयस्कर समझा। पितर कन्या **'विरजा'** (वायु पुराण-93/12) से 'नहुष' को

यति, ययाति, संयाति, उद्धव, पाचि, शर्याति व **मेघजाति** नामक सात तेजस्वी पुत्र हुए थे (*यतिर्ययातिः संयातिरुद्भवः पाचिरेव च, शर्यातिर्मेघजातिश्च्र सप्तैते वंशवर्धनाः*—मत्स्य पुराण-24/50)। नहुष के पुत्रों में 'यति' सूर्यवंशी काकुत्स्थ 'दृढाश्व' की पुत्री **'गौ'** या **'गाम'** के प्रेमपाश में बँधकर मध्य क्षेत्र में स्थापित हो गया, जबकि **'संयाति'** ने मुनियों की वृत्ति को अपना लिया था (वायु पुराण-93/14)।

उधर नहुष के अनुज रजि के वानप्रस्थी हो जाने पर, उसके पुत्रों ने देवलोक पर अपना अधिकार करना चाहा। उनके बलाबल को भाँपते हुए देवों ने उनसे उलझने की अपेक्षा अपने गुरु बृहस्पति की सहायता से उन्हें अहिंसक मत का अनुगामी बनाते हुए विरक्ति के मार्ग को अपनाने के लिए प्रेरित किया। इस तरह रजि-पुत्रों के वीतरागी हो जाने से देवों का संकट स्वतः ही समाप्त हो गया। कालांतर में रजि-पुत्रों द्वारा विकसित किए गए अहिंसक धारणाओं के प्रभाववश **'जिन धर्म'** तथा वेदबाह्य हुई नकारात्मक व्याख्याओं के परिणामस्वरूप चार्वाक का **'हेतुवाद-सिद्धांत'** अस्तित्व में आया (मत्स्य पुराण- 24/47-48 व वायु पुराण-92/97)। संभवतः देवासुर-संग्रामों में हुई भारी हिंसा से द्रवित होकर शेष बचे उत्तरजीवियों में अहिंसक प्रवृत्तियाँ विकसित हुई होंगी और तदनुसार **'जिन धर्म'** का प्राकट्य तथा हताशा के ऐसे वातावरण में पल्लवित मानसिकताओं के कारण **'हेतुवाद'** का **'चार्वाक सिद्धांत'** फलीभूत हुआ होगा।

6. ययाति—नहुष के अज्ञातवास पर चले जाने तथा यति-संयाति के उपरांत उसके शेष पुत्रों में **'ययाति'** ही उसके राज्य का भोक्ता हुआ (*तेषां मध्ये तु पञ्चानां ययातिः पृथिवीपतिः*—वायु पुराण-93/15) और **उद्धव, पाचि, शर्याति** व **मेघजाति** आदि भ्रातागण इसके अनुगत होकर राज्य-प्रबंधन में अपने अग्रज को सहयोग करते रहे। ययांति **'षट्रम इति सोमस्य'** (सोम से छठवाँ) रहा था। दानवासुर विप्रचित्ति के कनिष्ठ भ्राता रहे **आधुनिक समरकंद** के असुरराज **'वृषपर्वा'** की पुत्री **'शर्मिष्ठा'** ने इसपर मोहित होकर इससे **गंधर्व विवाह** किया ही था कि असुर याजक की कन्या **'देवयानी'** भी इसके प्रति उपजे प्रेम-रोग से ग्रस्त हो उठी। अंततः असुर याजक का पलड़ा भारी होने के कारण ययाति का **प्रकट-विवाह** 'देवयानी' से ही संभव हो पाया था, जबकि शर्मिष्ठा को परिस्थितिवश देवयानी के दासी के रूप में ययाति के महल में रहने के लिए बाध्य होना पड़ा था। पिता की भाँति ययाति भी एक पराक्रमी योद्धा था। असुरों के साथ बने इन संबंधों के उपरांत भी उसे राजनीतिक बाध्यताओं के कारण **'कोलाहल'** नामक अंतिम **'देवासुर संग्राम'** में अपने चाचा **'रजि'** के

सहायतार्थ देवों का ही पक्ष लेना पड़ा था। एक प्रसिद्ध बलवान तथा पराक्रमी राजा होने के साथ-साथ ययाति धुरंधर विद्वान् व वेदज्ञ भी था। वायु पुराण (अध्याय-93) के 94 से लेकर 101 तक के **'नीति-वचन'** इसी के द्वारा रचित संदर्भों से ही उद्धृत किए गए हैं। इसी तरह के कुछ प्रमाण महाभारत के **'द्रोण पर्व'** (63/11) व **'शांति पर्व'** (26/13-16) में भी मिलते हैं। ययाति को असुर-याजक की पुत्री देवयानी से **'यदु'** व **'तुर्वसु'** तथा आसुरि शर्मिष्ठा से **'द्रुह्यु'**, **'अनु'** व **'पूरु'** कुल पाँच पुत्र हुए।

चिरकाल तक राजसुख भोगने के उपरांत आखेट पर निकले ययाति की भेंट **चित्ररथ** नामक अरण्य में एक रमणीय, किंतु निर्जन स्थान पर **'विश्वाची'** नामक अप्सरा से हुई। इस सद्यःकिशोरी के अनुपम सौंदर्य पर मोहित होकर नृप ययाति ने भावनाओं के अतिरेक में इससे गांधर्व-विवाह तो कर लिया, किंतु अपने ढलते वय के कारण रतिक्रिया में विश्वाची को वे संतुष्ट नहीं कर सके। विश्वाची के प्रति अपने दायित्वों का भान कर अपनी इस यौन-दुर्बलता के निवारण के लिए ययाति ने यौवन प्रदान करने की विधा में पारंगत **'ऋषि भार्गव'** की अभ्यर्थना की। संभवतः युवाओं की अस्थियों के भीतर निहित सार (Bone-Marrow) आदि तत्त्वों द्वारा निर्मित रसायनों से भार्गव इसका उपचार किया करते थे। ***'कामातुराणां न भयं न लज्जा'*** का उदाहरण प्रस्तुत करते हुए ययाति ने सार-तत्त्वों की आनुवांशिक शुद्धता के दृष्टिगत एक-एक करके अपने सभी पुत्रों से ही इस संबंध में सहयोग की याचना की। वयोवृद्ध पिता की इस काम-पिपासा को अशोभनीय मानकर यदु आदि चारों पुत्रों ने उनके इस प्रस्ताव को ठुकरा दिया, किंतु सबसे कनिष्ठ पुत्र पूरु ने पिता की अतृप्त इच्छाओं को पूर्ण करना अपना धर्म माना और शल्य की दुष्कर विधि द्वारा अपने यौवन को संक्रमित कराने के लिए सहर्ष तत्पर हो गया। पुराणों में इस घटना का विस्तृत उल्लेख है। पुरु की इस अगाध पितृभक्ति से सम्मोहित होकर ययाति ने अपने अन्य पुत्रों को उनके प्राप्य से वंचित कर इस कनिष्ठ पुत्र को ही अपना उत्तराधिकारी घोषित कर दिया।

यदुवंश

इस तरह पिता के कोपभाजन बने स्वाभिमानी **'ज्येष्ठ यदु'** को अपने श्वसुर के आनर्त प्रदेश के एक छोटे से हिस्से (खंभात की खाड़ी से लगे कुशस्थली के क्षेत्र) में विस्थापित होना पड़ा था। अपने पौरुष व पराक्रम के बल पर धीरे-धीरे उन्होंने अपने साम्राज्य का विस्तार पूर्व दिशा में स्थित **विंध्य पर्वतांचल** (आधुनिक म.प्र. के झाबुआ

व धार जनपदों) तक कर लिया। **यदु** को **क्रोष्टु, सहस्राजित, नील, जित** व **लघु** नामक पाँच बलशाली पुत्र हुए। यदु ने अपने ज्येष्ठ पुत्र **क्रोष्टु** को अपने राज्य का केंद्रीय भाग सौंपते हुए शेष पुत्रों को सीमांत क्षेत्रों का शासनाधिकारी नियुक्त कर दिया। इस विभाजन में क्रोष्टु को आधुनिक अहमदाबाद, भावनगर, खेड़ा, बड़ोदरा व पंचमहल का क्षेत्र, **सहस्राजित** को नर्मदा का पूर्वी-उत्तरी तटीय क्षेत्र (म.प्र. के झाबुआ व धार जनपद) तथा **नील, जित** व **लघु** को क्रमशः उत्तर, दक्षिण व पश्चिम के सीमांत क्षेत्र मिले। यदु के ज्येष्ठ पुत्र तथा राज्य के प्रमुख भाग का उत्तराधिकारी होने के कारण **क्रोष्टु की संततियों द्वारा विकसित** राज-परिवार की परंपरा को ही **'यदुवंश'** या **'यादव'** के रूप में चिह्नित किया जाने लगा। क्रोष्टु की सोलहवीं पीढ़ी में उत्पन्न हुआ **शशबिंदु** एक चक्रवर्ती सम्राट् हुआ। इसने अपनी कन्या **बिंदुमती** का विवाह सूर्यवंशी चक्रवर्ती-नरेश मांधाता से किया था। शशबिंदु के बारहवीं पीढ़ी में हुए **विदर्भ** नामक यशस्वी नरेश के प्रतीकात्मक यदुओं का यह राज्य **'विदर्भ'** के नाम से विख्यात हुआ। विदर्भ से बत्तीसवीं पीढ़ी में उत्पन्न **हर्यश्व** का विवाह मधु असुर की पुत्री से हुआ था। परिणामस्वरूप मधु ने इसे आनर्त का राज्य सौंप दिया और स्वयं यमुना के तट पर **'मधुपुरी'** (मथुरा) नामक नगरी बसाकर रहने लगा। हर्यश्व के वंशजों में ही प्रसिद्ध **सात्वत्, अंधक, वृष्णि, शूर, भोज, शूरसेन, देवक, उग्रसेन** व **वसुदेव** समेत कालजयी **कृष्ण** व **बलराम** हुए थे।

हैहय वंश

यदु के दूसरे पुत्र **'सहस्राजित'** की पच्चीसवीं पीढ़ी में **'हैहय'** नामक प्रसिद्ध राजा हुआ, जिसके प्रभाव से इस कुल को तदंतर **'हैहय वंश'** के रूप में चिह्नित किया जाने लगा। हैहय की छठी पीढ़ी में हुए **'महिष्मान'** ने नर्मदा के उत्तरी तट पर **'माहिष्मती पुरी'** नामक एक नगरी बसाई, जिसे अब **'महेश्वर नगर'** के नाम से जाना जाता है। महिष्मान के पुत्र **'भद्रश्रेव्य'** ने काशीराज को पराजित किया था। सहस्राजित से पैंतीसवीं पीढ़ी में एक अति दुर्धर्ष राजा हुआ। कृतवीर्य का पुत्र होने के कारण यह **'कार्तवीर्य अर्जुन'** तथा अपने प्रचंड विक्रम के कारण **'सहस्रार्जुन'** के नाम से भी विख्यात हुआ। कार्तवीर्य अर्जुन अत्रिकुलीन **'दत्तात्रेय'** का शिष्य व भार्गव **'जमदग्नि'** का साढ़ू था। इसके राजकाल में हैहयों का उत्कर्ष सर्वोपरि रहा। इसके समय में हैहयों का राज्य उत्तर में नर्मदा-तट के महिष्मती से लेकर ब्रज क्षेत्र तक तथा पूर्व में काशी तक फैल चुका था। कालांतर में भार्गवों से हुए हैहयों के वैमनस्य के

कारण यह चक्रवर्ती सम्राट् **'जामदग्न्य राम'** (परशुराम) के हाथों मारा ही नहीं गया, अपितु परशुराम के इक्कीस निरंतर आक्रमणों से हैहयों (तालजंघों) की शक्ति का संपूर्ण नाश भी हो गया। **तालजंघ** के पश्चात् उसके उत्तराधिकारी रहे **वीर होत्र, अनंत** व **दुर्जय** (अमित्रदर्शन) आदि ने हैहयों की बिखरी हुई शक्ति को संगठित करने का एक प्रयास अवश्य ही किया था, किंतु सूर्यवंशी **'सगर'** के प्रचंड आक्रमण से इनका तथा इनकी समृद्ध माहिष्मती का अस्तित्व सदा के लिए समाप्त हो गया।

यदु के राज्य के सीमांत क्षेत्रों के अधिष्ठाता हुए उसके शेष पुत्रों यथा **नील, जित** व **लघु** के उत्तराधिकारी अक्षम सिद्ध हुए। प्रकारांतर में उनके हिस्से के क्षेत्रों को यदुओं व हैहयों ने अपने अधिकार में ले लिया। वासुदेव **कृष्ण** पर्यंत यदु पुत्र **क्रोष्टु** (यदुवंश) व **सहस्राजित** (हैहय वंश) की वंशावलियों का क्रम इस प्रकार से रहा था—

(7) **यदु**

(8) **क्रोष्टु**	(8) **सहस्राजित**	नील	जित	लघु
(9) वृजिनीवान	(9) शतजित			
(10) वारिमेजय	(10) अजीमढ़			
(11) वृष्टिनेमि	(11) नील			
(12) सवीतर	(12) ऋक्ष			
(13) सदापक्ष	(13) संवरण			
(14) सदालंभ	(14) सुधन्वा			
(15) स्वाहि	(15) सुहोत्र			

(यदुवंश)

(16) उषंगु

|

(17) श्रमिष्ठ

|

(18) श्रवण

|

(19) रुशंकु

|

(20) रुशदगु

|

(21) प्रसुत

|

(22) चित्ररथ

|

(23) **शशबिंदु** (चक्रवर्ती सम्राट्-जिसकी कन्या 'बिंदुमती' का विवाह सूर्यवंशी मांधाता से हुआ था)

|

(24) पृथश्रवा-पृथुयशा-पृथुधर्मा-पृथुजय-पृथुकीर्ति-पृथुदाता

|

(25) अंतर

|

(26) सुयज्ञ

|

(27) उशना

|

(28) तितिक्षु

|

(29) धृष्णु

|

(हैहय वंश)

(16) कृत

|

(17) विद्योपरिचर

|

(18) कुशाग्र

|

(19) ऋषभ

|

(20) पुष्पवान

|

(21) मित्रयु

|

(22) सहदेव

|

(23) सत्यहित

|

(24) सोमक

|

(25) उर्ज

|

(26) पृषत

|

(27) नभस

|

(28) सत्यहत

|

(29) पणव

|

(यदुवंश)

(30) मरुत

|

(31) कंबलवर्हिष

|

(32) रुक्मकवच

(33) रुक्मेषु पृथुरुक्म ज्यामघ हरि

|

(34) **विदर्भ** (विदर्भ राज्य का संस्थापक व चक्रवर्ती नरेश)

(35) क्रथ-कौशिक-लोमपाद

| | |

(36) कुंति चिदि मनु

|

(37) धृष्टसुत

|

(38) निवृति

|

(39) विदूरथ

|

(40) दशार्ह

|

(41) व्योमा

|

(42) जीभूत (परशुराम का समकालीन)

|

(43) विमल

|

(हैहय वंश)

(30) शमिल

|

(31) हनक

हैहय (वंश-प्रवर्तक व चक्रवर्ती सम्राट्)-हय-वेषु

|

(33) धर्म

|

(34) धर्मनेत्र

|

(35) कुंति

|

(36) सहजित

|

(37) **महिष्मान** (महिष्मती का संस्थापक)

|

(38) भद्रश्रेव्य

|

(39) दुर्दम

|

(40) कनक

(41) कृतवीर्य - कृताग्नि - कृतधर्म - कृतौजा

|

(42) **सहस्रार्जुन** (चक्रवर्ती सम्राट्-परशुराम द्वारा वध)

(43) शूर शूरसेन वृष्टमाद्य वृष जयहवन

(44) तालजंघ

(यदुवंश)

(44) विकृति (परशुराम का समकालीन)

।

(45) घिमल

।

(46) अकृति

(47) वृकल (सूर्यवंशी सगर का समकालिक)

।

(48) व्रभु

।

(49) वीर्य

।

(50) वृषभ

।

(51) भीमरथ (गंगावतरण का काल या भगीरथ का समकालीन)

।

(52) रथवर

।

(53) नवरथ

।

(54) एकादशरथ

।

(55) शकुनि

।

(56) करंभ

।

(57) देवरात

।

(हैहय वंश)

।

(45) वीरहोत्र

।

(46) अनंत

।

(47) अमित्रदर्शन (सूर्यवंशी सगर द्वारा इसका तथा इसके नगर का पूर्णतः विनाश)

(यदुवंश)

(58) देवक्षत्र

(59) देववान

(60) देबन

(61) मधु

(62) मेघार्थसंभव

(63) पुरुवश

(64) पुरुद्वान

(65) पुरुद्वह

(66) हर्यश्व (इसका विवाह मधु असुर की पुत्री व लवणासुर की बहन से हुआ था। मधुपुर के अधिपति रहे इसी लवणासुर को रामानुज शत्रुघ्न ने मारा था। इस प्रकार यह राम का समकालीन हुआ।)

(67) सत्व

(68) **सात्वत्** (कौशल्या-कोशल की राजकुमारी) इसी ने शत्रुघ्न के वंशजों से मधुपुरी का क्षेत्र छीनकर उसका नाम मथुरा रखा था।

(69) भलिन (69) देवावृध (69) **अंधक** (वंश प्रवर्तक) (69) **वृष्णि** (वंश प्रवर्तक)

- भलिन → यजमान
- देवावृध → वभ्रु → भोज
- अंधक → कुक्कर → धृष्णु → धृति
- अंधक → भजमान → बिदूरथ → शूर
- वृष्णि (गांधारी - पत्नियाँ - माद्री)
  - गांधारी → सुमित्र → अनमित्र
  - माद्री → युधाजित, देवभीढुष, अनमित्र

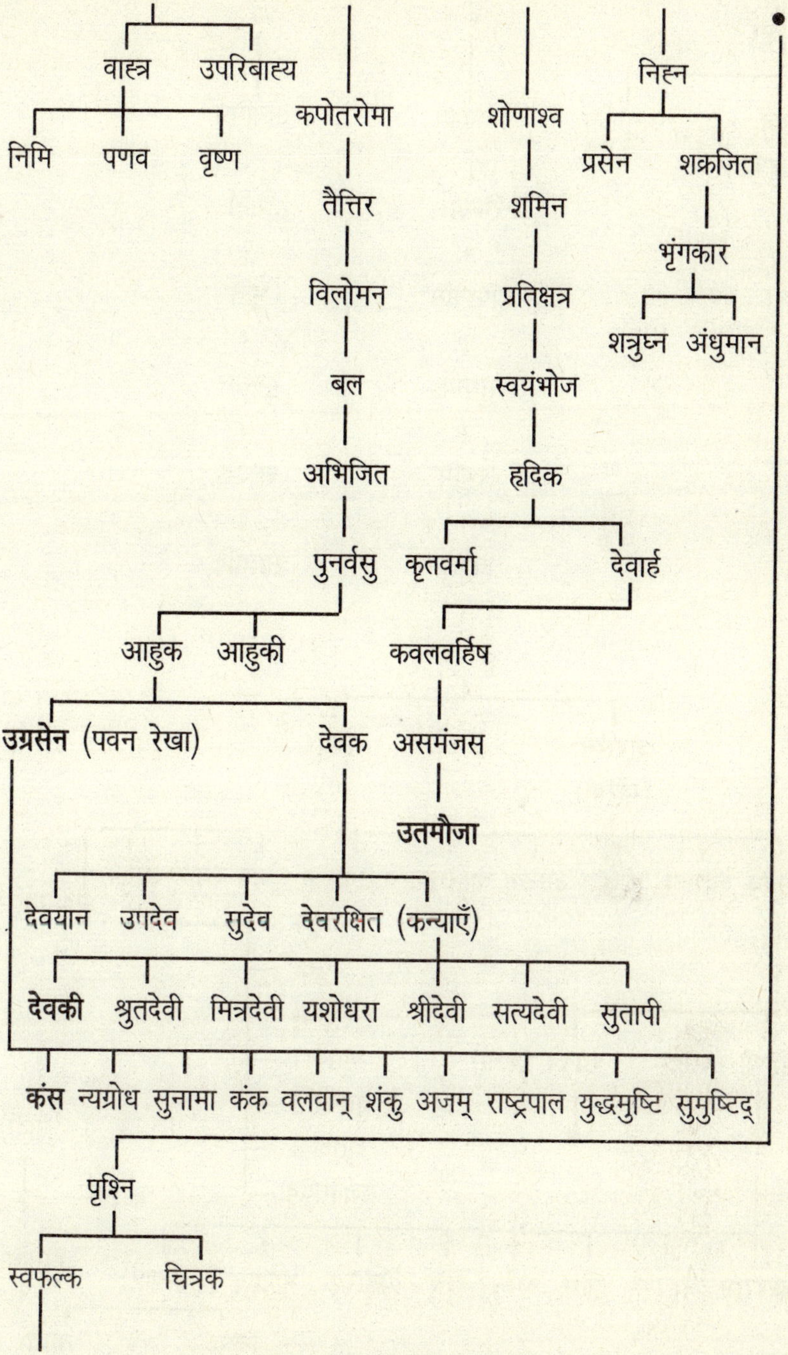
वाह्त्र
उपरिबाह्य
निमि
पणव
वृष्ण
कपोतरोमा
तैत्तिर
विलोमन
बल
अभिजित
पुनर्वसु
आहुक
आहुकी
उग्रसेन (पवन रेखा)
देवक
शोणाश्व
शमिन
प्रतिक्षत्र
स्वयंभोज
हृदिक
कृतवर्मा
देवार्ह
कवलवर्हिष
असमंजस
उतमौजा
निह्न
प्रसेन
शक्रजित
भृंगकार
शत्रुघ्न
अंधुमान
देवयान
उपदेव
सुदेव
देवरक्षित
(कन्याएँ)
देवकी
श्रुतदेवी
मित्रदेवी
यशोधरा
श्रीदेवी
सत्यदेवी
सुतापी
कंस
न्यग्रोध
सुनामा
कंक
वलवान्
शंकु
अजम्
राष्ट्रपाल
युद्धमुष्टि
सुमुष्टिद्
पृश्नि
स्वफल्क
चित्रक

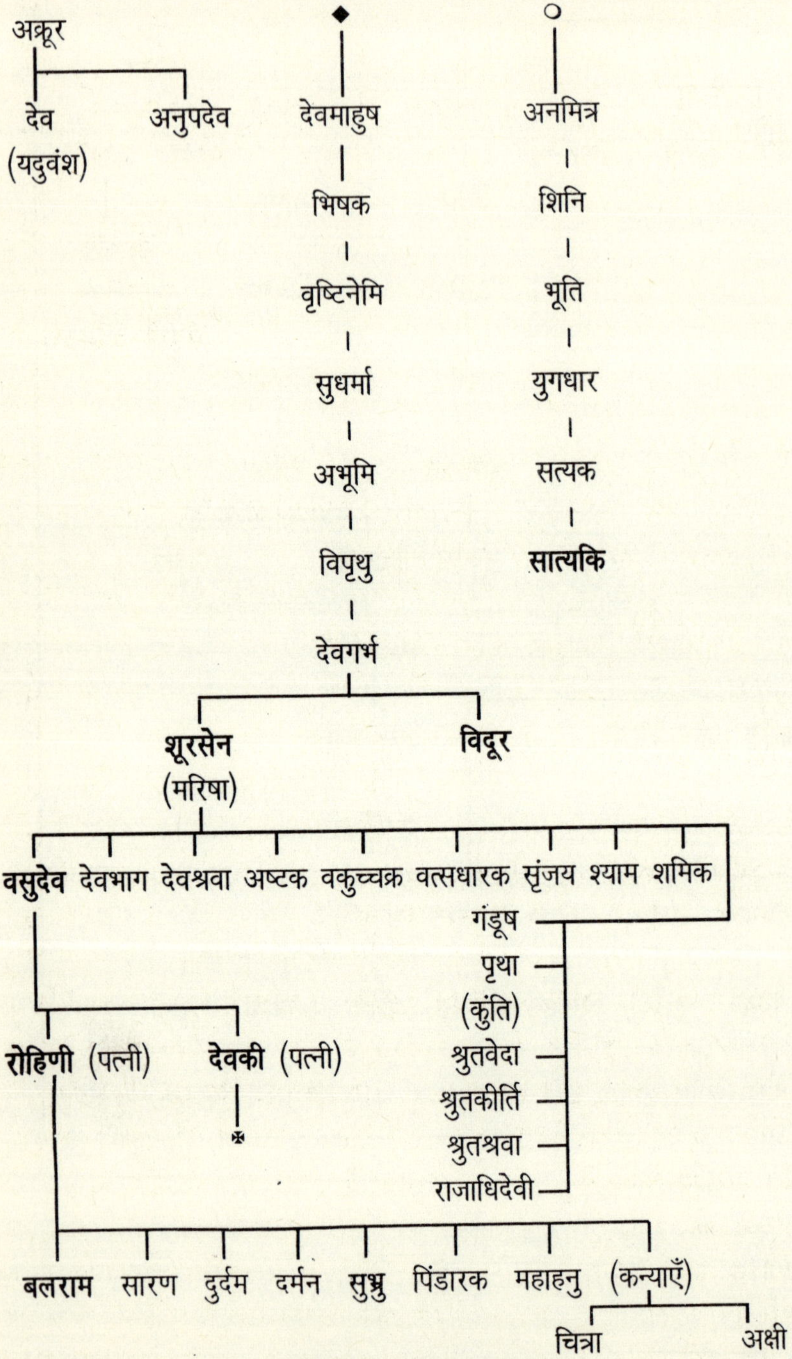
अक्रूर
देव
(यदुवंश)
अनुपदेव
◆
देवमाहुष
भिषक
वृष्टिनेमि
सुधर्मा
अभूमि
विपृथु
देवगर्भ
शूरसेन
(मरिषा)
विदूर
○
अनमित्र
शिनि
भूति
युगधार
सत्यक
सात्यकि
वसुदेव
देवभाग
देवश्रवा
अष्टक
वकुच्चक्र
वत्सधारक
सृंजय
श्याम
शमिक
गंडूष
पृथा
(कुंति)
श्रुतवेदा
श्रुतकीर्ति
श्रुतश्रवा
राजाधिदेवी
रोहिणी (पत्नी)
देवकी (पत्नी)
बलराम
सारण
दुर्दम
दर्मन
सुभ्रु
पिंडारक
महाहनु
(कन्याएँ)
चित्रा
अक्षी

✠

सुषेण कीर्तिमान उदासी भद्रसेन यजुदेय भद्रविद मदन **कृष्ण सुभद्रा (अर्जुन)**

प्रद्युम्न — अनिरुद्ध — वज्र (कृष्ण की वंश-परंपरा)

अभिमन्यु — परीक्षित (सुभद्रा-अर्जुन की वंश-परंपरा)

नोट : *राम-पुत्र लवं की पंद्रहवीं पीढ़ी में हुए बृहद्बल का वध अर्जुन-पुत्र अभिमन्यु ने महाभारत युद्ध के चक्रव्यूह के प्रथम द्वार पर किया था। राम के समकालीन रहे यदुवंशी हर्यश्य की पंद्रहवीं पीढ़ी में ही वसुदेव व देवकी के पुत्र के रूप में कृष्ण व पुत्री के रूप में सुभद्रा हुई। इसी सुभद्रा का विवाह पांडव अर्जुन से हुआ था। अभिमन्यु इसी अर्जुन व सुभद्रा का पुत्र था। इस प्रकार हर्यश्व (राम के समकालीन) से अभिमन्यु का अंतर भी राम से बृहद्बल की ही भाँति सोलह पीढ़ियों का ही रहा था।*

कृष्णादि का वृष्णि (यादव) वंश

वृष्णिवंशीय **वसुदेव** का विवाह अंधकवंशी राजकुमार देवक की कन्या देवकी से हुआ था। देवक **मथुरा** (प्राचीन मधुरी/मधुपुरी) के राजा **उग्रसेन** का अनुज रहा था। उग्रसेन की पटरानी **पवनरेखा** अपने समय की एक रूपवती महिला थी। एक बार उग्रसेन की अनुमति लेकर वह अपनी सखियों सहित वन-विहार के लिए सुयामनु पर्वतांचल के रमणीय क्षेत्र में गई हुई थी। संयोग से सौभनगरी का राजा **दुर्मिल** भी आखेट के प्रयोजन से वहीं पड़ाव डाले हुए था। लावण्यमयी पवनरेखा पर दृष्टि पड़ते ही दुर्मिल कामातुर हो उठा और अपनी पिपासा की तृप्ति के लिए गहन रात्रि में उग्रसेन के छद्म वेश को धारण करके वह उसके शयनकक्ष में उपस्थित हो गया। दुर्मिल द्वारा छलपूर्वक किए गए इस सहवास के कारण ठहरे अवांछित गर्भ से ही पवनरेखा को **कंस** नामक पुत्र की प्राप्ति हुई। पवनरेखा द्वारा इस कृत्य की गोपनीयता बनाए रखने के कारण लोकमान्यताओं में कंस की प्रतिष्ठा उग्रसेन के औरस-पुत्र के रूप में ही बनी रही। इस तरह उग्रसेन के दस पुत्रों में ज्येष्ठ रहा कंस युवा होने पर स्वाभाविक रूप से मथुरा का युवराज मनोनीत कर दिया गया।

बलशाली होने के साथ-साथ **कंस** निरंकुश स्वभाव का तथा अति महत्त्वाकांक्षी भी था। इसका विवाह मगध-नरेश **'जरासंध'** की कन्या **'अस्ति'** व **'प्राप्ति'** से हुआ था (संदर्भ—विष्णु पुराण-5/22/1)। जन्मगत दोषों के कारण उपजी स्वाभाविक उग्रता के अतिरेक में कंस अपने वृद्ध पिता उग्रसेन को बंदीगृह में डालकर बलात् ही मथुरा का राजा बन बैठा! यद्यपि यादवों के तीनों कुलों (अंधक, वृष्णि व भोजक) में सम्मानित रहे उग्रसेन के प्रति कंस का यह व्यवहार किसी को भी उचित नहीं लगा, फिर भी स्थिति की प्रतिकूलता को भाँपकर मथुरा के सभी सभासद मौन ही बने रहे। मथुरा-नरेश कंस अपनी चचेरी बहन **देवकी** से अत्यधिक स्नेह करता था। अतः अपने समीप रखने की इच्छा से ही उसने देवकी का विवाह अपने योग्य सभासद व मित्र **वसुदेव** से किया था। वसुदेव-देवकी के विवाहोपरांत कंस को किसी ज्योतिषी से यह ज्ञात हुआ कि इनकी किसी संतान के हाथों ही उसकी मृत्यु होगी। इस रहस्योद्‌घाटन से आशंकित होकर देवकी के वध के लिए कंस उद्यत हो उठा। तब उसे वसुदेव ने इस वचन के साथ आश्वस्त किया कि प्रसव-पश्चात् अपने नवजात शिशुओं को वे स्वयं ही कंस को समर्पित करते रहेंगे। वसुदेव के वचन पर विश्वास कर देवकी को छोड़ देने के उपरांत भी कंस ने सतर्कतावश उनके आवास के आस-पास गुप्तचरों का कड़ा पहरा लगवा दिया। **सुषेण, कीर्तिमान, उदासी, मद्रसेन, यजुदेव, भद्रविद्** व **मदन** के क्रम से हुए देवकी के पुत्रों को वसुदेव अपने प्रण के अनुसार प्रसव-पश्चात् भरी सभा में ले जाकर कंस को सौंपते रहे और वह सभी के समक्ष इन अबोध शिशुओं की हत्याएँ बड़ी ही निर्ममता से करता रहा। पिता उग्रसेन व अन्य संबंधी वसुदेव-देवकी के प्रति कंस द्वारा किए जा रहे इस अमानुषिक बरताव से जहाँ इनके प्रति राजपुरुषों की सहानुभूति बढ़ने लगी, वहीं कंस के अत्याचारों से त्रस्त हो चुकी प्रजा में भी उसके प्रति घृणा व आक्रोश का भाव द्विगुणित होने लगा था। जनता में हो रही असंतोष की इस सुगबुगाहट से सशंकित होकर कंस ने देवकी द्वारा आठवीं बार गर्भधारण करने का समाचार सुनते ही इस निरीह दंपती को आनन-फानन में बंदी बना डाला। इधर कंस से मुक्ति की प्रत्याशा में वसुदेव-देवकी की भावी संतान को उसके क्रूर पंजों से सुरक्षित रखने के उद्‌देश्य से कुछ प्रभावी लोग गुप्त रीति से सक्रिय हो उठे। नियत समय पर, अर्थात् आज से 5231 वर्ष पूर्व के **भाद्रपद** मास के **कृष्ण** पक्षीय **अष्टमी** तिथि (यानी ई.पू. 3227 की 21 जुलाई) को **रोहिणी नक्षत्र** में (अर्धरात्रि यानी रात्रि के बारह बजे) मथुरा स्थित कंस के लौहखंडी नामक कारागृह में देवकी ने **'कृष्ण'** नाम से जगत् प्रसिद्ध

हुए एक अलौकिक बालक को जन्म दिया। इस गणना की पुष्टि लियो गोल्ड व लियो पाम नामक कंप्यूटर प्रोग्राम द्वारा भी सिद्ध की जा चुकी है। ग्रहों की तात्कालिक स्थितियों के अनुरूप **'श्रीकृष्ण'** की जन्मकुंडली इस प्रकार से बनती है—

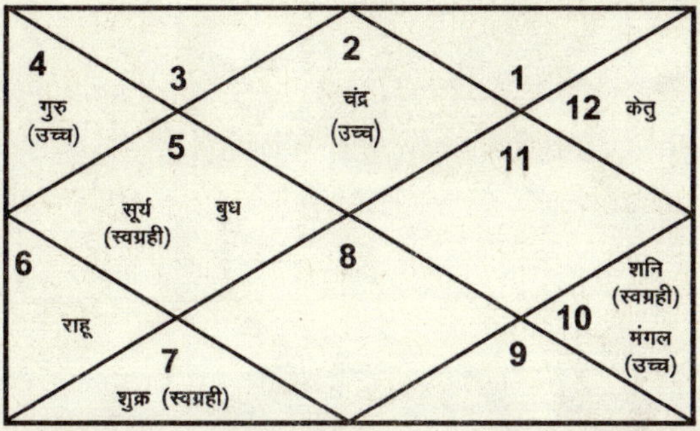

उद्यमी पुरुषों की पूर्वनियोजित योजनाओं के अनुसार बेसुध सो रहे प्रहरियों की असावधानी का लाभ उठाते हुए वसुदेव इस नवजात शिशु को लेकर सहजता से बंदीगृह से बाहर निकल आए और रातोरात गुप्त रीति से यमुना पार स्थित **नंदग्राम** (मथुरा से 48 कि.मी. उत्तर-पूर्व) के मुखिया व वृष्णियों के हितैषी **'गोप नंद'** की अभिरक्षा में सुपुर्द कर आए। लोक-कल्याण के लिए इस नवजात शिशु की सुरक्षा व संरक्षा के वात्सल्य भाव के साथ-साथ कंस को भ्रम में डाले रहने के निमित्त ही गोप नंद की पत्नी **'यशोदा'** ने संयोगवश उसी दिन जनमी अपनी अबोध बाला को राष्ट्रहित में वसुदेव को न्योछावर कर दिया। कारागृह में वसुदेव के सकुशल लौटने के पश्चात् होश में आए प्रहरियों द्वारा प्रातःकाल कंस को देवकी के प्रसव की सूचना दी गई। बालक के स्थान पर बालिका को देखकर भी कंस का पाषाण हृदय नहीं पिघला और जघन्यतापूर्वक इस अबोध बालिका का प्राणांत करने के कुत्सित उद्देश्य से उस निर्मोही ने कारागृह के ऊँचे बुर्ज से इसे नीचे फेंकने के लिए ऊपर हवा में क्रूरता से उछाल दिया।

इस प्रकार शुभेच्छुओं के योजनाबद्ध प्रयासों से कंस के कराल पंजों से सुरक्षित बचाए जा सके अभिजात **'देवकीनंदन'**, मथुरा के अराजक परिवेश से दूर **गोकुल** के निरापद आश्रयस्थली में **'यशोदानंदन'** के नए रूप में एक साधारण गोप की ही भाँति पलने-बढ़ने लगे। बचपन से ही अद्‌भुत प्रतिभा के धनी रहे **'गोपाल'** अपनी मनमोहक छवि तथा बालसुलभ चंचल भाव-भंगिमाओं के कारण यशोदा के ही नहीं, अपितु पूरे **'नंदग्राम'** के लोगों की आँखों के तारे बन चुके थे। जन-सामान्य के मध्य

पोषित होने के कारण **'कृष्ण'** तात्कालिक दुर्व्यवस्था तथा निचले पायदानों की दशा-दुर्दशा से भलीभाँति अवगत होते गए। यही कारण है कि **स्थितिप्रज्ञ कर्म** के अपने जीवंत दृष्टांतों द्वारा शोषित व पीड़ित वर्ग को लोकधर्म के परिमार्जन व संवर्धन के लिए वे आजन्म ही उत्प्रेरित करते रहे। जन-जागरण के इसी फलित वैशिष्ट्य के कारण उन्हें **'जनार्दन'** के सार्थक विशेषण से भी अलंकृत किया गया। **'पूत के पाँव पालने में दिखते हैं'** कहावत को चरितार्थ करते हुए उन्होंने डायन वृत्तिवाली **पूतना** का दमन करके जहाँ नवजात शिशुओं को अभय प्रदान किया, वहीं घुटनों के बल चलते हुए शरीर से बँधे ऊखल के द्वारा प्रदूषित **यमलार्जुन वृक्ष** को उखाड़कर भावी अनिष्ट को दूर किया। रस्सी से बँधे होने के बावजूद अपने इस अलौकिक कृत्य के कारण ही वे **'दामोदर'** के नाम से भी विख्यात हुए ***(तत्पश्चात् दामोदरतां स ययौ दामवन्धनात्***—विष्णु-पुराण-5/6/20)। बाल-क्रीड़ा करते हुए उन्होंने **वक, अघ, धेनुक** आदि हिंसक जीवों को मारकर जहाँ सखा-मंडली को भयमुक्त किया, वहीं **कालिया-दहन** के जोखिम भरे प्रयासों से यमुना को प्रदूषण मुक्त कर तटवर्ती निवासियों को स्वस्थ जीवनयापन करने का अवसर दिया। मथुरा के अंधकवंशी राजपुरुषों द्वारा बलात् मँगाई जानेवाली दूध-दहीं की मटकियाँ फोड़कर तथा एकत्र

किए गए मक्खन को कुपोषण के शिकार नौनिहालों में बाँटकर कृष्ण ने जहाँ राजकीय शोषणों के विरुद्ध अहीर ग्रामीणों के सोए हुए विवेक को जगाने का प्रयास किया, वहीं गोवर्धन (गायों के बर्द्धन) के क्रांतिकारी दृष्टांत द्वारा जनसाधारण के व्यावसायिक रुझान को उद्वेलित करते हुए देवराज इंद्र की गरिमामयी सत्ता तक को भी झकझोर डाला। सामाजिक मर्यादा का पाठ पढ़ाने के उद्देश्य से एक तरफ वे नदी में नग्न स्नान कर रही गोपियों के वस्त्रों को छुपा दिया करते थे, वहीं कुंठा से बोझिल ग्रामीणों के रुखे-सूखे जीवन में गीत-संगीत की उल्लास भरी फुहार बरसाने के लिए बाँसुरी की धुन पर **'रास'** के सामूहिक लोकनर्तनों का भी आयोजन किया करते थे। कालांतर में रास का यह लोकव्यापी मनोरंजन बाल कृष्ण व वयस्क गोपियों के असहज प्रणय संबंधों तक में ही रूपांतरित होकर नहीं रह गया, अपितु हर्षकालीन **'ब्रह्मवैवर्त पुराण'** के माध्यम से कृष्ण के जीवन में **'राधा'** नामक एक नायिका को भी स्थापित कर दिया। ऐतिहासिक दृष्टि से गोप **बृषभानु** व उसकी पत्नी **कीर्ति** की इस दुहिता का विवाह नंद के साले **रायन** से हुआ था। इस तरह रिश्ते में मामी लगनेवाली बरसाने की इस बाला से काफी छोटे रहे कृष्ण का मेल-मिलाप बाल्यावस्था तक गोकुल में बिताए गए प्रवास मात्र तक ही सीमित रहा था, किंतु प्रकारांतर विकसित हुई जनश्रुतियों के कारण **गीतगोविंद** की यह रहस्यमयी नायिका जनमानस के मध्य रुक्मणी, सत्यभामा आदि कृष्ण की पटरानियों को नेपथ्य में ढकेलकर स्थायी रूप से कृष्ण के वामांग में प्रतिष्ठित हो गई। गीता-दर्शन पर दिए गए अपने प्रवचनों के माध्यम से ओशो राधा-कृष्ण की इस अबूझ पहेली का बड़ा सटीक निराकरण करते हैं। उनके अनुसार स्रोत से दूर जाते हुए प्रवाह को **'धारा'** कहते हैं, जबकि मूल के तरफ मुड़नेवाले प्रवाह को 'राधा' के ठीक उलटे नाम से ही संबोधित किया जा सकता है। वहिर्गमन यात्रा है **धारामय** होने का और अंतर्मुखता यात्रा है **राधामय** होने का। इस तरह कृष्ण की सन्निकटता जिस विधि से प्राप्त हो उसे ही विवेकीजन 'राधा' के सांकेतिक नाम से चिह्नित करते हैं। अतः कृष्ण के संदर्भ में प्रयुक्त राधा व्यक्तिवाचक न होकर गुणवाचक संज्ञा ही मानी जा सकती है। किशोर होने पर एक महती उद्देश्य के लिए यशोदा के ममत्व व गोप-गोपियों के मोहबंधन को एक झटके में तोड़कर मथुरा पहुँचे **'श्रीकृष्ण'** ने तात्कालिक शासन व्यवस्था से असंतुष्ट रहे यादव गणों के सहयोग से दुष्ट **कुबलयापीड़**, दुर्धुर्षु **मुष्टिक** व **चाणूर** समेत **आततायी कंस** का वध करके संपूर्ण ब्रजभूमि तथा यहाँ की अहीर प्रजा को इनके आतंक व अनाचार से छुटकारा दिला दिया। इतना ही नहीं, कंस के दुराचरणों से वृष्णियों व अंधकों के मध्य

पड़ी खटास को समाप्त करने के लिए ही उन्होंने अपने पिता वसुदेव के स्थान पर **वयोवृद्ध उग्रसेन** को मथुरा की गद्‌दी पर प्रतिष्ठापित करके यादवों की एकता को नए सिरे से सुदृढ़ करने का भी प्रयास किया। प्रकारांतर यादवों के साथ-साथ पूरे राष्ट्र को एकता के सूत्र में पिरोने के प्रयास में वे इतना उलझ गए कि फिर कभी लौटकर गोकुल की गलियों में विचरने का उन्हें अवसर ही प्राप्त न हो सका।

उग्रसेन को सिंहासनारूढ़ करने के पश्चात् 'श्रीकृष्ण' ने ब्रज की निरंकुश हो गई राजव्यवस्था को सुधारने का बीड़ा उठाया। तभी **जामता** (कंस) के वध से बौखलाए **जरासंध** ने मथुरा पर चढ़ाई कर दी। राग-द्वेष के व्यक्तिगत कारणों से थोपे गए इस युद्ध के पचड़े में फँसे रहकर शक्ति-क्षय करने की अपेक्षा कृष्ण को लंबे उत्पीड़न से निजात पाए यदुवंशियों के सर्वांगीण विकास की अधिक चिंता सता रही थी। इसीलिए जरासंध के सोलह निरंतर आक्रमणों के परिणामस्वरूप दृष्टिगोचर हो रही विपन्नताओं से ब्रजवासियों को बचाने के लिए उन्हें आनर्त प्रदेश के रैवतक पर्वतांचल के सुरक्षित स्थान की ओर पलायन कर जाना श्रेयस्कर प्रतीत हुआ। इस घटना के कुछ समय पश्चात् उनके वियोग को सहन न कर पाने के कारण वसुदेव-देवकी भी सात्यकी व कृतवर्मा आदि यादव गणों के साथ स्थायी रूप से रैवतक पर्वतांचल में ही आकर रहने लगे। युद्ध की अनावश्यक विभीषिकाओं से ब्रजभूमि को बचाने के उपक्रम में **कुशस्थली** में विस्थापित हुए कृष्ण ने बड़ी ही सहजता से **'रणछोड़'** की लांछना को भी स्वीकार कर लिया, किंतु अपने उत्कृष्ट राष्ट्रप्रेम के कारण इस नूतन क्षेत्र में **'कालयवन'** जैसे विदेशी आक्रांता का सामना करने से नहीं चूके। नवागंतुकों को अनिष्ट से बचाए रखने के प्रयास में मल्लयुद्ध के प्रस्ताव द्वारा इस यवनराज को पर्वत की कंदराओं में आमंत्रित कर मुचुकुंद नामक तपस्वी से उलझाकर छल द्वारा उसका संहार करवा डाला।

कालांतर में प्रसिद्ध वास्तुशिल्पी **विश्वकर्मा** के सहयोग से उन्होंने कुशस्थली के निकट 'द्वारिका' नामक एक भव्य व अभेद्य नगरी का निर्माण करवाया। बाह्य सुरक्षा के लिए जहाँ इस नगरी के चारों तरफ सुदृढ़ दीवारें खड़ी की गई थीं, वहीं आंतरिक सुरक्षा के दृष्टिगत यहाँ के निवासियों को पहचान-मुद्रा भी आवंटित किए गए थे (संदर्भ—हरिवंश पुराण)। नेशनल इंस्टीट्यूट ऑफ ओशनोलॉजी के पुरातत्त्वविदों को आधुनिक द्वारिका के समुद्री गर्भ में 45 कि.मी. उत्तर-दक्षिण व 25 कि.मी. पूर्व-पश्चिम के आयताकार क्षेत्र में एक प्राचीन, किंतु नष्टप्राय नगरी के महत्त्वपूर्ण अवशेषों *(The object recovered from the sea-bed established that the ancient Dwarka* *was an urban centre born out by higher engineering skill, advance technology and of course a contribution of quality brain living in this area who were instrumental to maintain the six-tier setup of this unique city.* Ref-**The Lost city of Dwarka** by Dr. S.R. Rao) के साथ-साथ **देवापि** (भीष्म के चाचा), **अक्रूर** (वसुदेव के मित्र), **मुरारी वृष्णि** (श्रीकृष्ण का ही एक उपनाम) अंकित व्यक्तिगत व **श्रीतीर्थ** (द्वारिका का एक अन्य नाम) अंकित गणोपयोगी मुद्राएँ भी मिली हैं *(Decipherment of these seals dated back to 5,000 years, found in excavations, shows strong affinity with the existence of Krishna and other Mahabharata character as historic figure of that particular time.* Ref-**Search** for **Historical Krishna** by N.S. Rajaram & N. Jha)। संभवतः आधुनिक पहचान-पत्रों के प्रचलन की प्रेरणाएँ इसी तरह की प्राचीन मुद्राओं से ही प्राप्त हुई होंगी। यद्यपि 1983 से 1990 तक किए गए इन उत्खननों के निष्कर्षों को अभी तक अंतरराष्ट्रीय स्तर पर मान्यता नहीं मिल पाई है, तथापि व्यक्तिगत उपलब्धि के रूप में इन अभियानों में से एक के लिए **'World Ship Trust'** पुरस्कार से सम्मानित किए गए भारतीय समुद्र विज्ञानी डॉ. एस.आर. राव का यह मानना है कि *'This discovery is an important Landmark in the history of India. It has set to rest the doubts expressed by historians about the historicity of Mahabharata and the very existence of Dwarka City of Lord Krishna. It has greatly narrowed the gap in Indian history by establishing the continiuty of the Indian Civilisation from the Vedic age to the present day.'* (Extract from his book—**The Lost City of Dwarka**)।

चारों तरफ समुद्र द्वारा रक्षित द्वारिका में यादवों को विधिवत् विस्थापित करके श्रीकृष्ण औपचारिक शिक्षा के लिए बलराम आदि युवाओं के साथ उज्जयिनी के विद्वान् ब्राह्मण **'संदीपनि'** के गुरुकुल में चले गए (***तत्सान्दीपनिं काश्यमवन्तिपुरवासिनम् विद्यार्थ जग्मुतर्बालौ कृतोपनयन क्रमौ***-विष्णु पुराण-5/2119)। अल्पकाल में ही पठन-पाठन की सभी औपचारिकताओं को संपन्न करके बंधु सहित द्वारिका वापस लौटकर कृष्ण अपने कुशल प्रबंधनों द्वारा यहाँ के चहुँमुखी विकास के लिए प्राण-प्रण से तत्पर हो गए। आदर्श राष्ट्र के निर्माण के लिए सदैव प्रयत्नशील रहे युगद्रष्टा कृष्ण ने तात्कालिक परिस्थितियों का आकलन बड़ी ही सूक्ष्मता से किया था। उनकी दृष्टि में ***'परित्राणाय साधूनां'*** के साथ-साथ ***'विनाशाय च दुष्टकृताम्'*** के कठोर संकल्प द्वारा ही आदर्शजनित धर्म राज्य की स्थापना ***(धर्म संस्थापनार्थाय)*** संभव हो सकती

है। यही कारण रहा कि **शिशुपाल, पौंड्रक, नरकासुर** आदि दुर्जनों के शमन के बाद अखंड राष्ट्र के संचालन के लिए महारथियों से परिपूर्ण **दंभी कौरवों** की तुलना में न्याय के लिए सतत संघर्षरत रहे **कर्मठ पांडव** ही उन्हें अधिक उपयुक्त लगे थे। दुष्टदमन क़ी अपनी उत्कट अभिलाषा के कारण ही उन्हें आततायी **जरासंध** से लेकर अन्याय का पक्ष लेनेवाले **पितामह भीष्म, आचार्य द्रोण, दानवीर कर्ण, सिंधुराज जयद्रथ** समेत **कौरव** कुलदीपक **दुर्योधन** तक को कूट चालों द्वारा मरवाने में कहीं कोई अपराध-बोध नहीं हुआ। कुरुक्षेत्र की रणभूमि में स्वजनों को विपक्ष में खड़ा देख विषादग्रस्त हुए अर्जुन को क्षत्रियोचित धर्म ***(स्वधर्मे निधनं श्रेयः पर धर्मों भयावहः)*** का पाठ पढ़ाते हुए समभाव से ***(सुख दुःखे समे कृत्वा लाभालाभौ जयाजयः)*** मरने या मारने के दृढ़ निश्चय के साथ युद्ध करने (***हतो याप्राप्स्यसि स्वर्ग जित्वा वा भोक्ष्यसे महीम तस्मादुतिष्ठ कौन्तेय युद्धाय कृतनिश्चयः***) का निर्देश देकर कृष्ण ने मानवीय समाज के सम्मुख ***'कर्मण्येवाधिकारस्ते मा फलेषु कदाचन'*** का एक अनुपम दृष्टांत प्रस्तुत किया था। **'गीता'** के नाम से विख्यात योगेश्वर कृष्ण व धनुर्धारी अर्जुन का यह कालजयी संवाद प्रकट युद्धों में ही नहीं, अपितु आधुनिक मानवों के अंतर पटलों पर लड़े जा रहे द्वंद्वों के निस्तारण हेतु भी प्रासंगिक सिद्ध होता है।

वासुदेव **'कृष्ण'** की रुक्मिणी, सत्यभामा, सात्रजिती, सत्या, सुभामा, शैव्या, जामवंती, लक्ष्मणा, मित्रविंदा, कालिंदी, सुशीला, माद्री, कौशल्या, विजया, रोहिणी तथा जालवासिनी आदि **सोलह पत्नियाँ** थीं। पुराणों में बहुवाचक 'सहस्र' शब्द प्रयोग करने की परंपरा के कारण कृष्ण की इन सोलह पटरानियों के लिए **'सहस्राणि च षोडश'** के व्यवहृत भाव ने जनसामान्य में इन्हें **'सोलह हजार'** मानने का भ्रम उपस्थित करा दिया। **'कृष्ण'** को अपनी इन सोलह स्त्रियों से प्रद्युम्न, चारुदेष्ण, सुदेष्ण, शरभ, चारु, सुचारु, भद्र, परशु, विंध्य, भानु, भ्रमरतेक्षण, रोहित, दीप्तिमान, ताम्र, चक्र, जलंघम, सांब, निपुण, सानु, अक्ष, रोहित, मंत्रय, भौमरि, भद्रगुप्त,

भद्रविंदु, भद्रवाहु, मित्रवान, मित्रविंद, मित्रवाहु, सुनीथ, चारुहास **आदि पुत्र** तथा चारुवाही, भौमारिका, ताम्रपर्णी, भद्रावती व चारुमती नामक **पुत्रियाँ** हुईं। इसी प्रकार कृष्ण की विमाता के ज्येष्ठ पुत्र **'बलराम'** को रेवती आदि पत्नियों से निशित, उत्सुक, पार्श्वी, पार्श्वनंदी, शिशु, सत्यधृति, मंदवाहृय, रामाण, गिरिक, गिर, शुल्कगुल्म, गुल्मदरिद्रांतक नामक **पुत्रगण** व अर्चिष्मती, सुनंदा, सुरसा, सुवचा व शतबला नामक **पाँच पुत्रियाँ** हुईं। कृष्ण के पुत्रों में रुक्मिणी नंदन **'प्रद्युम्न'** सबसे ज्येष्ठ थे। इनका विवाह दानवकन्या **मायावती** से हुआ था (संदर्भ—**विष्णु पुराण**-5/27)। प्रद्युम्न के सबसे बड़े पुत्र का नाम **'अनिरुद्ध'** था और इसका विवाह मध्य एशिया के असुर सम्राट् वाणासुर की पुत्री 'उषा' से हुआ था। अनिरुद्ध के ज्येष्ठ पुत्र का नाम **'वज्र'** रहा था (***प्रद्युम्नः प्रथमस्तेषां सर्वेषां रूक्मिणी सुतः प्रद्युम्नादनिरुद्धोऽभूद्वज्र-स्तस्मादजायत***-विष्णु पुराण- 5/32/6)। कृतवर्मा, सात्यकि, अक्रूर आदि मूर्धन्य यादवों के साथ कृष्ण व बलराम के उपर्युक्त पुत्र, पौत्रादिगण **'प्रभास क्षेत्र'** में हुए गृहयुद्ध में एक-दूसरे पर किए गए। **ऐरक** नामक विषैले अस्त्र (***एरकारुपिभिर्वज्रैस्ते निजघ्नुः परस्परम्***—विष्णु पुराण- 5/37/47) के प्रहारों द्वारा मारे गए थे। अपने वंश के इस दारुण विनाश से क्षोभग्रस्त होकर **'बलराम'** ने जहाँ समुद्र में डूबकर अपने प्राण का परित्याग कर दिया, वहीं **भलखा वन** के निर्जन क्षेत्र में चिंतामग्न हो एकाकी लेटे रहे कृष्ण की मृत्यु **'जरा'** नामक व्याध द्वारा चलाए गए विषबाण के पैर के तलवे में बिंध जाने के कारण हुई थी (***आययौ च जरानाम तदा तत्र स लुब्धकः-तले विव्याध तेनैव तोमरेण द्विजोत्तम***—विष्णु पुराण-5/37/68-69)। कृष्ण व बलराम के परलोकगमन का दारुण संवाद सुनने के पश्चात् रोहिणी व देवकी सहित वसुदेव तथा उग्रसेन ने भी अपने-अपने प्राणों का परित्याग कर दिया (संदर्भ—**विष्णु पुराण**-5/38-4)

भागवत (11/6/25) के अनुसार, कृष्ण की इहलीला 125 वर्ष सात माह छह दिन के निश्चित वय पर समाप्त हुई थी (***यदुवंशेऽवतीर्णस्य भवतः पुरुषोत्तम शरच्छतं व्यतीयाय पंचविंशाधिकं प्रभो***) और वायु पुराण (99/428-429) के अनुसार, कृष्ण के शरीर-त्याग करने के दिन से ही कलियुग प्रारंभ हुआ था (***यस्मिन् कृष्णो दिवं यातस्तस्मिन्नेव तदा दिने, प्रतिपन्नः कलियुगस्तस्य संख्यां निबोधत***)। यूरोप के प्रसिद्ध गणितज्ञ व खगोलशास्त्री **'बैली'** के अनुसार भारतीय मान्यताओं के कलिकाल का प्रारंभ ई.पू. 3101 की फरवरी 17/18 मध्यरात्रि दिन शुक्रवार से हुआ था। बैली की कलिकाल-संबंधी गणनाओं तथा भागवत में वर्णित तथ्यों के आधार पर कृष्ण-जन्म की संभावित तिथि (ई.पू. 3101+125=ई.पू. 3226) अर्थात् फरवरी 3226 ई.पू. की

होती है। चूँकि कृष्ण का जन्म मान्य परंपरा के अनुसार भाद्रपद के कृष्ण पक्ष की अष्टमी को रोहिणी नक्षत्र में रात्रि के ठीक बारह बजे कंस के मथुरा स्थित कारागार की एक कालकोठरी में हुआ था, अतः ई.पू. 3226 जुलाई से पूर्व में पड़े भाद्रपद कृष्णपक्ष (की अगस्त/फरवरी) की छमाही अंतर को जोड़ने पर **कृष्ण-जन्म** की अनुमानित तिथि ई.पू. 3227 की 21 जुलाई की तथा उनकी मृत्यु की निश्चित तिथि ई.पू. 3101 की 18 फरवरी सिद्ध होती है। कृष्ण की मृत्यु के एक सप्ताह उपरांत **'द्वारिका'** भी अर्धरात्रि को जल में डूब गई थी, अतः द्वारिका के जलमग्न होने की घटना ई.पू. 3101 की 24/25 फरवरी के मध्यरात्रि में ही घटित हुई होगी (***प्लावयामास ता शून्यां द्वारका च महोदधि***—विष्णु पुराण-5/38/9)। **महाभारत** के मौसलपर्व में द्वारिका के जलसमाधि की घटना का वर्णन करते हुए अर्जुन कहते हैं कि *'समुद्र की लहरें नगर के अभेद्य प्राचीर को तोड़कर भीतर प्रवेश कर गईं और देखते-देखते ही पूरी द्वारिका समुद्र में समा गई। इस तरह उसका मात्र नाम ही अब स्मृतियों में सँजोने के लिए शेष बच गया है।'* **नेशनल इंस्टीट्यूट ऑफ ओशनोलॉजी** के द्वारिका अभियानों (1983-90) के निष्कर्ष भी कुछ इसी तरह की घटनाओं के घटित होने की पुष्टि करते हैं *(The thermoluminescence dating of material recovered during these expeditions shows that coastal region probally had human settlements from very ancient times ie 6000 years ago and the same was swallowed by the sea due to sudden rise of water level around 3000 BC.) ।*

यह संयोग ही है कि द्वारिका के जलमग्न होने की घटना से कुछ पूर्व ही इराक व ईरान का विस्तृत भू-भाग **'दजला-फ़रात'** में आई भयंकर बाढ़ के कारण जल-प्लावित हो गया था। प्रसिद्ध भूगर्भशास्त्री **सर लियोनार्ड वूली** ने उर-प्रदेश में किए गए उत्खननों में मिले तलछटों के जमाव का परीक्षण कर इस घटना के अनुमानित काल का आकलन ई.पू. 3106 के आस-पास का ही किया है। संभवतः मध्य एशिया को प्लावित कर चुकी इस जलराशि का दक्षिण के सागरों में हुई निकासी के परिणामस्वरूप **'महोदधि'** (अरब सागर) का जल स्तर शनैः-शनैः बढ़ा होगा और तदनुसार समुद्र में स्थित **'द्वारिका'** के टापू नगर की जल-समाधि ई.पू. 3101 के पूर्वार्ध में हुई होगी। यही नहीं, इस घटना के कुछ शताब्दी पूर्व हुई प्राकृतिक उथल-पुथल के भूगर्भीय परिवर्तनों के कारण **लोहित्य सागर** (Red Sea) का समूचा पूर्वी-दक्षिणी क्षेत्र भी मरुथल में रूपांतरित हो गया था। भूगर्भशास्त्रियों के अनुमानानुसार इस प्राकृतिक संघात का काल ई.पू. 3500 के लगभग का ही रहा था। अमेरिका की

'मयांस-सभ्यता' में भी उस क्षेत्र-विशेष में घटित प्रलय की अनुमानित तिथि 12 अगस्त, 3113 ई.पू. ही मानी गई है। इस तरह कलियुग के संधिकाल (ई.पू. 3500 से लेकर ई.पू. 3101) में कर्क रेखा व उससे उत्तर के भूभागों में घटित इन प्रलयंकारी आपदाओं के कारण यहाँ का जनजीवन भयानक रूप से प्रभावित रहा था।

वासुदेव कृष्ण की मृत्यु के तुरंत पश्चात् द्वारिका पहुँचे पांडव अर्जुन ने बलराम-कृष्ण सहित अन्यान्य यादव श्रेष्ठों की मृत देहों को ढुँढ़वाकर उनकी सामूहिक अंत्येष्टि का प्रबंध करवाया था (संदर्भ—विष्णु पुराण-5/38/1)। कृष्ण के शव के साथ रुक्मिणी आदि उनकी आठ पटरानियाँ व बलराम के शव के साथ रेवती भी अपने को जीवित ही अग्नि में समर्पित कर दिया (संदर्भ—विष्णु पुराण-5/38/2-3)। इसके उपरांत अर्जुन जल में डूब रहे शोकसंतप्त यदुवंशियों को बचाने के प्रयत्न में **'बाईस नावों की टोलियों'** में पूर्व के गुजरात स्थित जामनगर के तटवर्ती क्षेत्र की ओर रवाना हुए थे। अर्धरात्रि में घटित प्राकृतिक आपदा की इस अफरा-तफरी में अर्जुन के साथ नावों में सवार राज-परिवार तथा विशिष्ट यदुवंशियों की **'दस टोलियाँ'** ही जामनगर के तट पर सकुशल पहुँच सकी थीं। इनमें से कुछ ने गुजरात के क्षेत्र में बसना श्रेयस्कर समझा और शेष सभी अर्जुन के साथ अरावली पर्वतांचल के रास्ते हस्तिनापुर के लिए प्रस्थान कर गए। गुजरात के अंचलों में विस्थापित हुए इन यदुवंशियों को कालांतर में **'जूदेव'** या फिर **'जडेजा'** की संज्ञाओं से विभूषित किया जाने लगा। अर्जुन के साथ जा रही यदुवंश की इन राज महिलाओं को **'आधुनिक भीलवाड़ा'** के समीप निवास कर रहे **आभीर** आदि दस्युओं ने बलात् हरण कर लिया था ***(मानुष नहीं होत है समय होत बलवान, भीलन लूटी गोपिका वही अर्जुन वही बान)***। किसी तरह सुरक्षित बचे कुछ यदुवंशियों को अर्जुन ने अपने हिस्से के **पंचनद प्रदेश** (आधुनिक पंजाब) में विस्थापित कर (***पार्थ पंचनदे देशे वहुधान्यधनान्विते चकार वासं सर्वस्य जनस्य मुनिसत्तमः***—विष्णु पुराण-5/38/12) कृष्ण के प्रपौत्र **'बज्र'** के साथ भीलों द्वारा मिली पराजय व अपमान की इस पीड़ा को झेलते हुए स्वर्गारोहण का मन बनाकर **हस्तिनापुर** वापस पहुँचे। पंचनद प्रदेश में विस्थापित हुए यादवों की ही एक शाखा कालांतर में साइबेरिया में जाकर बसी। **कर्नल टॉड** के अनुसार साइबेरिया की **सामोयेदीज** व **जोदीस** जातियों का नामकरण क्रमशः **'श्याम'** व **'यादव'** शब्दों से ही हुआ था। किंचित् यादवों से निःसृत होने के कारण ही इनकी भाषा भी संस्कृत से काफी मिलती-जुलती है। साइबेरिया के प्रवास पर जाते समय इनकी टोली ने मध्य-एशिया के जिस स्थान पर कुछ समय के लिए पड़ाव डाला था,

उसे ही इतिहासविद् **'यदुसडांग'** के नाम से चिह्नित करते हैं। इधर अर्जुन की मंत्रणा पर **सम्राट् युधिष्ठिर** ने वृष्णि वंशी वज्र को **इंद्रप्रस्थ,** अंधक वंशी सात्यकि के पुत्र सत्य को **सारस्वत देश** तथा भोजवंशी कृतवर्मा के पुत्र को **मार्तिकावत** का प्रभारी बना दिया। इस प्रकार **हस्तिनापुर** की मूल गद्दी पर अर्जुन के पौत्र **परीक्षित** का अभिषेक करके युधिष्ठिर अपने भ्राताओं व द्रौपदी सहित महाप्रस्थान के लिए निकल पड़े।

यादव-यहूदी या यदु-ज्यू आदि हिब्रुओं की परंपराएँ

ई.पू. 3101 की 24/25 फरवरी की अर्धरात्रि में घटित जलप्लावन व घनघोर वृष्टि की अफरा-तफरी में अर्जुन के दल से बिछुड़ चुकी यादवों की **'बारह नावों की टोलियाँ'** संभवतः दिशा-भ्रम के कारण भटककर सुदूर पश्चिम की ओर अग्रसित हुई होंगी। अर्जुन व वज्र के साथ द्वारिका से निकली यादवों की टोलियों में **'नव'** नामक एक श्रेष्ठ व धीर-वीर यदुवंशी भी था। किंचित् इसी **'यादव नव'** के नेतृत्व में ये बारह टोलियाँ फारस की खाड़ी के समुद्री पथ पर आगे बढ़ते हुए **मेसोपोटामिया** के किसी सुरक्षित शिखर पर सकुशल उतरी होंगी। **बाइबिल** (Genesis) के संदर्भों के अनुसार, चालीस दिन व चालीस रात की भयंकर वर्षा के कारण पूरी पृथ्वी 150 दिनों तक जल से प्लावित रही थी। इस प्रकार लंबे समय तक बाढ़ को झेलते रहने के पश्चात् **नोह का पोत** अर्राट पर्वत-शिखर पर जाकर टिक पाया था *(And rain fell on the earth forty days and forty night. The water rose and covered the mountains to a depth of more than twenty feet. The ark of Noah floated on the surface of water. The water's flooded the earth for a hundred and fifty days. At the end of the hundred and fifty days the water had gone down, and on the seventeenth day of the seven month the ark came to rest on the mountains of Ararat*—7:12, 7:18, 7:20, 7:24 and 8:3, 8:4)। अर्राट के पर्वत शिखर पर उतरे नव तथा उसके सहयोगी बाढ़ के जल से नम हो चुकी धरती के पूर्णतः सूख जाने के पश्चात् ही मानव-उपयोगी स्थान की तलाश में बेबिलोनिया व तदंतर अकालग्रस्त होने पर **यायावर** की भाँति भटकते-भटकते मिस्र की ओर बढ़े होंगे। बाइबिल में भी बाढ़-विभीषिका से आक्रांत लोगों का **'नोह'** के नेतृत्व में **'पूर्व'** से आकर **'शिनार'** (बेबिलोन) के सुरक्षित स्थान पर बसने व फिर अकालग्रस्त होने पर मिस्र की ओर इनके बढ़ने का उल्लेख किया गया है *(Now the whole earth had one Language and common speech, and it come to pass as they* *journeyed from east, that they found a plain in the land of Shinar and they dwelt there, and went down to Egypt to live there for a while because of famine in the land.* Ref.-Genesis 11:1, 11:2 and 12:10)। मिस्र की भाषा में **यायावर** के लिए Habiru (हबीरु) शब्द का प्रयोग किया जाता था, अतः इनकी घूमते रहने की इसी प्रवृत्ति को देखते हुए **'एत-तिल-एल-अमर्ना'** (The Tell-el-Amarna) नामक कथा-साहित्य में जहाँ इन्हें **'हिब्रू'** (Hebrew) कहा गया, वहीं यदु के प्रतीकात्मक **'ज्यू'** (Jew) या फिर यादवों के अपभ्रंश के रूप में **यहूदी'** भी कहा जाने लगा। यद्यपि कुछ इतिहासज्ञ इन्हें Semetic (असीरियन सभ्यता) के ही अंश के रूप में स्वीकार करते हैं, तथापि यहूदियों पर किए गए अपने अथक शोध के उपरांत **'ॲलेग्रो'** नामक विद्वान् ने 'The Chosen People' नामक अपने ग्रंथ में यह स्वीकार किया है कि *'यहूदियों के प्रख्यात पूर्वज तथा उनके भगवान् का नाम सेमेटिक परंपरा के नहीं, अपितु पूर्व की किसी प्राचीनतम सभ्यता के द्योतक रहा है'* ***(The names of the patriarchal heros, as that of God himself are none Semetic and go back to the earliest known Civilisation in the near east, indeed of the World)*****।** **एडवर्ड पोकॉक** नामक एक पश्चिमी विद्वान् ने तो स्पष्ट रूप से **जुडा** (युधा) के निवासियों को भारतीय **यदु-जाति** से ही संबद्ध किया है ***(The tribe of Yudha or Judea is, in fact, the very Yadu of which considerable notice has been taken in my previous remarks*** Ref. India in Greece)। वस्तुतः ॲलेग्रो द्वारा किया गया **'पूर्व'** का यह संकेत तथा बाइबिल में उल्लिखित पूर्व का संदर्भ प्रो. पोकाक की टिप्पणी के अनुरूप जहाँ **'भारत'** को ही इंगित करता प्रतीत होता है, वहीं इस नवीन क्षेत्र में सुरक्षित पदार्पण किए पूर्वजों (यादवों) की बारह टोलियों के नायक रहे **'यदुश्रेष्ठ नव'** को ही भाषाई अपभ्रंश के कारण यहूदियों ने संभवतः **'Noah'** (नोह) के रूप में अपने ग्रंथों में चिह्नित किया था। इसलामिक मान्यताओं में इसी Noah को ही **'हजरत नूह सल्ल'** तथा सुमेरियन साहित्य में Ziu-Suddu (जिव-सुद्दू) कहा गया है। बाइबिल (Genisis) के अनुसार **'नोह से अब्राहम'** (Noah-Shem-Arphaxed-Shelah-Eber-Peleg-Reu-Serug-Nahor-Terah-Abraham) तक की ग्यारह पीढ़ियों का व्यतीत अंतर तेरह सौ वर्षों का तथा **'अब्राहम से ईसा'** तक की पीढ़ियों का व्यतीत अंतर उन्नीस सौ वर्षों का रहा था। इस तरह Noah से लेकर Jesus तक का कुल अंतर 1300+1900, अर्थात् 3200 वर्षों का बैठता है, जबकि कलियुग-प्रारंभ या द्वारिका की जल-समाधि की घटना भी

ईसा से 3101 वर्ष पूर्व ही हुई थीं। संभवतः द्वारिका के जलमग्न होने के समय यदुश्रेष्ठ कहलानेवाले **नव** भी **'शतायु'** के ही रहे होंगे। इस प्रकार **'यदुश्रेष्ठ नव'** के शतवर्ष वय को यदि द्वारिका की जल-समाधि के काल (अर्थात् ई.पू. 3101) से जोड़ दिया जाय तो इसका काल-परिमाण नोह व ईसा के मध्य व्यतीत हुए अवधि के प्रायः अनुरूप (3101 + 100) = 3201 वर्ष अर्थात् नोह व ईसा के मध्य व्यतीत अंतर के समकक्ष का ही बैठता है। इस तरह बाइबिल आदि में वर्णित नोह के पोत का **अर्राट पर्वत-शिखर** पर जाकर टकराने की घटना व ईसा मसीह तक के व्यतीत कालखंडों के संदर्भ, भारतीय मान्यताओं में कलियुग-प्रारंभ व द्वारिका की जल-समाधि की भौगोलिक घटनाओं के निश्चित काल की भी एक प्रकार से पुष्टि ही करते प्रतीत होते हैं। चूँकि द्वारिका में घटी जलप्लावन की त्रासदी से बचे हुए कुछ उत्तरजीवियों को **'यदुश्रेष्ठ नव'** ने मनु की ही भाँति नावों की टोलियों के माध्यम से बचाते हुए सुरक्षित स्थान पर विस्थापित किया था, अतः बाइबिल (पुराने विधान) में वर्णित **'नोह'** के इस **'नौका-अभियान'** को **'मनु'** से जोड़ते हुए कुछ विद्वानों ने भ्रमवश **'हिब्रु नोह'** को **'भारतीय मनु'** का पर्यायवाची सिद्ध करने का प्रयास किया है। द्वारिका से पश्चिम की ओर **'यदु नव'** (हिब्रू नोह) के नेतृत्व में भटककर गई यादवों की **'बारह नाव की टोलियों'** को ही आधुनिक इतिहासज्ञ यहूदियों के मूल **'बारह कबीलों'** (Twelve Tribes) के रूप में चिह्नित करते हैं। कालांतर में इनमें से ही **'दस कबीलों'** ने उत्तर के क्षेत्रों में **समरिया** (Samaria) को राजधानी बनाकर जिस नए राज्य की स्थापना की, वह **इस्रायल** (Israel) तथा शेष बचे **'दो कबीलों'** ने दक्षिण के **जेरुसेलम** (Jerusalayam) को केंद्र मानकर जिस राज्य की स्थापना की, वह **Judea** (यादवीय के अपभ्रंशस्वरूप जूडा) के नामों से विख्यात हुआ। यहूदियों के ये मूल बारह कबीले इन दोनों राज्यों में लगभग दो सदियों तक अलग-अलग विभाजित रहे थे।

इसके अतिरिक्त अन्य प्रमाण भी यहूदियों को यादवों से ही जोड़ते प्रतीत होते हैं। उदाहरण के लिए संस्कृत में **वेद** शब्द का अर्थ **ज्ञान** से ही संबद्ध है, जबकि भाषाई अपभ्रंश के कारण हिब्रू में प्रयुक्त **येदा** (yeda) का भी यही आशय है। एक अन्य दृष्टांत के अनुसार यहूदियों के पुराने देवता के लिए प्रयुक्त **बाल** (Baal) का संबोधन भी भारतीय 'बल' से ही काफी मिलता-जुलता प्रतीत होता है। हिब्रुओं की ही भाँति कैनानियों (बेबिलोनियनों) ने भी अपने देवता के लिए **बेल** या फिर **बेल-मार्दुक** संज्ञा का ही उद्बोधन किया था। क्यूनीफार्म (कीलाक्षर) लिखावट के कारण यहाँ की लिपियों में स्वर का लोप होता था, अतः **ब** और **ल** के मध्य का स्वर

यहाँ के लोग अपनी बोलियों के अनुरूप जोड़ लिया करते थे। इस प्रकार यह स्पष्ट हो जाता है कि **बाल, बेल, बुल, बैल, बिल** आदि शब्द मूलतः **'बल'** के ही उच्चारणगत अपभ्रंश हैं। संस्कृत में **बल** शब्द का प्रयोग शक्ति के आशय को प्रकट करने के लिए किया जाता है। ऋग्वैदिक काल में **वृ** धातु से स्वरूप में आए **वृषभ** को शक्ति का प्रतीक माना गया था। **'रलयोरभेदः'** के व्याकरण सिद्धांत के अनुसार **र** अक्षर का **ल** में परिवर्तित होने के कारण, कालांतर में शक्ति के आशय को समझाने के लिए **वृषभ** के स्थान पर **बल** व फिर इसी से जीववाचक **बैल** शब्द की उत्पत्ति हुई। पाश्चात्य की कबीलाई व्यवस्था में प्रत्येक कबीला अपने देवता को सर्वशक्तिमान मानता था, अतः वे उसका नामकरण यद्यपि भारतीय विशेषण (बल) के अनुरूप ही करते थे, तथापि उच्चारणगत विसंगतियों के कारण कहीं उसे **'बाल'** तो कहीं उसे **बेल** आदि-आदि कहकर ही संबोधित किया जाता रहा था। इस संदर्भ में यादव बलराम, बलदेव आदि की ही भाँति पाश्चात्य के हानीबाल, मैक्बिल, गॉडबेल आदि नामकरणों को विशेषणात्मक उदाहरण के रूप में देखा जा सकता है। प्रस्तुत दृष्टांतों के परिप्रेक्ष्य में यहूदी 'बाल' या फिर बेबिलोनियन **'बेल'** का भारतीय संबंध **(बल)** स्पष्ट दृष्टिगोचर होता है। मूसा के काल में **बाल** के स्थान पर यहूदियों ने अपने एकमात्र देवता के लिए जिस परम सत्ता को स्वीकारा, उसे इब्रानी भाषा में 'Y-H-W-H' अर्थात् **'य-ह-व-ह'** (यानी **यःवः** या फिर **याः वे**) के रूप में चिह्नित तो किया गया, किंतु अपने आराध्य के प्रति भय मिश्रित अटूट श्रद्धा के कारण यहूदी इसका उच्चारण **'अदोजय'** (जिसका शाब्दिक अर्थ 'प्रभु' होता है) के रूप में ही किया करते थे। इस यहूदी ईश्वर का **जेहोवा** (Jehovah) नामकरण, हिब्रुओं के बजाय तेरहवीं शताब्दी के क्रिश्चियन विद्वान् **हेब्रस्ट्स** (Hebraists) द्वारा इब्रानी Y-H-W-H **(यह्व)** के त्रुटिगत उच्चारण के कारण ही प्रचलित हुआ। आश्चर्यजनक रूप से सर्वशक्तिमान के विशेषण स्वरूप यह्, यह्व, यह्वत, यह्वति आदि शब्दों का प्रयोग ऋग्वेद में अग्नि, इंद्र तथा सोम के साथ होने का प्रमाण उपलब्ध है। इस परिप्रेक्ष्य में यहूदियों के सर्वोत्तम देवता के लिए प्रयुक्त Y-H-W-H (यह्व) का यह उद्बोधन प्रकटतः भारतीय वाङ्मय से ही प्रसूत हुआ ही सिद्ध होता है। इसी के साथ यह संभावना भी बनती है कि **'वासुदेव कृष्ण'** को चूँकि भारतीय मान्यताओं में **'यादवेश'** भी कहा जाता रहा है, अतः अपने प्रमुख देवता के लिए व्यवहृत **'य-ह-व-ह'** या **'याःवे'** या फिर **'अदोजय'** का यहूदी उच्चारण, **'यादवेश'** का ही भाषाई अपभ्रंश ही रहा हो। मामा **कंस,** बुआ जात भाई **शिशुपाल** व **पौड्रंक** के अतिरिक्त मूसल युद्ध में एक-दूसरे के दुश्मन हो चुके यदुश्रेष्ठों

का भी वध कृष्ण ने जहाँ अपने हाथों से किया था (संदर्भ—विष्णु पुराण-5/37/46-53), वहीं **सुदामा, द्रौपदी, पांडव** आदि समर्पित भक्तगण भी उनसे उपकृत हुए थे। किंचित् पूर्वजों की अनुश्रुतियों में संचित कृष्ण की इन्हीं विशेषताओं की अस्फुट स्मृतियों के आधार पर ही यहूदियों की मान्यताओं में **'याःवे'** (Yahwe) मानव शरीरधारी ही नहीं, अपितु प्रसन्न होने पर अतिशय कृपा करनेवाला तथा अप्रसन्न होने पर भयानक दंड व यातनाएँ देनेवाला भी रहा था।

उपर्युक्त दृष्टांतों के क्रम में सिनेगॉगों में अंकित षट्कोण के चिह्न, सुवर्ण गोवत्स (Golden Fleece) तथा बछड़े को टेककर मुरली बजाते बालक की प्रतिमाएँ आदि यहूदियों के सूत्र भी इन्हें भारतीय यादवों से ही जोड़ते प्रतीत होते हैं। हाल ही में एथेंस से 60 कि.मी. की दूरी पर स्थित कॉरिथ नामक शहर के एक प्राचीनतम यहूदी मंदिर (Synagogue) से प्राप्त **'एक वृक्ष के नीचे गाय चराते व मुरली बजाते बालक'** का भित्तिचित्र इसी का प्रमाण है। कॉरिथ नगर के संग्रहालय में रखे गए इस चित्र के स्रोतों से अनभिज्ञ यूरोपियन विद्वानों ने इसका शीर्षक **'A Pastoral Scene'** (एक देहाती दृष्य) दे रखा है। इसके अतिरिक्त **'The History of Hindustan, its arts and its sciences as connected with the history of other great empires'** नामक ग्रंथ के पृष्ठ सं.-322 में उल्लिखित **थॉमस मारिस** (Thomas Maurice) की यह स्वीकारोक्ति कि *"Apocryphal Gospels' नामक पुस्तक में वर्णित एक नाग द्वारा खिलाड़ी को डसने तथा कुल देवता द्वारा उसे विष चूसने के लिए बाध्य किए जाने की कथा वस्तुतः वासुदेव कृष्ण व कालिय नागवाले भारतीय वृत्तांत से काफी मिलती-जुलती प्रतीत होती है,"* स्वतः ही यादवों तथा यहूदियों की सन्निकटताओं को उद्भाषित कर देती है। यही नहीं, Talmudic व Biblical साहित्यों में वर्णित मूसा (Moses) व **यीशू** (Jesus) के प्रारंभिक जीवन की झाँकियाँ भी कमोबेश रूप से वासुदेव कृष्ण तथा कर्ण के बाल्यकाल की घटनाओं की अनुहार ही प्रतीत होती है। उत्तरी इजरायल की **'ड्रूज'** (Druze) नामक ज्यू की एक आदिम जाति की यह धारणा है कि उनकी मूल लिपि संस्कृत ही रही थी और उनकी पुरानी पुस्तकों में कृष्ण तथा बुद्ध के अवतारों का वर्णन हुआ है। आधुनिक शोधों में इनकी उत्पत्ति के विषय में कुछ स्पष्ट तो नहीं हो सका है फिर भी इतना तो अवश्य ही मान लिया गया है कि इनकी पुरानी पांडुलिपियाँ भारतीय प्रभाव से ही संबद्ध रही हैं (Recently discovered manuscripts of Druze, throw a new light on influences from India—Ref.—**The Druze A New Study of their History, faith and**

Society)। ड्रूजों का प्राचीनतम पैगंबर, **जेथ्रो** (Jethro), जो कि रिश्ते में मूसा का श्वसुर लगता था, पूर्व से आया हुआ एक मूर्तिपूजक रहा था और उसका मूसा तथा ज्यू परंपरा के विकास में उल्लेखनीय योगदान रहा था। इन तथ्यों के अतिरिक्त यहूदियों में भारतीय यदुवंशियों की सामाजिक प्रवृत्ति के अनुरूप Ratheshtar (**रथेस्टोर**) व Gobashtar (**गोबास्तेर**) नामक **गोत्र** भी हुआ करते थे, जो की भारतीय अवधारणाओं में क्रमशः **रथी/महारथी** आदि क्षत्रिय समूहों तथा **गाय आदि के पालक** रहे गोप या गोपाल जैसे सामान्य प्रजाजनों के रूप में पहचाने जा सकते हैं। अरब, पर्शिया आदि ने भी यहूदियों व तदंतर भारतीयों की मान्यताओं के ही अनुरूप अपने समाज को चार भागों में वर्गीकृत किया था। Zarathushtra (**जरथुस्त्र**) के काल तक ईरान का सामाजिक विभाजन **अथोर्ना** (अथर्ववेद की समझ रखनेवाले पुरोहित या आथर्वण), **रथोष्टा** (लड़ाकू/रक्षक या क्षत्रिय), **वस्त्रिय़ोस** (वैश्य या व्यापारी वर्ग) व **श्वायतुश** (श्रमिक या शूद्र) में किया जाता रहा था *(It Seems that in Zarathushtra's time, the lranian Society was first divided into Athorna, Ratheshtar, Vastrios and later on a fourth class namely Hutokhsh was created.* By K.A. **Fittargee**)। जरथुस्त्र के इन प्रथम तीन वर्गों को अरबी विभाजन में **'उल्लुल्इल्म'**, **'उलुल्अमर'** व **'जोराख'** के नाम दिया गया है। ये तीनों ही नाम **कुरआन शरीफ** में भी शुमार किए गए हैं। इन्हीं के अनुरूप इसलामिक मान्यताओं में सामाजिक वर्ग को **आलिम, आमिल, ताजिर** व **मजदूर** में विभाजित किया गया है। **भारतीय** व **ज्यूडो-क्रिश्चियन** परंपराओं का यह विहंगम संयोग स्पष्ट संकेत करता है कि काल, क्षेत्र, भाषा व संस्कृति के बहुस्तरीय परिवर्तनों के उपरांत निर्मित हुए यहूदियों की वैचारिक ग्रंथियों के किसी कोने में पूर्वजों (यदुवंशियों) की अस्फुट स्मृतियों के कुछ अंश भी किसी-न-किसी रूप में विद्यमान रहे थे।

इन्हीं यहूदियों के प्रथम मुखिया रहे **अब्राहम** या **इब्राहिम** की प्रथम शाखा में हुए **डेविड** (दाऊ या दाउद) की भावी पीढ़ियों में जनमे **'जीसस्'** (यीशू) से ही **'ईसाइयत'** तथा अब्राहम या इब्राहिम के पुत्र रहे **'इस्माईल'** से प्रसूत हुई अरब की दूसरी शाखा में हुए **'बनी हाशिम'** के घराने में जनमे **'हजरत मुहम्मद मुस्तफा सल्लाहु अलैहिवा सल्लम'** से **'इसलाम'** का प्राकट्य हुआ था।

ययाति पुत्र तुर्वसु, द्रह्यु व अनु के वंशज

यदु से कनिष्ठ रहे ययाति-पुत्र **'तुर्वसु'** से ही पश्चिम की प्रसिद्ध **यवन** व **तुषार**

जातियों का तथा ययाति-पुत्र **'द्रह्यु'** से ईरान का **दार्यवास्य** (जिसका फारसी में उच्चारण **'दारुवाहु'** तथा यूनानी उच्चारण **डेरियस**-Darius रहा था) वंश का एवं इससे कनिष्ठ रहे **'अनु'** से पश्चिमोत्तर भारत के **सौवीर-केकय** व मिस्र के प्राचीनतम राजवंशों (**आनव कुल**) का प्रादुर्भाव हुआ था। ययाति द्वारा अपने राज्य का मुख्य भाग सबसे कनिष्ठ पुत्र **'पूरु'** को दिए जाने से तुर्वसु, द्रह्यु, अनु आदि इसके ज्येष्ठ भ्राताओं को पश्चिमांचल के सीमावर्ती क्षेत्रों से ही संतुष्ट होना पड़ा था। भारतीय ग्रंथों में भी **यवन, तुषार, शक, हल्द, पारद, गांधार, पहल्व, सौवीर, मद्र, क्षुद्रक, केकय, म्लेच्छ, असुर** आदि जातियों का भारत के पश्चिमोत्तर के प्रांतों में निवास करने का ही संदर्भ मिलता है। **रामायण** के अनुसार वसिष्ठ व विश्वामित्र के मध्य **'नंदनी'** को लेकर हुए संघर्ष में **पहल्व, बर्बर, म्लेच्छ, यवनादियों** ने याजक-कुलीन वासिष्ठों का ही साथ दिया था। कालांतर में पारिवारिक कारणों से सूर्यवंशी **'बाहु '** के विरुद्ध हैहयों का पक्ष लेने के परिणामस्वरूप इन जातियों का **'चक्रवर्ती सगर'** से विकट युद्ध हुआ था। सगर द्वारा पराजित किए जाने पर इनमें से अधिकतर को आर्य जाति से बहिष्कृत कर दंडस्वरूप सुदूर पश्चिम की ओर खदेड़ दिया गया था (***यवनान्मुण्डित शिरसोऽर्द्धमुण्डिताच्छंकान् प्रलम्बकेशान् पारदान् पहल्लवाचंश्मश्रुधरान् निःस्वाध्याय वषट्कारा नेतानन्यांश्च क्षत्रियांस्चकार एतेचात्यधर्म परित्यागाद्ब्राह्मणैः परित्यक्ता मलेच्छतां ययुः*** विष्णु पुराण-4/3/47-48)। हरिवंश पुराण में भी इसी घटना का अक्षरशः उल्लेख हुआ है। मार्कंडेय पुराण में भी यवनों के लिए ***'पश्चिमे यवना स्मृताः'*** का संदर्भ मिलता है। कालिदास के **'रघुवंश'** में जहाँ पश्चिम दिशा के यवनों का **'सूर्यवंशी रघु'** द्वारा मर्दन किए जाने का उल्लेख हुआ है, वहीं रामायण के संदर्भों से यह ज्ञात होता है कि ययाति-पुत्र अनु के वंश में उत्पन्न हुए केकय-नरेश को अपने पश्चिमी प्रयाण में प्रताड़ित करके ही चक्रवर्ती दशरथ ने उनकी षोडशी कन्या (**कैकयी**) को पत्नी-रूप में ग्रहण किया था। महाभारत काल में केकय का यह राज्य दो भागों में विभाजित रहा था। **विंद** और **अनुविंद** की सेनाएँ **दुर्योधन के पक्ष** में थीं, वहीं कुंती की भगिनी **'श्रुतकीर्ति'** से उत्पन्न **चेकितान, वृहत्क्षत्र, विशोक, संतर्दन** व **लोहध्वज** नामक पाँच केकय कुमार पांडवों के पक्ष में रहे थे। श्रुतकीर्ति का विवाह केकयों के प्रसिद्ध राजा रहे सहस्राचित्य के पौत्र **'शतयूप'** से हुआ था। कालांतर में वानप्रस्थी धृतराष्ट्र, गांधारी, कुंती व विदुर ने इसी शतयूप के कुरुक्षेत्र स्थित आश्रम में दो वर्षों तक आश्रय लिया था।

तुषार/तुरुष्क या तुर्क, यवन/यूनानी व कुशानं/खुषाण वंश

भारतीय ग्रंथों में उपलब्ध इन पुरातन संदर्भों के परिप्रेक्ष्य में यह स्पष्ट हो जाता है कि ययाति-पुत्र तुर्वसु की संतानों से निःसृत यवन व तुषार जातियाँ भारत के पश्चिमोत्तर दिशा में स्थित चक्षु या आक्सस नदी के तटों पर रहा करती थीं। ययाति-पुत्र तुर्वसु का पुत्र **बह्नि,** इसका पुत्र **गर्भ** तथा गर्भ का पुत्र **गोभानु** हुआ। गोभानु को **त्रिशानु**, त्रिशानु को **करंधम** तथा करंधम को **मारुत** नामक पुत्र हुआ। मारुत के पश्चात् यह वंश **तुषार** व **यवन** नामक दो कुलों में बँट गया। पुराण वर्णित चक्षु-कूल पर निवास करने के कारण तुषारों को **'कुलिंद'** भी कहा जाता था। कालक्रम में उपजी उच्चारणगत विसंगतियों के प्रभाववश तुषारों व कुलिंदों को क्रमशः **'तुखार'** व **'कुणिंद'** कहा जाने लगा। महाभारत (सभापर्व-78/60) के अनुसार, तुषारगण जहाँ **'युधिष्ठिर'** के राजसूय यज्ञ में उपस्थित रहे थे, वहीं कर्णपर्व (89/2-7) में कुणिंद-पुत्रों को **'पांडव'** के पक्ष में महाभारत युद्ध में भाग लेने की पुष्टि करते हैं। महाभारत जैसे मानव-त्रासदी की भीषण घटना के पश्चात् आए सामाजिक असंतुलनों से उपजे भाषाई दोषों के प्रभाववश कुणिंदों को **'कुशान'** या **'खुषाण'** तथा तुखारों को **'तुरुष्क'** या **'तातार'** कहकर परिभाषित किया जाने लगा। कालांतर में इसलामी प्रभाव के कारण इन्हीं तुरुष्कों को **'तुरक'** या **'तुर्क'** तथा इनके प्रांत को **'तुर्किस्तान'** के नाम से चिह्नित किया गया। **'Science of Languages'** नामक ग्रंथ (पृ. सं.-242) में **मैक्समूलर तुर्की लोगों को** शापित राजा **तुर्वसु का ही वंशज** घोषित करता है। इसी तरह कुणिंद से अस्तित्व में आए कुशान वंश में **कनिष्क** आदि इतिहास प्रसिद्ध सम्राट् हुए थे। चीनी भाषा में कुशानों के मूल क्षेत्र को **'कुए-सुअंग'** के नाम से चिह्नित किया गया है। पश्चिम का **'खुराशन प्रांत'** भी कुषाणों द्वारा ही बसाया गया प्रतीत होता है।

पुराणों में उल्लिखित संदर्भों के अनुसार ययाति-पुत्र तुर्वसु की सातवीं पीढ़ी से अस्तित्व में आए यवनों को चक्रवर्ती सगर का कोपभाजन बनने पर सूर्यवंशियों द्वारा आर्य समाज से बहिष्कृत करके पश्चिमोत्तर की दिशाओं में खदेड़ दिया गया था। महाभारतकालीन संदर्भों में भी उनकी तात्कालिक स्थिति को पश्चिमोत्तर के ही प्रांतों में इंगित किया गया है। तुषारों व कुणिंदो (कुशानों) की ही भाँति महाभारत (सभापर्व-4/31) के अनुसार जहाँ पश्चिमोत्तर के एक **'यवनाधिपति'** का युधिष्ठिर के राजसूय यज्ञ में उपस्थित रहने का प्रमाण मिलता है, वहीं महाभारत (सभापर्व-61/6 व वनपर्व-12/83) एवं श्रीमद्भागवत के संदर्भों में यवनों का यादवों से संघर्ष तथा **'कशेरुक'** या **'कालयवन'** नामक यवनाधिपति का **'श्रीकृष्ण'** द्वारा वध किए जाने का उल्लेख

हुआ है। संभवतः यादवों से पराभूत होकर भरतखंड के पश्चिमोत्तर क्षेत्रों से पश्चिमाभिमुख हुए यवन, ई.पू. 3000 के आस-पास घटित प्राकृतिक आपदाओं से बचते-बचाते यूरोप के सुरक्षित क्षेत्रों में विस्थापित हुए होंगे। इस प्रकार भूमध्यसागर के तटीय भाग में स्थापित हुए यवनों के इस नूतन क्षेत्र को इन्हीं के नामानुरूप **यूनान** (आधुनिक ग्रीक) के नाम से जाना जाने लगा। भविष्य पुराण के अनुसार, यवन क्षत्रियों की यह भूमि **'आयोनिया'** के नाम से ही जानी जाती थी। इतिहासविद् प्राचीन ग्रीस को आज भी **'आयोनिया'** के नाम से ही चिह्नित करते हैं। इन इतिहासज्ञों के अनुसार, **डोरियनों** द्वारा विजित किए जाने पर ई.पू. 500 के लगभग यूरोप के सभी आयोनियन राष्ट्रों के नामों के लिए सम्मिलित रूप से **'ग्रीक'** का उद्बोधन होने लगा। महाकाव्य **'इलियड'** व **'ओडेसी'** के प्रख्यात रचयिता **होमर** भी ग्रीक नहीं, बल्कि **आयोनियन** ही रहे थे। **कर्नल टॉड** व **कर्नल विलाफोर्ड** ने तो स्पष्ट रूप से ग्रीक लोगों के मूल स्थान के रूप में भारतवर्ष को ही चिह्नित किया है। चूँकि यवन लोग मूलतः आर्य जाति से ही संबद्ध थे, अतः इनकी मूल भाषा भी संस्कृत ही रही थी। डॉ. पोकोही व डॉ. पिचर्ड सहित पश्चिम के कुछ प्रसिद्ध भाषाशास्त्रियों के अनुसार भी **'आयोनियन भाषा'** से स्वरूप-ग्रहण की **'ग्रीक भाषा'** का उद्गम स्रोत **संस्कृत** से ही जुड़ा हुआ है। संस्कृत ग्रंथों में उल्लिखित **'दासमित्रायण'**, **'दातामित्र'** व **'मिनेंद्र'** आदि यवन राजाओं के लिए प्रयुक्त संज्ञाओं का यूनानी उच्चारण **'डेमेट्रियस'** या **'मिनेंडर'** अथवा **'काश्यपीय'**, **'कपि'** व **'संत'** आदि भारतीय उद्बोधनों के लिए व्यवहृत **'कैस्योवीया' 'कपि'** व **'सैंटारस'** आदि यूनानी संबोधनों की उच्चारणगत साम्यताएँ इन्हीं आधारों को रेखांकित करती हैं। कालक्रम में यवनों के निवास में आए भौगोलिक परिवर्तनों के कारणों से उत्पन्न हुई भाषागत विकृतियों तथा **मिसेनियन** व **फोनेशियन** प्रभावों ने इनकी भाषा व लिपि को संपूर्णतः आयोनियन और फिर ग्रीक में ही बदलकर रख दिया। संभवतः यूनानियों के भारतीय मूल के आनुवंशिक गुण-सूत्रों के प्रभाववश ही **गार्वे, हेओरोक्लटस, पैथागोरस, सुकरात** (Socrate), **प्लूटो** (Plato) व **अरस्तू** (Aristotle) आदि इनके विश्व प्रसिद्ध दार्शनिकों का रुझान जहाँ **प्रत्यय** (भौतिक व आध्यात्मिक) चिंतनों से अभिप्रेरित रहा था, वहीं **होमरकालीन** यूनानी मान्यताएँ वैदिक आस्थाओं की भाँति प्राकृतिक शक्तियों व बहुदेववाद पर ही आधारित रही थीं। यही नहीं, **'द्वादश आदित्य'** (देवों) की आर्य अवधारणाओं के ही अनुरूप प्राचीन यूनान में जहाँ **अपोलो, ऐरस, क्रोनस, डाइनोसिस, इरोस, हेफोस्टोस, हर्मीस, हादेस, हेलिओस, पेसीडोन, यूरेनस** व **जियस** नामक बारह देवताओं के

अस्तित्व को स्वीकारा गया था, वहीं भारतीय सप्त-ऋषियों की भाँति प्लूटो ने यूनान के **थेल्स, सोलन, पिटेकस, क्लिओब्यूलस, मायसन, चिलोन** व **बियासा** (जो स्पष्टतः महर्षि व्यास का ही अपभ्रंश प्रतीत होता है) आदि सात प्राचीन विद्वज्जनों के नामों को ही गिनाया है। होमर-रचित काव्य में वर्णित सामाजिक व्यवस्थाओं का सूक्ष्म अध्ययन करने के पश्चात् **प्रो. पोकॉक** ने भी यह स्वीकार किया है कि *'यह व्यवस्था एशियाटिक विशेषकर भारतीय नमूने की है। दोनों देशों की भाषा, दार्शनिक तत्त्व, विचारधारा, राज्य-पद्धति, धार्मिक आचार व नदी-पर्वतों के नामों में भी विलक्षण समानताएँ हैं।'* पाश्चात्य इतिहासकार यवनों के यूनांन में प्रवेश के काल को ई.पू. 2000 के लगभग का स्वीकार करते हुए इन्हें **बाल्कन** प्रायद्वीप के उत्तर से आए किसी **डोरियन** शाखा नामक **भारोपीय वर्ग** से ही संबद्ध करते हैं। इस रहस्योद्घाटन के उपरांत भी इनके मूल स्रोत से लगभग अनभिज्ञ रहे आधुनिक इतिहासकार इससे पहले के यूनानियों अथवा डोरिनियनों के काल को **अंधकार युग** घोषित करते हैं और इस प्रकार इनके उद्भव संबंधी तथ्यों से अपना पल्ला झाड़ते हुए प्रतीत होते हैं। वस्तुतः भारत के पौराणिक संदर्भों से यवनों या यूनानियों का सूत्र बैठाने में असमर्थ रहे आधुनिक विद्वानों को अपने आधे-अधूरे निष्कर्षों को सही ठहराने के लिए **'भारोपीय तत्त्वों'** या फिर **'अंधकार युगों'** आदि **पहेलीनुमा कवचों** का सहारा लेने के लिए ही विवश होना पड़ा था।

गांधार/गंदरेव वंश

इसी प्रकार पिता द्वारा निर्वासित किए गए ययाति-पुत्र द्रह्यु को भी **ब्रभु** और **सेतु** नामक दो पुत्र हुए थे *(द्रह्युस्य तनयो वीरौ वभ्रुः सेतुश्च विश्रुतौ*—वायु पुराण-99/7)। इनमें सेतु का पुत्र **आरुढ़** व उसका पुत्र **रिपु** हुआ। सूर्यवंशी सम्राट् **'मांधाता'** के हाथों पराजित होकर रिपु-पुत्र **अंगार** को पश्चिमोत्तर के सीमावर्ती क्षेत्रों में आश्रय लेना पड़ा था। यहीं पर इसका संबंध **'कामिन्'** नामक एक गंधर्व बाला से हुआ। इस गांधर्वी से अंगार को **'गांधार'** नामक एक अति पराक्रमी पुत्र की प्राप्ति हुई, जिसने मांधाता के पुत्र **'पुरुकुत्स'** को पराजित कर अपने पिता के अपमान का बदला लिया था। सूर्यवंशियों पर विजय पाने के उपरांत इसने अपने राज्य का विस्तार सिंध के तटों तक कर लिया था। इस यशस्वी सम्राट् के नाम पर इसके राज्य को तदनुसार **गांधार** के नाम से जाना जाने लगा (***ख्यायते यस्य नाम्ना तु गांधारविषयो महान्***—वायु पुराण-99/9)। वाल्मीकीय रामायण (उत्तरकांड-113/11) के अनुसार, गांधार का

यह प्रदेश सिंधु नदी के दोनों कूलों पर बसा हुआ था। गांधार के कुल में दाशरथी राम के पर्यंत **धर्म, धृत, दुर्दम, प्रचेतस, सुचेतस, द्विमीढ़, यवीनर, धृतियंत, सत्यधृति, दृढ़नेमि, सुवर्मन, सार्वभौम** आदि के क्रम से प्रतापी **महंतपौरव** नामक यशस्वी राजागण हुए थे। गांधारराज **महंतपौरव** से अपने मामा **'युधाजित्'** के वध का प्रतिशोध लेते हुए **रामानुज भरत** ने गांधारों व उनके सहयोगी रहे गंधर्वों का भयंकर संहार कर इनके राज्य को अयोध्या के अधीन कर लिया था। तदनुसार राम ने इस राज्य को **तक्षशिला** व **पुष्करावती** (पेशावर) में विभाजित करते हुए भरत-पुत्र **'तक्ष'** व **'पुष्कर'** को यहाँ का प्रभारी नियुक्त कर दिया। समयांतर के साथ गांधारों ने रघुवंशियों को पराजित कर पुनः अपने राज्य पर अधिकार कर लिया। महाभारत काल से पूर्व गांधारों के कुल में **'नग्नजित्'** नामक एक प्रसिद्ध राजा हुआ था। नग्नजित् को **दार्यव, स्वर्जित, सुबल** आदि कई पुत्र तथा **सत्या** नामक एक कन्या हुई थी। नग्नजित्-पुत्र **दार्यव** ने पश्चिम के क्षेत्रों में अपने प्रभाव का विस्तार करते हुए यहाँ अपने नामानुरूप **दार्यवस्य कुल** की स्थापना की थी। कालांतर में दार्यव के पुत्र रहे **हरवाय** द्वारा स्थापित कुल-परंपरा से ही पर्शिया (ईरान) का **हरवामनी/हेखायन** (एकमीनि)/**हखामनीशिय** या **दारुवाही** वंश अस्तित्व में आया था। इसी के वंशजों ने ई.पू. 558 में **मीडिया** के राजा **अस्त्यर्गिस** (इष्टुंविगु) को अपदस्थ कर अपने साम्राज्य का विस्तार किया था। इस वंश के अंतिम राजा **दारा तृतीय** (यूनानी जिसे डेरिअस-Darius कहकर संबोधित करते थे) का काल ई.पू. 300 के लगभग समाप्त हुआ था। नग्नजित्-पुत्र **स्वर्जित** (***अथ ह स्माह स्वर्जिन्नाग्नजितः***—शतपथ ब्राह्मण-8/1/4/10) असमय ही काल-कलवित हो गया था। इसकी पुत्री का नाम **लक्ष्मणा** था। नग्नजित की पुत्री सत्या व पौत्री लक्ष्मणा–दोनों ही **श्रीकृष्ण** की पत्नियाँ रही थीं (***रुक्मणी सत्यभामा च सत्या नाग्नजिती ¨ गांधारीलक्ष्मणा तथा***—मत्स्य पुराण-47/13)। इन दोनों ही **गांधार-बालाओं** से हठपूर्वक विवाह करने के कारण श्रीकृष्ण व उनकी यादवी सेना को गांधारों से उलझना पड़ा था (***अयं गांधारांस्तरसा सम्प्रमथ्य जित्वा पुत्रान् नग्नजितः समग्रान्***—महाभारत-उद्योगपर्व-48/75)। नग्नजित के पश्चात् गांधारराज हुए **सुबल** को द्यूतविद्या में निपुण रहे **शकुनि** समेत **अचल, बृषक, गज, गवाक्ष, चर्मवान, आर्जय, शुक, बल** तथा **बृहद्बल** नामक दस पुत्र एवं **गांधारी** आदि दस कन्याएँ हुई थी। सुबल आत्मजा गांधारी आदि दसों कन्याओं का विवाह नेत्रहीन **धृतराष्ट्र** से हुआ था और इसी से धृतराष्ट्र को **दुर्योधनादि** सौ पुत्र हुए, जिन्हें भारतीय इतिहास में **कौरवों** के नाम से जाना गया। गांधार-नरेश सुबल का युधिष्ठिर के

राजसूय यज्ञ में भी उपस्थित रहने का प्रमाण भारतीय ग्रंथों में उपलब्ध है (संदर्भ—महाभारत द्रोणपर्व-49/8)। महाभारत युद्ध में ज्येष्ठ पुत्र **उलूक** के साथ वीरगति को प्राप्त होने के उपरांत भी **कूटनीतिज्ञ शकुनि** का यह वंश गांधार में विधिवत बना रहा था। महाभारत (आश्वमेधिक पर्व-अध्याय-85) में **'युधिष्ठिर'** के **अश्वमेध यज्ञ** के लिए छोड़े गए घोड़े को लेकर **'पांडव अर्जुन'** व **'शकुनि-पुत्र'** में हुए संग्राम एवं अर्जुन द्वारा पराजित किए जाने पर इसके यज्ञ में उपस्थित रहने का उल्लेख किया गया है। कालांतर में गांधार उत्तर दिशा में स्थित **म्लेच्छ जातियों** से मिलकर धर्मभ्रष्ट हो गए तथा इन्हीं म्लेच्छों में इनका विलय भी हो गया। मत्स्य (48/9) व वायु (99/12) पुराणों में इनको म्लेच्छों के शासक के रूप में भी स्वीकारा गया है। पर्शियन तथा यूनानी ग्रंथों में गांधारों के लिए क्रमशः **गंदरेव** तथा **सेंटार** संज्ञाओं का प्रयोग, कालक्रम में इनके यवनों से बने संबंधों को ही बल प्रदान करते हैं। इतिहास प्रमाण है कि गांधार-राज **'आम्भि'** के कूट-निमंत्रण को स्वीकार करके ही यवनराज **'सिकंदर'** ने केकय-सम्राट् **'पोरु'** पर आक्रमण किया था।

अनु/आनव वंश

ययाति द्वारा निर्वासित किए गए उसके चौथे पुत्र **अनु** को **सभीनर, चाक्षुष** व **परमेषु** नामक तीन पराक्रमी पुत्र हुए (**अनोश्चैव सुता वीरास्त्रयः परमकीर्तयः सभानरश्चाक्षुषश्च परमेषुस्तथैव च**—मत्स्य पुराण-48/10)। वायु पुराण (99/12.13) में इन्हें क्रमशः सभानर, पक्ष व परपक्ष तथा विष्णु पुराण (4/18/1) में सभानल, चक्षु व परमेषु कहा गया है। सभानर परम विद्वान् तथा मंत्रद्रष्टा राजर्षि रहा था। **सभानर** का पुत्र **सृंजय** तथा उसके पुत्र का नाम **पुरंजय** रहा था। **पुरंजय** का पुत्र राजर्षि **जनमेजय** तथा उसका पुत्र पराक्रमी **महाशाल** हुआ, जिसकी प्रसिद्धि देवराट् इंद्र के समान ही रही थी। महाशाल को **महामना** तथा महामना को **उशीनर** व **तितिक्षु** नामक दो पुत्र हुए। राजा उशीनर को **'मृगा'** नामक रानी से **मृग, 'नवा'** से **नव, कृमी** से **कृमिक, दर्वा** से **सुव्रत** तथा **दृषद्वती** से **शिबि** नामक पाँच पुत्र हुए। औशीनर मृग के पुत्र **यौधेय** ने शतद्रु के तट पर (आधुनिक बहावलपुर के समीप) अपने राज्य को स्थापित किया था। इसी प्रकार **कृमि** के पुत्रों ने वितस्ता (चिनाब) के पूर्वी किनारे पर कृमिलापुरी (आधुनिक मुलतान व मुजफ्फरगढ़ से ठीक पूर्वी कोण में) तथा **नव** ने आधुनिक खैरपुर से उत्तर नवराष्ट्र नामक राज्य बसाकर राज करने लगे। औशीनर **सुब्रत** का राज्य पंजाब के होशियारपुर जिले में रहा था। होशियारपुर का **अंबोटा**

नामक स्थान सुब्रत के वंशज रहे **अंबष्ठ** द्वारा ही बसाया गया था। औशीनर **शिबि** के **वृषदर्भ, सुबीर, केकय** तथा **मद्रक** नामक चार पुत्र हुए। वृषदर्भ से **सरस** व **पारस**, सुबीर से **सौबीर,** केकय से **कैकेय** व मद्रक से **मद्र** आदि पश्चिम भारत की जातियाँ अस्तित्व में आईं। सरस के कुल में **वाह्लीक** नामक एक प्रतापी राजा हुआ था। तदंतर उसकी प्रजा **वाहक** के नाम से जानी जाने लगी। **वाहक** देश का प्रारंभ पंचनद अर्थात् पंजाब की पश्चिमी सीमा से होता था। **पारसों** का राज्य वाह्रीक प्रांत तथा कुणिंदों के राज्य से पश्चिम में (आधुनिक क्वेटा-पाकिस्तान के समीप) स्थित रहा था। सामरिक विवशताओं के कारण पारस शनैःशनै पश्चिमाभिमुख होते गए तथा उनके आधिपत्यवाले क्षेत्र को तदनुसार पर्शिया या फारस कहकर पुकारा जाने लगा। कालक्रम में आई भाषागत विकृतियों के कारण **सरस** व **पारस** को तदनुसार **दरद** व **पारद** कहकर संबोधित किया जाने लगा। **मद्रों** का राज्य चंद्रभागा व इरावती नदी के पाटों के बीच में आधुनिक **लायलपुर-गुजरांवाला-स्यालकोट** तक फैला हुआ था। इन्हीं मद्रों के राजा **शल्य** की भगिनी **'माद्री'** से **'पांडु'** का विवाह हुआ था और इसी से पांडु को **'नकुल' व 'सहदेव'** नामक दो पुत्र हुए थे। महाभारत युद्ध में कौरवों का साथ देते हुए मद्रपति शल्य ने **'अंगराज कर्ण'** के सारथि की भूमिका भी निभाई थी। कर्ण वध के पश्चात् मद्रराज्य शल्य ने पांडवों (अपने सगे भानजों) के विरुद्ध कौरव सेना की कमान सँभाली थी। इस युद्ध में शल्य के अनुज तथा पुत्र **(रुक्मरथ)** ने भी उसका साथ दिया था। **सौवीरों** का राज्य सिंधु नदी के दक्षिणी छोर पर (आधुनिक कराची से लेकर उत्तर में बलूचिस्तान तक) स्थित रहा था। सौवीरों में **शत्रुंतप, संजय, अजविंदु, यमुंद, सुयाम, वार्ष्यायणि, फांटाहृति, मिभत, वितल, दत्तमित्र** व **सुमित्र** नामक पराक्रमी राजा हुए थे। युधिष्ठिर के अश्वमेध यज्ञ के लिए छोड़े गए अश्व को रोकने के कारण अर्जुन से **'सुमित्र'** आदि सौवीरों का युद्ध भी हुआ था। कालांतर में सौवीरों में **वीरसेन** नामक एक अति पराक्रमी राजा हुआ था। इसकी मृत्यु बलात् पत्नी बनाई गई शत्रुकन्या **'हंसवती'** द्वारा दिए गए विष के कारण हुई थी। **वीरसेन** या **परंतप** नामक इस सौवीर-नरेश का काल **आचार्य चाणक्य** से कुछ वर्ष पूर्व का रहा था। सौवीर व मद्रों से उत्तर तथा गंधर्वों या गांधारों के पार्श्व में **'शिबि'** के कनिष्ठ-पुत्र **केकय** ने अपनी नगरी बसाई थी। कालक्रम में **केकय** द्वारा स्थापित कैकेय नामक यह राज्य, औशनीरों की सामंती शृंखला में सबसे अधिक समृद्ध व शक्तिशाली बनकर उभरा। **रामायण** के संदर्भों के अनुसार सूर्यवंशी **'सम्राट् दशरथ'** ने अपने पश्चिमी प्रयाण में मद्रों, सौवीरो व मत्स्यों समेत कैकेयों का भी मान-मर्दन

किया था। संभवतः **आनवराज केकय** की लावण्यमयी कन्या **कैकेयी** पर मुग्ध होकर दशरथ ने संधि के लिए इससे विवाह का प्रस्ताव किया होगा। इस तरह युद्ध में बंधु-बांधवों सहित बंदी बना लिये गए आनवराज केकय के समक्ष **'प्रौढ़ दशरथ'** को अपनी **'षोडशी कन्या'** सौंपने के अतिरिक्त कुटुंब तथा राज्य की अभिरक्षा हेतु कोई विकल्प शेष नहीं रहा होगा। **'पौलस्त्य रावण'** के संबंधी रहे **'गांधारों'** (रावण का विवाह गंधर्व कन्या चित्रांगदा से भी हुआ था) ने **'राम'** के सिंहासनारूढ़ होने के पश्चात् प्रतिशोधस्वरूप कोशल के संबंधी रहे **'कैकेयों'** पर भीषण आक्रमण किया था। इस युद्ध में **'केकय'** के उपरांत आनव-नरेश हुए **युधाजित** अपने पुत्रों सहित वीरगति को प्राप्त हुआ। गांधारों के भय से युधाजित का अनुज अपने कुछ विश्वस्त सहयोगियों समेत पश्चिम के अज्ञात क्षेत्र में पलायन कर गया। प्रसिद्ध लिपि-विशेषज्ञ **श्री सी.आर. कृष्णमचालू** ने अपनी पुस्तक 'The Cradle of Indian History' में मिस्र के पुरातन राजवंश का संबंध आनव कुल से ही प्रमाणित किया है। संभवतः पश्चिम दिशा की ओर पलायन किए युधाजित अनुज **अभिजीत** के वंशज ही मिस्र के सुरक्षित तथा उपजाऊ क्षेत्र (नील का मैदानी भाग) में विस्थापित हुए होंगे और तदनुसार इनके द्वारा प्रसूत राज-परंपरा से ही मिस्र का प्राचीनतम **अनुविस** (Anubis) **कुल** अस्तित्व में आया होगा। मिस्र की धार्मिक परंपरा में **'अनुविस देवता'** का संदर्भ आता है, जिसके प्रभाव से ही यहाँ राज्य-व्यवस्था स्थापित हो सकी थी। उधर गांधारों द्वारा कैकेय पर किए गए आक्रमण का समुचित प्रत्युत्तर देते हुए **'रामानुज भरत'** ने अपने प्रबल पराक्रम से गांधारों की सामरिक शक्ति को नष्ट-भ्रष्ट करके **कैकेय** व **गांधार** दोनों ही राज्यों को अपने अधिकार में ले लिया। तदुपरांत अयोध्या-नरेश राम ने अपने अनुज (**भरत**) के पुत्रों (**तक्ष** व **पुष्कर**) को ही इसका प्रभारी बना दिया। इस प्रकार भरत के ज्येष्ठ पुत्र **'तक्ष'** ने **तक्षशिला** को व कनिष्ठ पुत्र **'पुष्कर'** ने **पुष्करावती** (आधुनिक पेशावर) को राजधानी बनाकर अपने-अपने हिस्सों के राज्यों पर शासन करना प्रारंभ कर दिया। **महाभारत काल** में पांडव की माता **कुंती** (पृथा) की भगिनी व शूरसेन की पुत्री **श्रुतकीर्ति** (श्रीकृष्ण की बुआ) का केकयराज से विवाह का उल्लेख किया गया है। इसी तरह नेत्रहीन **'धृतराष्ट्र'** का गांधार-नरेश सुबल की **गांधारी** आदि पुत्रियों से विवाह करने का प्रसंग भी आया है। संभवतः **'भरत'** के वंशजों के पतन के पश्चात् कैकेयों व गांधारों ने अपने पैतृक राज्य को पुनः प्राप्त कर लिया होगा। वायु पुराण (96/156-157) के अनुसार श्रुतकीर्ति से कैकेय राज को **चेकितान, वृहत्क्षत्र, विशोक, संतर्दन, विंद,**

अनुविंद, लोहध्वज आदि पुत्र हुए थे। महाभारत युद्ध में कैकेयों ने पांडवों तथा कौरवों दोनों के पक्ष में अलग-अलग बँटकर भाग लिया था। **महाभारत** (द्रोणपर्व) के अनुसार **'विशोक'** को कर्ण ने मारा था, जबकि **कर्ण पर्व** (10/6) के संदर्भ **'विंद'** व **'अनुविंद'** को दुर्योधन के पक्ष में लड़ने की पुष्टि करते हैं। महाभारत युद्ध में इन **कैकेय-भ्राताओं** के मारे जाने के पश्चात् **'सहस्रचित्य'** नामक एक केकयराज का प्रसंग भी आता है। राज्य-भार ग्रहण करने के कुछ काल पश्चात् ही इसी सहस्रचित्य का पौत्र **' शतयुप'** संन्यस्त हो गया था। इसी के आश्रम में **'बृद्ध धृतराष्ट्र'** ने अपनी वृद्धा पत्नी **गांधारी** तथा पांडवों की माता **कुंती (पृथा)** के साथ अपने जीवन के शेष समय को बिताया था। महाभारत युद्ध के विनाशकारी परिणामों के कारण उत्पन्न हुई सामाजिक विकृतियों के कारण हालाँकि कैकेयों की **भाषा** (अपभ्रंश के प्रभाव से **'पैशाची'** में परिवर्तित) व **परिवेश** में आमूल-चूल परिवर्तन आ चुका था, फिर भी इनका इस क्षेत्र विशेष में सदियों से स्थापित रहा प्रभाव पूर्ववत ही बना रहा था। यही नहीं, परंपरा से चला आ रहा गांधारों से इनका बैर भाव भी उसी रूप में बना रहा था। यही कारण है कि कैकेयों से पराजित होने के पश्चात् गांधारराज **'आंभि'** ने अपने अपमान का प्रतिशोध लेने के लिए ही यवनराज **'अलक्क्षेंद्र'** (एलेक्जेंडर या सिकंदर) को केकय सम्राट् **'पोरु'** पर आक्रमण करने हेतु उकसाया था।

इधर महामना के दूसरे पुत्र **'तितिक्षु'** को **'रूशद्रथ'** नामक एक पुत्र हुआ, जो काफी स्वाभिमानी था (संदर्भ—विष्णु पुराण-4/18/11)। वायु पुराण (99/25) में इसे 'उशद्रथ' तथा मत्स्य पुराण (48/22) में इसे **'बृहद्रथ'** कहा गया है। चक्रवर्ती महामना के उत्तराधिकारी हुए ज्येष्ठ-पितृ (ताया) **'उशीनर'** के पुत्रों द्वारा पैतृक साम्राज्य पर किए गए अधिकार तथा उपेक्षा से मर्माहत होकर **'तितिक्षु'** के इस पुत्र ने सुदूर पूर्व के **'हिमालयी उपत्यका'** में जाकर बसने का निर्णय किया। इस प्रकार इक्ष्वाकु-तनय **'नेमि'** व उनके वंशजों द्वारा स्थापित **'मिथिला'** के पूर्वी पार्श्व के एक रमणीय स्थान (संभवतः आधुनिक दार्जलिंग के क्षेत्र) में **रूशद्रथ** ने अपना स्थायी निवास स्थापित किया। यहीं पर इसे **'हेमा'** नामक एक लावण्यमयी **यक्षणी** से हिम जैसे धवल शरीरवाले एक पुत्र की प्राप्ति हुई। माता के नामानुरूप तथा काया की धवलता के प्रतीकस्वरूप इस बालक का नाम **'हेम'** ही रखा गया। हेम को **'अन्वा',** अन्वा को **'सुतापा** व सुतापा को **'बलि'** नामक एक प्रतापी पुत्र हुआ। पूर्व के हिमालयी उपत्यका में विस्थापित हुए तितिक्षु के वंशजों ने इस क्षेत्र में धीरे-धीरे अपने प्रभाव का विस्तार करना प्रारंभ कर दिया था। इसी क्रम में **'बलि'** के उद्यमों से इन्होंने **मगध** के पूर्वी

क्षेत्रों में अपना अधिकार स्थापित कर लिया था। उत्तर में हिमालय की तराई से लेकर दक्षिण में **'पूर्व-पयोधि'** (आधुनिक बंगाल की खाड़ी) तक एक विस्तृत साम्राज्य की नींव रखनेवाले बलि को प्रौढ़ावस्था तक कोई संतान नहीं हो पाई। इस तरह वंशवृद्धि के लिए चिंतातुर हो रहे बलि को अपनी कामना की पूर्ति अंततः **दीर्घतमा** (गौतम) नामधारी एक दिव्य ऋषि से सहयोग लेना पड़ा था। **'देवगुरु बृहस्पति'** द्वारा पूरे गर्भ से रही अपनी ज्येष्ठा भाभी को बलात् ही अपनी वासनाओं का शिकार बनाने (संदर्भ—वायु पुराण-99/41-42) के परिणामस्वरूप गर्भस्थ शिशु के नेत्रों की ज्योति दुष्प्रभावित हो गई थी। इस प्रकार **अशिज ऋषि** व उनकी सुलोचना पत्नी **ममता** को एक **जन्मांध बालक** की प्राप्ति हुई। कालांतर में गोमूत्र इत्यादि के नियमित सेवन से इस बालक का **'दृष्टि-विकार'** स्वतः ही समाप्त हो गया। दीर्घ काल तक अंधेपन को भोगने के कारण इस पुरुष को जहाँ **'दीर्घतमा'** (***दीर्घ प्रवेक्ष्यसि ततो दीर्घतमा नाम जायतः***—मत्स्य पुराण-48/42) कहा जाने लगा था, वहीं **गौ**-सेवा के सुफल से **'तम'** (अंधेपन) से मुक्त होने के कारण इन्हें **'गौतम'** (***गोभ्याहते तमसि वै गोतमस्तु ततोऽभवत्***—मत्स्य पुराण-48/84) भी कहा जाने लगा। इस **'दीर्घतमा ऋषि'** ने अनुलोम विधि द्वारा **'बलि'** की पत्नी **'सुदेष्णा'** से **अंग, कलिग, पुंड्र, सुह्म** तथा **बंग** नामक पाँच क्षेत्रज पुत्रों को उत्पन्न किया (***अंगस्तथा कलिंगश्च पुण्ड्रः सुह्मस्तस्थैव च बंगराजस्तु पंचैते बलेः पुत्राश्च क्षेत्रजाः***—मत्स्य पुराण-48/77-78)।

अंग, बंग व कलिंग के राजवंश

बलि के ज्येष्ठ पुत्र **'अंग'** ने आधुनिक **मुंगेर** से लेकर **मुर्शिदाबाद** (पं. बंगाल), **'कलिंग'** ने आधुनिक उड़ीसा के **बालेश्वर, मयूरभंज, क्योंझर, राउरकेला, सुंदरगढ़, संबलपुर, ढेकानाल** आदि जनपदों सहित बिहार के **सिंहभूमि** जनपद को, **'पुंड्र'** ने आधुनिक पं. बंगाल के **वीरभूमि, वर्धमान, बाकुड़ा, पुरुलिया** आदि जनपदों सहित **बिहार के धनबाद** जनपद को, **'सुह्म'** ने आधुनिक **पं. बंगाल के मिदनापुर, हुगली, नदिया** जनपद तथा **बँगलादेश के कुष्टिया** व **फरीदपुर** के क्षेत्रों को तथा **'बंग'** ने पं. बंगाल के **चौबीस परगना** तथा **बँगलादेश के तटीय क्षेत्रों** को अपने अधिकार में करते हुए अपने नामानुरूप क्रमशः **अंग, कलिंग, पुंड्र, सुह्म** व **बंग** नामक राज्यों की स्थापना की। बलिपुत्र अंग के वंश में ही **दधिवाहन, दिविरथ, धर्मरथ चित्ररथ** व **सत्यरथ** आदि विख्यात नृपों के पश्चात् **रोमपाद** नामक एक यशस्वी राजा हुआ था, जो सूर्यवंशी सम्राट् **'दशरथ'** का बाल-सखा भी रहा था। निःसंतान रहे अंगराज

रोमपाद को दशरथ ने अपनी पुत्री सरीखी कनिष्ठ भगिनी **'शांता'** सौंपी थी। अंगराज रोमपाद ने अपनी इस दत्तक पुत्री का विवाह **'ऋष्यशृंग'** से किया था। कालांतर में रोमपाद को **'चतुरंग'** नामक एक पुत्र हुआ था। चतुरंग के उत्तराधिकारियों में **पृथुलक्ष, चंप** (रामायण में वर्णित चंपावती नगरी को इसी ने बसाया था और कालांतर में यह नगरी अंगदेश की राजधानी के रूप में विख्यात भी हुई), **हर्यांग, भद्ररथ, बृहत्कर्मन, बृहद्रथ, बृहद्भानु, बृहन्मनस, जयद्रथ, दृढ़रथ** आदि प्रतापी नृपों की शृंखलाओं में **विश्वजित** नामक एक राजा हुआ था। इसी वंश में जयद्रथ के अनुज रहे विजय के कुल में **'अधिरथ'** नामक एक कुशल अश्व विशेषज्ञ हुआ। यह अश्व-विशेषज्ञ **अँगराज विश्वजीत** के समकालीन रहा था। कौरवों द्वारा अंगदेश को विजित करने पर **'अधिरथ'** के अश्व संचालन की निपुणता को देखकर **'गंगा-पुत्र भीष्म'** ने उसे अंधे नृप **'धृतराष्ट्र'** के रथों के प्रबंधन आदि का दायित्व सौंप दिया था। आधुनिक मुंगेर के गंगा-तट पर स्नान करते समय इसी **'अधिरथ'** को कुमारी पृथा (कुंती) द्वारा प्रवाहित **'नवजात् शिशु'** की प्राप्ति हुई थी। अधिरथ दंपती ने इस तेजस्वी बालक का लालन-पालन बड़े यत्नपूर्वक किया था। हस्तिनापुर की रंगभूमि में **'द्रोण शिष्य अर्जुन'** के हस्तलाघव को चुनौती देने वाला **'कर्ण'** ही सूत अधिरथ का पालित पुत्र रहा था। भीष्म की शर्त के अनुरूप अर्जुन जैसे राजपुरुष से प्रतिद्वंद्विता के योग्य बनाने के लिए दुर्योधन ने विश्वजीत के निधन से रिक्त हो चुके **'अंगदेश के राजसिंहासन'** पर **कर्ण** का अभिषेक रंगभूमि के प्रांगण में ही किया था। इस प्रकार सूत-पुत्र के रूप में चर्चित रहे कौंतेय **कर्ण,** दुर्योधन के अनुग्रह से अंग देश का राजा बनकर सामाजिक प्रतिष्ठा को प्राप्त कर सका था। कालांतर में कर्ण को **वृषसेन, सुषेण, सत्यसेन, सुदेव** व **सुशर्मा** नामक पाँच दिव्य पुत्रों की प्राप्ति हुई थी, किंतु ये सभी अपने पिता समेत कुरुक्षेत्र के समरांगण में कौरवों के पक्ष में लड़ते समय वीरगति को प्राप्त हुए थे। महाभारत युद्ध के पश्चात् वृषसेन के पुत्र रहे **'द्विजसेन'** को युधिष्ठिर ने अंगदेश का राजा मनोनीत किया। कालांतर में इसी के वंश में **यशसेन** व **केतुसेन** नामक यशस्वी नृप हुए थे, जिनका वर्णन **कथासरित्सागर** (पृष्ठ सं.-430) में हुआ। महाभारतकालीन युग में **'पुंड्र'** के वंश में **वासुदेव** नामक एक प्रतापी राजा हुआ था। **वासुदेव पौंड्र** नाम से पूर्वांचल में विख्यात रहे इस राजा के द्रौपदी-स्वयंवर में उपस्थित रहने का प्रमाण महाभारत ग्रंथ में भी मिलता है। वासुदेव के नाम से संपूर्ण भरतखंड में विख्यात् रहे श्रीकृष्ण से यह व्यक्तिगत ईर्ष्या रखता था। कालांतर में यह श्रीकृष्ण के ही हाथों मारा भी गया (संदर्भ—महाभारत-सभापर्व-61/11-12)। इसके उपरांत पौंड्रो में **सोमदत्त**

नामक एक यशस्वी राजा हुआ था, जिसके प्रभाववश इसके वंशजों को **'दत्त'** की संज्ञा से विभूषित किया जाने लगा। बंगाल व पंजाब की **'दत्त'** जाति संभवतः **'पौंड्र सोमदत्त'** के उत्तराधिकारियों से ही संबद्ध रही थी। **'सुह्म'** के वंशजों का भी संभवतः **'कर्ण-पौत्र द्विजसेन'** के कुल में अंतर्भुक्ति हो चुकी थी। हर्षचरित्र में वर्णित ***'कर्णेन्दीवरेण देवकी देवानुरक्ता देवसेन सौह्मम'*** का उल्लेख इन्हीं संभावनाओं की पुष्टि करता है।

इधर कलिंग के वंश में हुए **'उत्कल'** नामक एक प्रतापी नृप के कारण उसके राज्य को **उत्कल प्रदेश** के रूप में जाना जाने लगा। महाभारत युग में **'अंगराज कर्ण'** ने उत्कलों को पराजित करके उनके क्षेत्र को अपने राज्य में मिला लिया था (संदर्भ—महाभारत-द्रोणपर्व-4/8)। महाभारत (सभापर्व-31/24-25) के श्लोक ***'निर्जित्याजौ महाराज वंगराजमुपाद्रवत् समुद्रसेनं निर्जित्य चंद्रसेनं च पार्थिवम्'*** इस बात की पुष्टि करते हैं कि **काच-पुत्र समुद्रसेन** ही तात्कालिक बंगदेश का राजा रहा था और द्रौपदी के स्वयंवर में महाराज द्रुपद के निमंत्रण पर उसी का पुत्र **'चंद्रसेन'** उपस्थित हुआ था। महाभारत (भीष्मपर्व-92/7-12) के अनुसाँर, बंगराज ने दुर्योधन के पक्ष में होकर भारत-युद्ध में भाग लिया था। संभवतः महाभारत युद्ध के पश्चात् अंगराज मनोनीत किए गए **कर्णपौत्र द्विजसेन** ने **'बंग प्रांत'** को भी अपने अधिकार में ले लिया होगा और इसी की वंश-शृंखलाओं में ही बंगाल का प्रसिद्ध **सेन** व **पाल** वंश अस्तित्व में आया होगा। चूँकि बंगाल के इन शासकों का स्रोत-सूत्र **'सूत अधिरथ'** के पालित-पुत्र **'कर्ण'** से जुड़ा रहा था, अतः भारत के क्षत्रिय राजाओं ने इन्हें कहीं भी अपनी जाति के स्तर का सम्मान कभी प्रदान नहीं किया। यही कारण है कि **बंगाल के सेन** तथा **पालवंशीय** राजाओं को **गैर-क्षत्रिय शासक** ही माना जाता रहा। इस तरह तितिक्षु के कुल द्वारा ही बंगाल के **सेन, पाल** व **दत्त** वंश अस्तित्व में आए थे और इन्हीं नामों के अनुरूप जातियों में विकसित इनके वंशधर आज भी भारत के सामाजिक पटल पर विद्यमान हैं।

पौरव वंश

7. **पुरु**—उधर यदु, तुर्वसु, द्रह्यु व अनु आदि की इच्छाओं के विरुद्ध पिता को अपना यौवन प्रदान करने के कारण भाइयों में सबसे कनिष्ठ रहे **'पुरु'** को ही **'ययाति'** ने अपना सुपुत्र अंगीकार करते हुए अपने राज्य का विधिवत उत्तराधिकारी बनाया था। कालांतर में **ऋषि भार्गव** का शल्य-विधि द्वारा अपना यौवन पुनः प्राप्त

कर लेने के उपरांत इसका विवाह **'पुष्ट'** नामक कोशल के किसी राजपुरुष की कन्या से हुआ था। भारतीय ग्रंथों में वर्णित इसकी पत्नी का **'पौष्टी'** या **'कौशल्या'** नामकरण इसी तथ्य की पुष्टि करता है। असाध्य पितृ-भक्ति के कारण **'राज्यश्री'** से सम्मानित किए गए **पुरु** के प्रभाववश ही चंद्रवंश की मुख्य गद्दी के धारकों को **'पौरव'** के नाम से ही जाना जाने लगा।

8. जनमेजय (प्रथम)—पुरु के पश्चात् उसका ज्येष्ठ पुत्र **'जनमेजय'** उत्तराधिकारी हुआ। अपने पराक्रम का प्रदर्शन करते हुए इसने तीन अश्वमेध यज्ञों का अनुष्ठान किया था। जनमेजय अपने पराक्रम के बल पर चिरकाल तक राजसुखों को भोगता रहा था। इसका विवाह अवंति की राजकन्या **'अवंता माधवी'** से हुआ था। महाभारत के आदि पर्व (90/11) के अनुसार जीवन के अंतिम काल में यह वानप्रस्थी हो गया था।

9. प्राचिन्वान—जनमेजय प्रथम के पश्चात् उसका पुत्र **'अविद्ध'** (वायु पुराण-99/120) सिंहासनारूढ़ हुआ। कालांतर में यह 'प्राचिन्वान' (विष्णु पुराण-4/19/1) के नाम से भी प्रसिद्ध हुआ। संभवतः पैतृक राज्य का **प्राची** (पूर्व) दिशा में विस्तार करने (*यः प्राचीमजयद्र दिशय्र*—हरिवंश पुराण-1/31/5) तथा इसी दिशा में अपनी नूतन राजधानी को प्रतिष्ठापित करने के कारण ही यह **'प्राचिन्वान'** या **'प्राचीत्वत्'** के विशेषणों से अलंकृत हुआ होगा। मत्स्य पुराण(49/1) में इसका संबोधन **'प्राचीत्वत्'** के नाम से किया गया है। प्राचिन्वान का विवाह इक्ष्वाकु-कुलीन अश्मक, जिसका राज्य विदर्भ के सन्निकट रहा था, की पुत्री **'अश्मकी'** से हुआ था।

10. प्रवीर—प्राचिन्वान का उत्तराधिकारी उसका पुत्र **'प्रवीर'** (वायु पुराण-99/121) हुआ। इसकी पत्नी का नाम **'शैव्या'** या **'श्येनी'** (महाभारत, आदि पर्व-89/6) था।

11. मनस्यु–प्रवीर के उपरांत उसका पुत्र **'मनस्यु'** (वायु पुराण-99/121, विष्णु पुराण-4/19/1) पौरव राज्य का उत्तराधिकारी हुआ। अपने पराक्रम के बल पर इसने पौरव राज्य का चतुर्दिक् विस्तार किया। इसका विवाह ययाति-पुत्र अनु के कुल में उत्पन्न सौवीर नरेश उशीनर की कन्या **'सौवीरी'** से हुआ था।

12. अभयपद—सौवीरी से हुए तीन पुत्रों में ज्येष्ठ रहे अभयपद ही मनस्यु के पश्चात् राज्याधिकारी हुआ। वायु पुराण (99/121) में इसे **'जयद'** तथा मत्स्य पुराण (49/2) में **'पीतायुध'** कहा गया है। यह एक पराक्रमी योद्धा रहा था।

13. सुन्वंत—अभयपद का उत्तराधिकारी उसका पुत्र सुन्वंत हुआ। विष्णु पुराण

(4/19/1) में इसे **'सुद्यु'** तथा मत्स्य (49/3) व वायु पुराण (99/122) में **'धुंध'** नाम दिया गया है। **अवंति सुंदरी** में इसे **'शुंध्यु'** कहा गया है।

14. यवीयान्—इसे हरिवंश पुराण में **'सुधन्वा'** तथा अवंति सुंदरी में **'वहुविध'** नाम से स्मरण किया गया है। इसका विवाह 'अश्मक' राजघराने की एक अद्वितीय कन्या (संदर्भ—**महाभारत, आदि पर्व**-90/13) से हुआ था।

15. वहुगवी—वायु पुराण (99/122) में इसे धुंध का पुत्र बतलाया गया है, जबकि विष्णु पुराण (4/19/1) में इसे **'वहुगत'** कहा गया है। यवीयान के उपरांत बहुगवी उत्तराधिकारी हुआ।

16. संयाति—मत्स्य पुराण (49/3) में इसे **'संपाति'** तथा वायु पुराण (99/122) में **'संजाति'** के नाम से चिह्नित किया गया है। महाभारत (आदि पर्व) के अनुसार संयाति (विष्णु पुराण-4/19/1) का विवाह दृषद्वान की कन्या **'वारांगी'** से हुआ था।

17. अहंयाति—मत्स्य पुराण (49/4) में इसे **'रहंवर्चा'** नाम दिया गया है। विष्णु पुराण (4/19/1) के अनुसार, **'अहंयाति'** का पिता संयाति था और इसका विवाह **'भानुमति'** (महाभारत आदि पर्व) नामक स्त्री से हुआ था।

18. रौद्राश्व—वायु पुराण (99/127) तथा मत्स्य पुराण (49/4) में इसे **'भद्राश्व'** के रूप में चिह्नित किया गया है। रौद्राश्व का विवाह गंधर्वबाला **'घृता'**, जिसे कहीं-कहीं घृताची अप्सरा भी माना गया है, से हुआ था। घृता से उसे **ऋचेयु, कृतेयु, कक्षेयु, स्थंडिलेयु, धृतेयु, जलेयु, स्थलेयु, धमैयु, संनतेयु** व **वनेयु** नामधारी दस पुत्र तथा **रुद्रा, शूद्रा, मद्रा, शुभा, जामलजा, तला, खला, गोपजला, ताम्ररसा** व **रत्नकुटी** नामक दस पुत्रियाँ (वायु पुराण-99/125-126) हुई थीं। रौद्राश्व ने अपनी दसों कन्याओं का विवाह अत्रि कुलीन **प्रभाकर** से किया था (वायु पुराण-99/127)। इन्हीं दसों कन्याओं में से शुभा द्वारा प्रभाकर को **सोम** नामक पुत्र प्राप्त हुआ था। आत्रेय सोम को **दत्त** व **दुर्वासा** नामक दो पुत्र तथा **तिलका** नामक पुत्री हुई। यह दत्तात्रेय ही हैहेय कार्तवीर्य अर्जुन के गुरु हुए तथा ब्रह्मवादिनी तिलका ही **अपाला आत्रेयी** के रूप में प्रसिद्ध हुई।

19. ऋचेयु—रौद्राश्व के पश्चात् उसका ज्येष्ठ पुत्र ऋचेयु सिंहासनारूढ़ हुआ। इसे विष्णु पुराण (4/19/2) में **'ऋतेषु'** तथा मत्स्य पुराण (49/5) में **'औचेयु'** नाम दिए गए हैं। **'राजर्षि अनादृष्ट'** के नाम से विख्यात रहे पिता रौद्राश्व के पदचिह्नों का सम्यक् अनुसरण करने के कारण यह भी **'राजर्षि'** कहलाने लगा। इसका विवाह

नागकुलीन तक्षक की पुत्री **'ज्वलना'** (मत्स्य पुराण- 49/6) से हुआ था।

20. मतिनार—ज्वलना के गर्भ से जनमा **'मतिनार'** एक असाधारण प्रतिभासंपन्न बालक था। मत्स्य पुराण (49/7) में इसे **'अंतिनार'** तथा वायु पुराण (99/128) में **'रंति'** के सूक्ष्म रूप में चिह्नित किया गया है। इसकी पत्नी का नाम **'मनस्विनी'** था, जो एक धर्मपरायण महिला रही थी। सरस्वती के पवित्र तट पर मतिनार सपत्नीक बारह वर्षों तक यज्ञ-अनुष्ठान में निमग्न रहा था। इस दीर्घ यज्ञादि में अपनी विशेष सहभागिता के कारण मनस्विनी कालांतर में **'सरस्वती'** के अपर नाम से ही चर्चित हुई। मतिनार को मनस्विनी (सरस्वती) से **तंसु, अप्रतिरथ** व **ध्रुव** नामक तीन पुत्र व **गौरी** नामधारी एक विलक्षण कन्या की प्राप्ति हुई थी। **'गौरी'** का विवाह इक्ष्वाकु कुलीन **'युवनाश्व'** से हुआ था और इसी का पुत्र **'मांधाता'** सूर्यकुल का विख्यात चक्रवर्ती सम्राट् बना। अप्रतिरथ का पुत्र **'धुर्य'** तथा उसका पुत्र **'कण्व'** अपने समय का प्रख्यात ऋषि हुआ। भारतीय शास्त्रों में अणु विज्ञान के प्रस्तोता के रूप में एक आंगिरस गोत्री **'कण्व'** का संदर्भ आता है, जबकि अप्रतिरथ के वंश में उत्पन्न कण्व नामक यह ऋषि काश्यप गोत्री रहा था। यह कण्व ही **'महान् भरत'** का प्रधान याज्ञिक भी रहा था। कण्व को मेधातिथि नामक एक मेधावी पुत्र हुआ। कण्व मेधातिथि जहाँ वेद-सूक्तों के द्रष्टा होने के कारण प्रसिद्ध **ब्रह्मवादी** ऋषि के रूप में विख्यात हुए, वहीं उनसे प्रसूत गोत्र-प्रवर को **'काण्वायन ब्राह्मण'** के रूप में ही जाना गया (संदर्भ—विष्णु पुराण-4/19/6-7)।

21. तंसु—मतिनार का उत्तराधिकारी उनका ज्येष्ठ पुत्र **तंसु'** (संदर्भ—**महाभारत, आदि पर्व**) हुआ। वायु पुराण (99/129) में इसे **'त्रसु'** नाम दिया गया है। इसकी पत्नी का नाम **'आसीत'** था।

22. असित—अपने नामारूप यह तंसु व आसीत का पुत्र ही सिद्ध होता है। महाभारत, शांतिपर्व (28/88) के अनुसार मांधाता से हुए युद्ध में असित पराजित हुआ था ***(यश्चांगारं तु नृपतिं मरुत्तमसितं गयम् अंग वृहद्रथं चैव मांधाता समरेऽजयत्)***। संभवतः चक्रवर्ती मांधाता से हुए विकट युद्ध में यह वीरगति की प्राप्त हुआ। पुराणों में कहीं-कहीं इसे **'अविद्ध'** के रूप में भी चिह्नित किया गया है।

23. त्रिवन—असित-पुत्र 'त्रिवन' अल्पायु में ही राजा के पद पर आरूढ़ हुआ था। यह एक धर्मपरायण राजा रहा था (संदर्भ—मत्स्य पुराण-49/8)।

24. तनु—त्रिवन के वानप्रस्थी हो जाने पर उसका पुत्र तनु राज्याधिकारी बना। **महाभारत** (आदि पर्व) के अनुसार इसकी पत्नी का नाम **'कालिंदी'** था।

25. इलिन—विष्णु पुराण (4/19/8) में इसे **'एलिन'** नाम दिया गया है, जबकि वायु पुराण (99/132) के अनुसार, इसका नाम **'मलिन'** था। महाभारत (आदि पर्व) इसकी पत्नी के रूप में **'रथंतरी'** को चिह्नित करता है। पुराणों (वायु पुराण-99/132 व मत्स्य पुराण-49/10) के अनुसार, इसकी पत्नी को **'उपदानवी'** के नाम से भी संबोधित किया गया है। इन संदर्भों से यह आभास होता है कि रथंतरी का संबंध किसी दानवेतर कुल से ही रहा होगा। इस दानवेतर कुलीन रथंतरी से इलिन को **सुष्यंत, दुष्यंत, प्रवीर** व **अनध** नामक चार अति सुंदर तथा धीर-वीर पुत्रों की प्राप्ति हुई थी। पराक्रमी इलिन ने अपने रण-कौशलों द्वारा कई राज्यों को जीतकर पौरव साम्राज्य का समुचित विस्तार किया था। एक युद्ध के दौरान ज्येष्ठ पुत्र सुष्मंत की वीरगति हो जाने के कारण विचलित हो उठे इलिन का मन राजकार्य से उचटने लगा। फलतः युवा दुष्यंत को राज्य-भार सौंपकर इलिन सपत्नीक वानप्रस्थी हो गया। वनस्थ-जीवन में अध्यात्म के प्रति बढ़ते अनुरागों के कारण शीध्र ही उसकी ख्याति एक **ब्रह्मवेत्ता** के रूप में हो गई। वायु पुराण (99/132) उसे एक ब्रह्मवादी के रूप में भी उल्लिखित करता है।

26. दुष्यंत—पिता द्वारा प्रदत्त राजगद्दी का अधिकारी होकर **'युवा दुष्यंत'** अल्पायु में ही एक विशाल राज्य का स्वामी बन गया। अति बलशाली होने के साथ-साथ वह उदार तथा विवेकशील भी था। उसकी शारीरिक शक्ति अद्भुत थी। बड़े-बड़े वृक्षों तथा चट्टानों को अपने बाहुबल से निमेष मात्र में जड़-विहीन कर देना उसके लिए सरल रहा था। महाभारत (आदि पर्व) के अनुसार, वह **'विष्णु'** के समकक्ष बलवान, **'सूर्य'** के समान प्रतापी, **'समुद्र'** जैसा अक्षोभ्य व **'पृथ्वी'** की भाँति क्षमाशील था। **प्रक्षेप, विक्षेप, परिपेक्ष** व **अभिक्षेप**—चारों प्रकार के गदा-युद्धों में पारंगत रहने के अतिरिक्त वह सभी प्रकार के शस्त्रों का निपुणता से संचालन भी करता था। पैतृक राज्य के साथ-साथ पिता द्वारा विजित किए गए भारत के पश्चिम में स्थित समुद्र के तटवर्ती राज्यों सहित म्लेच्छों की भूमि का भी अधिपति होने के कारण महाभारत (आदि पर्व-62/3-5) में महाराज दुष्यंत को **'चतुरंत पृथिवी का गोप्ता'** कहकर भी संबोधित किया गया है। महाबाहु दुष्यंत के कुशल नागरिक प्रबंधनों के कारण उसके राज्याश्रय में प्रजा निर्भय होकर अपना जीवन-यापन करती थी।

राज्य के सामरिक व नागरिक सुरक्षा तथा संरक्षा में निरंतर व्यस्त रहे दुष्यंत ने एक बार अपनी दिनचर्या में परिवर्तन के उद्देश्य से देशाटन तथा मृगया-विनोद का मन बनाया। इसी उपक्रम में अपने कुछ विश्वस्त मंत्रीगणों व अंगरक्षकों सहित वे

राजधानी से दूर की लंबी यात्रा पर निकल पड़े। नगर-वीथि तथा गाँव-चौबारे आदि को पार करता हुआ दुष्यंत का यह दल एक सघन वन में प्रविष्ट हुआ। एक चपल मृग का पीछा करते हुए दुष्यंत अपने सहयोगियों सहित **मालिनी नदी** के समीप स्थित **'चैत्ररथ'** नामक एक सुंदर उपवन में पहुँचा। प्राकृतिक सौंदर्य से परिपूर्ण उस **उपवन** का दिग्दर्शन कर रहे दुष्यंत की दृष्टि एक मनोहारी आश्रम पर जाकर टिक गई। उपवन के प्राकृतिक प्रांगण में स्थित यह दिव्य आश्रम **'पौरव मतिनार'** के कनिष्ठ पुत्र **'अप्रतिरथ'** के पौत्र रहे **'ब्रह्मचारी कण्व'** का साधना-स्थल था। इस आश्रम की साज-सज्जा तथा व्यवस्था कण्व की पालित पुत्री **'शकुंतला'** द्वारा की जाती थी।

शकुंतला ऋषि विश्वामित्र व अप्सरा मेनका की औरस पुत्री रही थी। कामधेनु-प्रकरण में वासिष्ठों द्वारा बुरी तरह प्रताड़ित किए जाने पर कान्यकुब्ज-नरेश **'विश्वबंधु'** ऋषि बनकर ही वसिष्ठ को नीचा दिखाने का निश्चय किया था। इसी प्रयत्न में विश्वामित्र के नए स्वरूप में ऋषित्व ग्रहण करने के उपरांत अपने सामर्थ्य को प्रतिष्ठापित करने के उद्‌देश्य से वे **वैज्ञानिक-ऐंद्रजाल** से परिपूर्ण **'देवलोक'** की ही भाँति एक लोक की संरचना-संबंधी अनुसंधान में भी रत रहने लगे। देवलोक तथा अपनी महिमा के लुंठीथ होने की आशंका से भयभीत होकर **'इंद्र'** ने विश्वामित्र की एकाग्रता को भंग करने के लिए उस काल की अद्वितीय सुंदरी अप्सरा **'मेनका'** का सहयोग लिया। यद्यपि अपने असाधारण सौंदर्य-जाल के बल पर मेनका **देव मनोरथ** को सिद्ध करने में सफल रही थी, तथापि ऋषि के साथ निरंतर रमण का स्वाँग करते-करते असावधानीवश उसे गर्भ ठहर गया। चूँकि देवलोक में गर्भणी स्त्री का प्रवेश वर्जित था, अतः निहित उद्‌देश्यों की पूर्ति के उपरांत भी प्रसव तक मेनका को यहीं रुके रहना पड़ा था। नियत समय के निकट आने से पूर्व ही परिचारिकाओं सहित एक निर्जन वन के सुरक्षित स्थल पर प्रसव हेतु पहुँची मेनका ने ब्रह्ममुहूर्त के क्षण एक अति सुंदर कन्या को जन्म दिया। जातक संस्कार के उपरांत उस नवजात कन्या को वहीं छोड़कर मेनका अपनी सहचरियों समेत पौ फटने से पहले ही देवलोक के लिए प्रस्थान कर गई।

इधर प्रातः स्नान को निकले ऋषि कण्व क्षुधाग्रस्त हो रही बालिका के करुण क्रंदन को सुनकर उस सघन झुरमुट के पास कौतूहलवश पहुँचे, जहाँ रुदन कर रही उस अबोध बाला की वन्य जीवों से रक्षा के निमित्त **'शकुंत पक्षियों'** का झुंड उड़-उड़कर अपने ढंग से प्रयास कर रहा था। इस विहंगम दृश्य को देखकर ऋषि का हृदय ममत्व से आप्लावित हो उठा और आनन-फानन में शकुंत पक्षियों द्वारा रक्षित

इस दिव्य बाला को **'शाकुंतले'** के लाड़ भरे संबोधन के साथ अपने स्नेहिल अंक में उठा लिया। इस तरह ऋषि द्वारा भावातिरेक में दिए गए **'शकुंतला'** के नाम से प्रसिद्ध हुई मेनका व ऋषि विश्वामित्र की यह आत्मजा कण्व आश्रम में आचार्य की पालित पुत्री के रूप में तभी से शोभायमान थी।

आश्रम में प्रवेश करते ही महाबाहु दुष्यंत का साक्षात्कार अप्सरा मेनका की इस लावण्यमयी कन्या से हुआ। वनदेवी सदृश्य अप्रतिम सौंदर्य की इस सजीव मूर्ति को अचानक सामने पाकर दुष्यंत मुहूर्त भर के लिए किंकर्तव्यविमूढ़ से हो गए। इधर सुदर्शन दुष्यंत के बलिष्ठ गात का अवलोकन करने के पश्चात् शकुंतला की मनःस्थिति भी कुछ इसी प्रकार से आसक्त हो रही थी। किसी तरह संयत होने के उपरांत इनमें आपसी परिचय का आदान-प्रदान संभव हो पाया था। शकुंतला के अनुपम सौंदर्य पर काम-विमोहित हो उठे दुष्यंत ने आतिथ्य-सत्कार के मध्य ही उससे **गांधर्व विवाह** करने का अनुग्रह किया और आश्रम से बाहर गए ऋषि कण्व की अनुपस्थिति में ही उससे विवाह कर लिया। पत्नी के रूप में शकुंतला का भोग करने के उपरांत दुष्यंत इस आश्वासन के साथ कि शीघ्र ही उसे सम्मानपूर्वक लिवा जाएँगे, ऋषि की प्रतीक्षा किए बिना ही उससे विदा लेकर अपने सहयोगियों के पास वापस लौट आए। महाभारत (आदि पर्व) के **'शाकुंतलोपाख्यान'** तथा कालिदास की अमर कृति ***'अभिज्ञान शाकुंतलम्'*** में दुष्यंत-शकुंतला के प्रेम-विछोह व उनके पुत्र **'सर्वदमन'** (भरत) के बाल्यकाल का विस्तृत वर्णन किया गया है।

राजधानी वापस लौटने के उपरांत राज्य-कार्य की व्यस्तताओं ने दुष्यंत को इतना उलझा दिया कि वे कण्व आश्रम के प्रसंग को ही प्रायः भुला बैठे। इसी मध्य उनका तिताह **'लक्ष्मणा'** नागक एक राजकन्या से हो गया। कालांतर में अपने छह वर्षीय पुत्र **'सर्वदमन'** के साथ शकुंतला राजसभा में उपस्थित हुई और उसकी आपबीती सुनने तथा कण्व शिष्यों द्वारा ***'माता भस्त्रा पितुः पुत्रों येन जातः स एव सः'*** की उक्ति द्वारा विश्वास दिलाए जाने पर दुष्यंत को अपनी भूल का आभास हुआ। इस प्रकार विवेकशील दुष्यंत द्वारा शकुंतला तथा उसके पुत्र को ससम्मान स्वीकार लिया गया। पिता द्वारा भरण-पोषण के लिए स्वीकारे गए सर्वदमन को तदंतर **'भरत'** के नाम से जाना जाने लगा। समय आने पर दुष्यंत ने **'शाकुंतल भरत'** को अपना ज्येष्ठ पुत्र मानकर उसे ही युवराज घोषित किया।

27. भरत–'दौष्यंति भरत' पौरव कुल का एक प्रसिद्ध राजा हुआ। प्रकृति के उन्मुक्त आँचल में पल्लवित हुआ शकुंतला का यह विलक्षण पुत्र बाल्यकाल में ही

अपने पराक्रमों के कारण ख्यातिलब्ध हो चुका था। सिंह-शावकों व अन्य बलशाली वन्य जीवों को अपनी इच्छानुसार अनुशासित करना तथा पालतू जीवों की भाँति उनसे क्रीड़ा करते रहना उसे काफी प्रिय लगता था। इस निर्भीक बालक द्वारा हिंसक पशुओं को इस प्रकार से प्रताड़ित होते देखकर कण्व आश्रम के तपस्वी उसे **'सर्वदमन'** नाम से पुकारने लगे थे। महाबाहु दुष्यंत द्वारा अपनाए जाने पर यही बालक आगे चलकर **'भरत'** के नाम से विख्यात हुआ। राजा बनने के पश्चात् उसने अनेक राज्यों को विजित कर वहाँ के राजाओं को अपनी अधीनता स्वीकार करने के लिए विवश कर दिया। अपनी इन सभी सामरिक विजयों के प्रतीकस्वरूप उसने इंद्र सदृश्य अनेक यज्ञों का अनुष्ठान भी किया था। प्रतिरथ वंशज कण्व ऋषि ने **प्रधान याज्ञिक** बनकर जहाँ भरत से **गोवितत** नामक प्रसिद्ध अश्वमेध यज्ञ करवाया था, वहीं **'दीर्घतमा मामतेय'** ने **मष्णार** व **साचीगुण** नामक प्रदेशों में उससे कई अश्वमेध यज्ञ कराए थे (संदर्भ—आदि पर्व-69/48 व ऐतरेय ब्राह्मण-8/23)। धर्म परायण भरत एक कुशल प्रशासक के साथ-साथ एक प्रजावत्सल सम्राट् के रूप में भी प्रतिष्ठित रहा था। महाभारत (आदि पर्व-69/47) के अनुसार, सम्राट् भरत एक चक्रवर्ती ही नहीं, अपितु **'सार्वभौमः प्रतापवान'** नृपश्रेष्ठ भी रहा था। अपने त्रुटिहीन शासन-चक्र के कारण वह अपने अधीनस्थ राजाओं व प्रजागणों में समान रूप से आदर पाता रहा था। ययाति के उपरांत इस कुल में उसकी यशःकीर्ति ही सम्मानित हो सकी थी। किंचित् यही कारण रहा था कि उसके बाद की पीढ़ियों को **'भरतवंशी'** या फिर **'भारत'** के अतिरिक्त विशेषण से भी संबोधित किया जाने लगा।

काशीराज सर्वसेन की कन्या **'सुनंदा'** सहित भरत की कुल तीन पत्नियों का उल्लेख भारतीय शास्त्रों में हुआ है। उनसे उसे कुल नौ पुत्रों की प्राप्ति हुई थी (***भरतस्य पत्नीत्रये नव पुत्रा बभूवुः***—विष्णु पुराण-4/19/14)। किंतु भरत के ये सभी पुत्र असमय ही काल-कलवित हो गए। इसके पश्चात् पुत्र-प्राप्ति की कामना से भरत ने अनेक **नैमित्तिक यज्ञों** का अनुष्ठान भी करवाया। अंत में **मरुत्सोम** नामक यज्ञ के प्रधान याज्ञिक रहे **'विदथि भरद्वाज'** के **अनुलोम विधि** (अर्थात् वर्ण क्रम में अपने से निम्नवर्णा स्त्री को किया गया गर्भाधान) द्वारा क्षत्राणी सुनंदा को **'वितथ'** नामक एक पुत्र की प्राप्ति हुई। इस प्रकार अंगिरा के कुल में उत्पन्न बृहस्पति के असहज वंशज रहे विदथि भरद्वाज (***बृहस्पतेर्भरद्वाजो विदथीति य उच्यते***—बृहद्देवता-5/102) के संयोग से **जनति** सुनंदा का पुत्र **'वितथ'** ही यशस्वी भरत का उत्तराधिकारी बना। पुराणों में इसका वर्णन ***'ततः स वितथो नाम भारद्वाजस्तथाऽभवत'*** (वायु

पुराण 99/156) एवं *'ततो जाते हि वितथे भरतश्च दिवं ययौ'* (मत्स्य पुराण-49/34) कहकर किया गया है।

28. वितथ—भरद्वाज विदथि के अनुलोम द्वारा उत्पन्न भरत के इस **वर्णसंकर** उत्तराधिकारी का उल्लेख पुराणों में नाम मात्र का ही मिलता है। ऐतरेय ब्राह्मण (8/21) में विजयी राजा के रूप में इसे **'अंबष्ठ'** भी कहा गया है। मनु स्मृति (10/13) के अनुसार, क्षत्राणी से ब्राह्मण पुरुष के हुए संयोग से उत्पन्न बालक को **'अंबष्ठ'** ही कहा जाता है। संभवतः **ब्राह्मण विदथि** के संसर्ग से **क्षत्राणी सुनंदा** के गर्भ में आए भरत के इस उत्तराधिकारी को शास्त्रोचित व्याख्याओं के अनुरूप ही **'अंबष्ठ'** के उपनाम से भी संबोधित किया गया होगा। आधुनिक पंजाब प्रदेश के होशियारपुर जनपद के अंतर्गत **'अंबोटा'** स्थान को ही इसने अपनी राजधानी बनाया था।

29. भुवमन्यु—वितथ के पश्चात् उसका पुत्र भुवमन्यु राज्य का उत्तराधिकारी हुआ (*वितथस्याऽऽसीद्भुवमन्युर्महायशाः*—मत्स्य पुराण-49/35)। विष्णु पुराण (4/19/20) में इसे **'मन्यु'** कहा गया है (*वितथस्यापि मन्युःपुत्रोऽभवत्*)। इसकी पत्नी का नाम **'विजया'** था। इससे भुवमन्यु को **महावीर्य, बृहत्क्षत्र, नर** व **गर्ग**–इन चार मेधावी पुत्रों की प्राप्ति हुई थी (वायु पुराण-99/159)। भरत के उत्तराधिकारियों में इसकी ख्याति एक यशस्वी सम्राट् के रूप में थी। इसी के वंशजों में प्रसिद्ध **'रंतिदेव'** हुए, जो अपने समय के एक अति दानवीर नृप के रूप में जाने गए।

30. महावीर्य—अपने नाम के अनुरूप यह एक वीर राजा सिद्ध हुआ। इसे **'सत्कृति'** नामक पत्नी से एक अत्यंत बलशाली पुत्र प्राप्त हुआ, जो आगे चलकर भीम के नाम से प्रसिद्ध हुआ।

31. भीम—यह महावीर्य का पुत्र था (*महावीर्ये सुतश्चापि भीम नामः वीर्यवान्*)। उसके पश्चात् यही राज्य का उत्तराधिकारी बना।

32. उपक्षय—भीम-पुत्र उपक्षय (*भीमस्तस्यादुभक्षयः*—वायु पुराण- 99/162) एक बुद्धिमान् नृप के रूप में ख्यातिलब्ध रहा। मत्स्य पुराण (49/38) में इसे **'ऊरुक्षव'** के रूप में संबोधित किया गया है। इसका विवाह **'विशाला'** नामक एक दिव्य स्त्री से हुआ था। इससे उसे **त्र्युषण, पुष्करि** व **कपि** नामक तीन पुत्रों की प्राप्ति हुई। इन तीनों द्वारा ब्राह्मणवृत्ति को अपनाए जाने के कुछ काल बाद उपक्षय को एक अति उग्र स्वभाव का पुत्र भी प्राप्त हुआ, जो आगे चलकर **उग्रायुद्ध** नाम से जाना गया।

इधर अगस्त्य व परशुराम द्वारा प्रशस्त किए गए मार्गों का अनुकरण करते हुए

विशाल-तनय **'कपि'** ने ऋषित्व के लिए दक्षिण को ही प्राथमिकता दी। दक्षिणाभिमुख हुए **अगस्त्य** ने पश्चिमी (**पंचवटी**) व **परशुराम** ने पूर्वी (**महेंद्रांचल-कलिंग**) छोर का चयन किया था, जबकि **तपस्वी कपि** ने सुदूर-दक्षिण को ही अपनी कर्मभूमि बनाया। इस प्रकार **'राजर्षि कपि'** द्वारा दीक्षित किए गए दक्षिण के वन-नरों (आदिवासियों) से ही कालांतर में **किष्किंधा** व इसके समीपवर्ती क्षेत्रों का **'कपि-गोत्र'** अस्तित्व में आया था।

33. उग्रायुध—यह अपने समय का एक प्रतापी राजा था। इसका विवाह **'सुभगा'** नामक राजकन्या से हुआ था।

34. अरिह—उग्रायुध के पश्चात् उसका पुत्र **'अरिह'** सिंहासनारूढ़ हुआ। अपने नाम के अनुरूप शत्रुओं का मान-मर्दन करने में यह सिद्धहस्त था। इसका विवाह **'खल्वांगी'** नामक कन्या से हुआ था।

35. महाभौम—यह एक पराक्रमी नृप था। अपने कुशल रण-अभियानों द्वारा आस-पास के राज्यों को जीतकर इसने पौरव सम्राज्य का व्यापक विस्तार किया था। इसका विवाह सूर्यवंशी प्रसेनजित की पुत्री **'सुयज्ञा'** से हुआ था।

36. बृहद्वषु—महाभौम के पश्चात् **'बृहद्वषु'** राज्य का उत्तराधिकारी हुआ। अपनी दृढ़ इच्छाशक्ति के कारण यह अतिरिक्त नाम **'दृढ़नेमि'** से भी जाना जाता था। इसने **'शांति'** नामक एक धर्मपरायणा कन्या से विवाह किया था।

37. सुवर्मा—बृहद्वषु के उपरांत उसका पुत्र **'सुवर्मा'** राजा बना। पुराणों में इसे दृढ़नेमि के पुत्र के रूप में चिह्नित किया गया है ***(दृढ़नेमि सुतश्चापि सुवर्मा नाम पार्थिवः***—वायु पुराण-99/185)। इसका विवाह **'हेमा'** नामक एक अत्यंत लावण्यमयी कन्या से हुआ था।

38. सुपार्श्व—यह सुवर्मा का पुत्र था। उत्तरापथ का एकच्छत्र सम्राट् होने के कारण इसकी ख्याति **'सर्वभौम'** के रूप में भी रही थी। इसका विवाह **'नित्या'** नामक एक राजकन्या से हुआ था।

39. सुमति—यह एक धर्मपरायण राजा था। **'प्रभा'** नामक इसकी पत्नी एक विदुषी महिला थी।

40. संनति—अपने पिता की ही भाँति यह भी एक धर्मपरायण राजा था। इसके राजकाल में प्रजा धन-धान्य से संपन्न रही थी। इसकी पत्नी का नाम **'क्षेमा'** था।

41. बृहत्क्षत्र—यह एक प्रजावत्सल राजा था। मत्स्य पुराण (49-41/42) के अनुसार, इसका राज्य अत्यंत समृद्ध रहा था। इसका विवाह **'जया'** नामक एक

नागकन्या से हुआ था।

42. सुहोत्र—बृहत्क्षत्र के पश्चात् उसका पुत्र **'सुहोत्र'** सिंहासनारूढ़ हुआ। यह अपने समय का अद्वितीय योद्धा रहा था। इसने राज्य के पार्श्व में आतंक मचानेवाले मलेच्छों व लुटेरों का संहार करके अपनी प्रजा को भयमुक्त किया था (संदर्भ—महाभारत, द्रोण पर्व-56/5)। यह क्षात्र-कर्म के अतिरिक्त यज्ञ-अनुष्ठान व दान-धर्म में भी विशेष रुचि लेता रहा था। अपने विजय-अभियानों के प्रतीकात्मक भव्य यज्ञों का अनुष्ठान करके इसने ब्राह्मणों को विपुल धन दान किया था। पुराण इसे एक परम धर्मनिष्ठ राजा के रूप में ही चिह्नित करते हैं ***(वृहत्क्षत्रस्य पुत्रः सुहोत्रो नाम धार्मिक***—वायु पुराण-99/165)। इसका विवाह **'सुवर्णा'** नामक एक राजकन्या से हुआ था।

43. विकुष्ठन—महाभारत (आदि पर्व) में वर्णित वंशावली के अनुसार यह सुहोत्र का पुत्र था। इसकी पत्नी का नाम **'सुदेवा'** था।

44. हस्ति—विकुष्ठन-सुदेवा का यह पुत्र एक कुशल प्रशासक होने के साथ-साथ वास्तु-विशेषज्ञ भी था। सूर्यवंशी भगीरथी द्वारा गंगा को अवतरित किए जाने के पश्चात् इसके पावन-कूल पर **'हस्ति'** ने नागरिक-सुविधाओं व सामरिक सुरक्षाओं से परिपूर्ण एक सुंदर नगरी का निर्माण करवाया था। महाराज हस्ति द्वारा गंगा के पश्चिमी तट पर स्थापित की गई पौरवों की यह नगरी (राजधानी) उसके नामानुरूप **'हस्तिनापुर'** के नाम से प्रसिद्ध हुई (***तेनेदं निर्मितं पूर्व नाम्ना वै हस्तिनापुरम्***—वायु पुराण-99/165)। आधुनिक उत्तर प्रदेश के मेरठ जनपद के उत्तरी छोर पर स्थित हस्तिनापुर नामक स्थान के समीप इस पुरातन नगरी के अवशेष अब भी देखे जा सकते हैं। यह मेरठ शहर से 35 कि.मी. की दूरी पर स्थित है। **आदि तीर्थंकर** ऋषभदेव को राजा श्रेयांस ने यहीं **इक्षुरस** का दान किया था। इसी कारण जैन-ग्रंथों में इसे **'दानतीर्थ'** कहा गया है। हस्ति को **'यशोधरा'** से **अजमीढ़, द्विजमीढ़** व **पुरुमीढ़** नामक तीन पुत्र प्राप्त हुए थे (***अजमीढ द्विजमीढपुरुमीढास्त्रयो हस्तिनस्तनयाः***—विष्णु पुराण-4/19/29)।

45. अजमीढ़—हस्ति के उपरांत उसका ज्येष्ठ पुत्र **'अजमीढ़'** नवनिर्मित हस्तिनापुर का शासक हुआ। राजकार्य के अतिरिक्त यह अध्यात्म में भी प्रवृत्त रहा था। ऋग्वेद के सूक्तों (4/43-44) में इसे मंत्रद्रष्टा कहा गया है। वायु पुराण (91/115-118) के अनुसार मांधाता, पुरुकुत्स, विश्वामित्र, कपि, अजमीढ़ आदि अपने तप के बल पर क्षत्रिय जाति में उत्पन्न होकर भी ऋषि (राजर्षि) के पद पर अधिष्ठापित

हुए थे। राजर्षि अजमीढ़ की **नीलिनी, केशिनी** व **धूमिनी** नामक तीन पत्नियाँ थीं। ऋषि भरद्वाज के प्रसाद से उसे वृद्धावस्था में इन रानियों से पुत्रों की प्राप्ति हुई थी। उन पुत्रों के संबंध में महाभारत (आदि पर्व) की दोनों वंशावलियों समेत पुराणों में भी बहुत भेद पाया जाता है। इसी पाठभ्रष्टता के कारण सूर्यवंशी भगीरथ-पुत्र रहे **'श्रुत'** के समकालीन हुए अजमीढ़ के पुत्रों में कहीं-कहीं दशरथकालीन संवरण के पिता रहे **'ऋक्ष'** को भी उल्लिखित किया गया है। संभवतः प्रसिद्ध राजाओं के अभाव में अजमीढ़ व ऋक्ष के मध्य रही बारह पीढ़ियों को परवर्ती ग्रंथों में यत्र-तत्र दरशाते हुए इनकी तेरहवीं पीढ़ी में उत्पन्न योग्य वंशज व नृप रहे **'ऋक्ष'** को ही अजमीढ़ का पुत्र मान लिया गया होगा।

46. बृहदिषु—अजमीढ़ के पश्चात् उसका ज्येष्ठ पुत्र **'बृहदिषु'** (संदर्भ—विष्णु पुराण-4/19/33) ही राज्य का उत्तराधिकारी हुआ। इसकी पत्नी का नाम **'रश्मि'** था।

47. बृहद्धनु—बृहदिषु-तनय **'बृहद्धनु'** (संदर्भ—विष्णु पुराण-4/19/34) को वायु पुराण (99/171) में **'बृहद्धिष्णु'** के रूप में उल्लिखित किया गया है। इसका विवाह **'शशि'** नामक चंद्रवंशी राजकन्या से हुआ था।

48. बृहत्कर्मा—यह एक बलशाली राजा रहा था। विचित्र देहयष्टि के कारण दुष्कर से दुष्कर कार्यों को भी यह आसानी से संपादित कर देता था। इसका विवाह **'क्षिप्रा'** नामक यादवी से हुआ था।

49. जयद्रथ—वायु पुराण (99/171) में बृहत्कर्मा के इस पुत्र का उल्लेख **'राजा बृहद्रथ'** के रूप में किया गया है। कुशल रथी के रूप में ख्यातिलब्ध रहे जयद्रथ को देवराट् ने एक विशाल रथ भेंटस्वरूप दिया था। संभवतः इस बृहद् रथ के स्वामित्व के कारण वह **'वृहद्रथ'** के अतिरिक्त विशेषण से भी संबोधित होता रहा होगा। इसका विवाह **'कला'** नामक एक अत्यंत गुणी राजकन्या से हुआ था।

50. विश्वजित—पुराणों में इसका उल्लेख नाम भर का हुआ है। इसकी पत्नी का नाम **'सुतापा'** था।

51. संवर्त—पुराणों में इसे **'सेनजित'** के नाम से संबोधित किया गया है। संभवतः सबके प्रति समभाव रखने के कारण बाद में यह **'संवर्त'** नाम से विख्यात हुआ होगा। सूर्यवंशी **कल्माषपाद** (मित्रसह) द्वारा **विश्वामित्र** को प्रश्रय दिए जाने से खिन्न होकर कोशल के राजगुरु **'वसिष्ठ'** सपत्नीक इसके आश्रित हुए थे। इसने **'संज्ञा'** नामक राजकन्या से विवाह किया था, जिससे उसे **रुचिराश्व, काव्य, दृढ़** व **वत्स** नामक चार यशस्वी पुत्र हुए। इनमें वत्स ने प्रयाग से पश्चिम (आधुनिक उत्तर

प्रदेश के फतेहपुर जनपद) में अपना स्वतंत्र राज्य स्थापित किया, जो कालांतर में इसी के नामानुरूप **'वत्स राज्य'** के नाम से जाना गया।

52. रुचिराश्व—सेनजित (संवर्त) के पश्चात् उसका ज्येष्ठ पुत्र **'रुचिराश्व'** ही हस्तिनापुर के सिंहासन पर आरूढ़ हुआ था। इसका विवाह **'कल्याणी'** नामक गांधर्वी से हुआ था।

53. पृथुषेण—मत्स्य पुराण (49/51) में इसे **'पृथुसेन'** कहकर उल्लिखित किया गया है। इसने **'भानुप्रिया'** नामक सूर्यकुलीन राजकन्या से विवाह किया था।

54. पौर—वायु पुराण (99/174) व विष्णु पुराण (4/19/37) में इसे **'पार'** नाम दिया गया है। इसका विवाह **'नलिनी'** नामक कन्या से हुआ था।

55. नील—पौर-नलिनी का यह पुत्र (संदर्भ—विष्णु पुराण-4/19/38) एक धर्मपरायण राजा सिद्ध हुआ। राजर्षि अजमीढ़ की ही भाँति इसने भी घोर तपस्या की थी। इसने **'सुशीला'** नामक एक साध्वी कन्या से विवाह किया था। नील-दंपती को प्रौढ़ावस्था में एक अति सौम्य पुत्र की प्राप्ति हुई।

56. सुशांति—नील के पश्चात् उसका पुत्र **'सुशांति'** राज्य का उत्तराधिकारी हुआ। उसकी पत्नी का नाम **'आरुणि'** था।

57. पुरंजय—वायु पुराण (99/195) में इसे **'पुरुजान'** कहकर उल्लिखित किया गया है। इसका विवाह **'धूमा'** नामक एक यादवी से हुआ था। प्रौढ़ावस्था तक जब पुरंजय दंपती को कोई संतान नहीं हुई, तब इन्होंने वंश-वृद्धि के लिए घोर तप किया। इस तप-साधना से रुग्ण हो चुकी धूमा को अंततः **ऋक्ष** व **सित्** नामक दो पुत्र हुए। माता द्वारा किए गए तप के प्रभाव से ज्येष्ठ पुत्र कृष्णवर्ण का तथा कनिष्ठ पुत्र शुभ्रवर्ण का था।

58. ऋक्ष—पुरंजय के पश्चात् उसका ज्येष्ठ पुत्र **'ऋक्ष'** हस्तिनापुर के राजसिंहासन पर आरूढ़ हुआ। पराक्रमी ऋक्ष ने गंगा-पार के पूर्व क्षेत्रों को जीतकर अपने राज्य का विस्तार किया था। वस्तुतः राजर्षि अजमीढ़ के उपरांत पौरवों की शृंखला में इसे एक प्रतापी नृप माना जाता था। संभवतः यही कारण है कि योग्य वंशज के रूप में ख्यातिलब्ध रहे ऋक्ष को पुराणों में अजमीढ़ का पुनर्जन्म या फिर इसके पुत्र के रूप में ही मान्यता प्रदान की गई। इसकी **'भद्रा'** व **'वृंदा'** नामक दो पत्नियाँ थीं। भद्रा से इसे **'संवरण'** तथा वृंदा से **'ह्यर्श्व'** नामक पुत्रों की प्राप्ति हुई थी।

ह्यर्श्व को **'मृदुला'** से मुद्गल, शृंजय, बृहदिषु, यवीयान और कांपिल्य नामक पाँच पुत्र हुए। ह्यर्श्व की आकस्मिक मृत्यु हो जाने पर ऋक्ष ने इसके पाँचों पुत्रों

(अपने पौत्रों) को गंगा.पार के **पाँच जनपदों** (पूर्व-दक्षिण के क्षेत्रों) का स्वतंत्र प्रभारी नियुक्त कर दिया। कालांतर में ऋक्ष के पौत्र-गणों के सम्मिलित प्रयासों से विकसित हुआ यह क्षेत्र **'पाञ्चाल'** के नाम से प्रसिद्ध हुआ ***(अलं संरक्षणे तेषां पाञ्चाला इति विश्रुताः***—वायु पुराण-99/198)। पांचाल से पूर्व यह प्रांत **'क्रैव्य'** कहलाता था (***तेन हैतेन क्रैव्य ईजे पाञ्चालो राजा क्रिवय इति ह वै पुरा पाञ्चालानाचक्षते***—शतपथ ब्राह्मण-13/5/4/7)। इन पाँचों भाइयों में मुद्‌गल ही वंशकर हुआ। अप्सरा मेनका के संसर्ग से इसे **'दिवोदास'** नामक पुत्र व **'अहल्या'** नामक एक लावण्यमयी कन्या की प्राप्ति हुई। संतानोत्पत्ति के पश्चात् मेनका द्वारा त्यागे जाने से खिन्न होकर मुद्‌गल राजपाट छोड़कर संन्यासी हो गया। इस प्रकार ऋषि हुए मुद्‌गल के अनुयायी जनसामान्य में **'मौदगल्य'** नाम से पहचाने गए। **'अहल्या'** गौतमकुलीन **'शारद्वत'** की भार्या बनी और उसका पुत्र **'शतानंद'** मिथिला-नरेश **'सीरध्वज जनक'** का राजगुरु हुआ। देवराट् इंद्र से संसर्ग के कारण समाज से बहिष्कृत हुई इसी अहल्या को **'दाशरथी राम'** ने समाज में पुनः प्रतिष्ठापित किया था। पांचाल-नरेश **'दिवोदास'** एक पराक्रमी नृप हुआ। पौरव संवरण को पराजित करते हुए इसने हस्तिनापुर को जहाँ अपने अधीन कर लिया था, वहीं असुरों के साथ हुए युद्ध में अयोध्या नरेश **'दशरथ'** का साथ देते हुए दिवोदास ने शंबर-वध करके इस क्षेत्र को असुरों से निर्मूल किया था। संभवतः अहल्या के प्रति राम की कोमल भावना के पीछे दशरथ-दिवोदास के मैत्री संबंधों की कृतज्ञताएँ भी कारण रही होंगी। दिवोदास को **प्रतर्दन** (***दिवोदासाद् दृषद्वत्यां वीरो जज्ञे प्रदतर्दनः***—वायु पुराण-92/64), प्रतर्दन को **मित्रयु,** मित्रयु को **पैजवन,** पैजवन को **सुदामा,** सुदामा को **सहदेव,** सहदेव को **सोमक,** सोमक को **बृहदश्व,** बृहदश्व को **ब्रह्मिष्ठ,** ब्रह्मिष्ठ को **सत्यधृत,** सत्यधृत को **जह्नु** और जह्नु को असुर पुत्री **परिलोमा** से पृषत व प्रभद्र नामक दो पुत्र हुए। **पृषत** के क्रम से बढ़ी वंशावलियों में **'द्रुपद'** की उत्पत्ति हुई, जबकि **प्रभद्र** के वंशजों से चली क्षत्रियों की शाखा को **'प्रभद्रक'** नाम से जाना गया। प्रभद्रकों का क्षेत्र पांचाल के समीप ही रहा था। द्रोणसखा रहे पांचाल-नरेश द्रुपद को वृद्धावस्था में प्राप्त हुई अयोनिजा कन्या **'द्रौपदी'** को ही **पांडव अर्जुन** ने भरे स्वयंवर में **मत्स्य-वेध** द्वारा जीता था। महाभारत संग्राम में पांडवों के सेनापति बने द्रुपद-पुत्र **धृष्टद्युम्न** द्वारा ही **द्रोणाचार्य** वीरगति को प्राप्त हुए थे। इस युद्ध की समाप्ति पर निश्चिंत होकर अपने शिविर में सो रहे धृष्टद्युम्न का वध करके द्रोण-पुत्र **'अश्वत्थामा'** ने उससे अपने पिता की हत्या का प्रतिशोध लिया था।

59. संवरण—ऋक्ष के उपरांत भद्रातनय **'संवरण'** हस्तिनापुर के सिंहासन पर आरूढ़ हुआ। प्रौढ़ावस्था में मिले राज-सुख के तुरत बाद ही वह विपत्तियों से घिर उठा। महाभारत (आदि पर्व-89/33) के अनुसार पांचाल-नरेश दिवोदास ने दस अक्षौहिणी सेना के साथ इसपर आक्रमण करके हस्तिनापुर को अपने कब्जे में कर लिया था। पांचालों से पराजित होने पर संवरण को सिंधु नदी के समीप किसी पर्वतांचल में परिवार सहित आश्रय लेना पड़ा था (संदर्भ—महाभारत, आदि पर्व, 89/34-36)। यहीं पर उसकी भेंट **'तपती'** नामक एक सूर्यकुलीन कन्या से हुई थी। तपती के अद्वितीय लावण्य पर मुग्ध होकर संवरण ने इससे विवाह कर लिया और बारह वर्षों तक इसी अंचल में एक निर्वासित की भाँति जीवन-यापन करता रहा (संदर्भ—महाभारत, आदि पर्व-163/14-20)। सूर्यकुल का संबंधी होने के कारण **'ब्रह्मर्षि वसिष्ठ'** का भी वरद्हस्त उसे प्राप्त हो गया। कालांतर में वसिष्ठ के ही प्रभावी हस्तक्षेप पर पांचालों ने संवरण को उसका राज्य लौटा दिया।

60. कुरु—संवरण-तपती का पुत्र **'कुरु'** एक प्रसिद्ध राजा हुआ था। पूर्व दिशा के कोशल तथा पांचाल जैसे शक्तिशाली राज्यों से उलझने की अपेक्षा कुरु को पश्चिमाभिमुख होना श्रेयस्कर प्रतीत हुआ। इसी नीति के तहत पश्चिम में समंत पंचक-तीर्थ क्षेत्र तक की वीरान सी पड़ी समस्त भूमि को अधिकृत करते हुए इसने **'कुरुजांगल'** नाम से एक नए राज्य की स्थापना की (***ऋक्षोत्संवरणो जज्ञे कुरुः संवरणात्ततः, य प्रयागमतिक्रम्य कुरुक्षेत्रमकल्पयत्***—मत्स्य पुराण-50/20)। इस प्रकार कुरु का यह राज्य आधुनिक हरियाणा के कुरुक्षेत्र, करनाल, पानीपत व सोनीपत जनपदों से लेकर उत्तर प्रदेश के मेरठ, मुजफ्फरनगर व सहारनपुर जनपदों तक फैल गया। दूरदर्शी कुरु के उद्यमों से अमृतमयी सरस्वती, यमुना व पुण्यसलिला गंगा के उपजाऊ पाटों पर बसा **कुरुजांगल** राज्य शनैः-शनैः समृद्धि व यश को प्राप्त करता गया। यही कारण है कि महान् कुरु के उत्तराधिकारी तदंतर इसी यशस्वी राजा के प्रतीकात्मक **'कुरुगण'** के रूप में ही विख्यात हुए (***तस्यान्ववायजाः ख्यातः कुरवो नृपसत्तमाः***—वायु पुराण-99/217)। कुरु का विवाह **'शुभांगी'** नामक राजकन्या से हुआ था, जिससे उसे **परीक्षित, सुधन्वा, प्रजन** व **अरिमर्दन** नामधारी चार यशस्वी पुत्र हुए।

प्रजन व अरिमर्दन की संततियों का कोई साक्ष्य उपलब्ध नहीं है। सुधन्वा का पुत्र **सुहोत्र** एक बुद्धिमान् राजपुरुष रहा था (संदर्भ—वायु पुराण-99/218)। सुहोत्र का पुत्र **च्यवन** धर्मवेत्ता था। इसके पुत्र का नाम **कृत** था। तपस्वी कृत को **उपरिचर** नाम

का एक उद्यमी पुत्र प्राप्त हुआ। स्वतंत्र राज्य की स्थापना हेतु यह पूर्वाभिमुख हुआ और गिरिवज्र क्षेत्र की राजकन्या **'गिरिका'** से विवाह करके वहीं विस्थापित हो गया। उसे **मग, प्रत्यश्रवा, कुश, हरिवाहन, यजु** व **मत्स्य** नामक छह पुत्र तथा **काली** नामक एक कन्या हुई। मग का पुत्र **बृहद्रथ** था, जिसने अपने असाध्य पराक्रमों से इस क्षेत्र में मगध नामक एक स्वतंत्र राज्य की नींव डाली। इस प्रतापी मगध-नरेश के नाम से इसके कुल में उत्पन्न हुए उत्तराधिकारियों को कालांतर में **'वृहद्रथ-वंश'** के रूप से जाना गया। वृहद्रथ का पुत्र **कुशाग्र** हुआ। इसके पुत्र का नाम **'ऋषभ'** था। ऋषभ का पुत्र **पुष्यवान,** पुष्यवान का पुत्र **सत्यहित,** सत्यहित का पुत्र **सुधन्वा,** सुन्धवा का पुत्र **उर्ज,** उर्ज का पुत्र **नभस** तथा इसका पुत्र अतिबलशाली **जरासंध** हुआ। **जरासंध** एक पराक्रमी तथा दंभी नृप था। इसने अपनी पुत्रियों का विवाह मथुरा-नरेश उग्रसेन के उद्‌दंड पुत्र **कंस** से किया था। वासुदेव कृष्ण के संकेत पर बलिष्ठ भीम द्वारा मल्लयुद्ध में वृद्ध जरासंध का वध नृशंसतापूर्वक किया गया था। जरासंध-वध के पश्चात् श्रीकृष्ण ने उसके पुत्र **सहदेव** को मगध के प्रतिष्ठित सिंहासन पर बिठाया था। इस प्रकार उपकृत हुए तात्कालिक नरेश सहदेव ने **महाभारत संग्राम** में पांडवों का ही साथ दिया था।

61. परीक्षित—कुरु के पश्चात् उसका ज्येष्ठ पुत्र परीक्षित राज्य का उत्तराधिकारी हुआ। कोशलाधिपति राम के बढ़ते यश के आलोक में कुरुगणों समेत तात्कालिक राजाओं की कीर्ति धूमिल पड़ गई थी। यही क़ारण है कि परीक्षित से लेकर दिलीप तक की कुरुओं की तेरह पीढ़ियों के संबंध में शास्त्रों में अधिकतर भ्रांतियाँ ही परिलक्षित होती हैं। महाभारत (आदि पर्व) के अनुसार इसकी पत्नी का नाम **'सुयशा'** था।

62. जह्नु—पुराणों में इसका मात्र नाम ही उल्लिखित हुआ है। कहीं-कहीं इसे **'जनमेजय'** के अपर नाम से भी संबोधित किया गया है।

63. सुरथ—जह्नु का पुत्र सुरथ (***जह्नुस्त्वजनयत्पुत्रं सुरथं नाम भूमिपम्***—मत्स्य पुराण-50/34) हुआ। इस राजा का विवाह **'अनुश्वा'** नामक गांधर्वी से हुआ था।

64. विदूरथ—सुरथ का पुत्र **'विदूरथ'** एक वीर राजा रहा था। महाभारत (आदि पर्व) के अनुसार इसकी पत्नी का नाम **'संप्रिया'** रहा था।

65. सार्वभौम—यह एक पराक्रमी नृप रहा था। अपने सफल रण-अभियानों द्वारा इसने कुरु राज्य का समुचित विस्तार किया था। महाभारत (आदि पर्व) में इसकी

पत्नी को **'सुनंदा'** नाम से उल्लिखित किया गया है।

66. ज्यत्सेन—सार्वभौम का पुत्र **'जयत्सेन'** हुआ (वायु पुराण-99/231)। **महाभारत** (आदि पर्व) इसकी पत्नी को **'सुश्रवा'** के नाम से चिह्नित करता है।

67. आराधित—महाभारत की वंशावलियों में इसे **'अरिह'** कहा गया है, जबकि मत्स्य पुराण (50/36) इसे **'रुधिर'** कहकर उल्लिखित करता है।

68. अयुतायु—वायु पुराण (99/232) के अनुसार, इस वंशमाला में आराधित व अयुतायु के मध्य **'महासत्व'** नामक एक कड़ी थी, किंतु अन्य शास्त्रों से इसकी पुष्टि नहीं होती है। संभवतः **'महासत्व'** का विशेषण गुण-कर्म के अनुरूप इन्हीं दोनों में से किसी एक नृप के लिए प्रयुक्त हुआ होगा। मत्स्य पुराण (50/36) में इसे **'आयु'** कहकर उल्लिखित किया गया है। इसकी पत्नी का नाम **'काम्या'** था।

69. अक्रोधन—अयुतायु के पश्चात् उसका पुत्र **'अक्रोधन'** हस्तिनापुर-नरेश बना। महाभारत (आदि पर्व) के अनुसार, इसकी पत्नी का नाम **'करंभा'** था, जिससे उसे **देवातिथि** व **कक्षसेन** नामक दो पुत्रों की प्राप्ति हुई थी। नरेश ने अपने कनिष्ठ पुत्र कक्षसेन को **कुरुक्षेत्र** का प्रभारी बनाया था। इसको **अभिप्रतारिण, अभिप्रतारिण** को **वृद्धद्युम्न** तथा वृद्धद्युम्न को **'रथगृत्स'** नामक पुत्र हुआ।

70. देवातिथि—यह अक्रोधन का ज्येष्ठ पुत्र तथा हस्तिनापुर की गद्दी का मुख्य उत्तराधिकारी था (***अक्रोधनोऽयुतायोस्तु तस्माद्देवातिथिः स्मृतः***-वायु पुराण-99/232)।

71. ऋक्ष (द्वितीय)—मत्स्य पुराण में देवातिथि के इस पुत्र को **'दक्ष'** कहकर उल्लिखित किया गया है। राज्यभार ग्रहण करते ही इसके दायदों (कक्षसेन के वंशजों) पर शाल्वों के कारण भारी विपत्ति आ पड़ी थी। तदनुसार इन्हें कुरुक्षेत्र से अपना अधिकार खोना पड़ा था, किंतु कुछ काल बाद काश्यप गोत्री किसी दिव्य ऋषि के अनुग्रह से ही वे अंततः इस संकट से मुक्त हो पाए थे। ऋक्ष ने **'अमृता'** नामक राजकन्या से विवाह किया था।

72. भीमसेन—ऋक्ष अमृता का पुत्र **'भीमसेन'** एक बलिष्ठ काया का प्रतापी नृप हुआ। इसने **'कुमारी'** नामक मद्र-कन्या से विवाह किया था।

73. दिलीप—महाभारत (आदि पर्व) में भीमसेन के इस पुत्र के लिए **'प्रतिश्रवा'** नाम का प्रयोग किया गया है। संभवतः अपने गुण-कर्म के कारण ही दिलीप कालांतर में इसी विशेषण से अलंकृत किया गया हो।

74. प्रतीप—कुरुओं में अपने पराक्रम के कारण इसे विशेष स्थान प्राप्त रहा

था। पड़ोसी राजाओं द्वारा हड़पी गई भूमि को प्राप्त करने के लिए इसे लंबे समय तक युद्ध करना पड़ा था। प्रतीप द्वारा राष्ट्र-रक्षा के इन प्रयासों का वर्णन **महाभारत** (उद्योग पर्व-140/30) में भी किया गया है (*प्रतीपरक्षितं राष्ट्रं त्वां प्राप्य विनशिष्यति*)। निरंतर युद्ध में रत रहने के कारण इसे **'ऋष्टिषेण'** के अतिरिक्त विशेषण से भी अलंकृत किया गया था। शिवि-कुलवाला **'शैव्या सुनंदा'** से इसका विवाह हुआ था। प्रौढ़ावस्था तक जब प्रतीप-दंपती को संतान नहीं हुई, तब पुत्र-प्राप्ति की कामना से गंगा-तट पर इन्होंने एक यज्ञ का अनुष्ठान किया। कालांतर में वृद्ध हो चले इस दंपती को **देवापि, शंतनु** और **वह्लीक** नामक तीन पुत्र हुए। इसके अनंतर इन्हें **'रोहिणी'** नामक एक कन्या भी हुई, जो आगे चलकर वृष्णिवंशी **वसुदेव** की स्त्री तथा हलधर **बलराम** की जननी हुई।

प्रतीप का कनिष्ठ पुत्र **बह्लीक** निःसंतान रहे **शिवि-नरेश** (मामा) द्वारा गोद लिये जाने के कारण ननिहाल में ही विस्थापित हो गया। कालांतर में इसके राजा बनने पर उस प्रांत को **'बाह्लीक'** के नए नाम से जाना जाने लगा। इसका पुत्र **सोमदत्त** हुआ, जिसे **भूरि, भूरिश्रवा** व **शल** नामक तीन पुत्र हुए। दीर्घजीवी बह्लीक ने अपने पौत्र भूरिश्रवा के साथ महाभारत-युद्ध में कौरवों की ओर से भाग लिया था।

वानप्रस्थी होने से पूर्व महाराज प्रतीप अपने ज्येष्ठ पुत्र **'देवापि'** का ही राज्याभिषेक करना चाहते थे, किंतु कुष्ठ-रोगी रहे देवापि को आचार्यों ने इस पद के उपयुक्त नहीं माना (मत्स्य पुराण-50/41)। फलतः प्रतीप को बाध्य होकर अपने मझले पुत्र **'शंतनु'** को ही राज्य-भार देना पड़ा। इधर अपने रोग के निदान के लिए देवापि मुनियों के शरणागत हुआ तथा नीरोग हो जाने पर उसने मुनि-वृत्ति को ही अपना लिया। वन में इसकी भेंट अतिवृद्ध हो चुके लव-कुलीन वानप्रस्थी **मरु** से हुई। महात्मा देवापि को **'प्रज्ञा'** नामक मुनि-बाला से **च्यवन** व **इष्टक** नामक दो पुत्र हुए थे। पिता द्वारा अपनाई गई मुनि-वृत्ति के कारण ये दोनों ब्राह्मण हो गए।

75. शंतनु—पुराणों में इसे एक विद्वान् राजा के साथ-साथ **महाभिष** (परम वैद्य) कहकर भी अलंकृत किया गया है (*शंतनुस्त्व भवद्राजा विद्वान्वै स महाभिषः*—वायु पुराण-99/237)। अल्पवय में ही इसका राज्याभिषेक हो गया था। इसे देशाटन व मृगया अधिक रुचिकर लगते थे। ऐसे ही एक आखेट के लिए गंगा के तटवर्ती क्षेत्रों में निकले शंतनु की भेंट वानप्रस्थी हो गए पांचाल-नरेश **जह्नु** की पालित पुत्री **'गंगा'** से हुआ। इस सद्यःकिशोरी के रूप-माधुर्य पर मोहित होकर ही शंतनु ने इससे गंधर्व विवाह कर लिया (*ततोऽवृणुत भार्यार्थं शंतनुर्जाह्नवीं नृप*—मत्स्य पुराण-50/44)।

लगभग एक युग तक रमण करते रहने के उपरांत शंतनु को इस स्त्री से **'देवव्रत'** नामक एक प्रतिभासंपन्न पुत्र की प्राप्ति हुई। प्रसवोपरांत प्रण-भंग के किसी अप्रिय प्रसंग पर यह स्त्री शंतनु को सदैव के लिए छोड़कर अपने मायके चली गई तथा साथ ही अपने नवजात शिशु को भी लेती गई। इसके वियोग से व्यथित हो उठे शंतनु ने अपना ध्यान धर्मार्थ वृत्तियों तथा वैद्यक व जड़ी-बूटियों के अनुसंधान इत्यादि में लगा दिया। महाभारत (आरण्यक पर्व-159/23-24) के अनुसार, शंतनु ने यमुना-तट पर कुल सात महायज्ञ किए थे। इसके अतिरिक्त उन्हें **वैद्य-वृत्ति** में भी महारत की उपलब्धि हुई थी। गंगा-तट पर संपन्न किए गए ऐसे ही एक यज्ञ के पश्चात् राजधानी लौट रहे शंतनु की भेंट गंगा के तटवर्ती क्षेत्र में विचरण कर रहे एक दिव्य कुमार से हुई। शस्त्र-शास्त्रार्थ में निपुण हो चुका यह **कुमार** वस्तुतः शंतनु का बिछुड़ा हुआ पुत्र **देवव्रत** ही था। वचन-भंग के कारण रुष्ट होकर चली गई भार्या **'गंगा'** के आग्रह पर शंतनु अपने इस पुत्र को स्वीकार करके उसे हस्तिनापुर ले आए (महाभारत, आदि पर्व)। हस्तिनापुर पहुँचने पर युवराज बना दिए गए **'देवव्रत'** बड़ी ही दक्षता के साथ पिता के राजकार्यों में सहयोग करने लगे।

अपने सवभाव के अनुरूप एक बार देशाटन के उद्‌देश्य से राज्य का भ्रमण कर रहे शंतनु को मार्ग में स्थित सरपत के झुंडों में से नवजात शिशुओं के क्रंदन की ध्वनि सुनाई पड़ी। सैनिकों द्वारा ढुँढ़वाने पर उन्हें इन झुंडों से नवजात बालक व बालिका की प्राप्ति हुई। ये बालक व बालिका वस्तुतः गौतमकुलीन **'सत्यधृत'** के संयोग से एक **'अप्सरा'** के गर्भ से जनमे थे, जो उन्हें प्रसवोपरांत इसी दशा में छोड़कर चली गई थी। शंतनु द्वारा कृपावश अपनाए गए ये दोनों बच्चे तदुपरांत **'कृप'** व **'कृपी'** के नाम से विख्यात हुए। इनकी शिक्षा-दीक्षा का प्रबंध करने के उपरांत शंतनु अपने पुत्र देवव्रत के साथ राजकार्यों में पुनः व्यस्त हो गए।

इस तरह अपने आज्ञाकारी पुत्र को सहयोग देने के लिए कुछ काल तक राजकीय व्यस्तताओं में उलझे रहे शंतनु का मन मृगया के लिए पुनः आकुल हो उठा। तदंतर आखेट के लिए राजधानी से सुदूर पश्चिम की ओर जा पहुँचे शंतनु को यमुना-तट पर विचरण करते समय एक उत्तम-सुगंध की अनुभूति हुई। यह सुगंध यमुना-तट पर निवास कर रहे मल्लाहों की एक बस्ती से आ रही थी। उक्त बस्ती की एक कुटिया के द्वार पर शंतनु को एक अनुपम सुंदरी खड़ी दिखाई पड़ी, जिसके गात से यह दिव्य सुगंध निकल रही थी। **सत्यवती** नामक यह कन्या निषादों के मुखिया की पुत्री थी। बाल्यकाल में इसके शरीर से मछली की गंध आती थी। युवा होने पर इसकी भेंट इस

अंचल में पधारे **ऋषि पराशर** से हुई थी। इसके रमणीय सौंदर्य पर विमोहित होकर ऋषि ने उपचार द्वारा इस **मत्स्य गंधा** के तन के दुर्गंध को दूर कर उसे सुवासित बना दिया। ऋषि पराशर द्वारा उपकृत हुई इस बाला ने प्रत्युत्तर में उनसे प्रणय-संबंध स्थापित किया, जिसके फलस्वरूप कौमार्य अवस्था में ही उसे एक कृष्णवर्णी, किंतु दिव्य आभायुक्त पुत्र की प्राप्ति हुई। पराशर जैसे सम्यक् ऋषि से उत्पन्न हुए अपने इस असाधारण पुत्र को सत्यवती मल्लाहों के परिवेश से दूर रखना चाहती थी। फलतः किशोर होने से पूर्व ही इस बालक को वह ऋषि पराशर की अभिरक्षा में दीक्षा ग्रहण करने के लिए उनके आश्रम में छोड़ आई। ऋषि पराशर व सत्यवती का यह पुत्र ही आगे चलकर **'कृष्ण द्वैपायन'** के नाम से प्रसिद्ध हुआ तथा कालांतर में **'जय'** नामक महाकाव्य (महाभारत) की रचना करके **'व्यास'** की अतिरिक्त उपाधि से भी विभूषित हुआ।

इधर सत्यवती के अलौकिक सौंदर्य तथा सौगंध्य पर विमुग्ध होकर शंतनु ने निषादराज से उसकी इस विलक्षण कन्या को अपनी भार्या बनाने का आग्रह किया। काम-मोहित शंतनु की उत्कंठा को भाँपते हुए निषादराज ने सत्यवती के गर्भ से जन्म लेनेवाले पुत्र के ही राज्याभिषेक की शर्त पर विवाह की अनुमति देने का प्रस्ताव किया। ज्येष्ठ-पुत्र देवव्रत को **'युवराज'** मनोनीत कर चुके शंतनु विवाह के लिए रखे गए निषादराज की इस शर्त को स्वीकार नहीं कर पाए और निराश होकर राजधानी लौट गए। मंत्रियों द्वारा पिता की मनो-मालिन्यता का कारण जानने के बाद देवव्रत ने निषादराज के समक्ष जाकर सत्यवती के भावी पुत्र को ही अपना राजा मानने व आजन्म विवाह न करने की **घोर प्रतिज्ञा** कर उसे अपनी तरफ से आश्वस्त किया। पिता की अभिलाषा को पूर्ण करने के लिए की गई इस भीषण प्रतिज्ञा के कारण देवव्रत को तदंतर **'भीष्म'** के नए नाम से जाना जाने लगा। पुत्र द्वारा किए गए इस त्याग से अभिभूत होकर **'महाभिष शंतनु'** ने उसे दुष्कर शोधों से स्वनिर्मित किए गए **'मृत्यु संजीवनी'** नामक एक अमोघ रसायन का पान कराया। शास्त्रों में इसे ही शंतनु द्वारा भीष्म को दिए गए **'इच्छा-मृत्यु'** के वरदान के आलंकारिक रूप में वर्णित किया गया है (महाभारत, आदि पर्व-94/94)।

प्रथम भार्या गंगा के उपरांत शंतनु की पटरानी बनी **'सत्यवती'** से उन्हें **चित्रांगद** व **विचित्रवीर्य** नामक दो पुत्रों की प्राप्ति हुई। ज्येष्ठ पुत्र **देवव्रत** (भीष्म) तथा राजमहिषी **सत्यवती** के परामर्श पर शंतनु ने अपने इन दोनों पुत्रों की शिक्षा-दीक्षा के लिए आचार्यत्व को उपलब्ध हो चुके **'कृप'** को ही नियुक्त किया। इस तरह परिवार

सहित राजसुखों को भोगते हुए शंतनु कुछ समय के उपरांत मृत्यु को प्राप्त हुए।

76. (अ) चित्रांगद—महाराज शंतनु के निधन के पश्चात् भीष्म ने अपनी प्रतिज्ञा के अनुसार सत्यवती के ज्येष्ठ पुत्र **'चित्रांगद'** का हस्तिनापुर के सिंहासन हेतु अभिषेक किया। राज्य-भार ग्रहण करते समय चित्रांगद अति-अल्पवय का ही था। अतः राज्य-प्रबंधन को सुचारु गति देने तथा अनिष्ट से बचने के लिए सत्यवती ने भीष्म को ही अपने पुत्रों तथा कुरु-राज्य का **संरक्षक** बना दिया। इस प्रकार सेनापति होने के साथ-साथ भीष्म हस्तिनापुर-नरेश के अभिभावक के रूप में दोहरे दायित्वों का निर्वहण करने को बाध्य हुए थे। वयस्क होने पर मृगया के लिए पश्चिमी क्षेत्रों के भ्रमण पर निकले चित्रांगद की मुठभेड़ सरस्वती-कूल के निकटवर्ती क्षेत्रों में बलात् अतिक्रमण किए **गंधर्वों** से हुई और इनके द्वारा किए गए प्राणघाती हमले से चित्रांगद की मृत्यु रणभूमि में ही हो गई।

76. (ब) विचित्रवीर्य—गंधर्वों द्वारा चित्रांगद के मारे जाने से रिक्त हुए हस्तिनापुर के राजसिंहासन पर सत्यवती का कनिष्ठ पुत्र **'विचित्रवीर्य'** आरूढ़ हुआ। अग्रज की भाँति यह भी अल्पवय में ही राजा बना। बालक विचित्रवीर्य के आयु का ध्यान रखते हुए भीष्म पूर्ण रूप से राज्य-संचालन के भार के साथ-साथ राजा की सुरक्षा का दायित्व भी सँभालते रहे। विचित्रवीर्य के युवा होने पर भीष्म **काशीराज** को पराभूत कर भरे स्वयंवर से उसकी तीनों कन्याओं (**अंबा, अंबिका व अंबालिका**) का हरण कर हस्तिनापुर ले आए। काशीराज की कन्याओं में ज्येष्ठ रही अंबा **'स्वयंवर'** में ही राजा **शाल्व** का वरण पति के रूप में कर चुकी थी। अंबा के इस दृढ़ आशय का सम्मान करते हुए भीष्म ने उसे शाल्व के पास भिजवा दिया तथा शेष दोनों का विवाह सत्यवती की अनुमति से विचित्रवीर्य से करवा दिया। कुरुओं द्वारा हरण के पश्चात् मुक्त की गई अंबा को राजा शाल्व ने सामाजिक अपकीर्ति के भय से पत्नी के रूप में स्वीकार करने से इनकार कर दिया। भीष्म द्वारा बलात् हरण किए जाने के कारण मिले इस अपमान व निरादर से बुरी तरह आहत हो चुकी अंबा एक नागिन की भाँति उनसे प्रतिशोध लेने के लिए व्याकुल हो उठी। इस शक्तिशाली राजपुरुष से प्रतिकार लेने के योग्य बनने के उद्देश्य से वह भीष्म के गुरु रह चुके परशुराम कुलीन **'ऐलिक रामौद'** जैसे श्रेष्ठ ऋषि व धनुर्धारी की शरण में गई। महाभारत (भीष्म-पर्व) के अनुसार, स्त्री से पुरुष बने **शिखंडी** ही युद्धभूमि में महारथी भीष्म-मृत्यु का कारण रहा था। संभवतः अग्निहोत्री ऋषियों की कुशल शल्य-प्रक्रियाओं (हारमोन-परिवर्तन) द्वारा अंबा ही स्त्री से पुरुष (**शिखंडी**) बनी हो। चूँकि शिखंडी के इस लिंग-परिवर्तन

का रहस्य भीष्म को विदित था, अतः स्त्री से भिड़ने की अपकीर्ति से बचने के लिए ही वह युद्ध के प्राणघाती क्षणों में भी शिखंडी की ओट से वार कर रहे अर्जुन का प्रतिरोध नहीं कर पाए।

इधर काशीराज की दोनों कन्याओं **(अंबिका-अंबालिका)** के रूप-माधुर्य में निरंतर डूबे रहने के कारण विचित्रवीर्य राज-कार्यों से विरत होकर व्यसनों में ही निमग्न रहने लगा। असंयमित भोग लिप्सा के परिणामस्वरूप वह शनैः-शनैः **राज्यक्ष्मा** का शिकार होता गया और इसी रोग से शीघ्र ही उसका प्राणांत भी हो गया। निःसंतान मृत्यु को प्राप्त हुए विचित्रवीर्य की कुल-रक्षा के गंभीर प्रश्न पर सत्यवती ने ब्रह्मचारी भीष्म से उसकी युवा विधवाओं से **नियोगज संतान** उत्पन्न करने के लिए अनुरोध किया। कुल-रक्षा हेतु नियोगज संतान की आवश्यकता को सही मानते हुए भी अपनी प्रतिज्ञाओं की बाध्यताओं के कारण भीष्म विमाता के इस आग्रह को स्वीकार नहीं कर सके। अन्य विकल्पों के अभाव में सत्यवती को भीष्म के समक्ष अंततः **'कृष्ण द्वैपायन'** के जन्म का गोपनीय रहस्य उजागर करना पड़ा। इस प्रकार भीष्म के परामर्श पर सत्यवती ने अपनी विधवा बहुओं से नियोगज संतान प्राप्त करने के लिए कृष्ण-द्वैपायन का सहयोग लेने का निश्चय किया। कालांतर में कृष्ण-द्वैपायन के संसर्ग से अंबिका ने **'धृतराष्ट्र'** नामक जन्मांध पुत्र को तथा अंबालिका ने **'पांडु'** नामक पीतवर्णी (यकृत रोगी) पुत्र को क्रमशः जन्म दिया। इन दोनों के अतिरिक्त रनिवास की एक परिचारिका ने भी कृष्ण-द्वैपायन के संयोग से **'विदुर'** नामक एक मेधावी बालक को जन्म दिया, जो आगे चलकर कुशल नीतिज्ञ तथा कुरु राज्य का महामंत्री हुआ। इन नियोगज संतानों के वयस्क होने तक माता सत्यवती के परामर्श पर भीष्म ही राज्य का संचालन करते थे। इसी मध्य अपने सफल रण-अभियानों द्वारा महारथी भीष्म ने कुरु राज्य का व्यापक विस्तार करते हुए पूरे भारत में अपनी श्रेष्ठता को भी प्रतिष्ठित किया। महाभारत (भीष्म-पर्व-22/15) के अनुसार अपनी विविध रण-विजयों के उपलक्ष्यों पर उन्होंने कुल तीस **वाजिमेध यज्ञ** किए थे। महारथी भीष्म की राजकीय व्यस्तताओं के इन्हीं कालों में माताओं व मातामही के लाड़-प्यार तथा कुलगुरु कृपाचार्य के संस्कारों में पले-बढ़े कुमारगण भी वयस्कता को प्राप्त हुए। शारीरिक क्षमताओं के अनुरूप इनकी शिक्षा-दीक्षा व हस्त-लाघवों से आश्वस्त होने के उपरांत भीष्म ने रिक्त रहे सिंहासन पर इन्हीं में से एक को प्रतिष्ठापित करने का निश्चय किया।

77. (अ) पांडु—ज्येष्ठ धृतराष्ट्र की शारीरिक अक्षमता (जन्मांधता) से कदाचित् विवश होकर ही कौरवों के संरक्षक रहे भीष्म ने आचार्यों व राजपुरुषों की मंत्रणाओं

पर विचित्रवीर्य की कनिष्ठ भार्या अंबालिका के पुत्र **'पांडु'** को राज्य के उत्तराधिकारी हेतु उपयुक्त माना था। इस प्रकार गुरुकुल से शिक्षा-दीक्षा ग्रहण कर निकले तरुण पांडु मात्र बीस वर्ष की अल्प वय में ही हस्तिनापुर के प्रतिष्ठित सिंहासन पर विराजमान हुए। कृपाचार्य द्वारा धनुर्विद्या में पारंगत किए गए यकृत-रोगी पांडु ने राजा के रूप में अपने सामर्थ्य को सिद्ध करने के उद्‌देश्य से दिग्विजय करने का निश्चय किया। कुरुश्रेष्ठ भीष्मादि व आचार्यों से परामर्श करके पांडु एक विशाल सेना लेकर लंबे रण-अभियान पर निकल पड़े। उनकी उत्साहवर्द्धक व्यूह-रचनाओं व धनुर्कौशल के परिणामस्वरूप कौरव-वाहिनी ने अल्पकाल में **दशार्ण, मगध, काशी, शुंभ, पुंड्र** आदि राज्यों को पराजित ही नहीं किया, अपितु पड़ोसी राज्यों द्वारा हड़पी गई कुरु राष्ट्र की भूमि पर भी अपना परचम लहरा दिया (महाभारत, आदि पर्व 105/21)। अपने इन सफल अभियानों द्वारा विजित राज्यों से कर के रूप में एकत्र की गई अकूत संपदा सहित **'रणंजय पांडु'** की यह विशाल वाहिनी विजयोल्लास के साथ हस्तिनापुर वापस लौटी। पांडु के इस दिग्विजय के प्रतीकस्वरूप **कुरुजांगल** में शीघ्र ही एक भव्य यज्ञ का अनुष्ठान किया गया, जिसमें आचार्यों व विशिष्ट राजपुरुषों की उपस्थिति में अनुगत राजाओं ने सहर्ष ही उन्हें अपना **'सम्राट्'** भी शिरोधार्य कर लिया। आनंद-उत्सव की इन्हीं वेलाओ में **माता सत्यवती** के आग्रह पर **दृढ़व्रती भीष्म** ने युवराज कुमार धृतराष्ट्र, सम्राट् पांडु व महामंत्री विदुर हेतु सुयोग्य कन्याओं को ढूँढ़ना प्रारंभ कर दिया। अपने इस उपक्रम में गंगापुत्र भीष्म ने जहाँ कौरवों से त्रस्त रहे **'गांधारराज सुबल'** को जन्मांध धृतराष्ट्र को ही अपना जामाता बनाने के लिए विवश किया, वहीं सम्राट् पांडु की प्रतिष्ठा के अनुरूप राज परिवार का चयन करने के प्रयास में उनकी दृष्टि प्रतिष्ठित मद्र देश की सुशीला राजकुमारी पर जाकर केंद्रित हो गई। इसी मध्य **'भोजराज'** द्वारा आयोजित स्वयंवर समारोह में भाग लेने पहुँचे **'पराक्रमी पांडु'** का कुंतीभोज की दत्तक पुत्री **'कुंती'** ने वरमाला डालकर वरण कर लिया। वस्तुतः निस्संतान रहे कुंतीभोज की दशा से द्रवित होकर उनके सखा यदुवंशी शूरसेन ने अपनी आत्मजा **'पृथा'** को उन्हें गोद दे दिया था। कुंतीभोज के यहाँ पली-बढ़ी पृथा ही कालांतर में **'कुंती'** के नाम से प्रसिद्ध हुई। इस प्रकार पृथा (यानी कुंती) यादव श्रेष्ठ **वसुदेव** की सहोदरा होने के कारण **श्रीकृष्ण** की बुआ भी थी। सम्राट् पांडु द्वारा कुंती (पृथा) को अपनाए जाने के उपरांत भी **'दृढ़व्रती भीष्म'** मद्रों से संबंध स्थापित करने की अपनी पूर्वोत्तर उत्कंठा को छोड़ नहीं पाए। फलतः अपने अभीष्ट की पूर्ति हेतु **'मद्राधिपति शल्य'** पर दबाव बनाने के उद्‌देश्य से वे एक चतुरंगिणी सेना सहित

मद्र देश में जा पहुँचे। ब्रह्मचारी भीष्म के उत्तम मनोरथ से अवगत हो जाने पर शल्य ने प्रसन्नतापूर्वक अपनी साध्वी भगिनी **'माद्री'** का विवाह सम्राट् पांडु से कर दिया। **धृतराष्ट्र** व **पांडु** के परिणय-संस्कार से निवृत्त होने के पश्चात् भीष्म **'विदुर'** के निमित्त अंधकवंशी राजा **'देवक'** से अनुग्रहपूर्वक उनकी दासी पुत्री को माँगकर हस्तिनापुर ले आए और विधिपूर्वक इनका भी विवाह कर दिया।

इधर बाल्यकाल से ही यकृत-विकारों से ग्रस्त रहे **'पीतगात पांडु'** समरांगणों के यथेष्ठ श्रमों व तदंतर आयोजित किए गए विविध प्रकार के उत्सव-समारोहों में निरंतर व्यस्त रहने के कारण क्लांत-श्रांत होते गए। शारीरिक दुर्बलता के परिणामस्वरूप उनका बाल रोग उभर गया और वे भयंकर रूप से बीमार हो गए। उपचार के लिए नियुक्त किए गए सुयोग्य वैद्यों ने सम्राट् को राजकीय आपा-धापी से दूर रहने के साथ-साथ किसी प्राकृतिक परिवेश में लंबे समय तक स्वास्थ्य लाभ लेते रहने का परामर्श दिया। इस तरह राजकीय व्यस्तताओं के पश्चात् पांडु ने स्वास्थ्य-लाभ की दृष्टि से **गंधमादन** के लंबे प्राकृतिक प्रवास पर एकाकी ही जाने का निश्चय किया। अपनी इस इच्छा के विपरीत कुंती व माद्री के विशेष अनुग्रह पर अंततः उन्हें भी अपनी सेवा-सुश्रूषा हेतु साथ लिवा जाने के लिए तैयार हुए सम्राट् पांडु ने हस्तिनापुर का राज्य-प्रभार महारथी भीष्म के संरक्षकत्व में अपने ज्येष्ठ भ्राता **धृतराष्ट्र** को सौंपकर गंतव्य के लिए प्रस्थान किया। सामारिक सुरक्षा की दृष्टि से पांडु के इस स्वास्थ्य-लाभ अभियान को कौरवों ने उनके **वनस्थ** होना कहकर ही प्रचारित किया। इस तरह निरंतर दो वर्षों तक पत्नियों सहित गंधमादन के रमणीय अंचल में स्वास्थ्य-लाभ करते रहने के उपरांत पांडु का अंतर्मन संतान की कामना में उद्विग्न हो उठा, किंतु अपनी शारीरिक रुग्णता के कारण वे असहाय से ही बने रहे। सुयोग्य वंशजों के लिए चिंतातुर रहे पांडु अंततः कुंती से मंत्रणा पर **नियोगज विधि** द्वारा उत्तम संतान प्राप्त करने के लिए सहमत हो गए। चूँकि गंधमादन का यह क्षेत्र गंधर्वों व देवलोक के समीप ही था, अतः अवसर अनुरूप उचित पात्र का चयन करके कुंती ने **'दुर्वासा ऋषि'** द्वारा प्रदत्त **वशीकरण मंत्र** की विद्या से पांडु के निहित उद्देश्यों को पूर्ण किया। अपने इस उद्यम में **धर्मराज** के संयोग से उसने कार्तिक शुल्क पक्ष की पंचमी तिथि को ज्येष्ठा नक्षत्र के अभिजित मुहूर्त में **'युधिष्ठिर'** नामक एक धर्मात्मा पुत्र को उत्पन्न किया (महाभारत आदि पर्व)। तदंतर पांडु की कामना पर कुंती ने महाबलशाली **वायुदेव** तथा देवराज **इंद्र** से संयोग करके क्रमशः **'भीमसेन'** व **'अर्जुन'** नामक अत्यंत बलशाली व श्रेष्ठ वीर पुत्रों को भी जन्म दिया। इसी प्रकार

तीन नियोगज पुत्रों की जननी बन चुकी कुंती का अनुसरण करते हुए **माद्री** ने भी **अश्विनी कुमार** के कुलगोत्र के किसी देव से संयोग करके **'नकुल'** व **'सहदेव'** नामक दो अति सुंदर (जुड़वाँ) पुत्रों को जन्म दिया। **शतशृंग पर्वत** के रमणीय शिखर पर स्थित आरोग्य निकेतन में प्रति परिवत्सरों (दो वर्षों) के अंतरालों पर जनमे **कुंती** व **माद्री** के इन **'दिव्य पुत्रों'** का शैशव काल प्रकृति के स्वास्थ्यवर्द्धक वातावरण तथा ऋषियों की अभिरक्षा में ही व्यतीत हुआ। पांडु की सकुशलता व इनकी नियोगज संतानों की सूचनाएँ समय-समय पर हस्तिनापुर का प्रबंध सँभाल रहे भीष्म व विदुर तक गुप्तचरों द्वारा भेजी जाती रही थीं।

कुछ काल उपरांत वसंत ऋतु के किन्हीं मादक क्षणों में काम-विमोहित हो उठे पांडु माद्री द्वारा सचेत किए जाने के उपरांत भी अपने को संयमित नहीं रख पाए। इस प्रकार काम-उत्तेजना के अतिरेक में हृदयगति रुक जाने के कारण काल-कवलित हो गए। पांडु की इस असामयिक मृत्यु के लिए अपने को दोषी मानकर **'माद्री'** अपने पुत्रों (नकुल व सहदेव) की संरक्षा का दायित्व **'कुंती'** के कंधों पर डालकर पति के साथ सती हो गई (महाभारत-आदिपर्व)।

77. (ब) धृतराष्ट्र—आरोग्य-उपचार हेतु पांडु के लंबे प्रवास पर चले जाने के पश्चात् भीष्मादि कुरुश्रेष्ठों ने वैकल्पिक व्यवस्था के तहत अंधे **'धृतराष्ट्र'** को ही हस्तिनापुर के **कार्यवाहक भूपाल** के रूप में अधिष्ठित कर दिया था। राज्य के दैनंदिनी संचालन में जन्मांध धृतराष्ट्र को सहयोग देने की नीयत से अनुभवी भीष्म ने **'महात्मा विदुर'** के नेतृत्व में एक उच्चस्तरीय परामर्शदात्री समिति का भी गठन किया था। इस समिति से मंत्रणा आदि द्वारा ही धृतराष्ट्र कुरु-राज्य का शासन-प्रबंध करता था। यद्यपि महारथी भीष्म के दर्प से स्तंभित होकर ही गांधारराज सुबल **गांधारी समेत** अपनी **दसों कन्याओं** का विवाह अंधे धृतराष्ट्र से करने को बाध्य हुए थे (महाभारत, आदि पर्व का क्षेपक, पूना संस्करण, पृष्ठ संख्या 467), तथापि अपनी भगिनियों की हित-साधना के एकमात्र उद्देश्य से सुबल पुत्र **'शकुनि'** लोक-मर्यादा की उपेक्षा करते हुए हस्तिनापुर के राजभवन में ही आकर रहने लगा। शकुनि के अतिरिक्त **अचल, वृषक, गज, गवाछ, चर्मवान, आर्जय, शुक, बल** व **वृहद्बल** नामधारी सुबल के शेष नौ पुत्रगण (महाभारत, आदि पर्व-177/5 तथा भीष्मपर्व 30/90 व 108/14) अपने पिता को सहयोग देने हेतु गांधार देश में ही बने रहे। चक्षुदोष के कारण बाल्यकाल से ही कुंठाग्रस्त रहा धृतराष्ट्र संयोग से प्राप्त राज्याधिकार से सहज ही वंचित होना नहीं चाहता था, अतः प्रवास पर गई अनुज-भार्या कुंती के गर्भवती होने का समाचार

सुनकर वह भावी आशंकाओं से ग्रसित हो उठा। युवराज के लिए ज्येष्ठता की पात्रता को कड़ी मानते हुए धृतराष्ट कुंती के प्रसव से पूर्व अपनी रानियों से संतान प्राप्त करने के उपक्रम में जुट गया। शीघ्रातिशीघ्र पुत्र-प्राप्ति की कामना में धृतराष्ट्र सपत्नीक **मुनि व्यास** की सेवा में भी उपस्थित हुआ। मुनि द्वारा बताए गए उपायों का नियमपूर्वक अनुसरण करने के कारण **पट्टमहिषी गांधारी** शीघ्र गर्भवती हो गई, परंतु धृतराष्ट्र के अति उतावलेपन के कारण सुझाए गए नीम-हकीम प्रयोगों द्वारा यह **भ्रूण** परिपक्व होने से पूर्व ही **स्खलित** हो गया। महाभारत, आदि पर्व में इस घटना की व्याख्या यह कहते हुए की गई है कि 'शंकाग्रस्त गांधारी ने पति से छिपाकर अपने अस्वाभाविक गर्भ, जो एक **मांस-पिंड** की ही भाँति था, को गिरा दिया था।

इसी मध्य कुंती ने **'युधिष्ठिर'** नामक अपने प्रथम पुत्र को जन्म दे दिया। संतान-प्राप्ति के लिए लालायित हो रहे धृतराष्ट्र के कोप से गांधारी को बचाने हेतु **मुनिवर व्यास** ने उस मांस-पिंड के सैकड़ों टुकड़े करवाकर जहाँ घी पात्रों में रखवा दिया, वहीं सभी रानियों को एकांतवास का निर्देश देते हुए धृतराष्ट्र को पुत्र-प्राप्ति तक इन सभी से दूर बने रहने की चेतावनी भी दी। इधर अपने आश्वासन की सार्थकता के लिए द्वैपायन व्यास ने आधुनिक **क्लोन** जैसी किसी सिद्धत्तम विधा के द्वारा मांस-पिंड के उन टुकड़ों को धृतराष्ट्र की सभी शेष पत्नियों में समान रूप से आरोपित कर दिया। व्यास के इस परिणामजनित उद्यम के फलीभूत होने के साथ-साथ सभी रानियों का गर्भ भी समयानुसार बढ़ता चला गया। व्यास की वर्जना पर रानियों से दूर रह रहे धृतराष्ट्र ने अपने मन-बहलाव के लिए एक वैश्य कन्या को अपनी सेवा में रख लिया था, परंतु असावधानीवश किए गए संसर्ग के कारण वह भी इसके द्वारा गर्भवती हो गई। इस तरह निर्धारित अवधि के बीतते-बीतते बड़ी रानी के क्रम से शेष सभी को पुत्र-रत्नों की प्राप्ति होती गई। **'सुयोधन'** (कालांतर में अपने क्रूर स्वभाव के कारण यही **'दुर्योधन'** के नाम से प्रसिद्ध हुआ) नामक गांधारी के प्रथम प्रसव के साथ ही साथ वायुदेव के संयोग से गर्भिणी हुई कुंती ने भी **'भीमसेन'** नामक दूसरे पुत्र को जन्म दिया। सुयोधन या दुर्योधन के अतिरिक्त धृतराष्ट्र को **दुःशासन, दुस्सह, दुश्शल, जलसंध, सम, सह, विंद, अनुविंद, दुर्द्धष, सुबाहू, दुष्प्रधर्षण, दुर्भर्षण, दुर्मुख, दुष्कर्ण, कर्ण, विविशति, विकर्ण, शल, सत्व, सुलोचन, चित्र, उपचित्र, चित्राक्ष, चारुचित्र, शरासन, दुर्मद, दुर्विगाह, विवित्सु, विकटानन, ऊर्णनाभ, सुनाभ, नंद, उपनंद, चित्रबाण, चित्रवर्मा, सुवर्मा, दुर्विमोचन, आयोवाहु, महावाहु, चित्रांग, चित्रकुंडल, भीमवेग, भीमबल, बलाकी, बलवर्द्धन, उग्रायुद्ध, सुषेण, कुंडधार,**

महोदर, चित्रायुद्ध, निषंगी, पाशी, वृंदारक, दृढ़क्षत्र, सोमकीर्ति, अनूदर, दृढ़संध, जरासंध, सत्यसंध, सदःसुवाक, उग्रश्रवा, उग्रसेन, सेनानी, दुष्पराजय, अपराजित, कुंडशायी, विशालाक्ष, दुराधर, दृढ़त्रहस्त, सुहस्त, बातवेग, सुवर्चा, आदित्यकेतु, बाह्वाशी, नागदत्त, अग्रयायी, कवची, क्रथन, कुंडी, उग्र, भीमरथ, वीरवाहु, अलोलुप, अभय, रौद्रकर्मा, दृढ़त्र, रथाभ्रम, अनाधृष्य, कुंडभेदी, विरावी, प्रमथ, प्रमाथी, दीर्घरोमा, दीर्घवाहु, महावाहु, व्यूढोरस्क, कनकध्वज, कुंडाशी व **विरजा** तथा वैश्य-कन्या से **'युयुत्सु'** नामक सौ पुत्र एवं **'दुश्शाला'** नामक एक कन्या हुई। समय आने पर धृतराष्ट्र ने अपने इन **एक सौ एक पुत्रों** का विवाह सुयोग्य कन्याओं से और पुत्री **'दुश्शाला'** का विवाह सिंधुराज वृद्धक्षत्र के वीर पुत्र **'जयद्रथ'** से कर दिया।

कौरव-पांडव

इधर पांडु के आकस्मिक निधन व माद्री द्वारा स्वेच्छया पति के पार्थिव शरीर के साथ आत्मदाह किए जाने की मर्मस्पर्शी घटना से द्रवित हो उठे शतशृंग क्षेत्र के कुछ सिद्ध तपस्वी कुंती सहित पांडु के नियोगज पुत्रों को कुरुओं के पारिवारिक संरक्षण में सौंपने के उद्देश्य से हस्तिनापुर ले आए। इन सिद्ध पुरुषों द्वारा विधिवत आश्वस्त किए जाने पर भीष्म-धृतराष्ट्र आदि कुरुश्रेष्ठों ने कुंती समेत दिव्य अंशों से उत्पन्न हुए पांडु के इन नियोगज पुत्रों को जहाँ सस्नेह अंगीकार कर लिया, वहीं सम्राट् पांडु व उनकी कनिष्ठ रानी माद्री के दिवंगत होने के वृत्तांत ने समस्त राजकुल को शोकाकुल भी कर दिया। स्नेहिल बंधु के असामयिक विछोह से शोक-संतृप्त हो उठे धृतराष्ट्र ने विदुर आदि के सहयोग से पांडु व माद्री का अंत्येष्टि-संस्कार पूरे राजकीय सम्मान के साथ संपन्न करवाया। सिद्ध तपस्वियों द्वारा धृतराष्ट्र आदि कुरुओं को सौंपे जाने के समय **युधिष्ठिर** की वय उन्नीस वर्ष, **भीमसेन** सत्रह वर्ष, **अर्जुन** पंद्रह वर्ष तथा **नकुल** व सहदेव की वय क्रमशः तेरह वर्ष थी। पंडित भगवद्दत द्वारा रचित 'भारत वर्ष का बृहद् इतिहास-द्वितीय भाग' (पृष्ठ संख्या-153) में भी पांडवों के संभावित वयों का कुछ ऐसा ही अनुमान प्रस्तुत किया गया है। आश्रम के स्वच्छंद परिवेश में पले-बढ़े पांडवों को राजकुलीन शिष्टाचारों से अवगत कराने के साथ-साथ धृतराष्ट्र के उद्दंड पुत्रों (कौरवों) से आत्मीयता बढ़ाने का अवसर उपलब्ध करवाने के उद्देश्य से अनुभवी भीष्म ने **'कुलगुरु कृपाचार्य'** की अभिरक्षा में इनकी शिक्षा इत्यादि का साझा प्रबंध भी सुनिश्चित करवाया। किंतु सदाशयता से किए गए साक्षा उद्यमों के उपरांत भी राज परिवार के इन नए सदस्यों को **'कौरव'** हृदय से स्वीकार

नहीं कर सके। वस्तुतः पांडु के इन वर्ण-संकर पुत्रों के प्रति हेय-दृष्टि रखने के कारण कौरव इन्हें अपने कुल-परिवार पर बलात् थोपा हुआ ही मानते रहे थे। पराएपन के इस घृणित बोध के दुष्प्रभाववश बाल्यकाल से ही पक्ष-विपक्ष में बँट गए कौरवों व पांडवों के मध्य ईर्ष्या-द्वेष व कटुता की एक ऐसी खाई का निर्माण हुआ, जो समय के साथ-साथ जानलेवा षड्यंत्रों (भीमसेन को विष दिए जाने आदि की घटनाओं) के आघातों से गहराती ही चली गई।

कुलगुरु कृपाचार्य के शिष्यत्व में दशाब्दीपर्यंत पठन-पाठन की सभी औपचारिकताओं को पूर्ण कर लेने के पश्चात् इन कुमारों को शस्त्र-संचालन में दक्ष बनाने के महत्त्वपूर्ण उद्देश्य से भीष्म ने इस विधा के तात्कालिक विशेषज्ञ रहे भारद्वाज-गोत्री **'द्रोण'** को अनुबंधित किया। प्रयाग स्थित भरद्वाज आश्रम के कुलपति **'गांगोदधि'** द्वारा **'धृताची'** अप्सरा के गर्भ से पांचाल जनपद में जनमे **'द्रोण'** का बाल्यकाल युवराज **'द्रुपद'** के साथ ही व्यतीत हुआ था। ऋषि **अग्निवैश्य** द्वारा दीक्षित किए जाने पर द्रुपद जहाँ राज्य-कार्य में व्यस्त हो गए वहीं द्रोण परशुराम गोत्री **बालाकि** के सुयोग्य उत्तराधिकारी **'ऐलिक रामौद'** से शस्त्र-विधा में पारंगत होने के लिए प्रशिक्षण हेतु महेंद्रांचल स्थित उनके गुरुकुल में जाकर उपस्थित हुए। महेंद्रांचल स्थित परशुराम आश्रम के तात्कालिक कुलपति ऐलिक द्वारा भीष्म व कर्ण को भी धनुर्विद्या की दीक्षा दी गई थी। भारद्वाज द्रोण का विवाह गौतम-गोत्री **'शरद्वान'** की पुत्री तथा **कृपाचार्य** की सहोदरा **'कृपी'** से हुआ था और इसी के गर्भ से द्रोण को **'अश्वत्थामा'** नामक एक विलक्षण पुत्र की प्राप्ति हुई थी। बालसखा **'द्रुपद'** द्वारा तिरस्कृत किए जाने पर आजीविका के प्रयास में अपने संबंधी कृपाचार्य के यहाँ सपरिवार आश्रित हुए **द्रोण** की विशेषताओं से परिचित होने पर ही **'भीष्म'** ने उन्हें कुमारों का प्रशिक्षक नियुक्त किया था। इसी कालखंड में **'वासुदेव कृष्ण'** द्वारा कंस की हत्या कर दिए जाने से उसके संबंधी **जरासंध** का कोप मथुरा के यादवों पर गहराने लगा था। मागधों के आक्रांतों से जर्जरता को प्राप्त हुए पड़ोसी यादवों की दशा-दुर्दशा से सचेष्ट होकर ही भीष्म ने हस्तिनापुर के कुमारों को रणबाँकुरा बनाने का निश्चय किया था। प्रायः इन्हीं लक्ष्यों के साथ **श्रीकृष्ण** व **बलराम** भी **'आचार्य संदीपनि'** से दीक्षा ले रहे थे। द्रोण जैसे विज्ञ आचार्य के मनोयोगपूर्ण प्रशिक्षणों तथा वर्षों (लगभग तेरह वर्षों) की अपनी कठिन साधनाओं के परिणामस्वरूप कौरव-पांडव भी अपने-अपने चयनित अस्त्र-शस्त्रों के निपुण संचालन के साथ-साथ विविध रण-कौशलों में सिद्धहस्त हो सके थे। द्रोणाचार्य के विशेष अनुराग के कारण उनके शिष्यों में सबसे अधिक प्रतिभा-संपन्न रहा

'अर्जुन' अपनी एकाग्रता के बल पर दिव्यास्त्रों का मर्मज्ञ बन सका था। शस्त्र-प्रशिक्षण की समाप्ति पर द्रोणाचार्य के इन राजकुलीन शिष्यों के हस्त-लाघव का प्रदर्शन देखने के लिए हस्तिनापुर में एक भव्य **दीक्षांत-समारोह** का आयोजन किया गया। समारोह में पांडवों के उत्कृष्ट प्रदर्शन से जल-भुन से गए दुर्योधन ने अनधिकृत रूप से राजपुत्र अर्जुन को चुनौती देकर अपमानित हो रहे **'पराक्रमी कर्ण'** का बचाव करते हुए प्रतिद्वंद्विता की पात्रता हेतु आनन-फानन में उसे **अंगों का राजा** मनोनीत कर दिया (***तस्मादेवोऽङगविषयो मया राज्येऽभिषिच्यते***—महाभारत, आदि पर्व-126/35)। **'सूत अधिरथ'** के पुत्र के रूप में विख्यात रहा **अंगराज कर्ण** वस्तुतः कुरुकुल वधू **'कुंती'** का ही ज्येष्ठ पुत्र रहा था। भोजराज (आधुनिक बिहार के भोजपुर अंचल के तात्कालिक-नरेश रहे कुंतीभोज) के स्नेहिल संरक्षण में पली-बढ़ी **कुंती** (पृथा) अपनी कौमार्य अवस्था में ही किसी **सूर्यकुलीन राजपुरुष** पर आसक्त हो गई थी। यौवन के असंयमित आवेश में अपने अभिसारक से किए गए संसर्ग के कारण वह गर्भवती हो गई। प्रणयोन्माद के अतिरेक में पनप चुके इस **अवांछित गर्भ** के कलंक से छुटकारा पाने के सभी प्रयासों के विफल हो जाने पर लोकाचार के भय से वह प्रसव होने तक पूर्व दिशा के किसी एकांत प्रवास पर चली गई। प्रसव-उपरांत नवजात शिशु को एक सुरक्षित टोकरी में यत्नपूर्वक रख, **गंगा में प्रवाहित** करके वह अपने पितृगृह को वापस लौट गई। संभवतः शिशु के कुल-गोत्र का संकेत कराने हेतु ही पृथा ने अपने अभिसार नायक द्वारा **स्मृति-चिह्न** के रूप में भेंट किए गए सप्त-अश्वों पर आरूढ़ सूर्य की आकृति से युक्त **'अभेद्य कवच'** तथा **'अद्‍भुत कुंडलों'** को भी नवजात शिशु के साथ टोकरी में सहेजकर रख दिया था। इन्हीं कवच कुंडलों के आधार पर यह शिशु आगे चलकर **'सूर्य पुत्र'** के नाम से विख्यात हुआ था। कवच-कुंडल समेत यह दिव्य बालक अंगदेश (आधुनिक बिहार के मुंगेर जनपद) के गंगा-तट पर स्नान कर रहे **अधिरथ दंपती** की सूनी गोद से आ टकराया था। संतान के लिए लालायित रही सूत पत्नी **'राधा'** का स्तन इस बालक के करुण क्रंदन से विह्वल हो उसी क्षण छलछला उठा था। अबोध शिशु के प्रति उपजे राधा के इस अस्वाभाविक मातृत्व के कारण ही कालांतर में इस बालक को **'राधेय'** के नाम से भी पुकारा जाने लगा। युवा होने पर अपने वंशानुजनित संस्कारों के प्रभाववश कर्ण धनुर्विद्या में प्रवीणता के लिए लालायित हो उठा। अपनी इन्हीं निहित अभिलाषाओं के साथ वह महेंद्रांचल (आधुनिक विशाखापत्तनम क्षेत्र) स्थित परशुराम आश्रम के तात्कालिक कुलपति **'ऐलिक रामौद'** की सेवाओ में उपस्थित हुआ। **भार्गव** के छद्म परिचय द्वारा परशुराम कुलीन इस

दिव्य कुलपति का अनुग्रह प्राप्त कर वह दिव्यास्त्रों सहित वेद-विद्या में पारंगत तो हो गया, परंतु कपट रीति से अर्जित की गई इस अमोघ विद्या के असंतुलनों ने इसे दंभी भी बना डाला। कदाचित् वर्चस्व स्थापित करने की इन हीन मानसिकताओं ने ही उसे अर्जुन से बलात् उलझने के लिए विवश किया हो। इस प्रकार पांडवों की काट के लिए उद्यत रहे **'दुर्योधन'** के कूटनीतिज्ञ प्रलोभनों के जाल में फँसकर कुंती का यह **'त्याज्य पुत्र'** अनजाने में ही अपने **सहोदरो के बैरियों** के हाथों की कठपुतली होकर रह गया।

दीक्षांत-समारोह के इस कड़वाहट भरे परिदृश्यों के कुछ अंतर पर द्रोण को गुरु-दक्षिणा देने के उद्यम में राजकुमारों द्वारा **पांचाल** (आधुनिक उ.प्र. के बरेली, मुरादाबाद, बदायूँ, फर्रूखाबाद व शाहजहाँपुर जनपद क्षेत्र) पर धावा बोला गया और अर्जुन के प्रयासों से यहाँ के **नरेश द्रुपद** को बंदी बनाकर गुरु के समक्ष उपस्थित किया गया। दंडस्वरूप गंगा से उत्तर के क्षेत्रों को अपने अधीन कर द्रोण ने अपने इस **बाल-सखा** (द्रुपद) को मुक्त करते हुए गंगा के दक्षिणी क्षेत्रों का राज्य उसे वापस लौटा दिया। इस तरह राजकुमारों द्वारा अपने-अपने कौशल को सिद्ध किए जाने के पश्चात् आचार्यों, भीष्मादि कुरुश्रेष्ठों के परामर्श पर धृतराष्ट्र ने **'ज्येष्ठ युधिष्ठिर'** का अभिषेक युवराज के पद पर करके अन्य सभी को उनकी क्षमताओं के अनुरूप यथोचित दायित्वों से युक्त कर दिया। अपने सद्व्यवहार तथा कुशल प्रबंधन से दो वर्षों की अल्पावधि में ही युधिष्ठिर की ख्याति एक प्रजावत्सल युवराज के रूप में प्रतिष्ठित हो गई। उनकी इस उपलब्धि से बौखला उठे दुर्योधनादि कौरवों के उकसाने पर पुत्र-मोह से ग्रस्त रहे **'अंधे धृतराष्ट्र'** ने पांडवों को **वाराणावत** के वार्षिक उत्सव में भाग लेने के बहाने कुछ समय के लिए राजधानी से दूर भेज दिया। विदुर के सतर्क सहयोगों से दुर्योधनादि द्वारा रचाए गए यहाँ के **'लाक्षागृह-अग्निकांड'** से किसी तरह बच निकले पांडवों ने कौरवों के मन में अपनी मृत्यु का भ्रम बनाए रखने के उद्देश्य से कुछ काल के लिए अज्ञातवास में ही बने रहना श्रेयस्कर समझा। इस तरह छद्मवेष में लगातार पाँच वर्षों तक **'माता कुंती'** के साथ गुप्त देशाटन करते हुए वे पांचालों की राजधानी **'कांपिल्य'** (फर्रुखाबाद जनपद का कपिल ग्राम) में आयोजित द्रौपदी-स्वयंवर (आधुनिक कपिल ग्राम से 3 मील पूर्व स्थित भेद-कुंड) में जा पहुँचे। आजकल कायमगंज और रुद्रायन के बीच रेल से उत्तर की ओर **'सरदीपक'** (महाभारतकालीन शरद्वीप तीर्थ) नामक एक ताल है। इस ताल से लगभग चार-पाँच कि.मी. पश्चिम में **धौम्य ऋषि** के धौमपुरा के निकट **'जिंजवट'** नामक एक ग्राम है। इसका शुद्ध नाम **'यज्ञवाट'** रहा था। यहीं पर राजा द्रुपद का राजमहल रहा था, जो अब खंडहर के

रूप में एक ऊँचे टीले या खेरा के रूप में परिवर्तित हो चुका है। गुप्त प्रवास के इसी काल में आधुनिक **संभल** के निकटवर्ती वनों में मिली **'हिडिंबा'** नामक राक्षसी के अनुरोध पर कुंती व युधिष्ठिर ने **'भीमसेन'** से उसका विवाह करवा दिया था और इसी के गर्भ से भीम को **'घटोत्कच'** नामक एक अति भीमकाय पुत्र प्राप्त हुआ था। धनुर्विद्या में प्रवीण अर्जुन द्वारा स्वयंवर में मत्स्य बेध द्वारा **द्रुपद की कन्या** (द्रौपदी) को जीतने *('प्राथावानर्जुनः कृष्णां कृत्वा कर्म सुदुष्करम्'*—महाभारत, आदिपर्व*)* के पश्चात् अन्य चारों भाइयों में इस अनिंद सुंदरी के प्रति उपजी लालसा को भाँपते हुए ही **'दूरदर्शी कुंती'** ने **पाँचों पांडव** को इससे विवाह करने का आदेश दिया था। कौरवों के घात-प्रतिघात से चिंतित रही कुंती ने पांडव-भ्राताओं को **'कृष्णा'** (द्रौपदी या पांचाली) के माध्यम से **एकता के अटूट सूत्र** में पिरोए रखने के लिए ही यह **अव्यावहारिक निर्णय** लिया होगा।

इधर लाक्षागृह-दुर्घटना में पांडवों के जलकर मर जाने का समाचार सुनकर शोकविह्वल, किंतु निश्‍चिंत से हो गए धृतराष्ट्र ने **दुर्योधन को युवराज** मनोनीत कर परोक्ष रूप से हस्तिनापुर का राज्य-प्रबंध उसके हाथों में दे दिया था। पड़ोसी **पांचाल** जनपद के शक्तिशाली नरेश **द्रुपद** के जामाताओं के रूप में **पांडवों** के जीवित होने का समाचार सुनकर विचलित हो उठे धृतराष्ट्र ने लोकापवाद से बचने के लिए भीष्म तथा विदुर की सम्मति पर उन्हें ससम्मान हस्तिनापुर बुलवाकर अपने राज्य का **आधा हिस्सा** (दक्षिणी क्षेत्र) सौंप दिया। इस प्रकार पांडवों के हिस्से में **खांडवप्रस्थ** (आधुनिक दिल्ली समेत हरियाणा के गुड़गाँव तथा फरीदाबाद जनपद) के रूप में कुरु राज्य का अपेक्षाकृत पथरीला व सघन वनों से आभृत अनुपयोगी क्षेत्र ही आया था।

इंद्रप्रस्थ

खांडवप्रस्थ के इन्हीं दुर्गम वनों में कर्मठ **नागों** व शिल्पी **दानवों** (मयादि) के सक्रिय सहयोग से **देवों** ने उच्च तकनीकीयुक्त अपना एक **गुप्त उपनिवेश** स्थापित कर रखा था। वस्तुतः कुशावती व श्रावस्ती शाखाओं में विभाजित हो चुके **रामपुत्र कुश** व **लव** के तात्कालिक वंशजों की अक्षमताओं से काल के इस प्रभाग में **कोशल** का शौर्य-दर्प निस्तेज हो गया था। **महान् सूर्यकुल** के इस अपकर्ष के कारण उच्छृंखल हो गए रजवाड़ों की आपसी स्पर्धाओं ने उत्तर-भारत की प्रतिरोधात्मक क्षमताओं को भोथरा कर दिया था। फलतः राज्यगत प्रतिरक्षाओं के प्रश्न पर यहाँ की सैन्य-शक्तियाँ कमोबेश रूप से **दिव्यास्त्रों से सुसज्जित देवों** की कृपा पर ही अवलंबित रहने लगीं।

सामरिक प्रतिरक्षाओं की इस महती भूमिकाओं के परिप्रेक्ष्य में भारतीय राज्यों पर अंकुश रखने के साथ-साथ अश्वमेधादि अनुष्ठानों के माध्यम से देवगण यज्ञ-भागों के भ्रमित आड़ में इनसे समुचित करों की भी उगाही किया करते थे। इन्हीं स्वपोषित गतिविधियों के संचालन हेतु ही देवों ने भारत के हृदय-स्थल पर इस **निरापद केंद्र** की स्थापना कर रखी थी। देवगणों की शालीनता भरे प्रपंचों के विपरीत **मथुरा, चेदी** (आधुनिक बुंदेलखंड), **मगध** व **पुंड्र** (आधुनिक उत्तरी बंगाल) में पंख पसार चुके **कंस, शिशुपाल, जरासंध, पौंड्रक** आदि निरंकुश क्षत्रपों की अमानुषिकताएँ भी जन-समुदाय को येन-केन-प्रकारेण प्रताड़ित कर रही थीं। इस प्रकार भारत का तात्कालिक परिवेश **देव** तथा **असुर पोषकों** के दुधारे पाटों के मध्य पिसने के लिए बाध्य रहा था। भारत को इस दयनीय स्थिति से उबारने के लिए कृतसंकल्प रहे **'वासुदेव कृष्ण'** ने **कालिया-दहन** के साहसिक प्रदर्शन द्वारा देव-हितैषी नागों को प्रताड़ित करके, **गोवर्धन** के अभूतपूर्व दृष्टांत द्वारा इंद्र की सत्ता को तिरस्कृत करके तथा **कंस-वध** के अलौकिक कृत्य द्वारा मथुरा को आसुरी-दासता से मुक्त कराकर यहाँ की कुंठित मानसिकताओं में संप्रभुता के ओजस्वी बोधों को जाग्रत् करने का एक अभिनव प्रयास किया था। परंतु कंस-वध से विचलित हो उठे **जरासंध** के निरंतर घात-प्रतिघात से निरीह यदुवंशियों व अहीरों की रक्षा हेतु कृष्ण को सकुटुंब द्वारिका के सुरक्षित क्षेत्र में आश्रय लेने के लिए विवश होना पड़ा था। इस पलायन के उपरांत **श्रीकृष्ण** इन आततायियों के समूल उच्छेदन के साथ-साथ भारत को एक **शक्तिशाली छत्र** से मंडित करने के लिए दृढ़ता से उद्यत भी रहे थे। अपने मंतव्यों को चरितार्थ करने के उपक्रम में कृष्ण को महारथियों से परिपूर्ण **दंभी-कौरवों** की अपेक्षा सत्ता के लिए सतत संघर्षरत रहे **उद्यमी पांडव** अधिक उपयुक्त प्रतीत हुए। अतः **'कालयवन'** से मुक्ति पाने के पश्चात् पांडवों के सत्ता अधिष्ठापन में सहयोग देने हेतु श्रीकृष्ण **खांडवप्रस्थ** जा पहुँचे। श्रीकृष्ण की प्रेरणा पर दिव्यास्त्रों के मर्मज्ञ रहे अर्जुन ने नागों द्वारा रक्षित **खांडव वन** को अपने पराक्रमों से भस्मीभूत करते हुए **देव शिविर** तथा **दिव्य रथ, अक्षय तरकश, गांडीव धनुष, सुदर्शन चक्र** व **कौमोदकी गदा** सहित उनके अन्यान्य दिव्यास्त्रों को भी अधिकृत कर लिया। बंदी बनाए गए शिल्पी-दानवों के कुशल उद्यमों से खांडव वन स्थित इस **'देव-वातायन'** का जीर्णोद्धार कराकर पांडवों ने यहाँ पर **'इंद्रप्रस्थ'** नामक राजधानी की स्थापना कर युधिष्ठिर के नेतृत्व में अपने नए राज्य की नींव डाली।

इसी मध्य पांडवों द्वारा आपसी सहमति के आधार पर निर्धारित किए गए

सामान्य शिष्टाचार के नियम को भंग करने के कारण अर्जुन को दंडस्वरूप बारह वर्ष तक राज्य से दूर रहना पड़ा। देशाटन की इसी अवधि में **नागवह्य** (आधुनिक नगालैंड) के तात्कालिक नरेश नागराज **'माल्यपिंडक'** की कन्या **'उलूपी'** तथा मणिपुर-नरेश **चित्रवाहन** की पुत्री **'चित्रांगदा'** से विवाह करने के पश्चात् द्वारिका पहुँचे अर्जुन ने सखा **श्रीकृष्ण** के संकेत पर उनकी भगिनी **'सुभद्रा'** का भी हरण कर लिया। अर्जुन द्वारा सुभद्रा को अपनाए जाने के कारण पांडवों का यदुवंशियों से कुंती के अतिरिक्त एक नूतन संबंध भी स्थापित हो गया।

इधर काशीराज **'सुबाहू'** ने अपनी कन्या **'बलंधरा'** का विवाह भीमसेन से, चेदिराज **'शिशुपाल'** ने अपनी पुत्री **'करेणुमती'** का विवाह नकुल से तथा केकय-नरेश ने अपनी दुहिता **'विजया'** का विवाह सहदेव से कर दिया। इसी तरह अर्जुन द्वारा पराजित होने पर **प्राग्ज्योतिषपुर** (असम) के तात्कालिक-नरेश **'भगदत्त'** अपनी कन्या **'देविका'** को सम्राट् युधिष्ठिर की अर्द्धांगिनी बनाने के लिए भारी भेंट के साथ विदा करनी पड़ी थी। कालक्रम में द्रौपदी से युधिष्ठिर को **'प्रतिविंध्य'**, भीम को **'सुतसोम'**, अर्जुन को **'श्रुतकर्मा'**, नकुल को **'शतानीक'** तथा सहदेव को **'श्रुतसेन'** नामक पुत्रों की प्राप्ति हुई। द्रौपदी से हुए पांडवों के इन पुत्रों के अतिरिक्त युधिष्ठिर को देविका नामक पत्नी से **'यौधेय'**, भीमसेन को काशीराज की कन्या बलंधरा से **'सवर्ग'**, अर्जुन को यादव-बाला सुभद्रा से **'वीर अभिमन्यु'**, नकुल को चेदिराज शिशुपाल की दुहिता करेणुमती से **'निरमित्र'** तथा सहदेव को विजया के गर्भ से **'सुहोत्र'** नामक पुत्रों की प्राप्ति हुई थी। महाभारत-संग्राम में भीम-पुत्र **'घटोत्कच'** समेत पांडवों के ये सभी ग्यारह पुत्रगण कौरवों के विरुद्ध लड़ते हुए वीरगति को प्राप्त हुए, जबकि नागकन्या उलूपी से जनमे **'इडावान'** तथा चित्रांगदा के गर्भ से हुए **'बभ्रुवाहन'** नामक अर्जुन के पुत्रों का लालन-पालन इनके ननिहाल में ही हुआ था। कालांतर में ये यहीं के राजा भी बने। विमाता के उकसाने पर यज्ञ के अश्व को बलात् रोककर पिता अर्जुन से भिड़ने के उपरांत भी बभ्रुवाहन अपनी माता चित्रांगदा व विमाता उलूपी तथा उसके पुत्र व अपने सौतेले भाई इंडावान सहित युधिष्ठिर के अश्वमेध यज्ञ में स्वजनों की भाँति सक्रिय रूप से सम्मिलित भी हुआ था।

पांडवों का भारत राष्ट्र

इंद्रप्रस्थ को सुव्यवस्थित किए जाने के उपरांत **वासुदेव कृष्ण** असुर-पोषकों के विनाश के लिए प्राण-प्रण से सक्रिय हो उठे। **बलिष्ठ भीम** द्वारा मल्लयुद्ध में **जरासंध**

का वध करवा देने के पश्चात् **'वासुदेव कृष्ण'** ने आततायी **पौंड्रक** का संहार सुदर्शन चक्र से स्वयं ही कर डाला। इस तरह देव तथा असुर पोषकों के आधिपत्य से यहाँ की प्रजा को मुक्ति दिलाने के पश्चात् **श्रीकृष्ण** ने भारतीय रजवाड़ों को **युधिष्ठिर के छत्र** के नीचे संगठित करने का निश्चय किया। श्रीकृष्ण की मंत्रणा पर **ज्येष्ठ युधिष्ठिर** को सम्राट् के रूप में प्रतिष्ठित करने के संकल्प के साथ **चारों पांडवों** ने दिग्विजय के लिए विभिन्न दिशाओं को प्रस्थान किया। सेना सहित **पूर्व दिशा** की ओर निकले **भीमसेन** ने चेदी-नरेश शिशुपाल, कुमार देशाधिपति श्रेणीमान, कोशल-नरेश

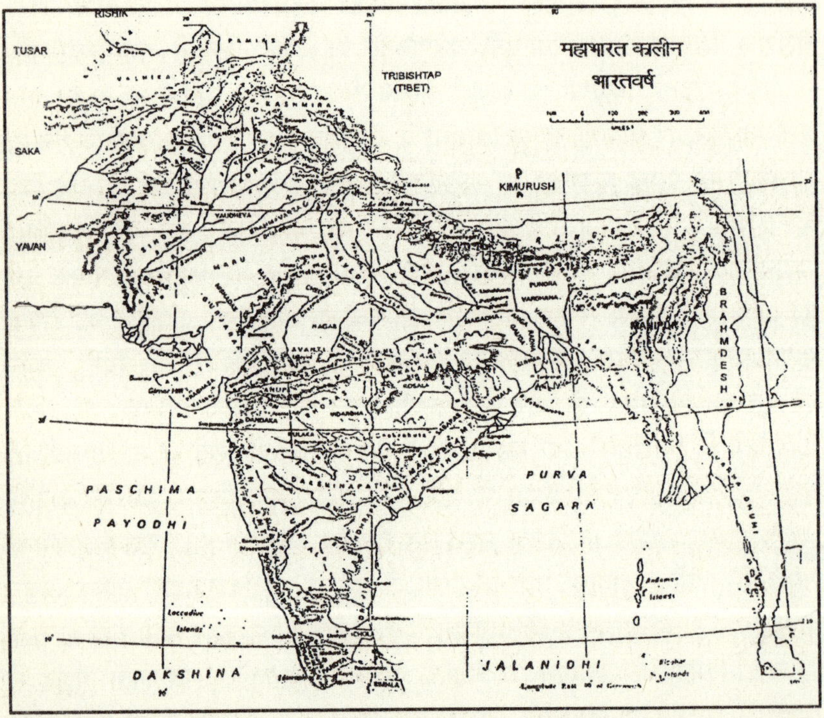

बृहदबल, अयोध्यापति दीर्घयज्ञ, काशीराज सुबाहु, भर्गदेश के स्वामी निषादराज, बंगराज समुद्रसेन, कर्वटाधिपति ताम्रलिप्त समेत मल्ल, मिथिला, सुह्म आदि देशों को पराजित करते हुए इन्हें युधिष्ठिर का अनुगत बनवा दिया। **पश्चिमोत्तर से लेकर पूर्वोत्तर तक** के अपने अभियान पर निकले **अर्जुन** ने कश्मीर, दरद, कंबोज, ऋषिक आदि देशों के साथ-साथ किंपुरुषवर्ष के अधिपति द्रुमपुत्र, हाटक-नरेश गुह्य, उलूकपति वृहंत व प्राग्ज्योतिषपुर के राजा भगदत्त को पराजित कर इन्हें इंद्रप्रस्थ का अनुगत बने

रहने के लिए विवश किया। इसी प्रकार **दक्षिण** की समर-यात्रा पर निकले **सहदेव** ने मथुरा, मत्स्य, अधिराज, परच्चर, निषाद भूमि, श्रेणिमान, नरराष्ट्र, अर्बुद, वातराज, पुलिंद, किष्किंधा, माहिष्मती, सुराष्ट्र, भोजकट, निषद, पांड्य, द्रविड़, उंड, केरल, आंध्र, तालवान, कलिंग, उष्ट्रकर्णिक, आटवीपुर व लंका तथा **पश्चिम** प्रयाण पर गए **नकुल** ने दशार्ण, शिवि, त्रगर्त, अंबष्ठ, मालव, पंचकर्पट, मध्यमक, वाटधान, सिंध, शूद्रक, पंचनद, मद्र सहित म्लेच्छ, पह्लव, बर्बर, किरात, यवन, रामठ, हार, हूण, आभीरों को प्रताड़ित कर इन्हें **इंद्रप्रस्थ** की अधीनता स्वीकार करने के लिए बाध्य किया।

राजसूय यज्ञ

पराजित नरेशों से भारी मात्रा में करों को प्राप्त करके भीमादि चारों भाई सेना-सहित सकुशल युधिष्ठिर की सेवा में लौट आए। पांडवों के इस **भारत-विजय** से उत्साहित होकर वासुदेव कृष्ण ने रामकालीन **'अयोध्या'** की ही भाँति **'इंद्रप्रस्थ'** को भारत के सत्ता-केंद्र के रूप में महिमामंडित करने के लिए युधिष्ठिर को **'राजसूय'** नामक एक भव्य यज्ञ के आयोजन का परामर्श दिया। अनुगत राजाओं के मान-मर्दन हेतु इस यज्ञ का सर्वप्रथम अनुष्ठान **चक्रवर्ती मांधाता** द्वारा किया गया था। इसके पश्चात् विश्वामित्र की मंत्रणा पर **'राजसूय'** नामक इस यज्ञ का अनुष्ठान चक्रवर्ती हरिश्चंद्र द्वारा संपन्न किया गया। पांडवों द्वारा तदनुसार आहूत इस यज्ञ के याज्ञिक रहे **धौम्य** व **पैल,** ब्रह्मा बने **द्वैपायन व्यास**, अध्वर्यु हुए **याज्ञवल्क्य**, उद्‌गाता रहे सामवेदी **सुसामा** तथा आमंत्रित **असित, देवल,** परशुराम गोत्री **ऐलिक'** आदि मूर्धन्य ऋषियों के अतिरिक्त पितामह **भीष्म**, ताया **धृतराष्ट्र**, चाचा महात्मा **विदुर**, कुलगुरु **कृपाचार्य,** आचार्य **द्रोण**, नाना **कुंतीभोज** व गांधार-नरेश **सुबल**, मामा मद्रराज **शल्य** व गांधार कुमार **शकुनि**, श्वसुर पांचाल-नरेश **द्रुपद**, सखा वासुदेव **कृष्ण** एवं **दुर्योधनादि कौरव** भ्रातागणों समेत अंगराज **कर्ण** व बहनोई सिंधुराज **जयद्रथ** इस समारोह में विशिष्ट अतिथि के रूप में सम्मिलित हुए। राजसूय यज्ञ में तन-मन-धन से सक्रिय रहे देश-देशांतर के सभी अनुगत राजाओं ने समवेत स्वर में युधिष्ठिर को अपना **सम्राट्** शिरोधार्य कर लिया। **वासुदेव कृष्ण** की प्रेरणा से सफल हुए इस अभियान से प्रफुल्लित होकर **युधिष्ठिर** ने कृतज्ञतावश राजाओं की इस सभा में **अग्रपूजा** के द्वारा उनका विशेष सम्मान भी किया। श्रीकृष्ण को प्राप्त हुए इस शीर्षस्थ सत्कार का भरी सभा में धृष्टतापूर्वक प्रतिवाद करने पर चेदीराज **शिशुपाल** को अपनी

जान से हाथ धोना पड़ा। बुआ **श्रुतश्रवा** के इस दंभी पुत्र की हत्या करके **वासुदेव कृष्ण** ने जहाँ भारत की धरती को तात्कालिक आसुरी कुप्रभावों से पूर्णतः मुक्त कर दिया, वहीं तत्परता से युधिष्ठिर के हाथों उसके ज्येष्ठ पुत्र **धृष्टकेतु** का चेदीराज के पद पर अभिषेक कराकर न्यायोचित दंड व पूर्वग्रहों से मुक्त शासन की प्रतिबद्धताओं का अनूठा उदाहरण भी रखा। इस तरह **'राजसूय यज्ञ'** के निर्विध्न समाप्त हो जाने से **युधिष्ठिर** सहजता से **भारत के एकच्छत्र सम्राट्** के रूप में प्रतिष्ठित हो गए।

कपट-द्यूत

युधिष्ठिर के इस भव्य समारोह में सम्मिलित हुए दुर्योधनादि कौरवगण पौरुष से अर्जित पांडवों के इस देव-दुर्लभ ऐश्वर्य व कीर्ति को देख-सुनकर ईर्ष्या से दग्ध हो उठे। तदंतर **शकुनि** की कुटिल मंत्रणा पर छल द्वारा पांडवों के इस वैभव को हड़पने का निश्चय कर चुके **दुर्योधन** ने **सम्राट् युधिष्ठिर** को **द्यूत-क्रीड़ा** में भाग लेने के लिए **हस्तिनापुर** आने का निमंत्रण दिया। कुरुश्रेष्ठ **भीष्म,** महाराज **धृतराष्ट्र,** महामंत्री **विदुर,** कुलगुरु **कृपाचार्य,** आचार्य **द्रोण, भूरिश्रवा,** अंगराज **कर्ण** आदि से सुसज्जित **कौरवों की राजसभा** में इस कपटपूर्ण खेल का आयोजन किया गया। पासा फेंकने में सिद्धहस्त **शकुनि** के सहयोग से **दुर्योधन** ने अल्प समय में ही **सम्राट् युधिष्ठिर** से उनका राज-वैभव सभी कुछ जीत लिया। राज्यलक्ष्मी गँवा चुके युधिष्ठिर ने शकुनि आदि द्वारा पुनः उकसाए जाने पर आवेश में आकर अपने भाइयों समेत स्वयं को ही नहीं, अपितु अंत में पांचाल अयोनिजा **'द्रौपदी'** तक को भी दाँव पर लगा दिया और क्रम से सभी को हार बैठे। कपट-द्यूत के विजयोन्माद से मदांध हो उठे कौरवों ने **कुरुकुल की कुलवधू** व पांडवों की भार्या (द्रौपदी) को जीती हुई वस्तु मानकर **केश-कर्षण** द्वारा बलात् ही भरी सभा में लाकर उसे निर्वस्त्र करने का असफल प्रयास भी किया। अंततः कातर द्रौपदी के आर्तनाद एवं भीम द्वारा दुर्योधन व दुशासन के दारुण अंत की धीर-गंभीर प्रतिज्ञाओं को सुनकर भावी आशंकाओं से सहम उठे अंधे धृतराष्ट्र के हस्तक्षेप से ही पांडव इस आसन्न संकट से मुक्त हो सके थे। जीती हुई बाजी को सहज ही हाथ से निकलते देखकर धूर्त शकुनि ने **बारह वर्ष के वनवास** व **एक वर्ष के अज्ञातवास** की शर्त पर सम्राट् युधिष्ठिर को **द्यूत** के लिए पुनः आमंत्रित किया। इस प्रकार शकुनि द्वारा बिछाए जाल में फँसकर फिर से पराजित हुए युधिष्ठिर को भाइयों व द्रौपदी समेत शर्त के अनुसार राज-पाट त्यागकर निश्चित अवधि के लिए वन-गमन हेतु विवश होना पड़ा, जबकि महात्मा विदुर के आग्रह पर कुंती

हस्तिनापुर स्थित उनके महल में ही आश्रित रही। युधिष्ठिर द्वारा त्यागे गए **इंद्रप्रस्थ** के राज्य को अपने अधिकार में लेते हुए दुर्योधन ने शकुनि की मंत्रणा पर अर्जुन हितैषी गुरु **द्रोणाचार्य** को अपने पक्ष में करने के लिए उन्हें ही वहाँ का **संरक्षक** बना दिया।

वनवास व शक्ति-संवर्द्धन

भीमादि भाइयों, द्रौपदी आदि रानियों तथा पांडव-पुत्रों के अतिरिक्त अपने चौदह विश्वस्त अनुचरों समेत हस्तिनापुर से **काम्यक वन** की ओर प्रस्थान किए युधिष्ठिर को **पुरोहित धौम्य** के प्रयासों से गंगा पार करने पर **अक्षय-पात्र** की प्राप्ति हुई थी। ताम्र धातु से निर्मित इस पात्र में फलों सहित अन्य भोज्य पदार्थ लंबे समय तक खाद्य हेतु उपयोगी बने रहते थे। वस्तुतः यह आधुनिक **तापहारी यंत्र** (फ्रीज) की ही भाँति का कोई सौर तकनीकीयुक्त घरेलू उपकरण रहा होगा। संभवतः इसी कारण **महाभारत** (आदि पर्व) में इसे युधिष्ठिर को धौम्य के अनुग्रह पर सूर्य द्वारा प्रदत्त बताया गया है। इधर पांडवों पर आए इस अप्रत्याशित संकट (वनवास) का समाचार सुनकर हतप्रभ से हो उठे श्रीकृष्ण तथा पांचाल, चेदि, केकय, काशी व प्राग्ज्योतिषपुर के इनके सगे-संबंधी काम्यक वन स्थित युधिष्ठिर के प्रवासीय शिविर में एकत्र हुए। कौरवों के प्रति आक्रोश व्यक्त कर रहे अपने स्वजनों को तेरह वर्षों के नियत समय तक संयमपूर्वक प्रतीक्षा करते रहने का अनुरोध करते हुए युधिष्ठिर ने इनको सम्मानपूर्वक विदा किया। ज्येष्ठ युधिष्ठिर के आग्रह पर द्वारिका वापस लौटे श्रीकृष्ण अपने साथ सुभद्रा व अभिमन्यु को भी लिवा ले गए, जबकि द्रुपद कुमार धृष्टद्युम्न अपने साथ द्रौपदी के पाँचों पुत्रों को तथा चेदिराज धृष्टकेतु अपनी भगिनी करेणुमती व भागिनेय निरमित्र को लेकर अपने-अपने राज्यों को लौट गए। युधिष्ठिर की पत्नी देविका, भीम की भार्या बलंधरा व सहदेव की पत्नी विजया भी पुत्रों सहित अपने-अपने पैतृक अभिभावकों की संरक्षा में मायके के लिए प्रस्थान कर गईं। इस प्रकार रानियों तथा कुमारों को संबंधियों के सुरक्षित अभिरक्षा में सुपुर्द करने के उपरांत पुरोहित धौम्य की अनुमति लेकर पाँचों पांडव, द्रौपदी तथा अनुचरों सहित लंबे प्रवास के लिए सर्वथा उपयुक्त माने गए **द्वैतवन** की ओर बढ़ गए।

राजकीय आडंबरों तथा इसकी आपा-धापी से मुक्त द्वैतवन के इस अवसर बाहुल्य वन्य-जीवन का सदुपयोग पांडवों ने स्थितियों को अपने अनुकूल बनाने में किया। तीर्थाटन आदि के प्रकट माध्यमों से ऋषियों का सान्निध्य प्राप्त कर तथा कौरवों

के दुर्व्यवहारों से उन्हें अवगत कराते हुए युधिष्ठिर जहाँ भारत के तात्कालिक प्रबुद्ध वर्गों की सहानुभूतियाँ अर्जित करने में सफल रहे थे, वहीं कृष्ण व धृष्टद्युम्न सरीखे इनके आत्मीय भी अपने-अपने स्तरों पर विभिन्न रजवाड़ों से संपर्क करते हुए संभावित युद्ध की स्थिति में इन्हें कौरवों से प्रताड़ित रहे पांडवों के पक्ष में बने रहने के लिए ही उत्प्रेरित करते रहे थे। इन मनोवैज्ञानिक प्रयासों के विपरीत **सव्यसाची अर्जुन** अपने स्तर पर विभिन्न देवगणों को प्रसन्न करता हुआ उनसे अमोघ दिव्यास्त्रों (**पाशुपतास्त्र, कालदंड, वारुणपाश, अंतर्धानास्त्र, ऐंद्रास्त्र, विशोषणास्त्र, शैलास्त्र, जलास्त्र, अदृश्यास्त्र, वज्रास्त्र, रौद्रास्त्र** आदि) को प्राप्त करने तथा इनके **प्रयोग, उपसंहार, आवृत्ति, प्रायश्चित्त** व **प्रतिघात** जैसी पाँच प्रकार की **संचालन-विधियों** में निपुण होने में प्राण-प्रण से जुटा रहा। अर्जुन की ही भाँति भीमसेन, नकुल व सहदेव भी मूर्धन्य शस्त्र-विशेषज्ञों कैं निर्देशन में नियमित अभ्यास द्वारा विविध शस्त्रों के संचालनों व रण-कौशलों में अपने को सिद्धहस्त करते जा रहे थे। इधर पांडवों से भावी टकराहट की आशंकाओं से ग्रसित दुर्योधन भी कर्ण के विजय अभियानों के सहारे अनुगत राजाओं को कौरवों के पक्ष में खड़े रहने के लिए विवश करता रहा था। इस तरह बारह वर्षों तक अपने-अपने ढंग से किए गए कौरवों तथा पांडवों के इन प्रयासों के परिणामस्वरूप भारत का तात्कालिक राजनीतिक परिवेश कमोवेश रूप से इन दोनों के पक्ष-विपक्ष में बँटा दिखने लगा था। सुदूर पश्चिमोत्तर के **वाह्लीक, तुषार, यवन, वाटधान, बसाति, केकय, गांधार, मद्र, कांबोज, सिंधु समेत शिवि, वसाति, अंबष्ठ, साल्व, अवंति, त्रिगर्त, कोशल, निषध, कलिंग, महिष्मती, अश्मक, उत्कल, पुंड्र, प्राग्ज्योतिषपुर** आदि जनपद जहाँ कौरवों के पक्ष में हो गए थे, वहीं **पांचाल, चेदि, मत्स्य, मथुरा** (शूरसेन), **काशी, मगध, वंग, दशार्ण, भोज, पांड्य, विदर्भ, द्वारिका** आदि पांडवों के पक्षधर बन चुके थे।

इस प्रकार बारह वर्षों तक शक्ति संवर्द्धन के उद्यमों में जुटे रहने के पश्चात् पांडव द्रौपदी सहित एक वर्ष के सजग अज्ञातवास हेतु द्वैतवन से सटे **मत्स्य देश** में प्रविष्ट हुए। मत्स्यों की राजधानी का नाम **'विराट्‌ नगर'** था। विराट्‌ या वैराट नामक यह नगर दिल्ली से 105 मील दक्षिण तथा जयपुर से 40 मील उत्तर में स्थित था। महाभारतकालीन इस मत्स्य देश के अंतर्गत आधुनिक राजस्थान के जयपुर, अलवर तथा भरतपुर जनपद आते थे। पुरोहित धौम्य के परामर्श पर उनके आश्रम के निकट ही अस्त्र-शस्त्रों, अनुचरों व वाहनों की सुरक्षित व्यवस्था करने के उपरांत युधिष्ठिर पासा विशेषज्ञ **'कंक'** के रूप में, भीमसेन रसोइया **'वल्लभ'** के रूप में, **'सैरंध्री'** के

छद्म नाम से दासी के रूप में द्रौपदी, नपुंसक **'वृहन्नला'** के रूप में संगीत-विशेषज्ञ बने अर्जुन, अश्वपालक **'ग्रंथिक'** के रूप में नकुल तथा **'तंतिपाल'** के रूप में गौपालक बने सहदेव **विराट-राज** के दरबार में अपने-अपने वेश के अनुरूप कार्यों की प्रत्याशा में उपस्थित हुए। विराटराज भी आजीविका-संबंधी उनके अनुरोधों पर द्रवित होकर उन्हें उनकी योग्यताओं के अनुरूप कार्यों पर नियुक्त कर दिया। इस प्रकार विराटराज के कर्मी बनकर पांडवों ने एक वर्ष के अज्ञातवास तक अपने को छुपाए रखने का समुचित प्रबंध कर लिया।

इसी मध्य मत्स्य-नरेश विराट् के निरंकुश सेनापति **कीचक** द्वारा अपमानित हुई दासी **सैरंध्री** (द्रौपदी) का प्रतिशोध लेते हुए रसोइया **वल्लभ** (भीमसेन) ने भ्राताओं सहित उस दुष्ट का वध गोपनीय ढंग से कर दिया। छद्म वेश में गुप्त-प्रवास की निर्धारित अवधि को सफलतापूर्वक बिताने के तुरंत बाद ही महाराज विराट् की एक लाख गौओं को बलात् अगुवा कर लिये जा रहे धृष्ट कौरवों से **वृहन्नला** (नपुंसक) बने अर्जुन को **राजकुमार उत्तर** के रक्षार्थ भिड़ने के लिए विवश होना पड़ा था। महारथियों से परिपूर्ण कौरवों के इस शक्तिशाली समूह के दाँत खट्टा करनेवाले वृहन्नला के पराक्रमी स्वरूप ने कुमार उत्तर के समक्ष पांडवों द्वारा धारण किए गए छद्म वेश के रहस्यों को अंततः उजागर कर दिया। कुमार उत्तर के माध्यम से वीर पांडवों का परिचय जानने के बाद लज्जित से हो उठे महाराज विराट् ने प्रायश्चित्तस्वरूप इन्हें अपना संबंधी बनाना चाहा। सभी की सम्मति पर ननिहाल में पल रहे अर्जुन-सुभद्रा के पुत्र **अभिमन्यु** से विराट्-पुत्री **उत्तरा** का विवाह सुनिश्चित किया गया। इसी उत्तरा को अभिमन्यु से रहे गर्भ से महाभारत-संग्राम पश्चात् **परीक्षित** का जन्म हुआ था। मत्स्य देश में आयोजित किए गए अभिमन्यु-उत्तरा के विवाहोत्सव में सम्मिलित हुए कृष्ण, बलराम, द्रुपद, धृष्टद्युम्न, धृष्टकेतु सहित पांडवों के अन्यान्य सगे-संबंधियों से युधिष्ठिर ने इंद्रप्रस्थ के अपने खोए हुए राज्य को वापस प्राप्त करने की दिशा में उठाए जानेवाले प्रयासों पर गंभीरता से विचार-विमर्श किया। यादवश्रेष्ठ बलराम की मंत्रणा पर इस बैठक में कौरवों को समझाने हेतु किसी विवेकी दूत को हस्तिनापुर भेजने का निर्णय लिया गया। असुरों में **कलि,** हैहय वंश में **उदावर्त,** नीप वंश में **जनमेजय,** तालजंघ वंश में **बहुल,** कृमि वंश में **वसु,** सुवीर वंश में **अजाविंदु,** सुराष्ट्र वंश में **रूपर्द्धिक**, बतीह वंश में **अर्कज**, चीन वंश में **धीतमूलक**, विदेह वंश में **हयग्रीव,** महौजस वंश में **वरयु,** सुंदर वंश में **बाहु,** दीप्ताक्ष वंश में **पुरवा,** चेदिमत्स्य वंश में **सहज,** प्रवीर वंश में **वृषध्वज,** चंद्रवत्स वंश में **धारण,** मुकुट वंश में **विगाहन**

व नादिवेग वंश में **सम** नाम से हुए इन **अठारह कुलघाती** राजाओं के दृष्टांतों द्वारा कौरवों को पांडवों से सुलह कर लेने का परामर्श भी दिया गया; परंतु दुर्योधन के अड़ियल बरताव ने शांति के लिए प्रयत्नशील रहे सभी मध्यस्थों को एक-एक करके निरुत्साहित ही किया। अंततः संभावित युद्ध की विनाशकारी विभीषिकाओं से भारतीयों को बचाने के अंतिम प्रयास के तहत **'श्रीकृष्ण'** ही **शांतिदूत** बनकर हस्तिनापुर पहुँचे। कौरवों की सभा में श्रीकृष्ण द्वारा प्रस्तावित मात्र **पाँच ग्राम** (***इन्द्रप्रस्थं वृकप्रस्थं जयंतं वारणाव्रतम् प्रयच्छ, चतुरों ग्रामान कंचिरेकं च पञ्चमम्***) को ही नहीं, अपितु दुर्योधनादि का पांडवों को सुई की नोक बराबर भूमि भी देने से इनकार किए जाने पर इन दोनों पक्षों के मध्य युद्ध के अतिरिक्त अन्य कोई विकल्प शेष नहीं बचा (महाभारत, उद्योग पर्व, 150वाँ अध्याय)। इस प्रकार शांति-प्रयासों के विफल होने पर युद्ध को अपरिहार्य मानते हुए दोनों पक्ष तत्पश्चात् देश-देशांतर के राजाओं से संपर्क करके सेनाएँ एकत्र करने में जुट गए।

युद्ध

नियत समय पर हस्तिनापुर के सिंहासन के प्रति अपनी वचनबद्धताओं के कारण दुर्योधनादि के पक्ष में बने रहे **भीष्म के प्रधान सेनापतित्व** में कुलगुरु कृपाचार्य, आचार्य द्रोण, मद्रपति शल्य, सिंधु-नरेश जयद्रथ, कांबोज-नरेश सुदिक्षण, अंधकवंशी, कृतवर्मा, द्रोण-पुत्र अश्वत्थामा, राजा दुर्योधन, भूरिश्रवा, गांधार कुमार शकुनि, वाह्लीक-नरेश आदि **ग्यारह पराक्रमी नायकों** द्वारा रक्षित कौरवों तथा इनके सहयोगी राजाओं की **ग्यारह अक्षौहिणी सेनाएँ** कुरुक्षेत्र की विस्तृत रणभूमि में द्रुपद के पराक्रमी कुमार **धृष्टद्युम्न के प्रधान सेनापतित्व** में पांचाल-नरेश द्रुपद, मत्स्यराज विराट, यादव वीर सात्यकि, चेदि-नरेश धृष्टकेतु, महाबली भीम, चेकितान, शिखंडी आदि **सात प्रबल नायकों** की अभिरक्षा में एकत्र पांडवों तथा उनके मित्र राजाओं की **सात अक्षौहिणी सेनाओं** से लोहा लेने के लिए आमने-सामने खड़ी हुईं। एक अक्षौहिणी सेना में 1,84,950 **पदाति सैनिक,** प्रति अश्व/सवार के हिसाब से 87,480 **अश्वारोही,** एक महावत व तीन योद्धा सवारों के हिसाब से 21,870 **हाथी** (अर्थात् कुल 3,71,790 सैनिक, 1,09,350 अश्व तथा 21,870 हाथी) होते थे। कौरव पक्ष में भीष्म, द्रोण, कृपाचार्य, भूरिश्रवा आदि **रथयूथपतियों के भी अधिपतियों** के अतिरिक्त कृतवर्मा, शल्य, वाह्लीक आदि **अतिरथी**, कर्ण, दुर्योधन, दुःशासन, पौरव, अश्वत्थामा, अलंबुष इत्यादि **महारथी** तथा सुदिक्षण, माहिष्मती के राजा नील,

अवंति-नरेश विंद, युवराज अनुविंद, शकुनि, कोशल-नरेश बृहद्बल, मधुवंशी राजा जलसंध आदि **रथी** रहे थे। पांडव पक्ष में **रथयूथपतियों के अधिपतियों से भी प्रचंड** श्रीकृष्ण व अर्जुन समेत भीम-पुत्र घटोत्कच आदि **अति पराक्रमी वीरों** के अतिरिक्त अजेय भीमसेन जैसे **महाबली**, सेनापति धृष्टद्युम्न व यादव श्रेष्ठ सात्यकि जैसे **रथयूथपतियों के भी अधिपति**, द्रुपद-कुमार सत्यजित, कुंतीभोज, श्रोणिमान व राजा वसुमान जैसे **अतिरथी**, पांचालराज द्रुपद, चेदिराज धृष्टकेतु, वार्द्धक्षेमि, शिखंडी, राजा पांडयन, क्षत्रदेव, जयंत, अमितौजा, अज और भोज जैसे **महारथी**, युधिष्ठर, नकुल, सहदेव, कौशिक, सुकुमार, सूर्यदत्त, शंख, मदिराश्व, चित्रायुथ, सत्यधृति, व्याघ्रदत्त, चंद्रसेन, इंद्रसेन, काशिराज सुबाहू व वीर अभिमन्यु जैसे **रथी** तथा द्रुपद-पौत्र क्षात्रधर्मा समेत द्रौपदी के पाँचों पुत्रों जैसे **अर्धरथी** विद्यमान रहे थे।

युद्ध प्रारंभ होने से ठीक पूर्व रणक्षेत्र का निरीक्षण करते समय अपने आत्मीय स्वजनों को विपक्ष में खड़ा देख मोहग्रस्त हो गए **कर्मवीर अर्जुन** के संशय को दूर करने के लिए योगेश्वर कृष्ण ने जिस ओजस्वी तर्क को प्रस्तुत किया, कालांतर में इनका वही विलक्षण संवाद **'श्रीमद्भगवद्गीता'** के नाम से जगत्-प्रसिद्ध हुआ। **सांख्य, कर्म, ज्ञान, आत्मसंयम, विज्ञान, राजविद्या, विभूति, भक्ति, संन्यास, मोक्षादि योगों** तथा **विश्वरूप दर्शन** के अलौकिक उदाहरणों द्वारा संशयग्रस्त अर्जुन को **स्वधर्म** के प्रति स्थितप्रज्ञ करते हुए श्रीकृष्ण ने उसे कर्म रूपी इस युद्ध के लिए तत्पर किया (***मयि सर्वाणि कर्माणि सन्यस्याध्यात्मचेतसा, निराशीर्निर्मयो भूत्वा युध्यस्व विगतज्वरः*** *अर्थात् हे अर्जुन! अपने सारे कार्यों को मुझे समर्पित करके मेरे पूर्ण ज्ञान से युक्त होकर लाभ-हानि, स्वामित्व, ममत्व व आलस्य से रहित होकर युद्ध करो*—गीता-3/30)। अखिल भारतीय भागीदारी के कारण **'महाभारत'** के नाम से जाने गए इस अभूतपूर्व संग्राम में दोनों पक्षों के सेनापतियों द्वारा **सूचीमुख, वज्र,**

कौंच, अर्धचंद्र, मकर, शृंगाटक, सर्वतोभद्र, शकट, गरुड़, कमल, मंडल, भोज, दंड, स्येन, असंहत, गोमुख, अभेद्य, अंतर्भेदी, मध्यभेंदी व **चक्र** नामधारी प्रसिद्ध **व्यूहों** के माध्यम से एक-दूसरे पर घात-प्रतिघात का अचूक उदाहरण प्रस्तुत किया गया। **दिव्यास्त्रों** एवं **छल-बल** के अनोखे मिश्रणों से लड़े गए इस संग्राम में वीर शिरोमणि भीष्म के साथ-साथ **सत्यजित, भगदत्त, अभिमन्यु, जयद्रथ, विंद, अनुविंद, धृष्टकेतु, भूरिश्रवा, दीर्घजीवी, वाह्लीक, अलंबुष, बृहद्बल, घटोत्कच, द्रोणाचार्य, दुःशासन, वसुमान, पांडयन, सुबाहू, कर्ण, चेकितान, शल्य, शकुनि** व **दुर्योधनादि कौरव** भ्राताओं समेत पक्ष-विपक्ष के सभी प्रमुख योद्धा वीरगति को प्राप्त हुए। **अठारह दिनों** तक चले इस भीषण युद्ध के पश्चात् रथियों व महारथियों से भरी पड़ी कुल **अठारह अक्षौहिणी सेना** में से वीर **पांडवों** व इनके सेनापति **धृष्टद्युम्न** तथा **द्रुपद, सात्यकि, उत्तमौजा, उधामन्यु, शिखंडी** आदि योद्धाओं समेत इस पक्ष के **दो हजार रथी, पाँच हजार अश्वारोही, सवारों सहित सात सौ हाथी** एवं **दस हजार पदाति सैनिकों** के साथ-साथ विपक्ष में नवनियुक्त सेनापति **अश्वत्थामा** व **कृपाचार्य, कृतवर्मा** के रूप में **कौरवों के मात्र तीन महारथी** ही जीवित बच पाए थे (महाभारत, शल्य पर्व, अध्याय-54)।

समंतपंचक तीर्थ में भीमसेन द्वारा गदायुद्ध में दुर्योधन की जंघा तोड़कर संहार किए जाने के पश्चात् विजयी पांडव जहाँ सात्यकि, श्रीकृष्ण व द्रौपदी सहित **उपपल्व्य** नामक पवित्र क्षेत्र में पूजा-अर्चना हेतु प्रस्थान कर गए, वहीं धृष्टद्युम्नादि पांडव पक्ष के योद्धागण अपने बचे हुए सैनिकों के साथ विश्राम हेतु शिविरों को लौट गए। पराजय की ग्लानि व प्रतिशोध की ज्वाला में धधक रहे द्रोण-पुत्र **अश्वत्थामा** ने गहन रात्रि के निरापद अवसर का लाभ उठाते हुए शिविरों में बेखटके सो रहे द्रौपदी के पाँचों पुत्रों व पांचालों समेत पांडव-पक्ष के सभी बचे हुए सैनिकों व पशुओं का **रौद्रास्त्र** के सहारे बड़ी ही निर्ममता से संहार कर डाला। इस जघन्य हत्याकांड के बाद पांडवों के भय से घने वनों की ओर पलायन कर गए अश्वत्थामा का जहाँ फिर कोई अता-पता नहीं मिल पाया, वहीं इसके सहयोगी रहे **कृपाचार्य** व **कृतवर्मा** भी क्रमशः धृतराष्ट्र व बलराम का सुदृढ़ आश्रय पाने के लिए हस्तिनापुर व द्वारिका की ओर भाग गए। कालांतर में **प्रभास क्षेत्र** के यादवी गृहयुद्ध में अंधकवंशी **कृतवर्मा** वृष्णिवंशी **सात्यकि** के हाथों मारा गया, जबकि वृद्ध धृतराष्ट्र के अनुग्रह पर सम्राट् युधिष्ठिर ने कृपाचार्य को अभय प्रदान किया। विजय के उपरांत स्वजनों की इस बर्बर हत्या से क्षोभग्रस्त हुए पांडव-भ्राताओं को अपनी मनःस्थिति को सामान्य करने में काफी समय लगा।

युधिष्ठिर का राज्याभिषेक

वेद व्यास व श्रीकृष्ण के समझाने पर बोझिल मन से अंततः हस्तिनापुर पहुँचे युधिष्ठिर का पुरोहितों द्वारा शुभ मुहूर्त में विधि के अनुरूप **राज्याभिषेक** किया गया। युधिष्ठिर के राज्यारोहण के 36 वर्ष बाद एक सौ पच्चीस वर्ष की आयु में श्रीकृष्ण की इहलीला समाप्त हुई थी (श्रीमद्भागवत पुराण-11/6/25)। इस प्रकार युधिष्ठिर के राज्याभिषेक के समय श्रीकृष्ण 89 वर्ष (125-36) के रहे थे। श्रीकृष्ण व अर्जुन सामान्यतः सम वय के ही थे। अतः अर्जुन से चार वर्ष बड़े होने के कारण राज्याभिषेक के समय युधिष्ठिर की आयु लगभग 93 वर्ष की रही होगी। हस्तिनापुर के प्रतिष्ठित सिंहासन पर आरूढ़ होने के पश्चात् युधिष्ठिर ने अपने भ्राताओं तथा शुभेच्छुओं में उनकी योग्यता के आधार पर राज्य-संबंधी दायित्वों का सम्यक् विभाजन किया। **नीतिज्ञ विदुर** को राजकीय परामर्शदाता बनाने के साथ-साथ संधि, विग्रह, प्रस्थान, स्थिति, आश्रय, द्वैधीभाव आदि छह महत्त्वपूर्ण विषयों पर निर्णय लेने का अधिकार दिया गया। **महाबली भीमसेन** को युवराज बनाया गया। प्रतिरक्षा तथा आक्रमण का दायित्व **वीर अर्जुन** के कंधे पर तथा सैनिकों की देखभाल की जिम्मेदारी **नकुल** पर डाली गई। सम्राट् की रक्षा का भार **सहदेव** ने सँभाला। अर्थमंत्री के पद पर **संजय** को तथा आंतरिक मामलों को निपटाने के लिए धृतराष्ट्र के दासी-पुत्र **युयुत्सु** को नियुक्त किया गया। धार्मिक मामलों के प्रभारी **पुरोहित धौम्य** बनाए गए। मंत्रिमंडल की औपचारिकताओं तथा संबंधियों के श्राद्ध आदि कर्मों से निवृत्त होकर युधिष्ठिर राजनीति के सूक्ष्म-मर्मों से विज्ञ होने के लिए अपने पार्षदों सहित समरांगण में शर-शय्या पर घायल पड़े **भीष्म पितामह** की सेवा में उपस्थित हुए। महाभारत युद्ध के समय भीष्म पितामह 185 वर्ष के तथा धृतराष्ट्र 128 वर्ष के थे। युद्ध समाप्ति के **48वें दिन** सूर्य के **उत्तरायण** होने पर भीष्म ने अपने नश्वर शरीर को त्याग दिया (महाभारत, अनुशासन पर्व)। दिवंगत भीष्म की अंत्येष्टि, श्राद्ध आदि क्रियाओं को संपन्न करके हस्तिनापुर वापस लौटे युधिष्ठिर ने राज्य-प्रबंधन के लिए **वेद व्यास** द्वारा बताए गए **मरुतों के गड़े धन** को प्राप्त करने हेतु **हिमालय** के दुर्गम क्षेत्रों की यात्रा पर भाइयों तथा अंगरक्षकों समेत निकल गए। प्राचीन काल में गिलगित से उत्तर के मरुतों द्वारा किए गए अश्वमेध यज्ञ में दान की गई अपार संपदा को लाने में असमर्थ रहे ब्राह्मणों ने इसे हिमालय के दुर्गम अंचलों में गुप्त रूप से सुरक्षित गड़वा दिया था। दैवयोग से इस दल के सभी सदस्य तत्पश्चात् वहाँ हुए हिम स्खलन में दबने के कारण मर गए। वेद व्यास को अपनी तंत्रात्मक सिद्धियों के बल पर इस गुप्त धन

का रहस्य विदित था। राजा युधिष्ठिर द्वारा गड़े हुए गुप्त धन को प्राप्त करने का यह संदर्भ सहज ही संकेत करता है कि इस भीषण युद्ध के पश्चात् हस्तिनापुर का **राजकोष** पूर्णतः रिक्त हो चुका था। मरुतों का यह धन **साठ हजार ऊँटों, एक लाख छकड़े** तथा **इतने ही हाथियों** पर ढोकर हस्तिनापुर लाया गया (महाभारत, आश्वमेधिक पर्व)। इस धन के माध्यम से ही युधिष्ठिर ने राज्य की आर्थिक स्थिति को सुदृढ़ किया था। इसके कुछ काल पश्चात् ही अभिमंन्यु की विधवा **उत्तरा** के गर्भ से **'परीक्षित'** का जन्म हुआ।

पौत्र-जन्म के आनंद से आह्लादित हो रहे पांडवों को अवसर की अनुकूलता समझाते हुए वेद व्यास तथा श्रीकृष्ण ने **अश्वमेध यज्ञ** करने का परामर्श दिया। यज्ञ के अश्व को लेकर भारत-भ्रमण पर निकले अर्जुन ने चुनौती देनेवाले **त्रिगर्त, सिंधु, पंचनद, गांधार, चेदि, कोशल, काशी, किरात, तंगण, दशार्ण, निषाद, अंग, मगध, प्राग्ज्योतिषपुर, मणिपुर, सुराष्ट्र, गोकर्ण, विदर्भ, माहिषक, द्रविड़, आंध्र, कोलाचाल** आदि देशों के राजाओं को अपने पराक्रम से पराभूत करते हुए हस्तिनापुर सकुशल लौट आए। अश्वमेध यज्ञ में उपस्थित हुए मित्र तथा अनुगत राजाओं द्वारा एक स्वर से हस्तिनापुर की अधीनता शिरोधार्य किए जाने के पश्चात् **महाराज युधिष्ठिर** जहाँ **भारतवर्ष के एकच्छत्र सम्राट्** के रूप में अधिष्ठित हो गए, वहीं इनके द्वारा सुपूजित हुए **वासुदेव कृष्ण** की **अपरिमेय** महत्ता भी तदनुरूप **दिग्-दिगंत** तक प्रतिष्ठापित हो गई। युधिष्ठिर द्वारा हस्तिनापुर का शासन सँभालने के पंद्रह वर्ष बाद **'वृद्ध धृतराष्ट्र'** वानप्रस्थ हेतु कुरुक्षेत्र के सघन वनों में चले गए। राजर्षि हो चुके पूर्व केकयराज **'शतयूप'** के कुरुक्षेत्र स्थित आश्रम में पत्नी, अनुज-वधु, विदुर व संजय के साथ दो वर्षों तक निवास करने (महाभारत, आश्रमवासिक पर्व, 20/8-12) के बाद धृतराष्ट्र तप हेतु पावन क्षेत्र **गंगाद्वार** (हरिद्वार) में जा पहुँचे। इसी मध्य विदुर की मृत्यु हो गई। गंगाद्वार के घने वनों में दुर्योग से अचानक फैले **दावानल** की चपेट में फँस जाने के कारण कुंती समेत धृतराष्ट्र दंपती भी जीवित ही अग्नि को भेंट चढ़ गए। ऋषियों द्वारा इनकी असामयिक मृत्यु का समाचार सुनकर **गंगाद्वार** (हरिद्वार) पहुँचे सम्राट् युधिष्ठिर ने भ्राताओं सहित यहीं पर इनकी प्रेत क्रिया, श्राद्ध आदि कर्मों को संपन्न कराया। ***'महाजनो ऐन गता सुपंथा'*** के अनुरूप युधिष्ठिर द्वारा किए गए श्राद्ध कर्म का अनुपालन करते हुए सामान्य जनों द्वारा हरिद्वार में पितरों का तर्पण की परिपाटी निभाई जाने लगी। इससे पूर्व श्राद्ध आदि की क्रियाएँ **गया** व कुरुक्षेत्र स्थित **समंत पंचक तीर्थ** (परशुराम द्वारा जमदग्नि को दिए गए रक्त-तर्पण की घटना के बाद से)

में ही की जाती थी। इस घटना के ठीक अठारह वर्षों बाद **भलखा-वन** के निर्जन क्षेत्र में विश्राम कर रहे **'श्रीकृष्ण'** भी एक विषबाण से आहत होकर स्वर्ग सिधार गए। विष्णु पुराण (5/38) के अनुसार श्रीकृष्ण आदि यदुश्रेष्ठों की अंत्येष्टि संपन्न करवाकर गोप/गोपियों समेत द्वारिका से हस्तिनापुर वापस लौट रहे अर्जुन को मार्ग में भीलों से अपमानित होने पर अपने बल के क्षीण होने का आभास हुआ था ***(मनुष्य बली नहीं होत है समय होत बलवान, भीलन लूटी गोपिका वही अर्जुन वही बान)***। इस प्रकार भीलों/आभीरों से लुटते-लुटाते किसी तरह हस्तिनापुर वापस पहुँचे अर्जुन के अनुरोध पर सम्राट् युधिष्ठिर ने इन यदुवंशियों के समुचित विस्थापन के लिए कृष्ण-प्रपौत्र **वज्र** (वृष्णिवंशी) को **इंद्रप्रस्थ,** सात्यकि पुत्र **सत्य** (अंधक वंशी) को **सारस्वत देश** तथा **कृतवर्मा के पुत्र** (भोजवंशी) को **मार्तिकावत** का स्वतंत्र राज्य प्रदान कर दिया।

महाप्रस्थान

अपने संरक्षक श्रीकृष्ण के परलोक गमन से असहाय से हो गए पांडवों ने अपनी कीर्ति को अपमानित होने से बचाए रखने के लिए समय रहते ही राजपाट त्यागकर **महाप्रस्थान** का निर्णय लिया। इस तरह महाभारत युद्ध के उपरांत 36 वर्ष, 8 महीने व 25 दिन तक हस्तिनापुर का निष्कंटक राज-सुख भोगने के पश्चात् अर्जुन-पौत्र **'परीक्षित'** का राज्याभिषेक करके युधिष्ठिर भ्राताओं तथा द्रौपदी सहित गंतव्य की ओर प्रस्थान कर गए। महाभारत (महाप्रास्थानिक पर्व) के अनुसार उत्तर की ओर बढ़े पांडवों को हिमालय पार करने के बाद **रेत का समुद्र** दिखाई दिया था और फिर यहीं से उन्होंने **सुमेरु गिरि** का दर्शन किया था। संभवतः हिंदूकुश की ओर से पामीर पर पहुँचे पांडवों को पश्चिम में **ईरान स्थित सुमेरु** (एलब्रुज शिखर) व पूर्व में **सिक्यांग का मरुथल** दिखाई पड़ा हो। इसी मरुभूमि के रास्ते **तिब्बत** (त्रिविष्टप यानी देवलोक) पहुँचने के प्रयास में द्रौपदी, सहदेव, नकुल व अर्जुन के क्रम से भीम ने रेतीले मार्ग में ही दम तोड़ दिया, जबकि किसी तरह तिब्बत की सीमा के नजदीक पहुँचे युधिष्ठिर को पहचानकर देव-प्रहरियों ने उन्हें अपने विमान द्वारा देवराट् इंद्र के भवन तक पहुँचा दिया। **महाभारत** (स्वर्गारोहण पर्व) में वर्णित प्रसंग के अनुसार देवताओं के साथ कुछ काल बिताने के बाद **'देवनदी'** में स्नान करते समय युधिष्ठिर ने अपना नश्वर शरीर त्यागा था। महाभारत का यह प्रसंग संकेत करता है कि तिब्बत स्थित **हिमनदी** में स्नान करते समय वृद्ध युधिष्ठिर का प्राणांत ठंड लगने के कारण हो गया

होगा। महाप्रस्थान में अनुमानतः व्यतीत हुए दस वर्षों की अवधि को राज्यभार छोड़ते समय रही युधिष्ठिर की आयु से जोड़ने पर मृत्यु के समय उनकी संभावित वय (93 वर्ष +36 वर्ष, 8 माह व 25 दिन अर्थात् 129 या 130 तथा 10) = 140 वर्ष ही बनती है।

78. परीक्षित (द्वितीय)—इसका जन्म युधिष्ठिर के हस्तिनापुर पर आरूढ़ होने के कुछ माह पश्चात् ही हुआ था। सम्राट् युधिष्ठिर ने स्वर्गारोहण के लिए प्रस्थान करने से पूर्व इस सत्र में कुल 36 वर्ष, आठ माह व 25 दिनों तक शासन किया था। इस प्रकार परीक्षित निश्चित रूप से 36 वर्ष की आयु में ही राजा बना था। महाभारत (आदि पर्व-45/11) के अनुसार, परीक्षित की शिक्षा-दीक्षा कुलगुरु कृपाचार्य द्वारा ही संपन्न कराई गई थी। सम्राट् परीक्षित का विवाह मद्रदेश की राजकुमारी **'मद्रावती'** से हुआ था और इसी से उसे प्रौढ़ावस्था में **'जनमेजय'** नामक पुत्र की प्राप्ति हुई थी। सम्राट् परीक्षित को अन्य रानियों से कालांतर में **श्रुतसेन, उग्रसेन** और **भीमसेन** नामक तीन और पुत्र प्राप्त हुए (महाभारत, आदि पर्व-3/1)। मृगया-आखेट के प्रति अपनी रुचि के कारण सम्राट् का पड़ाव अकसर राजधानी से बाहर ही रहता था। इस तरह राजदरबार से उनके अनुपस्थित रहने के कारण कुरु-राज्य के दैनंदिनी प्रबंधनों का दायित्व प्रायः मंत्रियों के ऊपर ही निर्भर रहा करता था (महाभारत, आदि पर्व-45/20)। आखेट के प्रति रही इसी अटूट लिप्सा के कारण सम्राट् अपनी पटरानियों से भी वर्षों नहीं मिल पाते थे। प्रौढ़ावस्था में सम्राट् के पिता बनने का एक कारण यह भी रहा होगा।

आखेट के ऐसे ही एक अवसर पर घायल मृग का पीछा करते हुए सम्राट् परीक्षित पश्चिम में स्थित **तक्षशिला** के वनों में काफी दूर निकल गए। वृद्धावस्था की स्वाभाविक अक्षमताओं के कारण परीक्षित मृगया के अपने प्रयास में सफल नहीं हो सके थे। भूख, थकान व शिकार की असफलताओं से झुँझलाए परीक्षित ने **शमिक** नामक मौन व्रतधारी एक **नागगुरु** पर अकारण आक्रोश प्रदर्शित कर राजधानी लौट गए मुनि शामिक का पुत्र **शृंगी** एक स्वाभिमानी पुरुष था। पिता के प्रति किए गए राजा के इस अशोभनीय बरताव को उसने संपूर्ण नागजाति का अपमान माना और प्रतिक्रियास्वरूप राजा को समुचित दंड देने के लिए उसने **'तक्षक'** नामक एक अति उत्साही नाग-योद्धा को उत्प्रेरित किया। हस्तिनापुर के सतर्क सुरक्षा-कवचों से घिरे परीक्षित के नजदीक पहुँचने के लिए तक्षक ने ऋषि के छद्म वेष को धारण किया। सम्राट् द्वारा छद्म वेष धरे इस नाग को किए गए अभिवादन के असावधान क्षणों में

उसके हाथ से छूटकर गिरी नंगी तलवार से ही तक्षक ने आनन-फानन में परीक्षित का वध कर दिया। सम्राट् पर अचानक हुए वार से हतप्रभ रहे रक्षक-वृंद की कर्तव्यविमूढ़ता व फिर मची अफरा-तफरी का लाभ उठाते हुए तक्षक वहाँ से सुरक्षित भाग निकला। महाभारत (आदि पर्व-45/15) के अनुसार, परीक्षित ने कुल साठ वर्षों तक राज किया था। इस प्रकार दुर्योग से हुई इस अस्वाभाविक मृत्यु के समय परीक्षित की उम्र लगभग 96 वर्ष (36+60) की रही होगी।

79. जनमेजय (तृतीय)—तक्षक नाग द्वारा सम्राट् की हत्या किए जाने से रिक्त हुए सिंहासन पर आचार्यों ने परीक्षित के ज्येष्ठ पुत्र **'बालक जनमेजय'** का अभिषेक कर दिया (***बाल एवाभिजातोऽसि सर्वभूतानुपालकः***—महाभारत, आदि पर्व-45/16)। इस तरह जनमेजय अल्प वय में ही राज्य का उत्तराधिकारी बन गया। राज्य-भार सँभालने के कुछ काल उपरांत ही पिता की हत्या का प्रतिशोध लेने के उद्देश्य से तरुण जनमेजय ने नाग बाहुल्यतावाले **तक्षशिला** पर प्रचंड आक्रमण किया। शत्रु नागों को भयंकर रूप से पराजित व प्रताड़ित कर **'अमित्र घात'** के विशेषण से अलंकृत हो (***अमित्रघातिनं कुरु प्रवीरं जनमेजयं जनाः***—महाभारत, आदि पर्व-40/6) सम्राट् जनमेजय हस्तिनापुर लौट आया (महाभारत, आदि पर्व-3/179)। नागों के मर्दन से अंतरमन में धधक रही प्रतिशोध की ज्वाला को शांत करने के बाद जनमेजय ने **अश्वमेध यज्ञ** का अनुष्ठान किया। इस यज्ञ के पूर्ण होने के पश्चात् सम्राट् ने मंत्रियों के आग्रह पर काशीराज सुवर्ण वर्मा की कन्या **'वपुष्टमा'** से विवाह कर लिया (महाभारत, आदि पर्व-40/8)। सम्राट् जनमेजय को अपनी इस पत्नी से **शतानीक** व **शंकुकर्ण** नामधारी दो पुत्रों की प्राप्ति हुई। इस तरह बंधु-बांधवों सहित पुरोहित **सोमश्रवा** की अगुवाई में धर्मार्थ कार्यों में प्रवृत्त रहे जनमेजय के समक्ष तक्षक नाग से विद्वेष रखनेवाला **उतंक** सहसा एक याची के रूप में आकर उपस्थित हुआ। परीक्षित के हत्यारे तक्षक के जीवित बने रहने के उपालंभ द्वारा सम्राट् के पुरुषार्थ को धिक्कारते हुए उतंक ने जनमेजय के पुराने घावों को पुनः कुरेदकर हरा कर दिया। नागों द्वारा पिता के जघन्य प्राणांत की भूली-बिसरी दृश्यावली को याद करके आवेशित हो उठे जनमेजय ने नागों के समूल नाश के प्रण के साथ आनन-फानन में सैनिकों सहित तक्षशिला के लिए प्रयाण किया। सम्राट् के आदेश पर सैनिकों द्वारा ढूँढ़-ढूँढ़कर पकड़े जा रहे नागों को स्त्री, बालक या वृद्ध का भेद किए बिना ही जीवित अग्निकुंड में डाला जाने लगा। इस प्रकार तक्षक के कुल और गोत्र के अलावा वासुकि, कौरव्य, पिंडारक व आरुणि वंश के अनगिनत नाग प्रतिशोध की इस ज्वाला में जीवित जला

दिए गए। एक अपराधी के दुष्कृत्यों के प्रतिक्रियास्वरूप उसकी संपूर्ण जाति को ही दंडित करने के जघन्य उद्देश्य से किए जानेवाले इस भयानक कर्म से सभी दिशाओं की मानवता उद्वेलित हो उठी। किंतु सम्राट् की अपरिमिति शक्ति का अनुमान लगाकर सभी असहाय ही बने रहे। अंततः नागों के हितैषी रहे **आस्तिक** ने साहस करके जनमेजय को प्रभावित करनेवाले **द्वैपायन, वैशंपायन, जैमिनी, उद्दालक, श्वेतकेतु, कौत्स, पिंगल, असित, देवल** आदि प्रबुद्ध वर्गों को मानवता के नाम पर अपने पक्ष में करते हुए सम्राट् पर दबाव बनाना प्रारंभ किया। इन सभी के सम्मिलित विरोध से आशंकित होकर सम्राट् ने **सर्प-सत्र** के नाम से जाने गए इस बीभत्स हत्याकांड को तत्काल रुकवा दिया। तत्पश्चात् इस अमानवीय हिंसा से दूषित हो चुके मनोविकारों को शुद्ध करने के लिए **'कृष्णद्वैपायन व्यास'** के आदेश पर सम्राट् ने अपने सैनिकों सहित तक्षशिला में ही **वैशंपायन** से व्यास रचित **'महाभारत की कथा'** (जय ग्रंथ) का श्रवण किया। संभवतः द्वैपायन व्यास ने सर्प-सत्र से कुछ दिन पूर्व ही अपने इस ग्रंथ को पूर्ण किया होगा। **'महाभारत'** में इसके बाद की घटनाओं का उल्लेख न किया जाना इस अनुमान की पुष्टि करता है। महाभारत-श्रवण के पश्चात् सम्राट् ने एक और अश्वमेध यज्ञ का आयोजन किया। इस यज्ञ के माध्यम से दान-धर्म करके उसने अपने पापों का प्रायश्चित्त भी किया।

राजधानी लौटने के बाद भी जनमेजय प्रतिशोध के अतिरेक में किए गए नागों के इस जघन्य हत्याकांड को भुला नहीं पाए और प्रायः खिन्न रहने लगे। इस तरह अन्यमनस्क भाव से कुछ काल व्यतीत करने के बाद सम्राट् जनमेजय अपने ज्येष्ठ पुत्र **'शतानीक'** का राज्याभिषेक करके वानप्रस्थी हो गए। कृष्ण द्वैपायन व्यास का भी इसी अंतर में स्वर्गवास हो गया। वनस्थ होने के कुछ दिन पश्चात् जनमेजय की भी मृत्यु हो गई। **सत्यार्थ प्रकाश** के अनुसार, मृत्यु के समय जनमेजय की आयु 84 वर्ष 7 मास व 28 दिन की थी। उसने कुल 64 वर्ष, 7 माह तथा 23 दिन तक राज किया।

80. शतानीक—जनमेजय द्वारा लंबे समय तक राज करने के कारण **'शतानीक'** बड़ी आयु में ही सिंहासनारूढ़ हो पाया था। उसका विवाह मिथिला की **'वैदेही'** नामक एक राजकुमारी से हुआ था। इसी से शतानीक को **सहस्रानीक** व **अश्वमेधदत्त** नामक दो पुत्र हुए थे। विष्णु पुराण (4/21/4) के अनुसार, शतानीक ने **कृपाचार्य** से अस्त्र विद्या, **याज्ञवल्क्य** से वेद-शिक्षा व **शौनक** से आत्मोपदेश ग्रहण करके सद्वृत्ति को अपनाया था। मत्स्य पुराण (43/1-2) के अनुसार, शौनक ने ही उसे **'भारत संहिता'** के अंतर्गत उल्लिखित **'ययाति चरित्र'** सुनाया था। इसका राजकाल

पैंतालीस वर्षों का रहा था।

81. (अ) सहस्रानीक—भागवत व कथासरित्सागर के अनुसार, शतानीक के बाद 'सहस्रानीक' का उल्लेख हुआ है। निस्संतान रहे सहस्रानीक की मृत्यु राजा बनने के कुछ ही समय पश्चात् हो गई। संभवत: अल्प समय (लगभग 5 वर्ष) तक राज करने के कारण अन्य पुराणों में इसका नाम नहीं मिलता है। सहस्रानीक का विवाह अयोध्या-नरेश प्रतिव्योम की कन्या **'मृगावती'** से हुआ था।

81. (ब) अश्वमेधदत्त—जनमेजय द्वारा सर्प-सत्र की समाप्ति पर अनुष्ठानित किए गए अश्वमेध यज्ञ के समय जन्म लेने के कारण यह **'अश्वमेधदत्त'** के परिस्थितिसूचक नाम से संबोधित हुआ था। पचास वर्ष की अवस्था में अग्रज की मृत्यु के उपरांत राजगद्दी पर विराजमान हुआ **'अश्वमेधदत्त'** एक बलवान पुरुष था। इसका विवाह **'कृष्णा'** नामक एक यादवी से हुआ था, जिससे इसे **'अधिसीमकृष्ण'** नामक एक प्रतापी पुत्र की प्राप्ति हुई थी (वायु पुराण-99/256-257)। अश्वमेधदत्त ने 32 वर्षों से अधिक समय तक राज किया था। **सत्यार्थ प्रकाश** के अनुसार, मृत्यु के समय इसका वय 82 वर्ष, 8 माह तथा 22 दिनों का रहा था।

82. अधिसीमकृष्ण—अश्वमेधदत्त के उपरांत उसका पुत्र **'अधिसीमकृष्ण'** हस्तिनापुर के राज सिंहासन पर आरूढ़ हुआ। अधिसीमकृष्ण लवकुलीन (रघुवंशी) **दिवाकर** तथा वृहद्रथवंशी मगध-सम्राट् **सेनाजित** के समकालीन रहा था (वायु पुराण-99/300)। इसी के प्रयासों से **नैमिषारण्य** के ऋषियों द्वारा कुरुक्षेत्र के **दृषद्वती कूल** पर दीर्घ **विद्वत सत्र** का आयोजन किया गया था। शास्त्रों के अनुसार, इस विद्वत् सत्र की दैनिक परिचर्या प्रारंभ करने से पूर्व इसके प्रतिनिधियों द्वारा **चमस, शिवोद्भेद** व **नागोद्भेद** नामक स्थानों में जाकर यत्र-तत्र दिख रही सरस्वती की गुप्त धाराओं के पवित्र जल का पान किया जाता रहा था। संभवत: महाभारत युद्ध में प्रयुक्त दिव्यास्त्रों के विकिरणों से हुए प्राकृतिक असंतुलनों के दुष्प्रभावों के कारण इस काल तक **'वागेश्वरी सरस्वती'** की प्रज्ञामयी जलधारा प्राय: विलुप्त हो चुकी थी। सरस्वती के अदृश्य होने के कारण वैकल्पिक व्यवस्था के तहत ऋषियों ने इस सत्र का आयोजन इसकी सहयोगी नदी के रूप में तब तक विद्यमान रही **'दृषद्वती'** के तटों पर करना ही श्रेयस्कर समझा था। इसी सत्र में वृद्ध सूत **लोमहर्षण** द्वारा ऋषियों के वंश पर प्रकाश डाला गया, जो कालांतर में पुराणों के परवर्ती संस्करणों के हिस्से बने। वायु (99/258) तथा मत्स्य पुराण (50/67) में समकालीन राजा के रूप में किया गया **'अधिसीमकृष्ण'** का उल्लेख यह प्रमाणित करता है कि इसके ही कार्यकाल में ऋषियों

ने पुराण-संकलन का पुनीत कार्य संपन्न किया होगा। इसी दीर्घ सत्र में शौनक ने **बृहद्देवता,** शौनक-शिष्य आश्वलायन ने **ऐतरेय आरण्यक** तथा शौनक-शिष्य कात्यायन ने **ऋक्-सर्वानुक्रमणि** की रचना की थी।

धर्मार्थ कार्यों में अपनी इन व्यस्तताओं के अतिरिक्त अधिसीमकृष्ण ने कई युद्धों में भी सफलता अर्जित की थी। संभवतः इन्हीं कारणों से पुराण उसे **परपुंजय, विक्रांत, महायशा** आदि उपाधियों से भी विभूषित करते हैं (वायु पुराण-99/257 व मत्स्य पुराण-50/66)। परीक्षित वंशजों में यह अंतिम प्रतापी नृप रहा था। इसके उपरांत भारतीय सत्ता का केंद्र **हस्तिनापुर** (कुरु जांगल) से स्थानांतरित होकर **गिरिवज्र** या **राजगृह** (मगध) में जा पहुँचा। इसकी मृत्यु के समय मगधराज सेनजित को शासन करते 23 वर्ष के लगभग व्यतीत हो चुके थे। अधिसीमकृष्ण का राजकाल कुल 56 वर्षों का रहा था।

83. निचक्षु—अधिसीमकृष्ण के पश्चात् हस्तिनापुर का उत्तराधिकारी इसका पुत्र **निचक्षु** हुआ। वायु पुराण (99/271) में इसे **'निर्वसत्र',** मत्स्य पुराण (50/77) में इसे **'विवक्षु'** तथा विष्णु पुराण (4/21/7) में **'निचक्र'** कहा गया है। इसी के कार्यकाल में गंगा में आई भीषण बाढ़ के कारण हस्तिनापुर जल में संपूर्णतः डूब गया था। बाढ़ की यह विभीषिका निचक्षु के सिंहासनारूढ़ होने के एक दशक तथा महाभारत युद्ध की तीसरी शताब्दी के पूर्ण होने पर घटित हुई थी। इस बाढ़ से किसी तरह बच गए पुरवासियों समेत निचक्षु को कौशांबी के सुरक्षित स्थान में आश्रय लेने के लिए विवश होना पड़ा था। तदंतर निचक्षु ने **'कौशांबी'** को ही अपनी राजधानी बना लिया (पोलिटिकल हिस्ट्री आफ एशियाट इंडिया, पृष्ठ संख्या-36 व ***'गंगया तु हृते तस्मिन्नगरे नाग साह्वय त्यकत्वा विवक्षु र्नगरं कौशांबयां तु निवत्स्यति'*** मत्स्य पुराण-50/77)। इसके आठ पराक्रमी पुत्र हुए थे (मत्स्य पुराण-50/78)। निचक्षु ने कुल इकतालीस वर्ष व ग्यारह महीने तक राज-सुखों को भोगा था।

84. भूरि—निचक्षु का ज्येष्ठ पुत्र **'भूरि'** उसका उत्तराधिकारी हुआ। वायु पुराण (99/272) तथा विष्णु पुराण (4/21/9) में उसे **'उष्ण'** कहा गया है। यह चालीस वर्षों तक राज करता रहा था।

85. चित्ररथ—भूरि (उष्ण) के पश्चात् उसका पुत्र **'चित्ररथ'** कौशांबी के सिंहासन पर आरूढ़ हुआ।

86. शुचिद्रथ—चित्ररथ का उत्तराधिकारी उसका पुत्र **'शुचिद्रथ'** हुआ।

87. वृष्णिमान—सत्यार्थ प्रकाश में इसे **'उग्रसेन'** के रूप में संबोधित किया गया

है, जबकि मत्स्य (50/80) व विष्णु पुराण (4/21/12) के विपरीत वायु पुराण में इसका कोई उल्लेख नहीं हुआ है।

88. सुषेण—वृष्णिमान का पुत्र सुषेण (मत्स्य पुराण-50/81) एक धैर्यशाली तथा यशस्वी नृप रहा था। पुराणों में दिए गए इन विशेषणों से यह आभास होता है कि असहज परिस्थितियों में भी सुषेण ने धैर्यपूर्वक अपने राज्य का विकास किया होगा।

89. सुनीथ—सुषेण का उत्तराधिकारी **'सुनीथ'** हुआ (***तस्मात्सुषेणाद्भविता सुनीथो नाम पार्थिव***—मत्स्य पुराण-50/81)। वायु पुराण (99/273) में इसका उद्बोधन **'सुतीर्थ'** के रूप में किया गया है।

90. रूच—पुराणों में सुनीथ-पुत्र **'रूच'** का मात्र नाम भर ही मिलता है।

91. त्रिचथ—मत्स्य पुराण (50/82) में रूच-पुत्र त्रिचक्ष के लिए **'नृचक्षु'** संज्ञा का प्रयोग किया गया है। यह एक यशस्वी नृप हुआ था।

92. सुखीबल—त्रिचक्ष या नृचक्षु का उत्तराधिकारी उसका पुत्र **'सुखीबल'** हुआ।

93. परिप्लुत—मत्स्य पुराण (50/83) में सुखीबल के इस पुत्र को **'परिष्णव'** तथा विष्णु पुराण (4/21/12) में **'परिप्लव'** कहा गया है। इसका एक नाम **'चिलिक्क'** भी था।

94. सुनय—परिप्लुत के पश्चात् उसका पुत्र **'सुनय'** राजा हुआ। मत्स्य पुराण (50/83) में इसे **'सुतापा'** कहकर संबोधित किया गया।

95. मेधावी—सुनय (सुतापा) का उत्तराधिकारी उसका पुत्र **'मेधावी'** हुआ। यह एक विवेकी नृप रहा था।

96. नृपंजय—मेधावी के इस पुत्र को मत्स्य पुराण (50/84) **'पुरंजय'** तथा विष्णु पुराण (4/21/13) **'रिपुजय'** कहकर उद्बोधित करता है। इन पुराणों में प्रयुक्त हुए विशेषण यह सिद्ध करते हैं कि नृपंजय ने शत्रुओं को परास्त करके उनके पुरों (राज्य) को अपने अधीन किया होगा।

97. उर्व—विष्णु पुराण (4/21/14) में इसे **'मृदु'** तथा कहीं-कहीं **'दुर्व'** भी कहा गया है। यह नृपंजय का पुत्र तथा उत्तराधिकारी रहा था।

98. तिग्मात्मा—यह उर्व का पुत्र एवं उत्तराधिकारी था। पुराणों में इसका नाम भर का ही उल्लेख मिलता है।

99. बृहद्रथ—तिग्मात्मा के पश्चात् उसका पुत्र **'बृहद्रथ'** राज्य का उत्तराधिकारी

बना। यह कपिलवस्तु के लिच्छवि-नरेश **'शाक्य शुद्धोधन'** तथा शैशुनाग वंशी **'क्षेत्रज्ञ'** या **'क्षेमाजित'** का समकालीन रहा था।

100. वसुदान—बृहद्रथ के इस पुत्र के लिए मत्स्य पुराण (50/85) में **'वसुदामा'** संज्ञा का प्रयोग किया गया है। **प्रतिज्ञा यौगंधरायण** के अनुसार, इसका नाम **'सहस्रानीक'** था। इसके कार्य-काल के प्रारंभिक चरणों में ही सिद्धार्थ **'बोधिसत्त्व'** को प्राप्त कर **'बुद्ध'** बन चुके थे। बौद्ध-ग्रंथों के अनुसार लिच्छवि महाराज **शुद्धोधन** व उनकी पटरानी **माया** के पुत्र रहे **सिद्धार्थ** 29 वर्ष की वय में राजपाट को तिलांजलि देकर **'गया'** के निकट एक पीपल वृक्ष के नीचे समाधिस्थ हुए थे और छह वर्षों की कठिन साधना के पश्चात् इस वृक्ष के नीचे ही उन्हें **'ज्ञान'** प्राप्त हुआ था।

101. शतानीक (द्वितीय)—सहस्रानीक या वसुदान का पुत्र शतानीक हुआ। यह **गौतम बुद्ध**, कोशल-नरेश **प्रसेनजित** तथा शैशुनाग वंशी **अजातशत्रु** का समकालीन रहा था। इसके कार्यकाल में ही गौतम बुद्ध निर्वाण को प्राप्त हुए थे। इसका विवाह वैशाली-नरेश चेटक की कन्या **'मृगावती'** से हुआ था। चेटक **तीर्थंकर महावीर** का उत्कृष्ट श्रमणोपासक रहा था। मृगावती से इसे **'उदयन'** नामक पुत्र के अतिरिक्त तीन और पुत्रों की प्राप्ति हुई थी।

102. उदयन—पांचाल-नरेश **आरुणि** द्वारा किए गए आक्रमण के कारण राज्य-भार ग्रहण करते ही **'उदयन'** को भारी विपत्ति का सामना करना पड़ा था। इस पराजय के कारण उसके राज्य का अधिकतर हिस्सा पांचालों के अधीन हो गया था। एक छोटे क्षेत्र में सिमट चुके अपने राज्य के कुशल प्रबंधन के लिए उदयन ने सक्षम तथा कर्मठ मंत्रियों की नियुक्ति की थी। **महामात्य यौगंधरायण** तथा **हर्षरक्षित, वर्षरक्षित, ऋषभ** आदि सुयोग्य मंत्रियों एवं **रुमण्वान** जैसे साहसी व वीर सेनापति के सहयोग से उदयन ने अपने इस सीमित क्षेत्रवाले राज्य का समुचित विकास किया। राज्य-विस्तार के इस उपक्रम में वह उज्जैन-नरेश की आँखों की किरकिरी बन गया। उदयन को वीणा की तान पर हाथी को रिझाकर पकड़ने में महारत हासिल था। उदयन को दबोचने के लिए किए गए सैन्य प्रयासों के निष्फल हो जाने पर **मंत्री शालांकायन** के परामर्श पर उज्जैन-नरेश महासेन ने अवंति के कुशल शिल्पियों द्वारा बनाए गए **एक लकड़ी के हाथी,** जो देखने में जीवित हाथी सदृश्य दिखता था, को आखेट के लिए यमुना के तटवर्ती **'नागवन'** में पड़ाव डाले उदयन के शिविर के समीप रखवा दिया। शुक्ल पक्ष की चंद्र-ज्योत्स्ना में उस अद्भुत हाथी को भ्रमवश जीवित मानकर पकड़ने की लालसा में उदयन जब अपनी वीणा की तान में खोया हुआ था, तभी उस

लकड़ी के हाथी के पेट में छिपे उज्जैन के सैनिकों ने बाहर निकलकर उसे बंदी बना लिया। **होमर** रचित **'इलियड'** के **ट्रोजनवार** से संबंधित घटनाओं में कुछ इसी तरह के संयोगों का अनुहार दिखता है। पेरिस की राजकुमारी **हेलेन** का अपहरण करनेवाले **ट्राय** के राजा **प्रियम** को लकड़ी के घोड़े में छिपे सैनिकों के उद्यमों से परास्त होना पड़ा था। जर्मन पुरातत्त्वविद् **श्लीमन** के प्रयासों से होमर के इस **'ट्राय नगर'** को ही नहीं, बल्कि उससे भी पुरातन छह नगरों को अब खोज लिया गया है। इस प्रकार तुर्की राज्य के ईजियन सागर के तीर पर कभी स्थित रही होमर की **'ट्राय नगरी'** के साथ-साथ **'ट्रोजन वार'** की संभावनाओं को अब कल्पना की श्रेणी में नहीं रखा जा सकता। संभवतः भारतीयों से प्रभावित रहे यूनानियों (एथेंस के व्यूहकारों) ने उज्जैन-नरेश **'महासेन'** के मंत्री शालांकायन की उदयन को जीवित पकड़ने की योजना से प्रेरणा लेते हुए ही ट्राय को परास्त करने के लिए उपर्युक्त विधि का प्रयोग किया होगा। **शालांकायन** के सैनिकों द्वारा बंदी बनाकर उज्जैनी लाए गए उदयन के गुणों से परिचित होने पर यहाँ के नरेश **'महासेन'** ने उसे अपनी कन्या **वासवदत्ता** को वीणा सिखाने के कार्य पर लगा दिया। वीणा सिखाते-सिखाते ये दोनों प्रेम-पाश में बँध गए और एक उचित अवसर पर अपने महामात्य यौगंधरायण के सहयोग से उदयन अपनी प्राणाधिका वासवदत्ता को कौशांबी भगा लाया। राजधानी पहुँचने पर उसने वासवदत्ता से विवाह कर लिया। वासवदत्ता से ही उसे **नरवाहन** (वहीनर) नामक पुत्र की प्राप्ति हुई थी। इसके पश्चात् महामात्य की राजनीतिक सोच से परिपूर्ण परामर्श पर उदयन ने मगध-नरेश दर्शक की भगिनी **'पद्मावती'** से भी विवाह कर लिया। इस तरह **उज्जैन** तथा **मगध** जैसे शक्तिशाली संबंधियों के सहयोग से **पांचाल-नरेश आरुणि** का दमन करते हुए उदयन ने अपने खोए हुए क्षेत्रों सहित पांचाल राज्य को भी कौशांबी में मिलाकर **'वत्स'** नामक एक नए राज्य की नींव रखी। इस उपलब्धि के उपरांत उदयन **'वत्सराज'** के नए संबोधनों से भी पुकारा जाने लगा था। जीवन के अंतिम पड़ाव पर उदयन तथा उसकी दोनों रानियों की भेंट बुद्ध के प्रिय शिष्य **'आनंद'** से हुई थी।

103. वहीनर—उदयन के पश्चात् उसका पुत्र **'वहीनर'** सिंहासनारूढ़ हुआ। विष्णु पुराण (4/21/15) में इसे **'अहिनर'** तथा कथासरित्सागर में **'नरवाहन'** के नाम से संबोधित किया गया है। यह एक वीर राजा था। बाढ़ के कारण उजड़ चुकी हस्तिनापुर नगरी इसके ही प्रयासों से पुनः बसाई गई थी। इसका राजकाल 40 वर्ष, 10 माह व 26 दिनों का रहा था।

104. दंडपाणि—वहीनर का यह पुत्र अपने समय का एक न्यायप्रिय शासक रहा था। इसने कुल बत्तीस वर्षों तक राज किया था।

105. निरामित्र—इसे **'भीमपाल'** के अपर नाम से भी जाना जाता है। दंडपाणि के उत्तराधिकारी के रूप में यह सिंहासनारूढ़ हुआ तथा कुल 58 वर्षों तक शासन में बना रहा।

106. क्षेमक—पांडु पुत्र अर्जुन के पौत्र परीक्षित की वंश-शृंखला का यह **अंतिम मनका** (शासक) रहा था। मगध सम्राट् **महापद्म नंद** द्वारा दिए गए प्रलोभनों में आकर **'विश्रवा'** नामक क्षेमक के महामात्य ने छल से इसकी हत्या कर दी थी। मृत्यु के समय तक इसे राज करते 48 वर्ष, 11 माह व 21 दिन हो चुके थे। इस प्रकार क्षेमक की मृत्यु के साथ ही पांडवों के यशस्वी राजवंश का पटाक्षेप हो गया और इनका राज्य मगध साम्राज्य का हिस्सा बनकर रह गया।

□

मानवी सभ्यता का कालक्रम

भारतीय वाङ्मय में **मानुषी-सृष्टि** के वर्तमान कालखंड के ज्ञात **आँदि-पुरुष** को जहाँ **कमलवत् भूमि** से उत्पन्न **सातवें ब्रह्मा** के रूप में परिभाषित किया गया है (***यदिदं सप्तम जन्म पद्मजं ब्राह्मणो***—महाभारत-शांतिपर्व-358/49), वहीं आधुनिक सभ्यताओं के मूल स्रोत रहे **दैत्यों** (डचों), **आदित्यों** या **देवों** (सुमेरियन व आर्यंस) व **दानवों** (असुरों या असीरियनों व मयांस) को इसी ब्रह्मा के मानस-पुत्र **मरीचि** के कुल में उत्पन्न हुए **प्रजापति कश्यप** की संतानों के रूप में चिह्नित किया गया है ***(उभये प्रजापत्या देवदैत्यदानवाः)***। इसी तरह प्राचीनतम ग्रंथों में सातवें ब्रह्मा की उत्पत्ति को वाराह-कल्प में (***ततस्तस्मिंस्तदा कल्पे वाराहे स्तमें प्रभोः ततस्त्वं पद्मसंभूतः पद्मनाभः सनातनः***—वायु पुराण-28/113-114), देवताओं की उत्पत्ति को सतयुग के अंतिम काल में (***आद्ये त्रेतायुग मुखे¨मारीचात्कश्यपात्पुनः जज्ञिरे द्वादशऽऽदित्या वर्तमानेऽन्तरे***—वायु पुराण-67/43/44) तथा मनुओं की उत्पत्ति के संदर्भ में मन्वंतरों का प्रमाण (***दिव्येन च प्रमाणेन प्रवक्ष्याम्यंतरं मनोः***—मत्स्य पुराण-142/33) दिया गया है। इसके अतिरिक्त मत्स्य, लिंग, वायु, अग्नि आदि पुराणों के संदर्भ यह स्पष्ट करते हैं कि **स्वायंभुव, स्वारोचिष, उत्तम, तामस, रैवत, चाक्षुष** आदि मनुओं के अनुरूप छह मन्वंतरों के व्यतीत हो जाने पर **वैवस्वत** नामक सातवें मन्वंतर में आदित्य **विवस्वान** (सूर्य) के पुत्र रहे वैवस्वत **मनु** से ही आधुनिक मानवों का क्रम प्रसूत हुआ था (***ततो मन्वंतरेऽतीते चाक्षुषे दैवतैः सह, वैवस्वताय महते पृथिवीराज्यमादिशत्***—वायु पुराण-85/1)। मानुषी-वर्षों के अनुरूप खगोलीय **कल्प** की अवधि चार अरब बत्तीस करोड़ वर्षों की, खगोलीय **मन्वंतर** की अवधि तीस करोड़ पचासी लाख इकहत्तर हजार चार सौ उनतीस वर्षों की व खगोलीय **महायुगों** की अवधि तैंतालीस लाख बीस हजार वर्षों की बनती है, जबकि संधि व संध्यांशों सहित चार युगों के परिमाण का निम्नांकित स्वरूप उभरता है (मत्स्य पुराण-142/19-27,30-31)—

1. **सतयुग** - (400+4000+400) 4,800 दिव्य वर्ष अर्थात् 17,28,000 मानव-वर्ष।
2. **त्रेतायुग** - (300+3000+300) 3,600 दिव्य वर्ष अर्थात् 12,96,000 मानव-वर्ष।
3. **द्वापरयुग** - (200+2000+200) 2,400 दिव्य वर्ष अर्थात् 8,64,000 मानव-वर्ष।
4. **कलियुग** - (100+1000+100) 1,200 दिव्य वर्ष अर्थात् 4,32,000 मानव-वर्ष।

चारों युगों का योग–(12000 दिव्य वर्ष x 360 मानव वर्ष) = 43,20,000 मानव वर्ष।

उपर्युक्त परिमाणों से प्रति मनुओं का अनंतर **तीस करोड़** से अधिक वर्षों का, वैवस्वत मनु से राम का अंतर **ग्यारह करोड़ छियानबे लाख** से अधिक वर्षों का, राम से कृष्ण का अंतर **आठ लाख चौंसठ हजार** वर्षों का तथा ब्रह्मा से आज तक का अंतर **एक अरब सत्तानबे करोड़ उनतीस लाख उनचास हजार एक सौ** वर्षों का बनता है, जबकि शास्त्र यह प्रमाणित करते हैं कि मनु की **तिरसठवीं पीढ़ी** में राम हुए थे और इनके पुत्र लव वं कुश के कुल में क्रमशः **पंद्रहवीं** तथा **चौदहवीं पीढ़ियों** में हुए बृहद्‌बल तथा श्रुतायु महाभारत संग्राम में मारे गए थे एवं महाभारत संग्राम के छत्तीसवें वर्ष, अर्थात् 125 वर्ष की वय पूर्ण कर (***यदुवंशेऽवतीर्णस्य भवतः पुरषोत्तम शरच्छतं व्यतीयाय पंचविशाधिकं प्रभो***—भागवत-11/6/25) कृष्ण के स्वर्गवासी होने पर कलियुग का प्रारंभ (ई.पू. 5101) हुआ था। निश्चित रूप से पीढ़ियों के अंतर का यह साक्ष्य युगानुरूप वर्णित अवधियों से तनिक भी मेल नहीं खाता है। अतः आज के संदर्भ में युग-अवधारणाओं के इन प्राचीनतम दृष्टांतों की उचित व्याख्या के लिए काल-गणना की प्रचलित विधियों की सम्यक् विवेचना उपलब्ध साक्ष्यों के आधार पर करते हुए ही इनका हल ढूँढ़ना अनिवार्य हो जाता है।

सृष्टि-उत्पत्ति विषयक काल-गणना की भारतीय अवधारणाओं के अनुसार (**भव, स्व, भू, तपः, भुव, रंभ, ऋतु, क्रतु, वह्नि, हव्य, कव्य, सवित्र, उशिको, कुशिक, दारूक, हुताशन, मेध्य, दमन, उग्र, गोकर्ण, आकूति, विज्ञाति, मेधवाहन, मेघवर्ण, तपनीय, दीप्त, अनुपमेय, पीतवासा, रक्त, श्वेतलोहित, कृष्णपिंगल, कृष्ण, सित, सुधोर, सुमेधा, अनत्य, मन, भाव, चिंतक, दर्श, गांधार, ऋषभ, षड्ज, मर्जालीय, मध्यम, वैराजक, निषाद, पंचम, सर्ग** व **विश्वरूप** के क्रम से) **'श्वेत'** नामक ब्रह्मा के इक्यावनवें वर्ष (द्वितीये परार्द्धे) का पहला दिन अर्थात् **'वाराह'** नामक कल्प ***(श्री श्वेत वाराह कल्पे)*** का प्रारंभ हो चुका है। तदनुरूप प्रति कल्प में पड़नेवाले **चौदह मन्वंतरों** के हिसाब से **वैवस्वत** नामक सातवें मन्वंतर (***चतुर्दश मन्वतराणां मध्ये संप्रति वैवस्वत नाम सप्तम मन्वंतरे***) के कालखंड में **इकहत्तर महायुगों** के क्रम से

पड़ने वाले इस **अट्ठाईसवीं चतुर्युगी** का अंतिम युग, अर्थात् **कलियुग** का यह प्रथम चरण ***(अष्टविंशति चतुर्युगांतरे कलियुगे कलि प्रथम चरणे)*** है। इस आधार पर **सृष्टि-प्रारंभ** से अब तक का काल-परिमाण **छत्तीस हजार कल्पों** से अधिक का यानी पंद्रह शंख पचपन बृंद इक्कीस खरब सतानबे करोड़ उन्नीस लाख इकसठ हजार छह सौ इक्यासी (15,55,21,97,19,61,681) वर्षों का, **वाराह कल्प** से अब तक का व्यतीत काल एक अरब सत्तानबे करोड़ उनतीस लाख उनचास हजार एक सौ (1,97,29,49,100) वर्षों का तथा **वैवस्वत मन्वंतर** से अब तक का कालखंड बारह करोड़ पाँच लाख तैंतीस हजार एक सौ दो (12,05,33,102) वर्षों का बनता है। खगोलीय-सूत्रों में अनंत ब्रह्मांड को इकाई मानते हुए इसके तथा इसमें विचरण कर रहे नक्षत्रों व ग्रहों की आयु सीमा को परिभाषित करने के लिए ही उपर्युक्त वर्णित **कल्पों, मन्वंतरों, महायुगों** तथा **दिव्य-वर्षों** की बृहद्तम गणनाएँ परिकल्पित हुई थीं। प्रकारांतर (**वराहमिहिर** व **वाणभट्ट** के कालों में) इन्हें मानव-सापेक्ष बनाने के लिए **मानुषी-वर्षों** (एक दिव्य वर्ष या देव वर्ष = 360 मानुषी वर्ष) में भी विभाजित कर दिया गया।

वस्तुतः काल गणना का कल्पादि संदर्भ **'सूर्य्यादि ज्योतिष'** के प्राचीनतम सिद्धांतों पर आधारित होने के कारण खगोलिकी से ही संबंधित रहे थे, जबकि पुराणों इत्यादि में वर्णित गणन-संज्ञाओं (मन्वंतर-अवांतर) का आशय मानवीय वृत्तियों से ही रहा था। मानुषी कालावधियों के लिए व्यवहृत किए गए कल्पों, मन्वंतरों, महायुगों, युगों के इन समानार्थी शब्दों तथा देव व मानुषी वर्षों के इस सम्मिश्रण के कारण खगोलिकी तथा मानुषी वर्षों के अंतर्निहित भेद मिटते चले गए। परिणामतः वंशावलियों के उपलब्ध साक्ष्यों के साथ-साथ तर्कहीन व असंतुलित कालावधियों का भ्रमित भाव भी बिना किंसी किंतु-परंतु के स्वीकार कर लिया गया। **'आल्हाखंड'** की यह पंक्ति कि **'बारह बरीस लै कूकर जीए और तेरह लै जिये सियार'** जहाँ यह संकेत देते हैं कि खगोलिकी व मानुषी समय-सीमा के अतिरिक्त प्रत्येक जीवधारियों की अपनी अलग-अलग आयु होती है, वहीं 'Every ant has six foot tall' की कहावत यह आभास दिलाती है कि मानुषी समय-परिमाण के घंटों व मिनटों मात्र तक जीवित रहनेवाले कीट-पतंगों आदि लघुतर प्राणी भी अपनी आयु तथा शारीरिक अनुपात के आधार से इन्हीं अवधियों में ही पूर्ण बाल्यकाल, यौवन व बुढ़ापे को प्राप्त होते रहते हैं। इस दृष्टांत के परिप्रेक्ष्य में यह सहज ही अनुभव किया जा सकता है कि प्रत्येक जीवधारी अपनी आयु के स्वाभाविक परिमाण के अनुरूप ही कालक्रम को परिभाषित कर सकते हैं,

अतः खगोलिकी की बृहद्तम गणनाओं या फिर कीट-पतंगों की अति सूक्ष्म अवधियों के मापदंड, मानुषी अभिव्यक्ति के पर्याय नहीं हो सकते हैं।

इस तरह यह स्पष्ट हो जाता है कि भारतीय मनीषाओं ने खगोलिकी की ही भाँति मानवी-वृत्तियों के लिए समानार्थी संज्ञाओं (अर्थात् कल्प, मन्वंतर, युगादि) के प्रयोगों के उपरांत भी मानुषी-आयु के अनुपात से ही अलग-अलग कालावधियों का निर्धारण किया होगा, जो कालक्रम में उपजी भ्रांतियों के कारण ही अपने मूल स्वरूप से विलग हो गए होंगे।

कालगणना-संबंधी तथ्यों की विवेचना करने पर यह ज्ञात होता है कि मानवी सभ्यताओं में देशकाल के अनुरूप युग निर्धारण की स्वतंत्र तथा विभिन्न विधियाँ प्रचलित रही थीं। वैदिक काल में व्यवहृत रहे **'वेदांग ज्योतिष'** नामक भारतीय ग्रंथ के अनुसार, पाँच वर्षों का एक **'युग'** हुआ करता था। वायु पुराण (अध्याय-31) में युगों के इस तथ्य को और अधिक स्पष्ट करते हुए इसके पहले वर्ष को **संवत्सर**, दूसरे को **परिवत्सर**, तीसरे को **इद्वत्सर**, चौथे को **अनुवत्सर** तथा पाँचवें को **वत्सर** के रूप में चिह्नित किया गया है ***(संवत्सरस्तु प्रथमो द्वितीयः परिवत्सरः इद्वत्सरस्तृतीयस्तु चतुर्थश्चानुवत्सरः, वत्सरः पंचमस्तेषां कालः स युगसंज्ञितः इत्येतत्पंचवर्ष ही युगं प्रोक्तं मनीषिभिः)***। पुराणों व ग्रंथों में ही नहीं, अपितु **'ब्राह्मणों'** व **'संहिताओं'** में भी पाँच वर्षों के युग का ही प्रमाण दिया गया है। **'तैत्तिरीय ब्राह्मण'** में जहाँ इनके वर्षों को **संवत्सर, इदावत्सर, इदुवत्सर, इदुत्सर** व **वत्सर** के रूप में उल्लिखित किया गया है, वहीं **'काठक संहिता'** में इन वर्षों को क्रमशः **संवत्सर, परिवत्सर, इदावत्सर, अनुवत्सर** व **उद्वत्सर** कहा गया है। इसके अतिरिक्त **वाजसनेय संहिता, गर्ग ज्योतिष, कौटिल्य** के **अर्थशास्त्र** व **जैन शास्त्रों** में भी पाँच वर्षों के ही एक युग का प्रमाण दिया गया है। पाँच वर्षों के युग-परिमाण की इन्हीं अवधारणाओं की पृष्ठभूमि पर मन्वंतरों की अवधि को निर्धारित करते हुए वायु-पुराण (अध्याय-32/31-32) यह स्पष्ट करता है कि इस तरह के **सत्तर युगों** के काल के **एक डग** का **'अवांतर'** (अर्थात् 5x70 = 350 वर्ष) तथा ऐसे **सत्तर डगों** या अवांतरों (अर्थात् 5x70x70=24,500 वर्षों) का एक **'मन्वंतर'** होता है ***(विक्रमस्य पदान्यस्य पूर्वोक्तान्येकसप्ततिःतानि मन्वंतराणीह परिवृतयुगक्रमात् एकं पदं परिक्रम्य पदानामेक सप्ततिः यदा कालः प्रक्रमते तदा मन्वंतरक्षयः)***। इंस सूत्र से यह स्वतः ही स्पष्ट हो जाता है कि **'खगोलीय मन्वंतरों'** (30,35,71,429.9 वर्षों) की अपेक्षा **'मानुषी मन्वंतरों'** (24,500 वर्षों) की अवधि का स्वरूप अति लघु होता है। इसी तरह

कालगणना के **'लगध'** नामक एक अन्य ग्रंथ के अनुसार पाँच वर्षों का एक **'लघु युग'** तथा बारह लघु युगों के संयोग यानी साठ वर्षों से एक **'युग'** व बारह युगों, अर्थात् 720 वर्षों के संघटक से एक **'महायुग'** का परिमाण उभरता है। इन्हीं भावों के अनुरूप **'काश्यप संहिता'** नामक ज्योतिष के एक प्राचीन ग्रंथ में **'षष्टि-संवत्सरों'** (छह वर्षों) के एक युग को मान्यता दी गई है। इसके अतिरिक्त ज्योतिष विधा में बृहस्पति ग्रह के प्रति राशि-संचार से बननेवाले बारह वर्षों के एक चक्र को **'ब्राहस्पत्य युग'**, शनि ग्रह के परिभ्रमण से निर्मित तीस वर्षों के कालचक्र को **'शनैश्चर युग'** तथा सौ वर्षों के क्रम से सप्तर्षियों के 27 नक्षत्रों के परिभ्रमण की कुल अवधि, अर्थात् 2700 वर्षों को **'सप्तर्षि-युग'** या फिर प्रति बारह वर्षों के हजार महायुगों यानी बारह हजार वर्षों के एक **'महायुग'** ***(एतद्द्वादशसाहस्त्रं चतुर्युगमिति स्मृतम्)*** मानने की विभिन्न परंपराएँ भी प्रचलित रही थीं। **पारसी** तथा **यवनों** में भी **सुवर्ण, रजत, कांस्य** व **लौह** युगों का एक चक्र **बारह हजार वर्षों** का ही हुआ करता था, जो प्रकारांतर में एक-दूसरे से **निकृष्ट** ही होते थे (Greek view presented by Hesiod, who lived four hundred years before Herodotous, describe that there have been four ages viz Golden, Silver, Bronze & Iron covering period of twelve thousand years---- each worse than one preceding.—Ref. **Encyclopedia of Religion & Ethics**)। प्रायः ऐसे ही आशय के साथ **'आयुर्वेदिक संहिता'** में मानुषी-युगों को **'उत्सर्पिणी'** एवं **'अवसर्पिणी'**–दो भागों में विभक्त करते हुए जहाँ सतयुग को उत्सर्पिणी विभाग में रखकर इसे **आदियुग, देवयुग** व **कृतयुग** के तीन खंडों में पुनः विभाजित किया गया है, वहीं अवसर्पिणी विभाग को **त्रेता, द्वापर** व **कलि** के तीन प्रमुख युगों में बाँटा गया है। **'चरक संहिता'** में भी देवयुग के स्थान पर **'द्वितीय युग'** के परिवर्तित संबोधन के साथ काल-विभाजन की इन्हीं संज्ञाओं को ही कमोवेश स्वीकारा गया है। प्राचीन मनीषा ही नहीं, बल्कि आधुनिक मानवों ने भी **भू, भाषा** व **भौतिक** परिवर्तनों के अनुभवों के आधार पर युगों की इन अवधारणाओं को अपने-अपने ढंग से परिभाषित करने का प्रयास किया है। भूगर्भवेत्ता जहाँ जैविक इतिहास को Eozoic, Palaeozoic, Mesozoic और Neozoic (Tersiary & Quarternary) आदि चार महाकल्पों में विभाजित करते हैं, वही पाश्चात्य मानव शास्त्री भी मानवी-इतिहास को प्रोटोंथ्रोपिक (Protoanthropic), पालियांथ्रोपिक (Palaeoanthropic) व नियोंथ्रोपिक (Neoanthropic) समूहों में बाँटते हुए इनके क्रमिक विकास को Palaeolithic Age, Mesolithic Age, Neolithic Age, Age of Metals (Copper, Bronze & Iron), Machine Age, Atomic Age और

Computer Age में वर्गीकृत करते दिखते हैं। ठीक इसी तरह आजकल की प्रचलित अंतरराष्ट्रीय भाषा **(अंग्रेजी)** में काल की इन इकाइयों को परिभाषित करने के लिए Era (एरा यानी संवत्), Quadrennium (क्वाड्रेनियम अर्थात् चार वर्षों का काल), Quinquennium (क्विनूक्वेनियम, अर्थात् पाँच वर्षों का काल), Decade (डिकेड अर्थात् दस वर्षों का काल), Century (सेंचुरी, अर्थात् शताब्दी) व Millennium (मिलेनियम यानी सहस्राब्दि) आदि शब्दों तथा भावों का प्रयोग हुआ है। उपर्युक्त दृष्टांतों से यह स्पष्ट हो जाता है कि मानुषी वृत्तियों के काल को निर्धारित करने के लिए खगोलीय समय-मान से अपेक्षाकृत अति लघु, किंतु समानार्थी और कहीं-कहीं भाषागत विविधताओंवाली संज्ञाओं की एक स्वतंत्र परंपरा आदिम काल से ही अस्तित्व में विद्यमान रही है। अतः उपयुक्त होगा कि मानवी इतिहास की सम्यक् विवेचना इन्हीं गणन-सूत्रों के परिप्रेक्ष्य में ही की जाय, अन्यथा असंगत माध्यमों से किए गए प्रयासों के परिणामस्वरूप मृग-मरीचिकाओं के भ्रमित परिदृश्य ही उपस्थित होते रहेंगे।

मानुषी आयु-परिमाण तथा प्राचीन राजवंशों की उपलब्ध शृंखलाओं के परिप्रेक्ष्य में मानवी इतिहास के भ्रमित कालखंडों की सम्यक् व्याख्या के लिए पाश्चात्य की अत्याधुनिक युग-अवधारणाओं की अपेक्षा प्राचीन वाङ्मयों (भारतीय व मिस्री ग्रंथों) द्वारा प्रतिपादित किए गए काल-सूत्रों के तथ्य अधिक व्यावहारिक तथा प्रासंगिक प्रतीत होते हैं। वेदांग-ज्योतिष तथा ब्राह्मणों, संहिताओं, पुराणों आदि प्राचीन भारतीय ग्रंथों में **पाँच वर्षों** के युग-क्रमों से वर्णित **अवांतरों** (350 वर्षों की अवधि) एवं **मन्वंतरों** (24,500 वर्षों की अवधि) की गणन-पद्धतियों के द्वारा वंशावलियों व तदनुरूप व्यतीत हुए कालखंडों के मध्य एक व्यवस्थित तारतम्य का परिदृश्य उभरता है। काल निर्धारण के इस सारगर्भित सूत्र को समझने के लिए पुराणों में उल्लिखित व्यासों की सूची में निर्दिष्ट अवांतरों (परिवर्तों) के रहस्यों पर ध्यान देना भी आवश्यक है। वैवस्वत मन्वंतर में हुए **व्यासों** के क्रमों का उल्लेख करते हुए वायु पुराण (अध्याय-23) **'ऋक्ष व्यास'** को चौबीसवें अवांतर में (***परिवर्ते चतुर्विंशे ऋक्षो व्यासो भविष्यति***-श्लोक-206) तथा **'द्वैपायन'** को इसी क्रम में पड़नेवाले अट्ठाईसवें अवांतर (***अष्टाविंशे पुनः प्राप्ते परिवर्ते क्रमागते, यदा भविष्यति व्यासो नाम्ना द्वैपायनः प्रभुः***-श्लोक-217/218) में रखता है। ब्रह्मांड पुराण (1/2/35) में उल्लिखित व्यासों की सूची में भी **ऋक्ष व्यास चौबीसवें** तथा **कृष्ण द्वैपायन अट्ठाईसवें** क्रम पर ही रखे गए हैं। व्यासों के इन्हीं क्रमों को स्वीकार करते हुए विष्णु पुराण (3/3/18) यह भी स्पष्ट करता है कि **'भृगुवंशी ऋक्ष व्यास'** ही कालांतर में **'वाल्मीकि'** के नाम से प्रसिद्ध हुए थे

(ऋक्षोऽभूद्भार्गवस्तस्माद्वाल्मीकिर्योऽभिधीयते)। ज्ञातव्य है कि दशरथ व जनक के समवयस्क व प्रियपात्र रहे वाल्मीकि के आश्रम में ही राम द्वारा परित्यक्ता सीता ने कुश व लव नामक दो यमज पुत्रों का प्रसव किया था। किंचित् राम-दरबार में इन्हीं **'कुश'** व **'लव'** द्वारा गाए गए **'रामायण'** (***काण्डानि षट्कृतानीह पंचसर्गशतानि च तन्त्रीलयव्यंजनयोगयुक्तं कुशीलवाभ्यां परिगीयमानम्***—वा. रामायण-उ. कांड) नामक महाकाव्य की रचना करने के कारण ही ऋक्ष-वाल्मीकि को **'व्यासों'** की श्रेणी में रखा गया होगा। इसी प्रकार **'वेदव्यास'** के नाम से विख्यात रहे साँवले रंग के **'द्वैपायन'** (***कृष्ण द्वैपायनस्ततः अष्टाविंशतिरित्येते वेदव्यासाः***—विष्णु पुराण-3/3/19) शांतनु पुत्र भीष्म के सौतेले अनुज व महाभारतकालीन पुरुष रहे थे। संभवतः **'महाभारत'** नामक बृहद् ग्रंथ के अतिरिक्त वेद के अगम सूक्तों को श्रेणीबद्ध रूप से संकलित करने की अपनी असाध्य कृतियों के कारण ही वे **'वेदव्यास'** के नाम से संबोधित किए जाने लगे होंगे। इन व्यासों के उद्भव कालों के अनुरूप ही हरिवंश पुराण में **राम** को चौबीसवें अवांतर (***चतुर्विंश युगे चापि विश्वामित्रपुरः सरः राज्ञो दशरथस्याथ पुत्रः पद्मायतेक्षणः लोके राम इति ख्यातस्तेजसा भास्करोपमः***-21/22) तथा यदुश्रेष्ठ वासुदेव **कृष्ण** को अट्ठाईसवें अवांतर (***अष्टाविंशे पुनः प्राप्ते परिवर्ते क्रमागते¨ षष्ठेन चांशने वासुदेवो कृष्णः*** - 23/218) में बताया गयां है। वस्तुतः **ऋक्ष वाल्मीकि से राम** तथा **द्वैपायन से कृष्ण** के कालों का बोध होता है। इस तरह क्रमशः चौबीसवें व अट्ठाईसवें अवांतरों में हुए इन दोनों व्यासों के आधार पर राम व कृष्ण के मध्य व्यतीत समयांतरों को ही नहीं, अपितु कलियुग के प्रामाणिक बिंदु से अवांतरों की उलटी गिनती करते हुए ब्रह्मा, मन्वंतरों, देव-दानवों, मनु-यम, इक्ष्वाकु व एलपुरुरवा के वंशों गें उत्पन्न हुए सूर्य तथा चंद्रवंशी राजाओं के कालों का समय-मान सहजता से ज्ञात किया जा सकता है।

इस गणन-सूत्र के आधार पर ऋक्ष वाल्मीकि (24वें अवांतर) व द्वैपायन व्यास (28वें अवांतर) के मध्य प्रति 350 वर्षों की अवधियों के हिसाब से पड़नेवाले कुल चार अवांतरों (28-24=4) का अंतर (350 X 4) चौदह सौ वर्षों का बैठता है। वाल्मीकि व दशरथ तथा भीष्म व द्वैपायन लगभग हमउम्र रहे थे। राम दशरथ की प्रौढ़ावस्था अर्थात् तात्कालिक आयु-परिमाण के अनुसार **डेढ़ सौ वर्ष** की वय में पैदा हुए थे, जबकि महाभारत युद्ध के समय भीष्म की उम्र **185 वर्ष** की तथा कृष्ण, जो महाभारत युद्ध के 36 वर्षों बाद 125 वर्ष की आयु में परलोक सिधारे थे, **89 वर्ष** (125-36) के रहे थे। इस प्रकार **वाल्मीकि से राम** लगभग 150 वर्ष तथा **द्वैपायन से कृष्ण**

लगभग (185-89) 96 वर्ष छोटे रहे थे। अतः **राम व कृष्ण के बीच का अंतर** (1400–150+96) अर्थात् 1154 या 1160 वर्षों का बनता है। ज्ञातव्य रहे कि **राम-पुत्र लव** के 15वीं पीढ़ी में हुए श्रावस्ती-नरेश **बृहद्बल** का वध अर्जुन के पुत्र **अभिमन्यु** के हाथों महाभारत युद्ध में हुआ था (विष्णु पुराण-4/4/112, लिंग पुराण-66/42, भागवत-9/12/8 व महाभारत द्रोणपर्व-47/22)। इस तरह प्रति पीढ़ी 83 वर्षों की अवधि के हिसाब से भी राम व कृष्ण के मध्य का अंतर (83 x 15 = 1245-महाभारत युद्ध के समय कृष्ण की उम्र, अर्थात् 89 वर्ष) 1156 वर्ष का ही बनता है, जो वंशावलियों की व्यावहारिक दृष्टि से भी उचित प्रतीत होता है।

कृष्ण के जन्मकाल व परलोक-गमन के संबंध में निम्नांकित श्लोकों को प्रमाण के रूप में उल्लिखित किया जा सकता है। **भागवत** (11/6/25) के अनुसार, एक सौ पच्चीस वर्ष की उम्र में कृष्ण परलोक सिधारे थे ***(यदुवंशेऽवतीर्णस्य भवतः पुरुषोत्तम शरच्छतं व्यतीयाय पंचविशाधिकं प्रभो)*** और उनके दिवंगत होने की तिथि से ही कलियुग प्रारंभ हुआ था (***यस्मिन् कृष्णो दिवं यातस्तस्मिन्नेव तदा दिने, प्रतिपन्नः कलियुगस्तस्य संख्या निबोधत***—वायु पुराण-99/428)। कलियुग का प्रारंभ विक्रमी संवत् से 3044 वर्ष पूर्व में, अर्थात् आज से (3044 + 2060 =) 5104 वर्ष पूर्व हुआ था। विक्रमी संवत् का प्रारंभ 57 ई.पू. से हुआ था। इस प्रकार कलियुग का प्रारंभ (3044 विक्रमी पूर्व + 57 ई.पू.) अर्थात् ई.पू. 3101 वर्ष का सिद्ध होता है। यूरोप के प्रसिद्ध गणितज्ञ **बैली** भी ईसा पूर्व 3101 वर्ष यानी आज से 5104 वर्ष पूर्व 17/18 फरवरी को भारतीय समयानुसार रात्रि के 2 बजकर 27 मिनट 10 सेकेंड पर सभी सातों (ग्रह) को शून्य भोगांश सहित मकर राशि में ही स्थित पाए थे। यही खगोलीय स्थिति युग-परिवर्तन की द्योतक रही थी। कलियुग के प्रारंभ की तिथि में कृष्ण की संपूर्ण आयु (अर्थात् 3101+125) जोड़ने पर ई.पू. 3226 की 17/18 फरवरी की तिथि निकलती है। चूँकि **कृष्ण का जन्म** मान्य परंपरा के अनुसार **भाद्रपद** (जुलाई/अगस्त) की **अष्टमी** (कृष्णपक्ष) व **रोहिणी नक्षत्र** (मध्यरात्रि) में हुआ था, अतः ई.पू. 3226 फरवरी में छह माह पूर्व में पड़े भाद्रपद (जुलाई/अगस्त) की इसी तिथि को जोड़ने पर कृष्ण के जन्म का अनुमानित समय ई.पू. 3227 के 21 जुलाई की रात्रि के 12 बजे अर्थात् 3170 विक्रमी पूर्व के भाद्रमास का निर्दिष्ट होता है। उपर्युक्त दृष्टांतों के परिप्रेक्ष्य में कृष्ण व राम के क्रम से संबंधित घटनाओं की निम्नलिखित तिथियाँ उभरती हैं—

कलियुग-प्रारंभ = 17/18 फरवरी, 3101 ई.पू. या 3044 विक्रमी पूर्व, अर्थात् आज से 5104 वर्ष पूर्व।

महाभारत युद्धकाल = इस युद्ध के 36 वर्ष बाद कृष्ण की इहलीला समाप्त हुई थी, अतः इसका काल (3101+36) =3137 वर्ष ई.पू. या 3080 विक्रमी पूर्व (आज से लगभग 5140 वर्ष पूर्व) का बनता है।

कृष्ण जन्म = 3044 विक्रमी पूर्व +125 वर्ष, 6 माह, अर्थात् 3170 विक्रमी पूर्व के भाद्रपद के कृष्णपक्ष की अष्टमी, अर्थात् 21 जुलाई, 3227 ई.पू. (आज से लगभग 5230 वर्ष पूर्व)।

रामजन्म = उपर्युक्त वर्णित दृष्टांतों के आधार पर कृष्ण-जन्म (31 विक्रमी पूर्व या 3227 ई.पू.) से 1160 वर्ष पूर्व अर्थात् 3170+1160 = 4,330 विक्रमी पूर्व चैत्र शुक्ल नवमी या फिर 3227+1160=4387 ई.पू. अप्रैल माह (आज से 4387+2003 यानी 6390 वर्ष पूर्व के लगभग)।

रावध-वध = सत्ताईस वर्ष के वय में राम ने धनुष-भंग किया था (**बरीस अठारह की सीता और सत्ताईस के राम**— राधेश्याम रामायण)। तत्पश्चात् तीन वर्ष के उपरांत यानी तीस वर्ष की आयु में उन्होंने वन को प्रस्थान किया था। वनवास के चौदहवें या अंतिम वर्ष (यानी 27+3+14) = 44 वर्ष की आयु में इन्होंने रावण का वध किया था। इस प्रकार रावण के संहार का काल (4330 विक्रमी पूर्व - 44 वर्ष) = 4286 विक्रमी पूर्व, अर्थात् 4,343 ई.पू. (आज से लगभग 6,346 वर्ष पूर्व) का बनता है।

राम की सरयू में जल समाधि = राज्याभिषेक के लगभग एक वर्ष पश्चात् राम ने शत्रुघ्न को लवणासुर के संहार के लिए मधुपुरी (मथुरा). भेजा था। शत्रुघ्न वहाँ से बारह वर्ष पश्चात् अयोध्या

वापस लौटे थे (वा.रा.-उत्तरकांड-71/1 व 72/12)। उसके एक वर्ष पश्चात् राम ने अश्वमेध यज्ञ का अनुष्ठान किया था। इसी दौरान सीता की आत्माहुति व लव-कुश को पिता की छत्रच्छाया प्राप्त हुई थी। तदंतर दस वर्षों तक राज्य करने (उत्तरकांड- 99/9 व 102/16) के बाद राम ने स्वेच्छा से अपनी इहलीला को सरयू में जल-समाधि के द्वारा समाप्त किया था। इस प्रकार यह काल (4286 विक्रमी पूर्व-1+12+1+10) अर्थात् 4,262 विक्रमी पूर्व या 4319 वर्ष ई.पू. (आज से लगभग 6322 वर्ष पूर्व) का बनता है।

इक्ष्वाकु का काल = राम से 62 पीढ़ी पूर्व या 24 अवांतर पूर्व इक्ष्वाकु रहे थे। 350 वर्षों के हिसाब से 24 अवांतरों का योग 8,400 वर्ष पूर्व का बनता है। इसी तरह 8400 वर्ष में 62 पीढ़ी का भाग देने पर प्रति पीढ़ी का औसत कार्यकाल 135.6 वर्षों का बनता है। अतः राम से इक्ष्वाकु 8400 वर्षों पूर्व यानी (8400+4330)= 12,730 वर्ष विक्रमी पूर्व कार्तिक शुक्ल पक्ष के हरि प्रबोधिनी एकादशी को (अर्थात् 12,787 ई.पू. या आज से लगभग 14,790 वर्ष पूर्व) पैदा हुए थे।

एल पुरुरवा का काल = मनुपुत्री इला का विवाह चंद्रपुत्र बुध से हुआ था और एल पुरुरवा (एल व चंद्रवंश इन्हीं बुध व इला के पुत्र थे। आयु परिमाण के अनुसार एल के संस्थापक) पुरुरवा अपने मामा इक्ष्वाकु से उम्र में लगभग डेढ़ सौ वर्ष बड़े थे। इस प्रकार एल पुरुरवा का काल (12,730+150) +12880 विक्रमी पूर्व के आस-पास से (अर्थात् 12,823 ई.पू. या फिर आज से लगभग 14,826 वर्ष पूर्व) प्रारंभ होता है।

भगीरथ या गंगा-अवतरण का काल = भगीरथ राम से 19 पीढ़ी पूर्व (अर्थात् 19x135.6) = 2664½ वर्ष पूर्व हुए थे। सर्वकाम, दिलीप द्वितीय व

अज द्वारा अपेक्षाकृत अल्पावधि तक राज किए जाने के प्रतीकस्वरूप उपर्युक्त वर्षों में से 64½ वर्ष कम किया जा सकता है। इस प्रकार राम से भगीरथ का काल 2600 वर्ष पूर्व का तथा विक्रमी संवत् से 6814 वर्ष पूर्व या 6871 ई.पू. का बनता है। बीस वर्ष की अवस्था में सिंहासनारूढ़ हुए भगीरथ को गंगा-अवतरण के लिए सौ वर्षों का अथक परिश्रम करना पड़ा था। यह तथ्य प्रमाणित करता है कि भगीरथ के 120वें वर्ष में ही गंगा-अवतरित हुई थी। अतः गंगा अवतरण का काल (6814-120) = 6,694 विक्रमी पूर्व या 6,751 ई.पू. (आज से 8,754 वर्ष पूर्व) का बनता है।

वैवस्वत मनु, यम
(यिम, आदम या एडम)
जलप्लावन का काल = वैवस्वत मनु व यम एक ही पिता यानी विवस्वान (सूर्य) के पुत्र थे। सूर्य के लिए अरबी में 'आद' शब्द आता है और इसी आद के तथा पुत्र के लिए 'आदम' शब्द का अरबी में प्रयोग हुआ था। इस प्रकार आदम व उससे बना 'एडम' का ईसाई उद्बोधन, वस्तुतः यम के ही अपभ्रंश रहे थे। बाइबिल के अनुसार 'एडम' की आयु 930 वर्षों की रही थी, अतः इसी के अनुरूप मनु भी दीर्घ आयु के ही रहे होंगे। मनु के नरिष्यंत, नृसिंह या नाभाग तथा धृष्ट नामक तीन पुत्र व इला नामक कन्या जलप्लावन से पूर्व उनके पैतृक प्रदेश में हो गए, जबकि जलप्लावन की घटना के पश्चात् **मूल स्थान** (आधुनिक मुलतान) में विस्थापित होने पर मनु ने स्थानीय गंधर्व कन्या (**श्रद्धा**) से विवाह किया था और उसी से मनु को **शर्याति, करुष, पृषध्र, नाभानेदेष्टि, प्रांशु, वसुमान** व **इक्ष्वाकु** नामक सात पुत्रों की प्राप्ति हुई थी। जलप्लावन की यह घटना मनु की प्रौढ़ावस्था के प्रथम चरण यानी चार सौ वर्ष की आयु में घटी

थी। उसके लगभग सौ वर्षों बाद सिंधु के मूल स्थान (मुलतान) क्षेत्र में इक्ष्वाकु पैदा हुए थे। इस प्रकार मनु व इक्ष्वाकु के वय में लगभग पाँच सौ वर्षों का अंतर रहा था। उपर्युक्त गणना के परिप्रेक्ष्य में मनु का काल इक्ष्वाकु से पाँच सौ वर्ष पूर्व (अर्थात् आज से 14,788+500) यानी 15,288 वर्ष पूर्व का तथा प्रलय का काल इक्ष्वाकु से सौ वर्ष पहले (अर्थात् आज से लगभग 14,788+100)=14,888 या 14,900 वर्ष पूर्व का प्रतीत होता है।

देव/दानवों का काल = यम व मनु–दोनों ही विवस्वान (सूर्य) के पुत्र थे और सूर्य बारह आदित्यों (देवों) में से नौवें क्रम पर थे। शास्त्रों के अनुसार, द्वादश आदित्य गण मानुषी-युग परिमाण के चाक्षुष मन्वंतर के अंतिम चरण **(मन्वन्तरेऽतीते चाक्षुषे दैवतैः सह)** के तीसरे पाद **(त्रेता मुखे)** में हुए थे। प्रति छह हजार वर्षों के चार चरणवाले मन्वंतर में डेढ़ हजार वर्षों के चार पाद होते थे। इस प्रकार चाक्षुष के अंतिम चरण के तीसरे भाग (अर्थात् वैवस्वत मन्वंतर से तीन हजार वर्ष की अवधि के अंदर) ही यानी मनु से लगभग दो हजार वर्ष पूर्व में ही आदित्य गण उत्पन्न हुए होंगे, जिसकी अवधि (14,888+2000) = आज से 16,890 या 17,000 वर्ष पूर्व के लगभग बैठती है।

सातवें ब्रह्म या वेदों का उद्भव काल = 6 मन्वंतर (स्वयंभुव, स्वारोचिष, उत्तम, तामस, रैवत व चाक्षुष) x 24500 (एक मन्वंतर की अवधि) + 8900 (सातवें मन्वंतर में वै. मनु से राम तक का काल) +1160 (राम से कृष्ण तक का काल) +125 (कृष्ण जन्म से कलियुग के प्रारंभ तक का काल) +3101 (कलियुग से ईसाई सन् प्रारंभ तक का काल) +2003 (ईसाई सन् से आज तक) = 1,62,289 वर्ष

पूर्व के लगभग ही सातवें ब्रह्मा का अस्तित्व स्वीकार किया जा सकता है। स्वयंभुव होने के कारण ब्रह्मा के समक्ष वय-संबंधी कोई सीमाएँ भी नहीं रही होंगी, अतः वे दीर्घजीवी रहे होंगे। इन्हीं ब्रह्मा के **अमैथुनीय मानस पुत्रों** (पुलस्त्य, भृगु, वसिष्ठ आदि महर्षियों) तथा उनके **मैथुनी वंशधरों** द्वारा ही वेद के सूक्तों को मानुषी भाषा में सृजित किया गया था। अतः वेद-सूक्तों के उद्भव-काल को 1,60,000 से लेकर डेढ़ लाख वर्ष के आस-पास के लगभग (अर्थात् इनके अस्तित्व में आने के उपरांत) का ही परिभाषित किया जा सकता है।

वैवस्वत मन्वंतर = 350 वर्षों के 70 अवांतरों का योग 24,500 वर्ष (यानी एक मन्वंतर) का होता है। इस प्रकार चल रहे सातवें अर्थात् वैवस्वत मन्वंतर के व्यतीत होने में कुल {24500-15,289 (8900 + 1160 + 125+ 3101+ 2003) = 9,211} नौ हजार दो सौ ग्यारह वर्ष ही अब शेष बचते हैं।

आश्चर्यजनक रूप से वायु पुराण के इस गणन-सूत्र के आधार पर निकाले गए देव-युग के संभावित कालों के अनुरूप ही मिस्र के धर्म ग्रंथों में वर्णित संदर्भ भी कुछ इसी तरह का संकेत देते प्रतीत होते हैं। यूनान मूल का प्रसिद्ध इतिहासकार **'हेरोडोटस'** (Herodotous) अपने ग्रंथ 'History of Herodotous' (भाग-एक, पृष्ठ सं. 189) में मिस्र के पुरोहितों द्वारा सुरक्षित रखे गए पुरावृत्तों के आधार पर यह स्पष्ट करता है कि ***'मिस्र देश के पुजारियों के अनुसार, अमेसिस राज्य से सत्रह हजार वर्ष पहले बारह देव रहे थे, जो दूसरी श्रेणी के थे और दायोनिसिअस वेक्कस (दानवासुर विप्रचित्ति का अपभ्रंश) तीसरी श्रेणी का रहा था'*** {Seventeen thousand years before the reign of Amasis the twelve gods were, they (Egyptians) affirm...who belongs to second class and Dionusos (Bacchus) belongs to third order.}। ईसाई तथा इसलामिक बुद्धिजीवियों की अपेक्षा भारतीय विद्वान्, हेरोडोटस के इस दूसरी व तीसरी श्रेणी के देवों का आशय

बहुत ही सहजता से समझ सकते हैं।

भारतीय शास्त्रों के अनुसार, मारीचि-कश्यप को दक्ष-सुता दिति से उत्पन्न हिरण्यकशिपु आदि दैत्य पुत्रगणों को **प्रथम श्रेणी** में, अदिति से उत्पन्न वरुण, इंद्रादि 'द्वादश देवों' को **दूसरी श्रेणी** में तथा दनु के विप्रचीति आदि चौदह दानव-पुत्रों को **तीसरी श्रेणी** में रखा गया है। यही नहीं, बारह देवताओं से ज्येष्ठ होने के कारण दैत्यों को जहाँ **'पूर्व देव'** के रूप में चिह्नित किया गया है, वहीं देवों से कनिष्ठ होने के कारण दानवों को **'पश्चात् देव'** के रूप में भी संबोधित किया जाता रहा है। इन बारह देवों की स्थितियाँ स्पष्ट करते हुए हेरोडोटस यह भी उल्लिखित करता है कि मिस्र के पुजारी इस बात की पुष्टि करते हैं कि ***'द्वादश देव प्रकारांतर से आठ देवों में से ही प्रकट हुए थे'*** (The twelve gods were, they affirm, produced from the eight—Ref. History of Herodotous, Vol.-I, page-136)। भारतीय अवधारणाओं में भी आंदिकाल में आठ देवों को ही मान्यता दी गई थी (***अष्टौ पुत्रासो अदितेर्यजातास्तन्व स्परि***—ऋग्वेद-10/72/80 तथा ***'अदितिः पुत्रकामा¨धाता, अर्यमा, मित्र, वरुण, अंश, भग, इंद्र, विवस्वान***—तैत्तिरीय ब्राह्मण-1/1/9/35)। संभवतः इन आठ देवों का संबंध वैदिक सूक्तों में वर्णित ब्रह्मा (आधिदैविक) की प्राकृतिक शक्तियों से ही रहा हो। कालांतर में आर्य-इतिहास की मानवी जननी रही **अदिति** से मारीचि-कश्यप को इन आठ देवों के ही नामानुरूप **धाता, वरुण, मित्र, अर्यमा, इंद्र, अंश, विवस्वान, पूषा, सवित्र, त्वष्टा, विष्णु** आदि कुल बारह पुत्र हुए, जो **'द्वादश आदित्य'** के नाम से विख्यात रहे थे (***धाता वरुणोमित्रऽर्यमा इंद्र अंशों भगः विवस्वान पूषासवित्रोत्वष्टा विष्णुरिति द्वादश पुरा आदित्या आसन्***-आयुर्वेद संहिता)। इस तरह मिस्र के पुरोहितों का आठ से बारह देवों का आशय **वैदिक** (प्राकृतिक शक्ति) व **द्वादश आदित्यों** (मानुषी देवों) से ही संबंधित रहा प्रतीत होता है। मिस्र के इन्हीं **बारह देवों की अवधारणाओं** पर ही यूनान के **होमर** ने (अपोलो, ऐरस, क्रोनस, डाइनोसिस, इरोस, हेफोस्टोस, हर्मीस, हादेस, हेलिओस, पोसीडोन, यूरनस व जियस) तथा उसी का अनुशीलन करते हुए **रोमवासियों** ने अपने प्राचीन देवताओं (अपोलो, मार्स, सैटर्न, बेक्कस, क्यूपिड, वाल्कन, मरक्यूरी, प्लूटो, सोल, नेप्च्यून, यूरेनस व जुपिटर) के नामकरण (**बारह** की ही संख्याओं के आधार पर) किए थे। इस प्रकार हेरोडोटस द्वारा उद्धृत मिस्र के धर्मग्रंथों का उपर्युक्त संकेत स्पष्ट रूप से अदिति के द्वादश पुत्रों (देवों) तथा दानवासुर विप्रचीत्ति (दायोनिसिअस/बेक्कस) के लिए ही व्यवहृत हुआ प्रतीत होता है। हेरोडोटस के अनुसार ***'मिस्र के पुरोहित, विप्रचीत्ति दानव, जो दैत्यों***

व देवों के बाद तीसरी श्रेणी में आता था, के काल को अमेसिस राज्य से पंद्रह हजार पूर्व का ही नहीं आँकते रहे, अपितु इस गणना की सत्यता के प्रमाण में यह भी स्पष्ट करते थे कि इसमें किसी प्रकार की त्रुटि की कोई संभावना नहीं है, क्योंकि व्यतीत हुए वर्षों का वे सदा जोड़ते तथा अपनी बही-खातों में भी अंकित करते आए हैं' {Even from Dionusos (Bacchus), who is the youngest of the three, they (Egyptians) recoken fifteen thousand years to the reign of that king (Amasis). In these matters they (Egyptians) say that they can not be mistaken, as they always kept count of the years, and noted them in their register. Ref—History of Herodotous, Part-one} । आधुनिक इतिहासज्ञों के पिता माने जानेवाले **हेरोडोटस** का काल 484 से 425 ई.पू. तक रहा था। अतः इसके द्वारा उद्धृत मिस्र के पुरोहितों के संदर्भों से यह स्पष्ट हो जाता है कि **विष्णु इंद्रादि द्वादश आदित्य (देवगण) आज से लगभग (17000+484+2003) =19,487** या **19,500 वर्ष पूर्व** इस धरती पर विद्यमान रहे थे।

जनश्रुतियों के अनुसार दैत्य, देव, दानव आदि **बृहत्काय** होने के साथ-साथ **दीर्घजीवी** भी हुआ करते थे। मत्स्य पुराण (145/6.7) देव व असुरों की ऊँचाई को जहाँ **छियानबे अंगुल** प्रमाणित करते हैं, वहीं **चरक संहिता** (1/77-78) के अनुसार, देवगण **अमृतपान** तथा ऋषिगण **रसायन-सेवन** के कारण दीर्घजीवी हुआ करते थे। देव-आकृति के विषय में अनुमान लगाते हुए हेरोडोटस यह उल्लेख करता है कि *"Scythians show a foot mark of Hercules, impressed on a rock, in shape like the print of man's foot, but two cubits in length."* अर्थात् *'शक लोग चट्टान पर अंकित हरक्यूलस (हरि अर्थात् विष्णु) के पैर की छाप दिखाते हैं, जो मनुष्य पैर के सदृश्य किंतु दो क्यूबिट, एक गज लंबा है'*।

इसी तरह के एक वर्णन में यवन ग्रंथकार **स्ट्रैबो** लिखता है कि 'Potidaea' (पितृदेव) नगर में बृहत्काय लोग रहा करते थे। संभवतः **स्ट्रैबो** के पोतिदाया या पितृ-देव नगर का अभिप्राय यम के राज्य (***वैवस्वत पितृणां च यमं राज्येऽभ्यषेचयत्***— वायु पुराण-70/8) से ही रहा होगा। ज्ञातव्य रहे कि यम आदित्य-विवस्वान (सूर्य) के ही पुत्र रहे थे, अतः देवों की ही श्रेणी में आते हैं। भारतीय, मिस्री व पारसी ग्रंथों की ही भाँति पवित्र **बाइबिल** व **कुरान** भी पूर्वकाल में रहे दीर्घकाय व्यक्तियों के विषय में सूचना देते दिखते हैं। जेनिसस (Chapter- 6.4) में लिखा है कि *"There were giants in the earth in those days and also after that when the Son of* *god came in unto the daughter of men."* अर्थात् 'उन दिनों पृथ्वी पर दीर्घकाय लोग हुआ करते थे और उसके पश्चात् भी जब देव के पुत्र यानी आदम (यम) स्वर्ग से बहिष्कृत हो मानव-कन्या से मिले थे।' इसलामिक किताबों में उल्लिखित भारत के हिमालयी अंचल में एक पत्थर पर अंकित **हजरत आदम** के पैरों (पंजों) के निशान उन्हें एक दीर्घकाय व्यक्ति ही घोषित करते हैं। हिंदुस्तान की जियारत के बाद **इब्नबतूता** ने सन् 1377 ईस्वी के अपने **'सफरनामे'** में यह लिखा था कि ***'हजरत आदम के कदमों का सवा फुट लंबा यह पाक निशान एक ऊँचे काले पत्थर पर अंदर तक धँसा हुआ ज्यों का त्यों नक्स है।'*** बृहत्काय होने के साथ-साथ इन पूर्ववर्तियों के दीर्घजीवी होने के प्रमाण भी संसार के प्रायः सभी पुराने ग्रंथों में बहुत ही सहजता से मिल जाते हैं। **सुमेरियन** व **मिस्र** के ग्रंथों में देव-पुरुषों व पुरातन काल के राजाओं के जीवन-वृत्त को जहाँ **हजारों वर्षों** में आँका गया है, वहीं **बाइबिल** की पुरानी पुस्तक के **'उत्पत्ति-अध्याय'** (Genesis) में **एडम** को 930 वर्षों तक (5:5), **सेथ** को 912 वर्षों तक (5:8), **केनान** को 910 वर्षों तक (5:14), **नोह** को 950 वर्षों तक (9:29) तथा कुछ संतों को 700 से लेकर 800 वर्षों तक तथा जीवित रहने की मान्यताएँ दी गई हैं। सामान्य मनुष्य की आयु का परिमाण देते हुए **'मनु-स्मृति'** ग्रंथ भी कृतयुग में **चार सौ वर्ष,** त्रेता में **तीन सौ वर्ष**, द्वापर में **दो सौ वर्ष** तथा कलियुग में **सौ वर्ष** (***अरोगाः सर्वसिद्धार्थाश्चतुर्वर्षशतायुषः, कृते त्रेतादिषु ह्येषामायुर्ह्रसति पादशः***-1/85) की अवधि निर्धारित करता है। किंचित् दीर्घजीवी तथा रसायन-सेवन से स्वस्थ बने रहने के इन्हीं रहस्यों के कारण ही **महाभारत युद्ध** (ई.पू. 3137) में जहाँ **150 वर्षों** के **आचार्य द्रोण** व उनसे दस वर्ष छोटे **कृपाचार्य** एक युवा की भाँति लड़ रहे थे, वहीं इस युद्ध के समय **वाह्लीक 195 वर्ष** के, **भीष्म 185 वर्ष** के, **युधिष्ठिर 93 वर्ष** के, **दुर्योधन** व **भीम 91 वर्षों** के तथा **कृष्ण** व **अर्जुन 89** वर्षों के रहे थे। इसके अतिरिक्त बौद्धकालीन **नागार्जुन** के **529 वर्षों** तक तथा अकबरकालीन **तैलंग स्वामी** के **350 वर्षों** तक जीवित रहने की जनश्रुति विख्यात हैं। पूर्वी उ.प्र. के **पवहारी व देवरहा बाबा** के विषय में कुछ इसी तरह की किंवदंतियाँ प्रचलित रही थीं। तात्कालिक जलवायविक पुष्टता व आहार शुद्धता के प्राकृतिक गुणों के आधार पर यह माना जा सकता है कि आज से लगभग 19,500 वर्ष पूर्व अस्तित्व में रहे देव, दैत्य, दानव आदि आश्चर्यजनक रूप से बृहत्काय होने के साथ-साथ अति दीर्घजीवी भी रहे होंगे।

यद्यपि वैज्ञानिक निष्कर्षों द्वारा यह प्रमाणित हो चुका है कि **ज्यूडो क्रिश्चियन**

अवधारणाओं (ई.पू. 4004) या फिर **इसलामिक** मान्यताओं (आज से लगभग 8000 वर्ष पूर्व) के विपरीत इस धरती पर मानवों का अस्तित्व लाखों वर्ष पुराना है, तथापि काल के इस लंबे खंड में आई विभिन्न प्राकृतिक आपदाओं तथा आक्रांताओं के ध्वंसात्मक प्रवृत्तियों के कारण इनके आहार-व्यवहार, कद-काठी, रंग-रूप, भाषा-बोली, सोच-विचार व आयु परिमाण में अप्रत्याशित अंतर आते गए। **'Mysteries from Forgotten World'** के लेखक **चार्ल्स बर्लिट्ज** ने अपनी इस पुस्तक में प्राचीनतम मानवी सभ्यताओं के कुछ रोचक रहस्यों को उजागर करते हुए लगभग इन्हीं तथ्यों की ही पुष्टि की है (While we of the atomic age are now well aware of the age of our planet as well as the appropriate begining of the Quartenary Era, the epic man, dating back roughly twenty lac years, it is neverthless true that our own generally accepted view of the age of 'Civilisation' curiously coincides with the Biblical concept of the begining of man ie 4004 BC)। यह सर्वविदित है कि हिमयुगी महाविनाश से लेकर ई.पू. 3200 तक की अवधियों व प्रकारांतर घटित विभिन्न प्राकृतिक आपदाओं के कारण यूरोप व अमेरिका सहित पश्चिम व मध्य एशिया के जनजीवन निरंतर अस्त-व्यस्त होते रहे हैं। कई स्तरों पर हुए इन सामाजिक उथल-पुथलों के परिणामस्वरूप यहाँ के उत्तरजीवियों की मानसिकताएँ तदंतर अस्तित्व में आई जातियों तथा क्षेत्र-विशेष की अपनी संकुचित परिधि में ही सिमटकर रह गईं। इस तरह कबीलाई परिवेश के कोख से जनमी मध्ययुगीन सभ्यताओं के पोषकों को अपने नूतन वर्चस्व को स्थापित करने के लिए प्राचीन धरोहरों तथा उससे संबंधित साहित्यों को विनष्ट करना अपरिहार्य हो गया। इतिहास साक्षी है कि मीड व बेबीलोनिया के संयुक्त आक्रमण से ई.पू. 612 में न केवल असीरियन साम्राज्य व उनकी राजधानी **'निनिव'** का अस्तित्व ही समाप्त हुआ था, अपितु असुर बनीपाल द्वारा स्थापित पुस्तकालय भी भस्मीभूत कर दिया गया था। इसी प्रकार ई.पू. 330 में **सिकंदर** के आक्रमणों से तथा ई.पू. 146 में रोमनों द्वारा क्रमशः पर्सिया व फोनेशिया को ध्वस्त करके अग्नि को समर्पित करने से प्राचीन साहित्य व अभिलेखों के विपुल भंडार पूर्णतः जलकर राख हो गए थे। ई.पू. 60 के दशक में **जूलियस सीजर** (Julius Caesar) द्वारा **अलेक्सेंड्रिया** (Alexandria) पर किए गए एक अन्य आक्रमण में अनगिनत साहित्य तथा पुरातात्त्विक महत्त्व के स्रोत अग्नि को समर्पित कर दिए गए थे। अंततः इस विध्वंस से किसी तरह सुरक्षित बचे रहे अलेक्सेंड्रिया के विश्व प्रसिद्ध पुस्तकालय की लाखों पुस्तकों को इसलाम के दूसरे

खलीफा **'उमर'** के सिपहसालार **अमरु** ने 636 ईस्वी में इस शहर को आक्रांत करने के बाद अपने सैनिकों के नहाने के पानी को गरम करने के लिए यह कहते हुए जलवा डाला कि **'पवित्र कुरआन'** के कारण इनकी कोई उपयोगिता अब शेष नहीं रह गई है *(The Contents of these books are in conformity with the Koran or they are not. If they are, the Koran is sufficient without them, it they are not they are pernicious. Let them, therefore, be used for heating the City's baths.)*। इसी तरह **आगस्टाइन, ग्रेग्रोरी** आदि कट्टर ईसाई संतों की प्रतिशोधात्मक प्रवृत्तियों के कारण जहाँ यूरोप की प्राचीन सभ्यताओं के ज्ञान-विज्ञान व अवशेष नष्ट कर दिए गए वहीं **कोलंबस** द्वारा **अमेरिका** की खोज कर लेने के पश्चात् **यूक्तान** (Yucatan) पहुँचे ईसाई पादरी **डिएगो-डी-लांडा** (Diego-de-landa) ने सोलहवीं शताब्दी में **मयांस सभ्यता** के सभी प्राचीन ग्रंथों को नष्ट-भ्रष्ट करवा डाला था। सन् 622 से इसलाम के फैलाव के साथ मध्य-पूर्व एशिया समेत दक्षिणी रूस मंगोलिया का भी कुछ ऐसा ही हश्र हुआ था। इन घटनाओं के परिप्रेक्ष्य में यह सहज अनुभव किया जा सकता है कि पश्चिमी देशों में उपलब्ध रहे पुरातात्त्विक महत्त्व के अधिकांश साक्ष्य या तो आक्रांताओं/धार्मिक ठेकेदारों की प्रतिशोधात्मक प्रवृत्ति के शिकार हो गए थे या फिर किसी प्रकार शेष बची रही कृतियाँ प्राकृतिक आपदाओं की भेंट चढ़ गई थीं। अतः पुरातन इतिहास के लिए आतुर रहे यहाँ के खोजी उत्तरजीवियों को पूर्वजों की स्वपोषित तथा भ्रमित स्मृतियों के आधार पर ही अपने प्राचीन स्रोतों को गढ़ने के लिए बाध्य होना पड़ा था।

सन् 1000 से लेकर 1205 ईस्वी तक तुर्की आक्रमणों को झेल चुके भारत को भी कुछ इसी तरह की पीड़ाएँ सहनी पड़ी थीं। **महमूद गजनवी, मोहम्मद गोरी, मोहम्मद बख्तियार खिलजी** आदि तुर्क आक्रांताओं ने न केवल यहाँ के सांस्कृतिक धरोहरों व मंदिरों को ही नष्ट किया, बल्कि **तक्षशिला, नालंदा** आदि विश्व प्रसिद्ध गुरुकुलों तथा यहाँ की बहुमूल्य पांडुलिपियों व ग्रंथों के विपुल भंडार को भी जलाकर राख कर डाला था। सन् 2001 में तालिबान द्वारा अफगानिस्तान के बौद्ध स्तूपों व मूर्तियों को विनष्ट करने की कुत्सित घटनाओं को इसी मजहबी जुनून के प्रत्यक्ष प्रमाण के रूप में ही देखा जा सकता है। इसी क्रम में **बाबर, औरंगजेब** आदि कट्टर मुगलों की सीधी मार के विपरीत **अकबर** जैसे तथाकथित उदार बादशाह ने भी अपने सियासती मंसूबों को अंजाम देने के लिए भी **'दीने-इलाही'** के माध्यम से यहाँ की समृद्ध सांस्कृतिक अवधारणाओं को प्रदूषित करने का ही प्रयास किया था। यद्यपि

'गुरु-शिष्य परंपरा' की अनूठी विरासत के कारण इसलामिक दासताओं की इन त्रासदियों के उपरांत भी यहाँ की सांस्कृतिक अवधारणाओं को बहुत अधिक हानि नहीं पहुँच पाई थी, किंतु ईस्वी सन् 1757 से **अंग्रेज** रूपी नए हुक्मरानों के कुटिल जालों में उलझने के कारण भारतीय मानस अपने साहित्यों की उत्कृष्टता के प्रति भ्रमित अवश्य होता गया।

भारत पर शासन करने की अपनी दूरगामी नीतियों के तहत अंग्रेजों ने यहाँ के लोगों के रहन-सहन, आचार-विचार व भाषा-बोली का बहुत सूक्ष्मता से अध्ययन करना प्रारंभ कर दिया। इसी क्रम में संस्कृत साहित्यों का अंग्रेजी में अनुवाद किए जाने से पश्चिमी जगत् का संपर्क भारतीय ज्ञान-विज्ञान से हुआ। यहाँ की बौद्धिक उत्कृष्टता के समक्ष उन्हें अपने साहित्य, दर्शन, विज्ञान आदि सभी गौण दिखने लगे *(When Indian literature became first known in the West, people were inclined to ascribe a hoary age to every literary work hailing from India. They used to look upon India as something like the cradle of mankind or atleast of human civilisation*—Extract of lecture delivered by M. Winternitz at Calcutta University during Aug., 1923)। ईस्ट इंडिया कंपनी से संबद्ध रह **जॉन हॉलवेट** का यह निष्कर्ष कि *'The mythology, as well as cosmogony of the Egyptians, Greeks and Romans, were borrowed from the doctrines of the Brahmins'* (Page-46 of the **British Discovery of Hindustan in the Eighteenth Century**) या फिर **वोल्टायर** की यह स्वीकारोक्ति कि 'In short I am convinced that everything—Astronomy, astrology, metaphysics, mathametics etc.—comes to us from the bank of the Ganges' इसी के कुछ ज्वलंत उदाहरण हैं। यूरोपीय जनमानस में भारतीय बौद्धिकता के प्रति उपजे इस आकर्षण से यहाँ के कुछ हठी विद्वत् समुदाय व ईसाई मिशनरियाँ स्वाभाविक रूप से विचलित हो उठीं। यही नहीं, ब्रिटिश सत्ता को भी अपने औपनिवेशिक विस्तार के मार्ग में भारतीय ख्याति एक बाधा ही प्रतीत होने लगी। फलतः अपने निहित स्वार्थों की पूर्ति के लिए पश्चिम के इस भारतीय भावना को भ्रमित कर जनसमर्थन को अपने पक्ष में करने की कुत्सित योजनाओं को मूर्त रूप दिया जाने लगा। इस क्रम में उन्होंने भारतीय शास्त्रों में वर्णित आदि-पुरुष (ब्रह्मा) से प्रसूत हुई सहस्राब्दियों पुरानी मानवी वंशावलियों के सूत्र, विशेषकर सूर्य तथा चंद्रवंश व उनसे संबंधित घटनाक्रमों को मिस्र आदि प्राचीन देशों की गाथाओं की ही भाँति

काल्पनिक सिद्ध करने का प्रयास किया *(The earliest of Indian genealogies, like the most ancient Chronicies of other peoples, are Legendry. They trace the descent of the rulers of this world from the Sun and Moon, and through them from Creator—Such pedigrees have been pieced together from fragments of religious lore or from fancied etymologies on to which old world traditions and speculations have been engrafted.* Ref—**Cambridge History of India,** Vol-I, Page-304)। इतना ही नहीं, बल्कि यूरोपीय समाज में महत्त्व रखनेवाले चर्च की सहानुभूति अर्जित करने के बहुआयामी उद्देश्य से ईसाइयत के प्रचार-प्रसार की प्रकट आड़ में (To enable English countrymen to proceed in the conversion of the natives of India to the christian religion—संदर्भ मोनियर-विलियंस द्वारा रचित Sanskrit-English Dictionary की प्रस्तावना में उल्लिखित कर्नल बोडन की वसीयत के अंश), अंग्रेज शासकों ने भारतीय मानस को प्रत्येक स्तर पर निम्नतर ही सिद्ध करने का प्रयास किया। **रामायण** तथा **महाभारत** जैसे इतिहास के तथ्यपरक ग्रंथों को **भाटों** व चारणों द्वारा विकसित किए गए **लोककाव्य** बताने *(The Ramayans and Mahabharata are legendry epics in nature, which was developed by the bards.* Ref.—**Indian Literature** by Winternitz) के अलावा **'Modern India and the Indians'** नामक पुस्तक के पृष्ठ सं.-261 में **मोनियर विलियंस** द्वारा व्यक्त किए गए ये उद्गार कि 'When the walls of the mighty fortress of Brahmanism are encircled, undermined, and finally stormed by the soldiers of the Cross, the victory, of Christianity must be single and complete.' स्वतः ही अंग्रेजों की तात्कालिक मनोवृत्तियों को उजागर कर देते हैं। सन् 1857 के प्रथम भारतीय स्वतंत्रता आंदोलन को सफलतापूर्वक कुचलने के पश्चात् ब्रिटिशों का भारत पर स्थायी रूप से राज करने का मनोबल भी काफी पुख्ता हो गया। परिणामतः भारत में ब्रिटिश वर्चस्व को बनाए रखने तथा भारतीयों को अंग्रेजी हुकूमत के अनुरूप ढालने ("Indian in blood and colour, but English in tastes, in opinion, in morals and in intellect." Ref.—**Cambridge History of India**, Vol.-VI, page-111) की **लार्ड थॉमस बैबिंगटन मैकाले** की कुत्सित योजना के त्रुटिरहित अभियानों के तहत विलियम जॉन्स, मैक्समूलर, विंसेंट स्मिथ आदि के द्वारा भारतीय वाङ्मयों को विकृत करने तथा इन्हें भ्रामक व पिछड़ेपन

का द्योतक बताकर यहाँ के आत्म-गौरव को प्रताड़ित करने का ही प्रयास नहीं किया गया अपितु भारत के अतीत को भी बाइबिल (Genesis) में उल्लिखित ई.पू. 4004 की सीमा-रेखा के अंदर ही परिभाषित करने का षड्यंत्र किया गया। किंचित् कुछ ऐसे ही अभियानों के तहत **तथाकथित संस्कृत के आचार्यों** के माध्यम से मानुषी युगों को खगोलीय गणनाओं के अनुरूप परिभाषित कराकर वंशावलियों तथा इनके मध्य घटित अवधियों में विसंगतियों का भ्रम फैलाया गया होगा, ताकि भारतीय शास्त्रों में वर्णित तथ्यों को बहुत सहजता से अवैज्ञानिक तथा बचकाना घोषित किया जा सके। दासता की अपसंस्कृति में पल्लवित हुए मैकाले के भारतीय मानस-पुत्रों व उनके अनुयायियों ने श्रद्धा के अतिरेक में विकसित हुई **'मूदहूँ आँख'** की धार्मिक मदांधताओं तथा संस्कृत भाषा के प्रचार-प्रसार में आए गतिरोधों का पूरा लाभ उठाते हुए भारतीय वाङ्मय के मूल स्वरूप को ही छलनी करना प्रारंभ कर दिया। देवताओं, असुरों, राक्षसों व मनुष्यों के विविध पशु, पक्षी तथा सरिसृप रूपकों और असंगत अवधियों का भ्रम इन्हीं मानसिकताओं का परिणाम रहा है। यह तो भारत में प्रचलित **'गुरु-शिष्य परंपरा'** का ही प्रतिफल रहा था कि सदियों के विध्वंसात्मक उत्पीड़नों के पश्चात् भी यहाँ की सांस्कृतिक विरासतों को बहुत अधिक हानि नहीं पहुँच पाई।

अतः यह उचित होगा कि पुराणों, संहिताओं व ब्राह्मण ग्रंथों में वर्णित **खगोलीय** (Cosmical), **भौगोलीय** (Geological) व **मानुषी** (Historical) **गणन-सूत्रों** (Time-factors) के भेदों तथा आलंकारिक काव्यात्मक अभिव्यक्तियों के भावार्थों के अनुरूप ही सृष्टिगत तथा मानवी इतिहास के कालों व स्वरूपों के अलग-अलग निरूपण का प्रयास किया जाना चाहिए, ताकि अन्यथा उपस्थित हुए वंशानुगत विसंगतियों के सम्यक् परिमार्जन द्वारा विश्व को यथार्थ का दर्शन कराया जा सके। प्रस्तुत खंड इसी दिशा में किए गए प्रयत्नों का एक झलक मात्र ही है।

□

आधार-स्तंभ

संस्कार, आनुवंशिक सूत्र, परिवेश, ईश्वरीय अनुकंपा, आधिदैविक प्रेरणाएँ, स्वाध्याय, पारिवारिक संयम व स्वजनों के प्रोत्साहनों तथा अधोलिखित ग्रंथों के अध्ययन से ही लेखक इस रचना को आकार दे पाया है–

ऋग्वेद
यजुर्वेद
अथर्ववेद
सामवेद
ईशावास्योपनिषद्
श्वेताश्वतरोपनिषद्
मुंडकोपनिषद्
छांदोग्योपनिषद्
केनोपनिषद्
बृहदारण्यकोपनिषद्
कठोपनिषद्
काठक संहिता
आयुर्वेद संहिता
मैत्रायणी संहिता
तैत्तिरीय संहिता
ज्योतिष संहिता
वाजसनेय संहिता
काश्यप संहिता
शौनकीय बृहद्देवता
ऐतरेय ब्राह्मण
तांडव ब्राह्मण
शतपथ ब्राह्मण
जैमिनीय ब्राह्मण
तैत्तिरीय ब्राह्मण
कौशीतकी आरण्यक
बृहदारण्यक
याज्ञवल्क्य स्मृति
मंनु स्मृति
शंख स्मृति
यम स्मृति
नारद स्मृति
स्मृति कौस्तुभ
न्याय सूत्र
नारदीय भक्ति सूत्र
ब्रह्म सूत्र
सांख्य दर्शन
बृहच्छास्त्र
निरुक्त-आचार्य यास्क
वेदांग ज्योतिष
सूर्य्य सिद्धांत

मोरुतंत्र
वाल्मीकीय रामायण
उत्तररामचरित
आदि रामायण
रामचरितमानस
राधेश्याम रामायण
रघुवंश
सूर्यवंश का वृक्ष—मुद्रक ज्ञान सागर प्रेस
वायु पुराण
मत्स्य पुराण
पद्म पुराण
ब्रह्म पुराण
विष्णु पुराण
शिव पुराण
अग्नि पुराण
वराह पुराण
स्कंद पुराण
वामन पुराण
कूर्भ पुराण
ब्रह्मांड पुराण
लिंग पुराण
मार्कंडेय पुराण
श्रीमद्भागवत पुराण
भविष्य पुराण
कल्कि पुराण
सौर पुराण
हरिवंश पुराण
नीलमत पुराण
नरसिंह पुराण
वंश पुराण
गरुड़ पुराण
नारद पुराण
महाभारत
भगवद्गीता
योग वासिष्ठ
आर्य सिद्धांत
गणतरंगिणी
पंच सिद्धांतिका
ज्योतिष कल्पद्रुम
ज्योतिभिर्दभरणम्
शुक्रनीति
तंत्रवार्तिक-भट्ट कुमारिल
कुट्टनी-दामोदर
गर्ग ज्योतिष
संस्कार गणपति
शक्तिसंगम तंत्र
बुद्ध चरित
हर्ष चरित
संयुक्त निकाय
दीर्घ निकाय
विविध तीर्थकल्प
मंजुश्री मूलकल्प
मंझिम निकाय
ललित विस्तार
कथा सरित्सागर
पन्नवणा
समवायांग
अमरकोष
वासवदत्ता
अभिज्ञानशाकुंतलम्-कालिदास
मानव धर्मशास्त्र
सौंदरानंद
सत्यार्थ प्रकाश
दशरथ जातक

राजतरंगिणी–कल्हण
पुराकल्प–राजशेखर
वैदिक संपत्ति–पं. रघुनंदन शर्मा
भाषा विज्ञान व भाषा शास्त्र–डॉ. कपिलदेव
अष्टाध्यायी–आचार्य पाणिनि
वाक्यपदीय–भर्तृहरि
महाभाष्य–पतंजलि
भाषा-विज्ञान की भूमिका–देवेंद्रनाथ शर्मा
प्राचीन लिपिमाला–जी.एच. ओझा
प्राचीन भारत का इतिहास
वैदिक विश्व राष्ट्र का इतिहास–पी.एन. ओक
प्राचीन भारतीय परंपरा व इतिहास–रांगेय राघव
रामलीला परंपराएँ व शैलियाँ–डॉ. इंदुजा अवस्थी
भारत का बृहद् इतिहास–पं. भगवद्दत्त
इतिहास में भारतीय परंपराएँ–गुरुदत्त
वयं रक्षामः–आचार्य चतुरसेन शास्त्री
अभ्युदय–नरेंद्र कोहली
अल-किताब-उल-हिंद-अब्बुरिंहा अलबरुनी (अनुवाद ग्रंथ)
कुरआन-ए-मजीद-अनुवाद–मौलाना फतेह मुहम्मद खाँ
बाइबिल–अनुवाद
जेंद अवेस्ता–अनुवाद ग्रंथ
भारतीय इतिहास संकलन–पत्रिका
विवेकानंद साहित्य
ओशो साहित्य

An Introduction to Linguistic Science—Edger H. Sturtevent
Astronomy & Astro Physics—A Science Magazine
A History of English Speaking Peoples
A Short History of Linguistics—R.H. Robins
Ancient Mediterranen culture & Scripts—Dr. Cycrus Gordon
Ancient India as described by Megasthenese and Arrians—J.W. Mc Crindle
Asiatic Researches—T. Maurice
Ancient World—T.R. Glover

BABAJI and the 18 siddha—Kriya Yoga Publication, Cannada

Cronology of Ancient India—S.N. Pradhan
Cambridge History of Ancient India—E.J. Rapson
Collection of Fragments—B. Ghose

Descent of Man—Charls Darwin
De Generations Animalium—Aristotle

Epic Mythology
Encyclopaedia of Religion & Ethics
Encyclopaedia of Britannica
Encyclopaedia Judaica

Encyclopaedia Americana
Eppocripha

Greek Mythology—A. Mackenzie
Geography—Strabo

History of Civilization—W. Drummond
History of World—W.N. Weech
History of Koshal—B.N. Pathak
History of Druids—Dr. Stukeley
History of Persia
History of Herodotous
History of World—H.G. Wells
History of Indian Literature—M. Winternitz

India What it can teach us—F. Max Mueller
In Search of the Cradle of Civilization—G. Feuerstein, S. Kak & D. Frawley
Indian Palaeography—G. Buhler
Indo-Iranians Commemmoration—A.B. Keith.
Indica of Arrian—E.J. Chinnock
Indian Wisdom—Sir Monier Williams
India in Greece—Edward Pocock
Indian literature in Clina & Far East—(A Translation)
Illiad-Homer
Isostasy—Charles Hapgood

Jesus died in Kashmir—Andreas Faber Kaiser

Language—Otto Jespersen

Mysteries from forgotten Worlds—Charles Berlitz
Mythology of Aryans—Coacx
Myth of Babylonia & Assyria—D.A. Mackenzie

Noha's Flood—William Ryan & Walter Pitman

Odyssey—Homer
Origin of Species—Charles Darwin
Origines—Sir William Drummond

Poerbatjaraka—Raden Mass
Principal of Physical Geography

Principles of Zoology—Dr. Agasiz
Pauranik Cronology—Dr. Mankad

Rasatala or the under World—N.L.De

Sahnama—Firdausi
Society—R.M. Macbar
Sanskrit & Its Kindered Literature—L.E. Poor
Science of Languages—F. Max Mueller

The Story of Civilization—Will Durant
The Theogany of the Hindus—Court Bjornstjerna
The Azerbaijan Connection—Dr. Thor Hyerdahl
The Age of Earth
The Alfa & the Omega—Jim A. Cornwell
The Language—J. Vendrys
The Chosen People—John M Allegro
The Unknown life of Jesus Christ—Nicholas Notoritch
The Vedic Age—A.D. Pusalkar
The Celtic Druids—G. Higgins
The Cradle of Indian History—B.C.R. Krishnamacharlu
The Shade of Swords—M.J. Akbar
The Alphabet & the Ancient Signs—Hugh Moran
The Age of Kushanas
The Aryans—The History of Civilization—V. Gordon Chide
The Bible
The Universe in Nutshell—Prof. S. Hawkins
Tales of the Cochiti Indian—Ruth Benedict
Tell- El-Amarna—J.D.S. Pendlebury

Western Civilization—E.M. Berns

Yasana—Zend Avesta
Yuan Chwang's Travels in India—Walter Thomas.

□□□